Louis Tamain

Le Temps de l'école

L'Encre violette

De Borée
Terre de poche

À la mémoire de Marie-Thérèse.

Prologue

Cette page nécessaire, que l'on écrit souvent la dernière après avoir terminé et surplombé l'ouvrage pour la mettre paradoxalement la première, m'inquiète, car je ressens le besoin de m'y disculper.

Les souvenirs d'une prime enfance sont toujours faciles à évoquer. Pris dans le canevas d'une famille unie, les miens n'avaient pas échappé à la règle, et, malgré une période souvent rude et difficile, ils avaient tout simplement été empreints d'exubérance et de bonheur.

Paul et Marie-Thérèse, parents idéals, bien trop occupés par leurs charges enseignantes d'instituteurs, n'avaient pas été une entrave à une liberté totale dont j'avais pleinement profité et que j'avais partagée avec un frère et un lot de petits camarades toujours coopérants sinon complices. Sous la soi-disant surveillance de notre vieille nourrice que nous appelions maman Louise, et dont la bonté n'avait d'égale que l'indulgence, nos activités surtout ludiques avaient été sans contrainte, et avaient pu se dérouler à l'aise dans le cadre sans limites d'une verdure campagnarde.

Avec L'Encre violette *j'avais quitté mes lecteurs à la fin de la communale, au moment du certificat d'études, de cet examen qui en couronnait les résultats primaires et qui avait alors encore toute son importance. En toute logique c'était là une borne raisonnable, j'avais décidé de ne pas la franchir, et j'aurais bien fait. Malheureusement, l'accueil réservé à mon livre et certaines invites probablement perverses m'ont incité à un nouvel effort, et j'en suis bien navré aujourd'hui.*

Que faire ?… Renoncer à éditer !… ce serait le plus sage, mais ce serait là aussi une lâcheté, et j'ai tous les défauts sauf celui-là. Alors… Alors je dois m'exécuter, mais auparavant je tiens à m'expliquer.

Dans mon premier ouvrage j'avais noué avec ceux qui m'ont fait l'honneur de me lire un pacte trop facile de bonne humeur et de saine gaieté, j'ai peur aujourd'hui de les décevoir quelque peu.

Jusqu'à l'âge de dix ou onze ans dans son esprit d'insouciance on ne change guère, de onze à vingt-cinq c'est bien une autre affaire, surtout lorsqu'il faut traverser en plus de la puberté une période aussi dramatique que celle qui fut imposée à tous ceux de mon âge.

Comment aurais-je pu faire pour maintenir un même cap dans cette nouvelle série de souvenirs dont le déroulement a eu lieu le plus souvent, hélas, sous la patine tragique du vert-de-gris ?

J'ai pourtant essayé, préférant toujours donner le pas à la gaieté sur la tristesse, rejetant volontairement, presque systématiquement, tous les épisodes pénibles qui ont marqué ma route. Mais j'ai eu avant tout le souci de rester vrai, de rester sincère dans l'orbite orageuse de mes vingt ans qui arrivaient à espérer même au milieu des pires turpitudes.

Vingt ans et la guerre ! Mais vingt ans malgré tout, raison suffisante pour trouver encore une joie de vivre même dans la traversée de la pire tourmente.

Certains m'approuveront, d'autres m'en feront grief, voyant dans mon attitude une bien grande désinvolture vis-à-vis d'un chaos où beaucoup durent payer.

Il est certain qu'à remuer des cendres encore chaudes on court toujours le risque de se brûler les doigts, mais tant pis, le sort en est jeté : j'accepte la critique. Y a-t-il d'ailleurs un moyen de pouvoir y échapper ?

I

République Française

Académie de Clermont — Département de la Corrèze

Instruction Publique

Certificat d'études primaires élémentaires

L'inspecteur du département de la Corrèze vu l'article 6 de la loi du 28 mars 1982 modifiée par la loi du 11 janvier 1910.

Vu les arrêtés du 18 janvier 1887, du 24 juillet 1888, du 29 décembre 1891, du 31 juillet 1897, du 8 août 1903, du 27 juillet 1908, du 19 juillet 1917 et du 1er janvier 1924, vu le procès-verbal de l'examen subi par Monsieur TAMAIN Louis Paul Léonard dans les conditions déterminées par les arrêtés sus-visés.

Vu le certificat en date du 29 juin 1932 par lequel la commission siégeant à Lubersac pour la cession de 1932, atteste que :

Monsieur TAMAIN Louis Paul Léonard, né le 16 septembre 1920 à Donzenac département de la Corrèze, a été jugé digne d'obtenir le certificat d'études primaires avec la mention Bien.

Délivré à Monsieur TAMAIN Louis Paul Léonard, élève de l'école de Montgibaud le présent certificat d'études primaires pour servir et valoir ce que de droit.

À Brive, le 29 juin 1932

Pour l'inspecteur d'Académie

Signature du titulaire L'Inspecteur primaire délégué

L'inspecteur primaire délégué avait signé, moi aussi, conférant par ma propre griffe toute authenticité et toute personnalité au document.

La IIIe République faisait bien les choses.

Mon diplôme ne mesurait pas moins de quarante sur cinquante centimètres, une vraie affichette et, comme l'on était encore resté sous le vieil adage de Sully « Labourage et pâturage sont les deux mamelles de la France », il était, dans un encadrement de lauriers, décoré d'une République radieuse dispersant ses gloires, à droite sur un attelage bucolique de bovins roux tirant une charrue en bordure de prés verts et à gauche sur une habile perspective d'usines en feu devant lesquelles un ouvrier, torse nu et bras croisés, appuyé sur sa pelle, se reposait.

L'ensemble pouvait supporter sans conteste le sous-verre que la plupart lui réservaient. Ce fut certainement pour ma part le plus beau diplôme qu'il me fut jamais donné de recevoir. Haut en couleurs il pouvait même rivaliser avec celui de ma première communion. Je le tenais en bout de bras dans une crainte de détériorer ou de froisser le chef-d'œuvre, et mon père eut beaucoup de mal à me persuader que l'on pouvait tout de même le rouler sans dommage et sans nuire à sa valeur.

Mon retour à la maison, même en restant objectif, fut un triomphe !

La famille au grand complet était sur le pas de la porte : maman Louise qui avait retardé son départ pour la circonstance, mon frère qui avait décliné toute invite au sommeil, ma mère dont l'inquiétude grandissait au fil des heures qui passaient.

« Mon Dieu pourvu qu'il ne nous ait pas renouvelé son exploit du concours des bourses. Ce serait un comble je ne peux pas y croire ! »

Ce fut Paul qui avant de descendre de l'auto annonça la couleur et leva toutes les craintes.

« Ça y est. Tous reçus... Je me suis mis en retard car je les ai déposés les uns après les autres chez eux, et je t'avoue que si j'avais voulu écouter les familles j'y serais encore. »

Je sautai de la voiture. Ma mère me reçut dans ses bras, me pressa sur son cœur, et, pour la première fois m'appela « mon grand ». Quant à maman Louise, à l'annonce de ce résultat, elle resta muette d'admiration. On m'aurait décerné le prix Nobel que cela ne lui eût pas fait plus grande impression. Son nourrisson était devenu pour elle d'un seul coup et pour toujours un puits de science inattaquable et consacré !

« Et puis ce n'est pas tout, il y a une surprise... » Et après un silence qui ménageait tous les effets : « Nous rapportons une mention ! »

Paul, aussi fier que moi, venait de lâcher le mot magique et j'eus droit sur le champ à une nouvelle accolade de Marie-Thérèse.

« Mon Dieu que je suis contente... C'est bien, très bien. Tu vois ! lorsque tu veux... ! »

Mon frère qu'on oubliait, devant ce nouveau déferlement de tendresse s'était rapproché.

« Dis, maman, qu'est-ce que c'est qu'une mention ? Ça se mange ? »

Tout le monde rit beaucoup. Enfin l'atmosphère se détendit, et Paul consentit à donner l'explication à mon frère, rouge de confusion.

« Non ça ne se mange pas, et ce n'est même pas une médaille en chocolat, mais c'est beaucoup mieux que cela, c'est une distinction, une preuve qui, au cours d'un examen, suffit à elle seule à attester que le candidat a passé la barre “haut la main”. »

Puis Paul conta et reconta en détail cette journée mémorable dont j'avais été le héros. Je jouissais de mon succès. On a beau vouloir rester modeste il y a des occasions où il est bien difficile de cacher son orgueil. J'étais ce soir-là plus gonflé qu'un dindon.

« Et sans cette maudite faute d'orthographe, un seul r à charrette, quel dommage ! Je ne m'en consolerai jamais Marie-Thérèse, c'est la mention très bien que nous décrochions... »

En plein silence mon frère siffla d'admiration. Puis, jugeant probablement que des sommets venaient d'être atteints et que j'avais été assez longtemps l'objet de l'intérêt collectif, il ajouta le plus naturellement du monde : « Bon ! et si nous allions nous coucher ? j'ai sommeil maintenant. »

Je le fusillai, je le fusillai du fond du cœur, il venait de briser l'enchantement d'une soirée inoubliable. Comment avoir si peu d'à-propos ! Comment pouvait-il être question de considérations aussi bassement habituelles un jour pareil ! J'essayai de reprendre la situation en main mais ce fut peine perdue. L'ambiance s'était relâchée, le charme était rompu. Maman Louise avait repris sa cape, et ma mère, brusquement prenant conscience de l'heure, partageait l'opinion de mon frère.

« Ces enfants sont certainement morts de fatigue. Assez d'émotions pour aujourd'hui, nous tombons tous de sommeil. Allez ! au lit. »

Et Paul qui paraissait pourtant, tout comme elle d'ailleurs, en pleine forme fut de cet avis.

* *
*

Le lendemain d'un jour aussi important que le certificat d'études était un jour chômé ; d'ailleurs, chômé ou pas, il se trouvait que c'était un jeudi, je m'en souviens fort bien. La famille avait fait la grasse matinée et il était bien près de 10 heures lorsque je refis surface et descendis la rejoindre autour du traditionnel bol de café au lait.

« Tu vois, je te l'avais pourtant répété cent fois, charrette, charreton, charretier prennent deux r, alors que chariot n'en prend qu'un. »

Décidément la pleine gloire est chose éphémère et n'est jamais sans tâche ! J'en faisais l'expérience dès ce jour.

Néanmoins, malgré le fait peu délicat en lui-même (je le notai au passage) de persister à signaler qu'il pouvait, même si elle n'avait été attribuée, y avoir une mention supérieure à la mienne, Paul se déclara satisfait.

« Nous avons réfléchi ta mère et moi cette nuit (et cette réflexion avait dû être longue si j'en jugeais par les yeux battus de Marie-Thérèse), nous avons réfléchi et je pense qu'à la faveur de cette mention ton admission directe en cinquième devrait être possible. En mathématiques il n'y a pas de problèmes (curieux !), en orthographe, en français et en grammaire non plus, tu es largement au niveau… Il reste les langues ! Évidemment ! Qu'en penses-tu ? »

Oh ! je n'avais guère d'idées. Sixième, cinquième, tout cela me paraissait encore bien loin, et en vérité me laissait indifférent. Un temps suffisant, que je ne voulais surtout pas mesurer, me séparait heureusement encore de ces perspectives prévues et inévitable et, d'ici là, il y avait les vacances !

Des vacances que je me promettais bien de réussir, mis à l'abri, comme je l'espérais, des tracasseries de Paul grâce à mon succès. Je n'allais tout de même pas assombrir tout cela par la perspective prématurée d'une rentrée.

Il y avait deux mois, que dis-je ? deux mois et demi dont je me promettais bien de profiter, de pleine liberté, de ciel bleu, de saine fatigue à courir les prés, les bois et les champs en compagnie de mon frère avec Fox sur nos talons, loin de la sphère de Paul et de Marie-Thérèse. Après cela, il serait toujours temps de voir venir.

« Bon eh bien voilà, je vais écrire au principal de ton futur collège. J'ai entendu parler de lui en termes élogieux ; c'est un homme compréhensif instruit et de conseil. Je lui soumettrai ton cas et lui demanderai son avis. S'il accepte de te prendre à la rentrée en cinquième nous aviserons. Je n'ai malheureusement aucune connaissance en anglais puisque je n'ai fait moi-même que de l'allemand mais je demanderai à ma sœur qui vient juste de terminer son B.S. de te prendre en charge. En deux mois de travail assidu, tu dois pouvoir rattraper ton retard… »

J'en eus un haut-le-cœur, le souffle coupé et ma cuillère resta en suspens. Ça y était !… La rançon du succès !… La tuile !

J'implorai ma mère du regard.

« Ma tante viendra ici chez nous ?

– Non bien sûr, mais tu iras chez ton oncle, je suis certaine que tu t'y plairas. »

Bon ! tout le monde me lâchait et se liguait contre moi. Je le sentais bien, tous mes efforts seraient inutiles. Je quittai la table les larmes aux yeux.

« Mais aussi quelle idée as-tu eue de "rapporter cette mention" ? Tu ne pouvais pas te contenter d'être reçu comme tous les autres ? Imbécile ! »

Mon frère était venu me rejoindre et essayait de me consoler.

« Ah si seulement on pouvait faucher cette lettre au facteur ! Malheureusement ce n'est pas possible, il ne pose jamais son sac ni pour boire ni pour manger… Oh va, ne pleure pas, il ne répondra peut-être pas ce principal. Allons jouer. »

Hélas, la réponse à la lettre de Paul devait bien revenir ! Elle n'avait même pas pris le plus petit retard.

Qu'avaït écrit mon père au lendemain de l'euphorie de la victoire ? Je n'en sus très exactement rien, toujours est-il que j'étais admis par « faveur exceptionnelle » en classe de cinquième dès la rentrée d'octobre.

« Un sujet excellent peut certainement remonter le handicap d'une année de langue vivante, mais il serait bien regrettable que vous ne fassiez faire du latin à votre fils. S'il est un sujet valable et travailleur, ce que je crois, une année de latin elle aussi est récupérable. En deux mois, au cours des vacances, avec quelques leçons particulières vous pouvez commencer à combler cette lacune. Sauf contrordre, c'est donc en A' que je l'inscrirai dès la rentrée avant de l'inscrire en A lorsque le démarrage du grec se fera. Croyez-moi, cher monsieur, se priver de l'apport indispensable de ces deux langues, dont la méconnaissance (bien qu'elles soient mortes) rendrait illusoires toutes humanités sérieuses, serait une grave erreur. »

Paul était dans l'embarras !

J'espérais… Mon orgueil après tout s'accommoderait fort bien d'une entrée normale en sixième. Mon camarade Henri qui devait m'accompagner dans ma migration s'était bien rangé à cette solution facile ! Pourquoi pas moi ?

Mais Paul décidément tenait à son idée et n'en voulait pas démordre.

« Tu entreras en cinquième. C'est un an d'avance et ça compte dans la vie. Un jour, tu me remercieras. »

Et immédiatement toutes les solutions furent envisagées. Un élève voisin de quelques kilomètres, chevronné et acharné des grandes classes, fut pressenti. En l'occurrence, s'il acceptait, on demanderait à ma tante de venir à la maison… Hélas, ne se sentant pas de force, ce dernier se récusa.

Ce fut alors que Paul eut son inspiration.

« Le curé bien sûr. Il parle latin couramment celui-là… Bonsoir, il suffisait d'y penser ! »

Notre commune n'avait pas de curé ; qu'importe ! La cure de Troche était pourvue. Tout s'arrangeait. J'allais tout avoir au même endroit : la tante, le curé, l'anglais et le latin. Il suffisait sans retard de mettre tout cela en chantier.

« Et tu vois l'intérêt d'avoir fait une première communion ; nous aurions bon air aujourd'hui d'aller demander un tel service à un prêtre si l'on s'était singularisé l'année dernière. L'Église est une force et il faut pouvoir l'avoir de son côté. »

Ma tante, l'âme pieuse de la famille, avait des accointances avec l'Église. Monsieur le curé acceptait de nous rendre ce service.

« Bien que cette tâche me paraisse énorme. Une année en quatre semaines ! Non, ce n'est pas possible, il faudra se limiter à l'essentiel, faire des coupes. Enfin, je ferai de mon mieux ».

Paul fut donc bien reçu par Monsieur le curé, d'autant mieux qu'il avait fait précéder sa visite d'une courtoise expédition de quelques bouteilles d'un vin de Chablis qui, pour n'être pas un vin de messe, n'en était pas moins de belle qualité.

« C'est entendu, quatre heures par jour. Il peut venir dès ce lundi. Me régler ? Pensez-vous, vous voulez rire. »

Et Paul pensa à ses défunts, estimant que quelques messes urgentes étaient de toute nécessité.

« Je les dirai au cours de ce mois, ainsi votre fils pourra en profiter en unissant ses prières aux miennes.

Six semaines dantesques allaient commencer pour moi et j'en garde un atroce souvenir.

Mon curé et ma tante ne furent pour rien dans ce qui suivit. Les programmes seuls furent en cause, et pour ma part j'allais vérifier le bien fondé de la fable de Monsieur de La Fontaine, *Le Lièvre et la Tortue*, à la différence près qu'à l'encontre du lièvre je n'atteignis jamais le but.

* *
*

Mon curé était un homme paisible, affable, rond de ventre, d'opinions sans éclats, et cela malgré une nature généreuse qui gonflait sa soutane et nécessitait, pour être entretenue, de bons repas. Il jouissait de la bienveillante affection de ses ouailles dont il partageait les tracasseries au point de descendre dans l'arène lorsqu'il les voyait en difficulté.

« Le temps presse Justin ! Il vous reste encore tout ça à rentrer ? Bon, donnez-moi un râteau, avec l'aide de votre curé et celle du bon Dieu, nous aurons fini avant que l'orage n'arrive. »

Il bénéficiait d'une grande popularité.

La vie d'un prêtre est une vie organisée : offices réguliers, repas aux horaires précis, lectures évangéliques entretemps tout en ménageant un petit répit plus ou moins long pour la sieste ou la méditation. C'est cette dernière partie du programme qui m'avait été momentanément sacrifiée. Deux heures le matin, deux heures le soir, sous la charmille au fond du jardin, sur une petite table en bois blanc au milieu des fleurs, des oiseaux, des concombres, des melons, et du bourdonnement des abeilles amies, car mon curé était aussi apiculteur. Cela aurait pu être parfait sans cette satanée grammaire latine, et cette coquine habitude de sieste si bien établie, salvatrice pour moi, mais qui coupait tout au milieu de l'explication la plus opportune.

Que faire devant Dieu endormi ? Le laisser dormir bien sûr ! et c'est ce que je faisais, sans bruit, profitant pour m'évader par la pensée en une longue promenade qui me conduisait en compagnie de mon frère, de Fox, d'Adrien et de ses vaches.

Mon curé reprenait en douceur contact avec les réalités et repartait, sans que je paraisse y prendre garde, dans le fil de ses explications. Seule la pendule tenait compte de nos absences communes dont l'un et l'autre nous accommodions fort bien.

« Pour ce premier jour vous m'apprendrez les déclinaisons, et vous vous familiariserez avec les différents temps : nominatif – vocatif – datif et ablatif, et prenez l'habitude de prononcer comme il se doit : *dominus* – domin*ous* : le maître, bonus – bon*ous*, *bonum*, bon*oum*. »

Je m'y appliquai, mais à ce rythme en une huitaine ce fut dans ma tête un brouillamini épouvantable. Les déclinaisons se mêlaient, les verbes devenaient confus, les tournures de phrases m'échappaient et mes premiers thèmes furent d'un pathos désespérant.

De son côté ma tante mettait elle aussi vapeur toute.

« Du vocabulaire… C'est du vocabulaire qu'il te faut acquérir. Tu apprends cinquante mots nouveaux tous les jours. Tu me les réciteras, et le soir tu te les répéteras avant de t'endormir. »

J'essayai. Cela me fit le même effet que les moutons. Avant le dixième, et fort heureusement pour moi, je m'endormais.

« Une langue vivante, cela se parle. Tu me demandes le pain, le vin, l'eau, le couteau, c'est un excellent exercice. »

Les exemples suivaient dans une phonétique qu'hélas mon noviciat ne me permettait pas d'apprécier et que je ne devais jamais plus rencontrer.

Là aussi j'essayai ! Puis rapidement je me décidai à me déranger moi-même, c'était plus simple, et j'allais récupérer dans le tiroir la fourchette ou la cuillère qui me manquait.

« Tu ne fais aucun effort ! »

Et si, j'en faisais des efforts, du matin au soir semaine et dimanche compris, pataugeant dans les barbarismes, les solécismes et l'amoncellement des mots nouveaux ; et j'en faisais surtout pour refréner cette envie lancinante qui me venait de temps à autre de tout abandonner et de rejoindre à travers champs le chemin de ma maison que je distinguais par la pensée, là-bas, sur son monticule élevé. Mais l'image de Paul, indissociable de celle de la maison, suffisait à me ramener à des idées plus sages et à me dissuader.

Naturellement je me devais également d'aller à la messe chaque dimanche. Paul avait été formel sur ce point.

« Le contraire serait impensable, voire injurieux, vis-à-vis d'un homme qui se dévoue pour toi. La moindre des choses est d'être poli. »

J'allais donc à la messe par politesse, à celle de 10 heures, la plus longue, coupant aux vêpres malgré tout.

« Essayez de comprendre », m'avait dit Monsieur le curé dès le premier office.

Privé de missel, je fis de mon mieux. J'accrochais quelques bribes : *dominus* : le maître, *domine* : au maître, mais cela n'alla pas loin.

Il y avait des passages curieux dans cette messe. En particulier un «… *tutuo* » qui revenait sans cesse… étrange !

Et ce fut une petite catastrophe le premier jour où je me laissai glisser vers une de ces interprétations libres et fantaisistes auxquelles par la suite je ne sus jamais résister.

« Tutu haut » certainement je devais commettre un non-sens, mais c'était drôle, et cela aurait cadré dans un office musulman…

En plein recueillement général (on était trois pelés et un tondu) je me mis à rire comme un benêt. Mon curé me regarda avec étonnement. Ma cervelle se vida. Je n'avais pas voulu le scandale, mais j'eus droit le lendemain à des reproches attristés.

Je résolus d'arrêter là pour un certain temps tous mes essais de traduction.

« Abêtissez-vous » avait dit Pascal et « vous trouverez la foi ».

Je le fis quatre semaines durant. À la cinquième j'y trouvai non la foi mais le sommeil, et je m'effondrai entre deux chaises au moment même de l'élévation.

Les lieux saints ne me valaient rien. Il était grand temps que tout cela finisse.

II

JE RENTRAI HÉBÉTÉ À LA MAISON. Je n'avais plus d'appétit, j'étais paraît-il jaune comme un coing, et mes nuits étaient agitées, peuplées de bredouillantes obsessions.

Paul fut impressionné, et Marie-Thérèse vraiment inquiète pensa sérieusement que je devais couver quelque sournoise maladie. Pour la première fois, elle, toujours si indifférente et si détachée à l'égard de certaines contingences, me soumit à un interrogatoire poussé dont elle ne devait d'ailleurs pas tirer grand-chose.

« Non, je n'avais pas encore vomi, non, je n'avais pas envie de vomir. »

« Bien sûr, tous les jours, et ce n'était ni dur ni mou et cela sentait ni bon ni particulièrement mauvais.

– Paul, si ce n'est pas le foie, c'est le latin… Tu verras Paul que ce latin ne lui réussira pas. J'en ai l'intuition. D'ailleurs je me demande bien ce que l'on peut tirer d'une langue morte que l'on ne parle plus qu'en soutane ou chasuble ! Je pense qu'il serait plus sage de le lui faire abandonner dès maintenant…

« De toute façon tu vas me le laisser en paix, et je m'oppose à tout travail pendant les quinze jours qui le séparent de la rentrée. Il a vraiment trop mauvaise mine !

– Marie-Thérèse, tu as lu comme moi la lettre de Monsieur le Principal. Le latin et le grec sont le privilège et l'apanage des études secondaires, or ce sont des études secondaires que notre fils va entreprendre ; il fera donc du grec et du latin comme il s'impose. Ce ne serait pas raisonnable de renoncer après un mois d'essais. Et puis je vais te répéter ce que m'a dit Monsieur le curé : "Pour le moment tout est confus chez ce garçon, laissez-le décanter. Tout s'éclairera dans quelque temps." Or on peut faire confiance à ce prêtre, n'oublie pas qu'il a lui-même enseigné dans des écoles religieuses renommées. »

Et je devais décanter pendant six ans sans le moindre succès !

« Bon, va jouer… J'avais l'intention de reprendre avec toi quelques révisions importantes, mais puisque ta mère s'y oppose j'y renonce. Ta grammaire, tu ne peux tout de même pas l'avoir oubliée en un mois ! Il paraît d'ailleurs que l'on y revient sans cesse en faisant du latin, quant aux mathématiques à quoi bon ? Tu n'en feras guère dans l'avenir. »

Et devant mon air étonné :

« Bien sûr c'est à l'algèbre que tu vas te mesurer, puis à la géométrie plane d'abord et dans l'espace par la suite. Dans ces matières tu seras logé à la même enseigne que tes futurs camarades, il te suffira de t'accrocher et de suivre le mouvement. »

J'étais perplexe. Ces révélations jetées en vrac toutes à la fois, en un pareil raccourci, loin de me rassurer me pétrifiaient !

Mon frère à mes côtés, admiratif au départ, était devenu compatissant puis consterné.

« Je te plains ! Je te plains sincèrement ! Qu'est-ce que tu te prépares comme emmerdements… Je t'assure bien que pour ma part on n'est pas prêt de m'y attraper, et que je ferai en sorte de ne l'avoir jamais, ce certificat. »

« Ah voyons ! au passage : te rappelles-tu l'orthographe de charrette, charretier et chariot ? »

Allons bon ? Ça allait recommencer ! J'avais le feu vert. Avant que Paul ne revienne sur sa décision j'en profitai pour disparaître avec mon frère. Sait-on jamais ce qui peut passer par la tête d'un père surtout lorsque celui-ci est enseignant !

Vingt-quatre heures après, j'avais de nouveau les joues roses, le teint frais, et j'avais retrouvé mon sommeil et toute mon habituelle vitalité.

L'agitation s'était emparée de la maison, mais c'était du côté de ma mère que l'activité se déployait dans toute son ampleur, fébrile, intense, inaccoutumée. Elle avait laissé de côté ses travaux personnels d'aiguille et se consacrait depuis plusieurs semaines exclusivement à mes préparatifs.

« J'ai reçu il y a déjà un mois la liste de ton trousseau. Je ne m'attendais pas à de telles exigences ! Heureusement que j'avais par avance prévu bien des choses. Te rends-tu compte des sacrifices et des frais que cela engage ?

« Six draps pour lit en un mètre dix
Douze serviettes à toilette avec gants
Six chemises
Six paires de bas
Deux maillots de corps
Deux gilets
Six caleçons (Le slip n'était pas encore à la mode.)
Deux couvertures
Un édredon

Deux paires de chaussures (Je les ai prises noires toutes les deux, ne compliquons pas les choses.)

« Ton père en avait moins lorsque je l'ai épousé ! Et tout doit être marqué à ton chiffre. Ah, au fait : c'est le treize que l'on t'a décerné ! J'y vois un signe favorable du destin ! C'est un chiffre porte-bonheur… Je pensais tout marquer à la main mais j'y ai renoncé. Ce serait un temps perdu inutilement. Il existe des numéros tout prêts je les ai commandés à Limoges, je les attends. Quant à maman Louise elle tricote pour toi sans arrêt et elle est dans les temps. Tes bas sont presque terminés. Il ne reste plus qu'un gilet à faire. J'ai commandé tes chemises à notre voisine la mère Pauline et, si elle n'avait pas comme toujours quelques ennuis avec tes cols, elles seraient déjà terminées. Je pense que tout sera prêt à temps.

« Ah ! puis, il te faut deux paires de culottes pour tous les jours ! Et il n'est pas question que tu emportes celles de velours que tu conserveras pour tes vacances. Nous devons donc revoir ton oncle Henri pour qu'il s'occupe de tout cela dès la fin de la semaine. En même temps il fera le premier essayage de ton uniforme… Car il te faut encore un uniforme ! Heureusement qu'il ne t'en faut qu'un d'ailleurs, car sinon ce serait la ruine ! »

Mon oncle avait reçu le tissu de mon costume.

Je fus déçu… En guise d'uniforme je n'avais vu que la tenue de Paul… Je concevais donc la mienne bleu horizon comme celle de mon père, or c'était bleu marine qu'on m'imposait.

Mon oncle dut intervenir.

« Mais voyons ! Tu ne te voyais tout de même pas déguisé en soldat ? »

En soldat, bien sûr que non ! mais en bleu horizon, bien sûr que si ! Et j'étais désappointé.

« Je vais te faire une veste croisée à quatre boutons dorés, avec deux boutons plus petits à la couture de chaque manche, et tu auras deux palmes d'or en relief fixées sur tes revers. Tu verras, tu seras superbe. Fais-moi confiance. Et puis tu auras une casquette avec visière de cuir… Décidément Marie-Thérèse, touchez-moi ce drap, il est lourd ! Il est très beau. »

J'étais un peu réconforté… Néanmoins… Enfin !

La question du pantalon se posait. Long ou court ?

C'était un point litigieux qui nous divisait ma mère et moi depuis quelques semaines. Elle était pour le court, j'étais pour le long, bien entendu.

« Ne pensez-vous pas, Henri, qu'à son âge des culottes seraient préférables ? Il va grandir, c'est certain, et envisager un autre costume l'année prochaine c'est hors de propos ! »

Pour la teinte j'avais bien dû céder ; pour la longueur je manifestai plus que violemment ma mauvaise humeur, et à tel point, que cette fois, mon oncle crut bon de venir à mon secours.

« Écoutez Marie-Thérèse, je pense que tout cela est conciliable et peut s'arranger. Puisqu'il y tient je vais lui faire un pantalon, mais je vais faire en sorte de laisser un ourlet assez large et des revers qui permettront de rétablir l'équilibre à la rentrée prochaine s'il le faut. »

J'avais gagné, je supportai allégrement l'essayage, j'étais heureux.

Mon pantalon était parfait !

On l'avait conçu comme je le désirais. Long, un peu trop long peut-être même, car il arrivait fréquemment que mes talons en mordent les extrémités.

Misère ! pauvre de lui !… et il resta, qui plus est, une année entière sans surveillance !

Lorsque je me représentai l'année suivante devant mon oncle pour la retouche prévue, c'était un vrai désastre.

L'extrémité des jambes n'était plus que franges, les revers avaient disparu et je ressemblais à nos hippies actuels à une époque où ils n'étaient encore ni conçus ni concevables.

« Henri, regardez-moi ça !... Nous ne retrouverons jamais le même tissu ! Refaire les frais d'un autre costume, en voyant comment il les traite, il n'en est pas question ! Que peut-on faire ? »

Henri était consterné.

« Marie-Thérèse, je ne vois qu'une solution, une seule ! En tirer une culotte en coupant à mi-cuisses...

– Eh bien Henri que voulez-vous, tant pis ! coupez... coupez... Il l'a bien cherché. »

Et c'est ainsi, qu'après avoir eu un uniforme à pantalon long en cinquième, je me retrouvai avec un uniforme en culotte courte en quatrième.

Lorsque le principal, avant la promenade rituelle hebdomadaire, nous passa en revue il en fut soufflé ! Ma mutation dans un sens plus qu'inattendu l'interloqua, et, son étonnement fut à son comble lorsqu'il me vit le lendemain dans notre cour jouer avec un pantalon de tous les jours tombant sur mes talons.

J'étais le seul élément de son établissement à avoir réussi cet exploit : être en cinquième en pantalon court en semaine et long le dimanche, et en quatrième en pantalon long la semaine et court le dimanche. Pour cet homme je représentais un cas, un cas inexplicable. Et cela dut le troubler longtemps car, chaque dimanche, devant la colonne en rang, il s'arrêtait à mon niveau et me regardait avec la même insistance et le même intérêt, levant d'abord les sourcils, puis les épaules, avant de s'en aller.

Un autre costume s'étant cette fois imposé à mon entrée en troisième, grâce à un pantalon de golf (suprême élégance), cette facétie s'arrêta. Et ce fut heureux, car d'après mes calculs, si les événements avaient continué dans le même sens, c'est à n'en pas douter en culotte courte ou à la rigueur en bermuda que j'aurais attaqué l'année ultime de ma philosophie.

Je pavanais, casquette sur la tête, devant mon frère.

« Tu es magnifique ! Tu ressembles à un amiral ! »

Ma mère fut interloquée.

« Pourquoi à un amiral ? Tu as déjà vu un amiral ?

– Je n'en ai jamais vu, mais ils sont certainement comme lui, en bleu marine, puisqu'ils vont sur la mer… »

Et il avait raison !… Mon frère était déjà un déductif !

Cela faillit déclencher chez moi une vocation subite, et d'autant plus subite que, renseignements pris auprès de ma mère, point n'était semble-t-il besoin de faire du latin pour devenir amiral.

« Ah ! puis, tu as une boîte à toilette complète : un démêloir, une brosse à cheveux, une brosse à habits, deux savonnettes (je levai les bras au ciel) et une brosse à dents avec du dentifrice… Tu tâcheras de t'en servir de temps à autre. »

J'acquiesçai. Pourquoi contrarier ? On verrait bien !

« Puis tu as une boîte à chaussures avec une brosse pour passer le cirage, une brosse pour faire reluire, un chiffon pour lustrer et deux boîtes de cirage au Lion Noir. Sais-tu te servir de tout cela ? »

Je fis non de la tête. Il ne pouvait être question de mentir, nos souliers ayant toujours été le cadet de nos soucis !

« Eh bien voilà une excellente occasion d'apprendre tous les deux. Toutes les chaussures sont dans l'escalier de la cave. Entraînez-vous. Elles en ont toutes un fameux besoin. Tant que vous ferez ça, vous ne ferez pas de sottises. »

Ma mère avait l'art de savoir tirer parti des circonstances !

Durant une demi-heure, tant que nous eûmes du cirage, nous œuvrâmes à tour de bras. Ce qui fit que le soir même, une petite dispute ayant éclaté entre nous, nous ressemblions à deux nègres, et que le dimanche qui suivit tout le monde reluisait de cirage noir, même notre mère qui habituellement ne portait que des souliers marron.

Ma caisse à provisions avait été réalisée par un artisan local. Elle avait été prévue en bois de chêne, compartimentée, solide, lourde et spacieuse comme il convenait pour une caisse qui ne pouvait être remplie que tous les trois mois. À droite : les fruits, des pommes (il n'y avait que ça dans le pays), au milieu : les boîtes de conserve (ma mère avait prévu en conséquence l'hiver dernier) enfin à gauche : un refuge étroit pour les sucreries, le chocolat et les friandises.

« Je ne la garnirai qu'à la dernière minute, cela te fera une surprise et cela vous évitera à tous les deux des tentations. »

Ma caisse fermait bien sûr « hermétiquement » et Paul, pour la rendre inviolable, m'avait acheté à la foire un magnifique cadenas d'avant-garde rond à chiffres et à secret. Ce cadenas faisait mon admiration. Quatre chiffres mis en ligne constituaient le sésame ouvre-toi. L'engin une fois pour toutes mis en condition grâce à une opération mécanique des plus simples, seul le détenteur du secret était en principe capable de l'ouvrir. Je dis en principe, car j'appris par la suite – plus d'une fois à mes dépens – combien, avec un simple mouchoir et un rien de patience, il était facile d'en venir à bout.

« Voilà un cadenas solide et dont tu ne risques pas de perdre la clé. Je lui ai donné ma préférence pour cette raison. Sur quel chiffre vas-tu le programmer ?

– … treize, hasardai-je. C'est mon numéro de trousseau je ne risquerai pas de l'oublier… Treize et deux zéros…

– Comment treize ? C'est un nombre que le premier venu pourra lire sur ton tablier ! Deux chiffres alors que tu disposes de quatre ! Allons, un peu plus d'imagination ! voyons ! tu n'as jamais eu la mémoire des dates, c'est le moment d'en profiter… Austerlitz ?

– 1805.

– Wagram ?
– 1809.
– Le sacre de Napoléon ?
– 1804.
– Waterloo ? »
Je restai muet… J'avais oublié !
« Bien… 1815. C'est 1815 que tu vas choisir. On ne doit jamais perdre une seule occasion d'apprendre. Tous les jours à 4 heures dorénavant en faisant ce nombre, qui se gravera ainsi indélébilement dans ta mémoire, tu te souviendras de cette date essentielle de l'histoire de la nation. N'oublie pas que si cette défaite n'avait pas eu lieu, le destin du monde en aurait probablement été radicalement changé… »

Et quinze jours après, devant ma caisse « hermétique » : « Austerlitz 1805, Wagram 1809, Waterloo ?… » Merde ! Je me rappelais le mot de Cambronne, la date par contre, encore une fois, m'échappait. C'était à croire que mon subconscient ne voulait retenir que des victoires !

Le grand Paulo passait. Un des rares des grandes classes que je connaissais, et que tout le monde connaissait d'ailleurs, puisqu'il reprenait depuis quatre ans avec une belle obstination sa même année de rhétorique.

« Dis Paulo, Waterloo, quelle date ? »

Crut-il que je voulais gratuitement le narguer en mettant ainsi ses connaissances à l'épreuve, ou crut-il que c'était là la seule réaction valable pour camoufler une ignorance notoire, toujours est-il qu'il me gratifia d'un magistral coup de pied au cul.

« Ça t'apprendra à vouloir te rendre intéressant et à faire de l'ironie ! »

Et c'est ainsi que, n'ayant pas sous la main de document valable auquel je puisse me référer, je dus manger mon pain sec une semaine durant, pendant que mes pommes, à l'intérieur de ma caisse toujours hermétique, l'une après l'autre se gâtaient.

Ma mère s'occupait du linge, Paul de tout le reste.

« Voilà deux douzaines de cahiers. Cela t'évitera d'être dans l'embarras les premiers jours et te dispensera d'un achat inutile par-dessus le marché. »

Suivaient les buvards, les gommes, les crayons, les porte-plumes avec des jeux de plumes extravagants comme je n'en avais jamais vu, et dont je ne devais jamais me servir, une boîte de compas « de précision ! Ménage-la, elle coûte cher » et enfin, fin du fin, une équerre et un rapporteur transparents.

J'inventoriais et prenais possession du tout, rangeant l'un après l'autre chaque élément. Cela couvrait toute la table ! Il est vrai que la règle à dessin et la planche, toujours d'origine artisanale, qui l'accompagnait, tenaient à elles seules une partie de sa surface.

Mon frère était attentif autant que moi.

« Oh dis donc, elle arrive trop tard celle-là ! Si on avait eu ça pour faire un jeu de dames ! Tu parles, vingt boutons blancs, vingt boutons noirs et le tour était joué. »

C'était une idée que je notai au passage et que je devais exploiter par la suite en transformant à l'encre de Chine une de ses surfaces en damier pour tromper les heures de dessin jugées trop longues à mon gré.

« Où êtes-vous les enfants ?... Qu'avez-vous fait du couvercle de ma malle ?... Marie-Thérèse, as-tu vu les enfants ? »

Le ton sur lequel avait été proférée l'interrogation et la descente accélérée de mon père dans les escaliers du grenier avaient suffi à nous mettre en état d'alerte, et prudemment nous nous étions esquivés.

Les enfants étaient introuvables...

« Ils étaient pourtant là, Paul, il y a quelques minutes. Qu'est-ce qu'il t'arrive ?

– Ma malle ! Viens voir dans quel état ils ont mis ma malle ! Elle n'a même plus de couvercle !... Ce couvercle a été dévissé. Ce sont les enfants... Marie-Thérèse, cette fois je les assomme. Dans quel état sera ce couvercle lorsque je vais lui remettre la main dessus ? »

Question inutile ! Paul ne devait plus jamais revoir son couvercle. Il y avait belle lurette que, transformé en luge, il s'était désintégré un hiver en sautant des rigoles glacées sur la pente d'un pré.

Notre apparition n'eut lieu qu'à la nuit tombante. Il y eut des explications. Elles n'aboutirent à rien... Nous fûmes d'un mutisme complet, d'une ignorance totale, et pourtant Paul en l'occurrence ne lésina pas sur les moyens.

« Tu te rends compte Marie-Thérèse, une malle presque neuve ! Sur laquelle je comptais ! Comment allons-nous faire maintenant ?... Oh ! vois ! si nous ne trouvons rien d'autre d'ici là, il prendra ma cantine militaire. Ça lui fera les pieds ! Tant pis pour lui s'il est ridicule. »

La cantine extraite immédiatement de la soupente s'avéra trop petite dans de très larges proportions. Elle n'admettait ni ma caisse à provisions ni ma planche à dessin. Il fallut y renoncer.

« Heureusement pour toi ! Tu te rends compte ! Un amiral avec une cantine de troufion ! Tu aurais eu bon air ! »

L'heure n'était pas à la plaisanterie, mon frère prit au passage une dernière calotte du troufion offensé.

« Bon ! Marie-Thérèse, il s'agit d'aviser dès demain. Nous n'avons pas le temps de commander une vraie malle, heureusement je connais un vannier dans les environs qui peut-être serait susceptible d'avoir quelque chose... Et ce sera moins cher malgré tout. »

Paul n'avait pu la mettre à l'arrière de la voiture. Elle arrivait sur le toit de la C 4 G, sanglée et haubanée dans un lacis de cordes aussi grosses que le doigt.

« Il n'y avait rien d'autre de disponible... C'est grand, bien sûr, je sais. J'ai hésité mais que veux-tu, il m'a fait un gros rabais. C'était une commande laissée pour compte et qui, je l'ai bien compris, encombrait par sa dimension tout son atelier. J'ai cru bien faire et je n'avais d'ailleurs pas l'embarras du choix.

– Paul tu as eu raison et c'est parfait. »

C'était une malle impressionnante, gigantesque, en osier tressé, qui dans une gare aurait à elle seule attiré la suspicion. Trois ou quatre cadavres auraient été susceptibles d'y prendre place sans y être gênés.

À son arrivée, mon frère et moi nous nous en étions emparés et notre première réaction avait été de nous y enfermer.

« Mais non de non ! Voulez-vous sortir de là ! Vraiment, vous avez le diable dans la peau ! Marie-Thérèse, c'est malheureux mais ces enfants ont le génie de la destruction. Tu verras qu'ils arriveront à me l'écraser comme l'autre avant le départ. »

Grâce à Dieu et surtout à la surveillance de Paul il n'en fut rien.

Garnie, couvertures et édredons compris, elle était encore à moitié vide. Paul solidarisa le couvercle avec une tringle de fortune et un fil de fer et, à la ronde, calligraphia mon adresse future.

Elle devait partir par le chemin de fer trois jours avant mon propre départ, et j'assistai avec un serrement de cœur à son expédition.

Le compte à rebours venait de commencer.

Ô temps inexorable ! (Tout le monde connaît la suite.)

Nous étions déjà à la veille du départ ! Mon uniforme neuf avait quitté l'armoire et me rappelait que dès le lendemain j'allais étrenner le linge du trousseau.

« Tu vas me faire une toilette sévère. Ton père et toi avez rendez-vous avec M. le principal demain soir, et tu sais l'importance d'une première impression ?

– Même les pieds ?

– Bien sûr ! même les pieds, en voilà une question ! Certes je sais bien qu'il ne te fera pas enlever tes chaussettes, mais quand même ! N'aurais-tu pas honte demain soir en allant au lit devant tes petits camarades ? »

Apparemment non !

Mais je m'exécutai néanmoins de pied en cap avant de m'asseoir à table pour le dernier repas familial. J'avais l'état d'âme d'un condamné à mort la veille de son exécution.

« Dis donc Paul, il me semble que nous avons oublié quelque chose ! N'est-il pas stipulé en toutes lettres que l'élève, dans la mesure du possible, doit avoir un correspondant ?… »

On n'y avait pas pensé ! On avait oublié ce point de détail ! Personne n'avait été pressenti !

Paul se gratta la nuque.

« “Dans la mesure du possible”, remarque bien Marie-Thérèse, mais tu as malgré tout raison, ne mettre personne pourrait être mal interprété. Écoute : nous allons momentanément indiquer à tout hasard une de mes anciennes relations. Je l'ai perdue de vue mais cela n'engage à rien et n'a pas d'importance… D'ailleurs à quoi pourrait lui servir un correspondant ? Les études des jeudis et des dimanches lui seront plus profitables que des sorties pendant lesquelles il perdrait royalement son temps. »

Et se tournant vers moi qui étais scandalisé :

« N'oublie pas que tu t'engages dans une année de rattrapage ! On avisera l'année prochaine s'il y a lieu. »

Ainsi fut fait ; et je devais par la suite, ce point de détail n'ayant jamais été reconsidéré, me contenter d'un correspondant fictif, d'un correspondant dont j'ignorais le nom, et qui, lui, devait ignorer jusqu'à mon existence, car je n'eus jamais aucune surprise de son côté.

« Ah ! J'allais par contre omettre une chose plus importante. Je ne t'ai donné ni enveloppes ni timbres. Je vais réparer cet oubli et t'en préparer une douzaine dès ce soir toutes timbrées. Ce sera pour toi autant de sauvé sur ton temps de travail de tous les jours. »

Décidément Paul espérait que cela allait barder et que j'allais en découdre.

Les internes devaient se présenter au collège dans la cour d'honneur dès dimanche entre 2 heures et 6 heures dernière limite.

Je plaidai résolument 6 heures.

« Mais malheureux, ce serait une erreur ! Nous risquerions d'arriver en retard, et dans ce cas je me demande ce qui se passerait ! Nous risquerions surtout de tomber en pleine cohue, ce qui gênerait mes manœuvres avec la voiture et pourrait compromettre notre entrevue avec "ton principal"… Non, non de 2 à 6 tu commenceras à t'acclimater. Tu pourras visiter l'établissement, et te distraire même en voyant arriver tes futurs camarades. Bref, tu prendras l'air du bureau. »

J'arguai que rien ne pressait ! Que j'aurais le temps de le faire par la suite !

« Mais voyons, pense également à notre retour, à une panne toujours possible… Et tu sais bien que je n'aime pas rouler de nuit. Les jours diminuent avec une rapidité effrayante, et à 5 heures la nuit tombe déjà… Non, non, dès que tu seras installé, nous te quitterons et nous repartirons sans perdre de temps... Mme Teilhaumas garde ton frère en notre absence, ne l'oublie pas. »

J'avais perdu d'avance, je n'insistai pas !

« Maman, tu viendras bien avec nous ?

– Mais oui, bien sûr, je viendrai et je te ferai voir à faire ton lit avant de repartir. Voyons, pourquoi fais-tu cette tête ? Tu ne seras pas seul ! Tu sais bien qu'Henri rentre avec toi. Vous serez ensemble. Voyons ! Enfin tu es un homme ! Lorsque l'on se permet de porter un pantalon long ! »

Je n'en étais pas si sûr ; et le pantalon n'apportait aucun courage à celui qui allait le porter. Par contre il y avait Henri ! Henri qui avait tété comme moi pendant six ans aux mêmes sources du savoir et que je connaissais comme un frère. C'était un élément positif, je m'y raccrochai.

« Puis vous viendrez tous les deux à la Noël !

– Et à la Toussaint ?

– À la Toussaint... Mais elle est dans quatre semaines ! Vous n'y pensez pas ! Vous serez à peine habitués. Voyons, ce ne serait pas raisonnable, pour trois malheureux jours ! Et au moment où ils sont les plus courts. Ta mère est certainement de mon avis. Tu en profiteras pour asseoir tes premières acquisitions en latin et apprendre quelques mots d'anglais de plus. »

Je plaidai désespérément la Toussaint. Je m'y jetai à corps perdu. Mais Paul avait réponse à tout et y mit un terme définitif.

« La Toussaint est la fête des morts que l'on honore, et nous sommes bien vivants que je sache ! Alors n'insiste pas, il n'en est pas question. »

J'avais encore une fois perdu.

Mon frère était allé chercher sur la pointe des pieds dans la cuisine le calendrier du facteur et dans notre lit me consolait.

« Vois ! Tu reviendras le 22. Trois jours avant la Noël. J'irai t'attendre à la gare. Ce sera long bien sûr, mais tu sais moi aussi je vais m'ennuyer. »

J'étais ému jusqu'aux larmes et je fis mon testament.

« Je te laisse mes billes et mes trois boulards. Tu garderas les deux qui sont en acier, mais tu donneras le boulard noir en marbre à Adrien. Je sais qu'il en a envie… Je te donne aussi mon lance-pierre. Tu ne le perdras pas ?

– Celui qui a la fourche fine en noisetier et les élastiques carrés ?… Tu dis ça pour rire ou pour de bon ?

– Pour de bon !

– Alors ça !… Ne te tracasse pas, je ne le perdrai pas ! Je l'aurai toujours dans ma poche, mais je te le prêterai pendant les vacances. »

Notre conversation se prolongeait.

« Tu feras attention à la cabane. Tu me diras s'il y pleut et si elle résiste au vent. Ah ! Puis tu me diras aussi si Folette a fait des petits qui ressemblent à Fox. Tu me le diras hein ?

– Oui, je te l'écrirai. Je demanderai à maman de me faire une enveloppe, je te raconterai tout et je la remettrai moi-même sans rien dire au facteur… Compte sur moi. »

Allons ? Je n'étais pas complètement coupé du monde ! Je finis par m'endormir.

III

LE DÉPART AVAIT ÉTÉ FIXÉ À 10 HEURES.

J'étais prêt, harnaché, déguisé, guindé dans mon costume neuf, n'osant bouger de peur de le salir. La C 4 G dont Paul avait fait une toilette minutieuse, presque aussi minutieuse que l'avait été la mienne, était sortie du garage, rutilante au milieu de la cour. Maman Louise avait bousculé sa messe de dimanche et était là. Mon frère, pour qui mon départ était déjà chose faite, refrénait son émotion et se donnait une contenance en clouant au hasard quelques planches sur une marche d'escalier. Quant à ma mère, elle se faisait attendre !

« Enfin, Marie-Thérèse que fais-tu ? Nous devons nous arrêter chez les parents d'Henri, nous allons perdre du temps… 10 heures… 11 heures ! Si nous voulons manger tranquillement en route il est temps de partir. »

Et comme Paul ne recevait aucune réponse, il partit à sa recherche.

C'est ce moment que maman Louise attendait.

Depuis son arrivée je la sentais nerveuse et, pour moi qui la connaissais si bien, les petits gestes qui animaient ses mains avaient toute leur importance. Il y avait quelque chose ! Quelque chose qui tenait du secret absolu, quelque chose qui certainement devait se traiter entre nous, et entre nous deux seulement. Je sentais chez elle cette ambiance qui présidait à nos rencontres lorsqu'elle devait à tout prix camoufler une de mes bêtises. Or il n'y avait pas eu apparemment de sottise récente ! De quoi pouvait-il bien s'agir ? Le moment était opportun, je n'allais pas tarder à savoir.

Elle s'était penchée à mon oreille.

« Dis-moi, a-t-on pensé à te donner de l'argent ? »

C'était donc ça !... La brave femme ! Mais oui, maman Louise, on m'avait donné de l'argent et j'avais mon pécule sur moi, dans une de mes poches.

« Mais oui, maman Louise. »

Et si je lui avais dit non, je suis certain que la pauvre femme aurait été prête à m'en donner sur ses propres économies. Je dus lui montrer mon porte-monnaie tout neuf pour la tranquilliser, et elle ne le fut pleinement que lorsqu'elle se fut assurée de son contenu.

« Fais attention à ne pas le perdre ou à ne pas te le faire voler. »

Elle était visiblement inquiète pour son nourrisson qu'elle savait désordonné et sur lequel elle n'allait plus pouvoir exercer sa protection.

« L'argent c'est important. Tu sais, tu en auras besoin ! »

Et elle savait bien ce qu'elle disait, elle qui économisait sou par sou, jour après jour, et si difficilement.

« Tiens, je t'ai apporté quelques caramels. De ceux que tu aimes. Ne dis rien, mets-les dans ta poche, tu les mangeras en pensant à moi. Et surtout ne fais pas le polisson ! »

Mon frère vint m'embrasser très vite. Et j'avais les yeux pleins de larmes lorsque la voiture démarra.

C'était une journée douce comme il s'en trouve si souvent en Corrèze à l'arrière-saison. Un ciel bas tamisait un soleil qui avait perdu de sa vigueur et un petit vent alizé entretenait une fraîcheur encore agréable.

« Beau temps pour les palombes, ne croyez-vous pas cher ami ? Le vent les porte facilement et j'en ai vu quelques beaux vols qui déjà hier remontaient et commençaient à se poser. Tout cela annonce un hiver précoce et rude pour cette année. »

Nous avions chargé Henri et ses parents en cours de route, et mon père devisait avec le père de mon camarade, tranquillement, comme si de rien n'était, comme si nous n'étions pas en train de vivre une journée mémorable, exceptionnelle et déchirante.

Ni Henri, ni moi n'étions loquaces. Nous nous étions réfugiés à l'arrière de la voiture, près de nos mères respectives, perdus dans nos pensées.

« J'ai demandé un entretien avec M. le principal. Une entrée directe en cinquième doit soulever quelques problèmes, je ne voudrais pas être trop en retard et le manquer. »

Paul s'excusait car il se laissait aller à conduire – ce qu'il considérait comme un excès de vitesse dangereux – à quarante à l'heure, sur une route blanche semée d'ornières.

La route était agréable malgré tout. On ne pouvait parler encore d'automne et pourtant il s'annonçait. Les bouleaux avaient jauni, les érables devenaient écarlates, et les frênes, les plus sensibles, commençaient à abandonner leurs premières feuilles. L'une d'elles s'était plaquée, palpitante encore, sur notre pare-brise et faisait le voyage avec nous. Dans les champs, vides de leur récolte, les labours étaient très avancés, et les dernières pommes rouges, à l'extrémité des branches dégarnies de feuilles, attendaient leur heure pour tomber. Tout laissait prévoir que, dans ce pays aux automnes raccourcis, l'hiver n'était pas loin, et qu'il n'attendait que les premières pluies pour s'installer.

Notre halte se fit près d'un talus moussu. Tout avait été prévu pour un repas champêtre agréable, et il l'aurait été sans notre état d'âme qui ne penchait pas particulièrement vers l'euphorie.

Je n'avais pas faim. Henri non plus.

« Voyons, mangez un peu. Que diable ! Lorsque je partais en 14… ou lorsqu'une attaque devait avoir lieu… »

Évidemment c'était bien autre chose, mais justement, pour cette raison même, cela n'apportait aucun élément d'apaisement dans nos affaires. La guerre de nos pères était terminée ; nos aventures par contre ne faisaient que commencer.

Un tournant… Deux tournants, le collège tomba sur nous. Une dernière avenue bordée de platanes débouchait sur de monumentales grilles et sur lui.

« Voilà votre collège mes enfants ! Quelle bâtisse ! À côté de notre école normale ! Qu'en dis-tu, Marie-Thérèse ? »

Paul s'était arrêté à l'entrée de l'allée pour remettre de l'ordre dans son costume, et balayait d'un revers de main les derniers vestiges de notre saucissonnage de midi. Marie-Thérèse mettait son chapeau.

Deux heures moins cinq ! Paul, par-dessus les grilles, avait jeté un coup d'œil sur un grand cadran disposé sur la vaste façade, ce cadran qui, par la suite, allait régler toute notre vie : lever, coucher, entrées, sorties.

« Je suis en retard de trois minutes à ma montre. »

Et comme il n'était pas pour lui pensable d'incriminer une horloge officielle de cette importance, Paul rectifia son heure sans hésiter.

« C'est impressionnant ! Je pense que vous ne pouvez être mieux. De là sortiront un jour les futurs avocats, les futurs professeurs, les futurs médecins. C'est quand même un autre éventail que celui qu'offre une école religieuse où l'on n'a pour unique ambition que de fabriquer des curés ! À vous maintenant, mes enfants, de vous battre pour briguer les titres qui un jour vous apporteront notoriété et bonheur. »

Erreur ! Grossière erreur ! Et ce jour-là, moins que nul autre je ne me sentais l'âme mercenaire.

« Nous sommes prêts ? »

Paul, crispé plus que jamais, rasa la porte mais se dégagea et finit par s'arrêter à temps devant un arbre que rien ne laissait prévoir. Tout cela aurait été parfait, et il n'y aurait eu rien à dire, si brusquement, à la suite d'un petit coup de klaxon circonspect et voulu bref que Paul avait cru bon donner en franchissant le portail, nous n'avions déclenché un tonnerre de rugissements de tous les diables venu des entrailles mêmes de notre véhicule.

Ce qui ne s'était jamais produit jusque-là venait d'arriver. Notre klaxon s'était brutalement coincé.

Paul, qui souhaitait une entrée discrète, était comblé. « Et voilà que cette garce de voiture, elle n'en faisait jamais d'autre », moteur arrêté, contact coupé, continuait à hurler. En un éclair – l'esprit est prompt dans ces moments où les secondes paraissent des heures –, Paul réalisa que sa batterie chargée la veille était inépuisable. Il s'était saisi d'une pince et, après s'être acharné sur un capot récalcitrant qui dans la précipitation ne voulait plus ouvrir, il coupait… coupait des fils éperdument, au petit bonheur, au hasard, dans l'espoir d'une chance. Un coup de ciseaux enfin plus heureux mit un terme à notre monstrueux vacarme. Mais le mal était fait ! Nous venions en un temps record de rompre la tranquille sérénité d'une maison digne et silencieuse depuis plus de trois mois.

Une porte avait claqué. Un homme en blouse grise était venu voir jusqu'à l'entrée, suivi de ce qui devait être sa famille : deux fillettes que notre infortune semblait ravir.

On entendit une voix venue des profondeurs.

« Qu'est-ce qui se passe, Marcel ? »

– Nos premières recrues qui arrivent, Monsieur le Principal, et un avertisseur de route coincé !

– Déjà !… Faites-les taire Marcel, si vous pouvez… C'est assommant un raffut pareil ! »

Paul y était parvenu seul. Le silence était rétabli. Une silhouette arriva jusqu'au perron, raide, noire, jeta un coup d'œil indigné sur notre caravane, et disparut.

« Monsieur le Principal ! murmura mon père, mauvaise affaire ! Nous l'aurons indisposé. »

Nous allions à son rendez-vous, c'était lui qui était venu vers nous jusqu'au haut de l'escalier.

« Sans prendre contact ! constata mon père, c'est un homme important et qui doit avoir beaucoup à faire. Nous l'avons sûrement dérangé dans sa concentration.

– Monsieur le Principal va vous recevoir dans un quart d'heure, vous pouvez attendre ici si vous voulez, je viendrai vous chercher. »

L'homme en blouse grise que nous avions identifié avec certitude comme étant le concierge disparut. Nous étions de nouveau seuls dans la cour d'honneur.

« C'est une catastrophe Marie-Thérèse ! J'ai les mains couvertes de cambouis. As-tu un chiffon ? »

Tous les mouchoirs de la famille, et de la famille alliée, y passèrent pour un piètre résultat. Marie-Thérèse consolait Paul comme elle pouvait.

« Oh, tout cela n'a qu'une importance très relative ! Tu n'auras qu'à tenir tes mains dans le dos. Cela est d'ailleurs pratique et donne même, paraît-il, bonne contenance. On ne sait en général jamais quoi faire de ses mains. J'ai entendu dire que certains en arrivent à porter une serviette vide uniquement pour les occuper. »

Nous étions dans une petite cour qui aurait pu être charmante, plantée de ses deux rangées d'acacias bien taillés en boule, si elle n'avait été entourée de grilles par trop écrasantes. Le portail était grand ouvert ce jour-là, mais je devais bientôt apprendre que c'était là un fait exceptionnel qui ne se renouvelait qu'à deux ou trois occasions aussi rares que précises : le jour de la distribution des prix, le jour de sortie sur les grandes vacances, et le jour de nos rentrées d'octobre. En temps ordinaire, deux petites portes latérales suffisaient à assurer tout au long de l'année le va-et-vient des maîtres et des élèves externes qui fréquentaient l'établissement, et l'ensemble était soigneusement fermé la nuit de 6 heures du soir à 6 heures du matin au point que Monsieur le Principal lui-même, tout comme le concierge, devait, durant ces heures d'exception, user de sa clé personnelle pour s'en échapper.

De chaque côté, longeant la cour, deux jardins jouxtaient.

Nous jetâmes un coup d'œil discret.

L'un paraissait d'agrément. Tiré au cordeau, soigné, avec des plates-bandes garnies de fleurs, de résineux rares, de rhododendrons et de yuccas.

« Le jardin de Monsieur le Principal », supposa mon père.

L'autre, plus prosaïquement, était un potager.

« Celui des subalternes », affirma Paul qui ne pouvait concevoir que Monsieur le Principal puisse s'abaisser jusqu'à la culture de la carotte ou du poireau.

Cette cour était dominée par un corps de bâtiment central qui se terminait en un vaste fronton. Percé de huit fenêtres de façade avec rideaux, ce qui témoignait bien d'une vie intérieure, ce dernier inquiétait et donnait l'impression d'accomplir une surveillance occulte, permanente, plus ou moins hypocrite, qui laissait mal à l'aise.

Instinctivement je m'étais rapproché de Marie-Thérèse et lui avais donné une main qui se voulait affectueuse mais qui, en réalité, était crispée.

Mon père continuait son inspection.

« *Briva lemovicci inferioris caput* »

Juste au-dessus du portique, sur un blason armorié d'épis de blé, l'inscription se déroulait en une banderole de pierre sculptée.

« Du latin ! Déjà du latin !... Voilà qui devrait vous réjouir le cœur... Voyons ! *Caput* : capitale, pourquoi pas tête... *Briva* c'est Brive – *Inferioris* ressemble à inférieur – *Lemovicci,* peut bien être Limousin... Si j'osais, je traduirais : Brive capitale du bas Limousin. »

Paul était doué ! L'avenir devait montrer que je n'avais pas hérité de ses dons.

Quatre marches conduisaient à un hall qui me parut grandiose.

Cabinet de Monsieur le Principal en face, parloir à gauche, conciergerie à droite ; trois portes bien différentes, bien distinctes et bien rationalisées.

La porte du cabinet de Monsieur le Principal était large, à doubles battants. Les deux autres étaient modestes et celle de la conciergerie seule était pourvue d'une vitre couverte d'un petit rideau protecteur crasseux et sournois. D'emblée j'avais compris que de cette dernière il faudrait toujours se méfier.

Parloir !

« Ah, voilà la salle où vous pourrez recevoir vos visites les jours autorisés. Je pense que rien ne s'oppose à ce que vous y jetiez un coup d'œil. »

On le fit, et on eut raison ! Car je crois bien que ce fut la seule et unique occasion de le visiter. Si, par la suite, j'entendis souvent appeler au parloir, ce ne fut jamais pour moi. D'ailleurs, comment en aurait-il pu être autrement, Marie-Thérèse et Paul ayant leurs occupations respectives ailleurs et mon correspondant fictif n'ayant jamais entendu parler de moi.

« Monsieur le Principal va vous recevoir. Si vous voulez bien me suivre. »

Nous étions devant le bureau. Monsieur le Principal nous attendait.

C'était un monsieur portant le bouc et la jaquette. Il n'était ni petit ni grand mais, et c'est ce qui me frappa aussitôt, il se tenait très droit sur des talons épais, et cela lui conférait une certaine autorité d'allure.

Il arborait un ruban rouge, évident au revers de la veste, et ce détail n'échappa pas à mon père qui justement attendait le sien.

Il tendit la main à mon père.

« Bonjour, mon cher collègue. »

Paul rougit de modestie et faillit en oublier la main souillée de cambouis.

« Je ne sais si je peux, Monsieur le Principal, j'ai les mains salies par la voiture ! Un incident ! Tout à l'heure !

– Je sais, je sais, qu'à cela ne tienne, avec les mécaniques vous savez c'est excusable. Mettez-vous à l'aise. »

Le fait est que Paul, les mains derrière le dos, paraissait pris en flagrant délit de faute grave.

« Alors, c'est ce garçon qui entre en cinquième ? Je l'ai inscrit en classe de latin, si vous êtes d'accord naturellement. »

Paul était d'accord.

« Et vous avez pu le faire dégrossir un peu pendant ces vacances ?

– Oui, par un prêtre, Monsieur le Principal. Un curé de paroisse ! Nous n'avions pas d'autres possibilités.

– J'aurais préféré un professeur de collège, mais je comprends, je comprends… Éloignés de tout comme vous l'êtes… Évidemment… »

J'ai commis une gaffe en parlant de prêtre, pensait Paul, de plus en plus troublé. Pourvu qu'il ne nous en tienne pas rigueur !

Il semblait que non.

Tourné vers moi, Monsieur le Principal enchaînait rapidement.

« Il va y avoir un gros effort à faire cette année, je compte sur vous. »

Je fis oui de la tête.

« Bon, tout cela est très bien. Vous allez pouvoir dès maintenant vous rendre au dortoir, à la lingerie, enfin accomplir une petite série de formalités qui vous seront d'autant plus faciles que vous êtes les premiers et que Marcel, notre concierge, se fera un plaisir de vous accompagner. »

Visiblement notre entretien était terminé. Il n'avait guère duré plus de trois ou quatre minutes.

Monsieur le Principal prenait déjà congé de nous. Nous nous retrouvions de nouveau dans le hall d'entrée.

Mon père, qui avait espéré beaucoup de cet entretien, était un peu déconfit. Aucune recette pour bon élève, aucune révélation importante n'était sortie de cette prise de contact ultrarapide, de ce marathon qui devait permettre à Monsieur le Principal de recevoir dans un après-midi de quatre heures les cinquante familles des nouveaux arrivants qui en avaient émis le vœu.

« Alors, Paul, comment ça s'est passé ?

– C'est un homme remarquable, très simple, et notre entretien a été empreint d'une cordialité exemplaire à laquelle je ne m'attendais pas ; mais c'est un homme pressé… Enfin, comment en serait-il autrement lorsque l'on a en charge la formation de deux ou trois cents élèves toute une année !

– Marie-Thérèse, nous vous retrouvons dans une petite heure dans la cour d'honneur. Nous allons faire un tour, mais je vais au préalable m'assurer que la voiture, après ce que je viens de lui faire subir, est encore en état de reprendre la route.

– Paul, surtout fais attention ! Ne rebranche pas le klaxon.

– Ne crains rien Marie-Thérèse, une fois ça suffit. »

Nous suivions le concierge. Nos pères respectifs s'étaient éclipsés, nos mères nous restaient et c'était l'essentiel.

Nous longeâmes une galerie qui n'en finissait pas, nous tournâmes à droite, nous tournâmes à gauche. Le concierge, muni d'un volumineux trousseau de clefs, ouvrit enfin une grande salle.

« Voilà ! Toutes les malles arrivées se trouvent là, voyez-vous la vôtre ? »

Fichtre ! Si je la voyais ! Elle les dominait toutes, et je la désignai aussitôt, dès la porte, en entrant.

« Ah ! C'est celle-là ? Devant de pareilles dimensions ma femme et moi l'avions bien pensé, nous nous étions fait la remarque “ce ne peut être qu'une malle de jumeaux”. »

Il fallut le dissuader. Et ce fut difficile car il y tenait à son idée. Il fallut lui expliquer clairement qu'il y avait une autre malle, plus classique celle-là. Qu'Henri et moi n'étions ni de vrais ni de faux jumeaux. Que chacun de nous avait bien son bagage.

Il eut franchement l'air de le regretter.

« Une malle de cette importance, pourtant... C'est la première fois que j'en vois une pareille en trente années de métier. Avouez qu'elle conviendrait à des jumeaux ? C'est dommage ! »

Cela versa un peu de gaieté sur notre petit groupe qui en avait bien besoin, et ma malle fut et resta baptisée pour toujours.

« Bien ! Tant pis ! Je vais donc vous montrer le dortoir. Je le laisserai d'ailleurs ouvert, car d'autres internes ne vont pas tarder à arriver et, comme la plupart sont des anciens, familiers des lieux, je n'aurai pas à me déranger... Voilà, tout est encore libre. Vous pouvez aussi choisir les lits que vous voudrez... C'est un avantage !... Après ça, vous monterez votre linge à la lingerie. Vos malles restent sur place. Elles seront remisées plus tard dans les greniers jusqu'au mois de juillet d'où nous les redescendrons. Mais on a le temps d'y penser ! N'est-ce pas ? »

Après l'aventure de la malle, l'homme m'avait paru sympathique. Après cette réflexion inutile, choquante, d'un goût douteux et non exempte d'un certain sadisme, il me parut franchement déplaisant. Je lui retirai ma sympathie encore fraîche et je ne devais jamais la lui rendre.

Son devoir accompli, le concierge nous laissa, non sans avoir empoché les billets de nos mères respectives, une prodigalité que je jugeai avec indignation plus qu'excessive compte tenu des services rendus.

« C'est l'habitude ! Cet homme n'a pas une rentrée tous les jours et mieux vaut être bien avec lui... Un concierge peut vous rendre mille petits services. »

Je ne devais jamais m'en rendre compte ; il est vrai que je ne lui demandai jamais rien.

* *
*

Je ne sais les mutations qu'ont subies de nos jours dans nos lycées et nos collèges les dortoirs d'autrefois. Je n'ai jamais eu l'occasion de le vérifier.

Nos dortoirs alors étaient d'une simplicité et d'une rigueur monacales. Que ce soit celui des grands ou celui des petits, ils étaient sur le même modèle. C'étaient de longues salles ripolinées blanc, sans feu (il y gelait ferme toutes les nuits d'hiver), percées de multiples fenêtres sans rideaux. Elles comportaient une cinquantaine de lits en fer se faisant vis-à-vis, tous accompagnés de leur table de nuit. L'ensemble était encore uniformisé sous des dessus-de-lit également blancs, et aucun objet personnel n'étant toléré près d'eux, il ne restait d'autre moyen pour retrouver sa place que de compter les lits.

Les deux extrémités du dortoir étaient occupées d'un côté par des toilettes (c'était prévu quand même), de l'autre par un long lavabo commun muni de robinetteries en série qui le ferait aujourd'hui facilement assimiler à un abreuvoir à bestiaux. Une rangée de placards qui se voulaient personnels, bien que ne fermant pas, permettait dans cette même pièce de disposer quelques habits, sa boîte à toilette, et sa boîte à chaussures.

Le dortoir était éclairé par une succession de lampes électriques en ligne, tombant bas d'un plafond inconsidérément haut, et qui jetaient sous des abat-jour de métal une lumière crue défiant l'intimité.

Trois boutons commandaient le système entier. Un à chaque extrémité des salles, l'autre, inaccessible au centre de la pièce, dans la cabine particulière du pion qui avait la surveillance de nos nuits, donc de notre sommeil.

Cette cabine, puisque nous sommes arrivés à elle, était isolée du reste de la pièce par un cube de draps blancs qui, fermés, permettaient l'ombre chinoise et qui, entrouverts, signalaient l'intention malveillante et commandaient la prudence.

Coucher près de cette guérite évitait le plus souvent les punitions. La colle ou la consigne ayant souvent tendance à être distribuée un peu au petit bonheur vers les zones les plus extrêmes, mais cette position condamnait aussi irrémédiablement à l'inaction et par là même à une monotonie lassante toute l'année.

Le choix d'un lit au dortoir était donc une décision voire une résolution de départ qui engageait. D'intuition, Henri tout comme moi, l'avions deviné et devions choisir chaque année les lits les plus éloignés, ceux de l'entrée de la salle vers les toilettes, non point pour des raisons de commodité, mais parce que cette position permettait le bavardage discret l'hiver, le jeu de cartes l'été tant que la visibilité était suffisante, et la lecture toute l'année des illustrés, à la lampe électrique sous les draps rabattus. Enfin c'était là un lieu de passage permanent des uns et des autres vers ces toilettes qui constituaient pour tous un but parfois utile mais aussi bien souvent un lieu de promenade légitimée par le désir de la diversité. Avec de l'ingéniosité, de cette position clé on pouvait en outre verser un peu d'imprévu et d'insolite dans la vie routinière d'un dortoir qui en aurait manqué.

« Je te passerai la ficelle dès que la lumière sera éteinte, et tu la laisseras traîner sur le plancher, mais au premier qui arrive tu tireras d'un seul coup, puis tu lâcheras pour que je puisse la récupérer. Entendu ?

– Entendu ! »

C'était un tour qui ne pouvait être repris souvent. Il eût été dangereux pour les exécutants, mais c'était dommage car on lui devait chaque fois, au milieu de la nuit, des chutes spectaculaires dont les accidentés, quelles que soient leurs ecchymoses, gardaient le secret.

Un jour pourtant cela faillit mal tourner.

Il fallait en principe trois secondes pour récupérer la corde. Ce jour-là une seconde nous suffit, et ce fut heureux, car sans cela c'était la mise à la porte dès le lendemain qui nous attendait.

Le surveillant général réalisait de temps à autre quelques tours de rondes nocturnes. Cela faisait partie de ses fonctions.

Nous le reconnûmes trop tard. La ficelle tendue avec vigueur avait déjà fait son œuvre.

Les copains tombaient en général en souplesse. Pour lui ce fut une bûche en force qui réveilla la chambrée tout entière et fit trembler le parquet. La lumière rétablie sans ménagement n'apporta aucune explication.

Notre surveillant général s'en tira avec un nez tuméfié. On le soigna d'urgence, puis on le conduisit à l'infirmerie, et, comme il ne passait pas pour un modèle de tempérance, qu'il lui arrivait souvent d'aller d'un lit à l'autre à la recherche d'une ligne droite qui le fuyait, cet incident fut mis sur le compte d'un vertige et on ne chercha pas d'autres explications.

Déclencher la pagaille dans un réfectoire ou dans une étude est l'enfance de l'art, y arriver dans un dortoir est une prouesse. Nous réalisâmes pourtant un jour avec brio cet exploit.

Le dortoir tout entier était dans le coup.

« Peau de vache (inutile d'ajouter que c'était son surnom) est de service ce soir. On va se payer sa tête. Mettez tous vos souliers au fond de votre lit. »

La consigne avait circulé d'un lit à l'autre et, de bouche à oreille, avait fait tout le tour du dortoir. Au milieu de la nuit, profitant d'un besoin opportun, deux promeneurs anonymes s'étaient saisis de toutes les chaussures à l'aller puis les avaient remises au retour au petit bonheur la chance au pied de chaque lit.

Il fallut une demi-heure le lendemain matin pour que chacun retrouve chaussure à son pied. Ce fut une pagaille monstre, une réussite. L'étude du matin fut escamotée dans sa totalité. « Peau de vache » ne savait plus ni où donner de la tête, ni où frapper, et seule la consigne générale qui s'ensuivit nous dissuada de recommencer.

« Voulez-vous vous taire là-bas, dans le fond ! »

Un pet magistral, retentissant, modulé et d'à-propos lui répondit.

« Vous serez consigné, Dechamp !

– Mais enfin monsieur, je n'ai rien dit, je n'ai rien fait !

– Taisez-vous Dechamp. Je vous ai reconnu !

– Ah celle-là ! Elle est un peu forte !

– Taisez-vous, je vous dis. »

Le rire secouait tous les lits et secoua les rangs le dimanche matin lors de l'annonce de la retenue.

« Élève Dechamp, quatre heures de retenue. »

Motif : répond par une insolence à une observation du surveillant de service.

On a beau vouloir faire durer les choses, il y a une limite à tout. Paul nous attendait impatiemment lorsque nous redescendîmes de la lingerie.

« Bon ! Allez les enfants, rien ne nous servirait de nous retarder plus longtemps. Soyez sages et travaillez bien. »

Les amarres étaient larguées. Nous avions quitté nos uniformes, nous étions dans la cour, ignorés, encore anonymes, perdus, et déjà sous la surveillance indifférente d'un adulte. Nous restions là le nez encore collé aux grilles.

La voiture de Paul depuis longtemps avait disparu.

* *
*

Le rythme des arrivées s'accélérait. Petit à petit la cour se garnissait. Au calme du début succédait déjà une effervescence grandissante. Des groupes se formaient, se retrouvaient, s'interpellaient bruyamment et paraissaient en fin de compte heureux de leurs retrouvailles.

Des bribes de conversations fusaient.

« Alors vieux con ! Ces vacances, comment se sont-elles passées ? Tu sais, on récupère encore Bicou en étude cette année, on n'a pas fini de se marrer. »

Qui était ce « vieux con » de douze ans ?... Ce « Bicou » inconnu et marrant ? Quel genre d'amusement pouvait bien permettre l'étude ?

Une cinquantaine de nouveaux, nous n'étions guère plus, faciles à reconnaître dans leurs habits neufs et leurs allures gauches et timides, restaient amalgamés le long des grilles. Chacun réagissait à sa manière, selon son caractère. Les uns essayaient de crâner, alors que d'autres ne cherchaient même pas à cacher leur désarroi, et tous en vérité avaient le cœur gros.

À 7 heures une cloche nous réunit en rangs à l'angle d'une galerie.

« Tu t'arranges pour être à ma table ! » « Garde-moi une place près de toi. »

L'agitation grandissait dans les rangs, mal contenue par un pion d'ailleurs indifférent et blasé.

Certains jouaient des coudes, d'autres se bousculaient et c'était une ambiance que j'allais retrouver tout au long de la semaine suivante tantôt à l'entrée des études, tantôt à l'entrée de chaque classe : qui pour être près d'un copain, qui pour être près du professeur, qui au contraire pour en être au plus loin.

Pour l'heure, tout cela me paraissait sans intérêt. Je ne devais pas tarder à changer d'optique et faire comme tous les autres, mais pour le moment je ne connaissais qu'Henri, nous étions l'un près de l'autre et cela nous suffisait.

« Bon ! Maintenant silence ! Les nouveaux au premier rang, les autres ensuite. »

Le pion venait d'intervenir. Loin de s'apaiser, le chahut augmenta de plus belle, il y eut quelques bousculades, quelques coups de poing et quelques coups de pied échangés, mais les derniers ayant pris la place des premiers je me retrouvai à la première table, Henri à mes côtés.

Midi ou soir, un seul réfectoire et un seul service suffisaient à tous les élèves pensionnaires et demi-pensionnaires compris.

C'était là, ce que ne réalisaient même pas nos cours de récréation, le seul point de rencontre de toutes les années de la sixième à la philosophie. Des tables de huit sur deux rangées nous recevaient donc tous dans l'ordre immuable choisi, si l'on pouvait dire, le premier soir, ce qui suffisait amplement à expliquer l'émulation à laquelle nous venions d'assister.

Le service était assuré par des garçons de salle qui, ce travail accompli, se muaient aussitôt en manœuvres ou en balayeurs dans tout l'établissement. Les plateaux nous arrivaient des cuisines chargés sur des chariots grinçants. Un plateau par table évidemment. Chaque table, même celles des nouveaux, instituait le soir même de la rentrée un tour de service. Ce dernier changeait tous les jours, et donnait à chacun son droit de se servir une fois par semaine et sans scrupule, le premier. Peu important pour les entrées ou le plat de résistance, cet ordre avait par contre tout son intérêt lorsqu'il s'agissait des desserts dont les quelques premiers seuls profitaient. Il était de règle d'avoir un dessert abondant quatre jours par semaine et de s'en passer le reste du temps.

Au collège le régime de base était le haricot, la lentille aux petits cailloux, le pois cassé et le chou, rarement la pomme de terre, plus rarement encore le légume vert. Il était assorti d'une viande issue de bas morceaux ou d'une charcuterie douteuse. Nos desserts, de leur côté, prévoyaient en principe un fruit rachitique de saison, pomme ou poire, remplacé une fois par semaine par l'arrivée d'un petit-suisse.

Tout cela se voulait abondant, rarement chaud, et souvent tellement infect que la plupart des plats repartaient, certains jours, presque intacts vers les cuisines. À ces occasions, le pensionnat vivait sur ses réserves en graisse et sur ses caisses à provisions, procédé connu et fortement encouragé par la direction.

« Les gars, voilà l'Abondance ! Gare à la cuite ! »

C'était un breuvage étrange qui surprenait. Je ne saurais en donner la recette mais il devait comporter beaucoup d'eau et bien peu de vin, si toutefois il en contenait. Son appellation était justifiée puisqu'il nous était servi sans réserves dans de grands pichets de fer-blanc qui malgré leur taille n'étaient dispensateurs ni d'euphorie ni à plus forte raison de la moindre griserie.

Le pain était rassis, mesuré, mais suffisant.

« Ça commence bien, les amis. Ce sont des fayots !

– Vous avez envie d'étrenner le cahier des retenues, Granger ?... Non ! Eh bien dans ce cas gardez pour vous vos réflexions. »

L'ambiance habituelle du réfectoire était le brouhaha ou le tintamarre au choix, le silence absolu, redouté de tous les pions, contre lequel même le plus belliqueux ne pouvait rien, sentait la fronde et, lorsqu'il était assorti d'une grève de la faim, c'était l'assurance pour les jours à venir de quelques plats plus élaborés. Mais les bonnes intentions se relâchaient vite et ne passaient jamais la semaine.

C'est au réfectoire, entre les pieds de porc bleuis et les flageolets farcis de charençons, que l'on prenait connaissance des nouvelles familiales. C'était en effet à midi, et en ce lieu où tout le monde se trouvait réuni, que se faisait la distribution du courrier : lettres et paquets.

Les lettres pouvaient y être lues sans danger, quant aux paquets, il était préférable de surseoir à leur ouverture car celui qui commettait l'imprudence d'en ouvrir un courait le plus grand risque de n'en sauver que l'emballage.

* *
*

Il y eut quelques incidents dès ce premier soir à l'heure du coucher. Certains, après s'être acharnés en vain à entrer dans leur lit mis en portefeuille, durent y renoncer et le refaire en entier : d'autres, quelques barres essentielles ayant été retirées, virent purement et simplement l'ensemble s'effondrer.

Un dortoir laissé toute un après-midi sans surveillance expliquait suffisamment ces infortunes, et tout cela n'aurait pas tiré à grandes conséquences sans l'adjonction d'un écriteau qui, lui, par contre, gâta radicalement la sauce et mit le feu aux poudres pour tout de bon.

« Ici paddock de Peau de vache, box réservé. »

Pendu par une épingle à l'entrée de l'isoloir du pion, écrite en lettres majuscules sur un carton certainement préparé à l'avance, ce qui ajoutait la préméditation à l'acte, cette attention particulière équivalait à une déclaration de guerre.

« Bien, je prends note ! "Peau de vache" !... Des titres que l'on vous donne, on doit s'en montrer digne ! Je vois qu'il y a parmi vous certains petits morpions qui ont envie de s'amuser. Je me charge de leur en faire passer l'envie. Puisque c'est ainsi, à la première incartade, je leur promets qu'ils se souviendront de moi. »

Et c'est sur cette prise de position particulièrement euphorisante et prometteuse que, terrassés d'émotions fortes et de fatigue, les petits morpions et tous les autres s'endormirent ce soir-là.

IV

TOUT CELA EST D'UN CHARME VOILÉ SI DÉLICAT, s'attache à tant de désuétude personnelle, qu'il serait bien impudique et vain de vouloir essayer de le faire partager.

J'aime l'ambiance des greniers, de ces lieux où souvent l'indispensable devenu inutile finit ses jours entre les longues toiles d'araignées frôlantes et basses sous une couche de poussière impalpable sans cesse accumulée.

Vieux greniers des vieilles maisons jamais déménagées, seuls dignes de ce nom, où tout s'est entassé pêle-mêle sans plus d'ordre que celui d'arrivée.

Dans les recoins les plus inaccessibles, les objets les plus anciens, ceux qui remontent à une, deux, ou parfois déjà à trois générations ; plus près, entre les pieds, les plus récents encore choyés d'hier abandonnés aujourd'hui.

Lieux secrets, coins de mystère, rien n'est plus éloquent ni plus intime que les pénombres d'un grenier.

On visite un salon, une chambre, à la rigueur une cave à la recherche de « la bouteille », mais un grenier ! C'est une autre affaire… C'est le coin de la pagaille admise, le coin réservé de la poussière, le coin interdit au ménage s'il en est.

Un passage dans un grenier c'est toujours une aventure, une incursion prévue mais dont on ne peut présumer ni la durée ni les conséquences. Porte fermée derrière moi, le temps se suspend pour moi comme pour tout ce qui m'entoure. Monté pour une recherche de quelques minutes sous mon toit, il n'est pas rare que je m'y attarde des heures entières.

Des épaves jonchent… Le pied se pose avec réserve et maladresse, bousculant malgré tout un équilibre instable, mon front cogne la poutre et je finis par me retrouver assis, mal à l'aise, comme je peux, sur l'angle d'un vieux poêle ou sur le coin branlant d'un très vieil escabeau.

Je suis perdu.

Ce que je venais chercher ? Je ne sais plus !

Je regarde, interrogateur.

Un bouquet de fleurs fanées s'effrite hors de la protection de son globe cassé, une paire de bottes rouges au cuir racorni traîne à mes pieds, une vieille canadienne à demi dévorée par les mites pend à une cheville sur mon nez, et c'est tout un morceau de vie passée qui revient brutal et s'impose.

Cette fois j'ai tout oublié : l'objet de ma visite, le temps, la nécessité impérieuse que j'aurais d'être ailleurs. Je vais de surprise en surprise, d'oubli en oubli, me saisissant, abandonnant, prenant un plaisir extrême à redécouvrir, à reprendre en main, à renouer connaissance. Je vais, presque sans bouger, et il n'est pas rare qu'un objet tombé pour un temps en disgrâce ne retrouve assez de crédit pour reprendre avec moi le chemin de la maison. Car le grenier ce n'est pas la maison. Ce n'est pas le présent, encore moins l'avenir, c'est tout le passé en raccourci.

Lassé, je referme la porte. Je brise le charme ; sûr de pouvoir le retrouver un jour, à l'occasion, suivant un caprice ou suivant un besoin.

Mon grenier, entre mille autres merveilles recèle une vieille malle. Une malle d'osier dont le fond aurait tendance à vouloir se désolidariser.

Elle a beaucoup servi, fait beaucoup de soupentes. C'est devenu un fourre-tout, un oublie-tout où s'entassent sans ordre, vieux habits, vieux papiers, vieux chiffons. On ne la déplace jamais de crainte de ne la voir se disloquer. Et puis, la déplacer ! Pour quoi faire ? Mon Dieu, puisqu'elle a fini par faire sa place.

« Voyons, je cherche depuis plusieurs jours de vieux rideaux bleus ! Je ne sais où j'ai bien pu les mettre ! Aurais-tu une idée ?

– Pas la moindre, bien sûr, mais as-tu regardé dans la vieille malle d'osier ? »

Et vous l'avez deviné, c'est elle qui est encore là, calée entre deux poutres, usée, branlante, ayant accompli tous ses devoirs :

Ma malle, « la malle des jumeaux ».

V

CETTE PREMIÈRE SEMAINE allait être déterminante pour moi, et allait donner une orientation, non point définitive, mais de quelques années à mes études. Cette semaine fut infernale. Je fus ballotté, agité, tiraillé et ridiculisé de telle sorte que je devais après elle, battant tous les records des grands hibernants, m'endormir pour cinq ans, indifférent à tout, même aux choses les plus sérieuses, et surtout à celles-là.

Je fus réveillé en sursaut à 6 heures. C'était la règle hiver comme été. Tout me revint d'un coup à la mémoire : le départ, l'arrivée, l'abandon. Je cherchai Henri, il était déjà hors de son lit comme la plupart d'entre nous. Seuls quelques rodés, je ne devais pas tarder à en faire partie, s'octroyaient encore quelques minutes de répit, attendant pour démarrer que le pion ouvre ses rideaux et donne son coup de gueule.

« Demi-heure pour t'habiller, faire ton lit et te laver si tu en as envie… Pour ma part, j'ai été assez rincé hier, j'en ai pour la semaine. Je vais faire un aller et retour jusqu'aux lavabos, ça suffira pour aujourd'hui. »

Mon voisin de droite me donnait des conseils.

« Tu n'es pas fou de démonter tout ton lit ! »

Je suivais les indications et les directives de Marie-Thérèse, mais ce n'était bien sûr pas la bonne méthode.

« Regarde-moi !... Tu remontes tes draps, tu tires un peu sur le tout, et ça suffit ! Seul, le dessus-de-lit a de l'importance, car s'il n'est pas bien mis, tu risques que Peau de vache te fasse tout recommencer. Tu piges ? Quel est ton nom ?

– Tamain.

– Mais c'est un nom à la manque ! Pourquoi pas "Ton Pied" ? Ce serait beaucoup plus marrant. Ça ne te fait rien que je t'appelle "Ton Pied" ?

– Oh, si tu y tiens ! »

Grâce à lui, je fus le lendemain même de mon arrivée affublé de mon sobriquet de potache qui ne devait plus me quitter.

« Et toi ?

– Je m'appelle Grivardou pour l'administration et la famille mais les copains me surnomment "Le Pitre". Je suis en cinquième, malgré le prof de maths qui est un con. Je l'ai encore cette année, je n'ai pas fini de le faire râler. Nous ne pouvons pas nous voir.

– Je rentre en cinquième moi aussi, avec du latin. C'est dur le latin en cinquième ?

– Tu parles si c'est dur ! Déjà que l'année dernière avec l'Épitomaë on battait de l'aile !... Comment ça se fait, tu n'étais pas au bahut l'année dernière ? D'où viens-tu ? »

Je dus m'expliquer.

« Eh bien ! Mon vieux, je te souhaite du plaisir avec le père "La Savate" !... Oui, on lui a donné ce surnom parce qu'il traîne les pieds... Mais dis donc, tu ne m'as pas demandé pourquoi on m'appelle Le Pitre ? »

Nous avions gagné l'étude. J'étais séparé d'Henri qui avait suivi le rang des sixièmes. J'étais aux côtés du Pitre.

– Je vais t'expliquer… Non, tiens, regarde-moi, c'est mieux, tu vas comprendre. Et fais-en autant si tu en es capable. »

C'était formidable ! Le Pitre me regardait de face, et sans réaliser la moindre grimace, sans avoir l'air de faire le moindre effort, il projetait d'avant en arrière tout son crâne, tout son cuir chevelu qu'il avait couvert de cheveux courts coupés en brosse, en même temps qu'il faisait aller et venir les deux pavillons de ses oreilles comme un âne qui cherche à éviter les mouches.

C'était si drôle, si inattendu, que j'éclatai de rire, d'un rire en fusée qui se termina en un gloussement stupide.

Un rappel à l'ordre brutal, sans équivoque dans sa désignation, me ramena au calme.

Je n'en avais pas moins vu ! Et ce que j'avais vu valait la peine.

« Tu vois, ça t'a fait rire ? Parce que tu es normal, eh bien ça mon vieux, le prof de maths… ça le rend furieux ! »

Je bénissais le ciel d'être tombé sur un voisin aussi singulier. Certainement c'était un phénomène unique et combien sympathique ! J'eus la conviction immédiate que nous ferions une paire d'amis. Je ne me trompais pas. Le Pitre fut mon copain durant cinq ans. Il n'y eut aucune ombre au tableau, aucune mesquinerie, aucune jalousie entre nous. Comment aurait-il pu d'ailleurs y en avoir ?

Il paraît que j'avais mal choisi, que j'étais tombé dès le départ sur un élément douteux qui ne pouvait rien m'apporter, ni par ses qualités scolaires, ni par son manque d'ardeur au travail, ni par ses ambitions. Je suis loin, même avec le recul du temps, d'en être convaincu. Par son amitié sans réserve, par sa loyauté et sa spontanéité, je crois au contraire qu'il m'apprit beaucoup.

Nous devions devenir inséparables.

Inséparables au dortoir, inséparables en étude, inséparables aussi dans chaque classe, partageant nos connaissances et surtout nos insuffisances, au point que nos deux noms se suivaient, hélas en fin de liste, presque invariablement à chacune de nos compositions.

Bien avant l'heure nous avions constitué tous les deux un petit séminaire intime et privé. Si j'entamais mon devoir de maths, il faisait le sien au même moment, et nos deux feuilles aidaient aux découvertes. S'il faisait sa version latine, je faisais la mienne, et nous mêlions nos imaginations et nos improvisations. Nous ne gardions notre autonomie qu'en français, l'expérience nous ayant vite appris que là il fallait être prudent. Bien sûr, pour tout le reste une observation attentive de nos copies aurait pu sans peine faire découvrir notre collaboration, mais personne ne prenait ombrage de nos résultats. Nos efforts conjugués ne nous permirent jamais d'atteindre la moyenne et, malgré la sixième du Pitre, en latin notamment, nous étions l'un ou l'autre à tour de rôle, dernier ou avant-dernier. Ce fut sûrement une des raisons qui fit que nulle suspicion ne vint jamais à l'idée de personne.

Toujours ensemble nous subissions nos colles, pour bavardages, plus rarement pour dissipation, soit qu'il me faisait part d'une de ses observations toujours judicieuses, soit que je l'entretienne de quelque aventure cocasse de dernière heure. Mais en principe nous cherchions surtout à nous faire oublier, vivant dans l'unique angoisse d'être séparés ; ce qui eût été pour nous la pire des catastrophes.

À ce régime, nous pûmes réduire nos problèmes, et nous nous réservâmes beaucoup de loisirs, rendant ainsi tenable une situation qui, sans cela, n'aurait pas été folichonne du tout.

Il faut ajouter à cela que Le Pitre, tout comme moi, était interne à part entière et que cela renforçait grandement nos sentiments réciproques de sympathie et d'amitié.

« Le jour où ces deux-là seront bacheliers, je serai pape ! »

La Savate paraissait sûr de son fait.

Le Pitre, comme moi-même, en étions impressionnés !

« Tu me vois en quoi plus tard, dis, Le Pitre ? »

Le Pitre avait pris du recul, avait fait jouer son cuir chevelu, puis ses oreilles, avait louché de bas en haut sur mon ensemble négligé : blouse sans bouton, souliers sans lacets, puis avait fini par annoncer :

« À mon avis tu seras clochard. Tu n'auras pas beaucoup d'effort à faire et cela t'ira bien !... Et toi, en quoi me vois-tu ? »

Je n'avais pas hésité une seconde.

« En clown, Pitre ! En clown et dans un grand cirque, car tu seras un très grand clown. »

Le Pitre était content.

La vie nous a séparés, mais je ne l'ai pas perdu de vue. Contre toutes mes prévisions, il ne s'exhibe pas sous un grand chapiteau. Il a franchi allégrement tous les échelons de la magistrature, pensant à juste raison que plus on est perché haut moins l'on turbine. De la magistrature assise bien sûr, qu'il a dû juger moins pénible que la magistrature debout, et s'il y en avait eu une de couchée, c'est certainement celle-là qui aurait eu ses faveurs.

Président de Cour de cassation.

Je serais vraiment curieux de voir la tête que ferait la Cour si un jour, il s'avisait dans un prétoire, face à des juges, de mobiliser ses oreilles et son cuir chevelu !

La Savate est mort, sinon il serait au Vatican aujourd'hui, et ce ne serait que justice ! Le Pitre, en sa grande sagesse, me donnerait raison.

L'arrivée des externes se fit à 8 heures moins le quart dans une bouffée d'air frais mêlée de parfums et d'odeurs rares, dans un étalage d'élégance raffinée, mortifiante pour les pensionnaires qu'en quelques heures nous étions déjà devenus.

Le contraste était flagrant. Les uns étaient en blouse, les autres en costumes endimanchés, les uns étaient peignés, les autres étaient gominés des pieds à la tête, nous portions nos livres et nos cahiers sous le bras, eux arboraient des cartables de cuir neufs et cirés par leur mère. Rapidement, par la suite, je devais me rendre compte que cette opposition évidente de départ ne devait que croître et s'affirmer, se doublant d'une cassure de fond plus grave encore que celle qui relevait de la forme.

Nos conditions ne pouvaient se comparer.

Les pensionnaires restaient les seuls possesseurs de misère du collège. Pour eux le refuge de la maison ne se posait pas. Il y avait le bahut et les copains qui en tenaient lieu. Les externes en vérité restaient des invités, des visiteurs de quelques heures pour lesquels l'ambiance familiale prévalait et demeurait la toile de fond consolatrice au besoin. Il y avait un monde entre ces deux communautés qui voisinaient mais se mélangeaient fort peu.

« T'affole pas, m'avait dit Le Pitre, ils sont mieux attifés que nous mais aussi cons… En plus ce sont des bluffeurs ! Comme on ne peut jamais contrôler, ils en profitent. Tu ne tarderas pas à les connaître ! On ne peut être que difficilement copain avec eux. »

« Comment vas-tu, Maigrichon ?

– Et toi, Savonnette ? »

Tout cela avait lieu à grands renforts de coups de gueule et de tapes dans le dos et c'était à qui époustouflerait le mieux.

« J'ai passé des vacances comme ça ! À la mer. Vise un peu si je suis noir. Oui mon vieux, et de chouettes vacances avec des copains et même des filles. J'aurais voulu que tu vois ça, en maillot ! »

Déjà ils y pensaient, les bougres !

« Et celui-là, là-bas, d'où sort-il ? »

Celui-là, c'était moi. J'avais été vite repéré et sans Grivardou j'aurais été relégué dans ma solitude de bête curieuse. Ma position dans cette classe de cinquième s'avérait insolite et bancale. J'étais le nouveau, l'intrus, celui dont on allait s'occuper, oh ! pas méchamment, mais pour se distraire, et qui pour le moment galvanisait toutes les curiosités.

« Oh ! dis donc, tu as vu ces panards ? Ma parole, tu as pris les godillots de ton père ! »

À cause des principes de prévoyance de Paul, « ne jamais se laisser déborder par la croissance », je chaussais grand, c'est vrai, mais jusque-là personne n'en avait profité pour me faire de désobligeantes remarques. J'étais devenu rouge comme un coq. Cela commençait bien ! Et combien de jours devais-je l'entendre par la suite ! Cela cadrait tellement bien avec mon nouveau surnom.

« Laisse-les dire ! Ce sont des couillons ! Le jour où tu leur foutras le pied au cul, ils le sentiront mieux. Viens, allons nous occuper de nos affaires. »

Apparemment nous avions trouvé la bonne porte. Nous commencions par le latin. Deux heures successives ! Mon inquiétude était grande.

« Voilà La Savate… Il n'a pas perdu son air con ! »

De loin, il me parut sévère. Il portait un chapeau noir, une cravate voyante et il arrivait en discutant avec d'autres collègues.

Après un coup d'œil, il s'arrêta à notre niveau et nous salua sans un sourire.

« Vous pouvez entrer messieurs. »

Oh là là ! Où était « mon Paul » qui ne commençait jamais sa journée sans un mot amical à son équipe et qui n'oubliait jamais d'embrasser ma mère en la quittant sur le pas de sa classe ?

Il est vrai que Paul n'était qu'instituteur et que nous allions avoir affaire à des professeurs.

Au passage, tête basse, je constatai que lui aussi chaussait grand. Cela me fit sourire ; il n'y avait rien à dire, « La Savate » ça lui allait comme un gant à lui aussi.

« Bon, réveille-toi. Tu me suis… Nous nous mettons au fond de la classe. Souviens-toi qu'il n'y a que deux places valables : sous le nez du prof ou au fond. Jamais au deuxième ou au troisième rang, c'est toujours là où il a l'œil. Si tu es au premier rang il ne se méfie pas, mais tu l'as de temps à autre dans le dos, et ça, ce n'est pas confortable, il vaut mieux toujours l'avoir dans le collimateur.

– Dans quoi ?

– Je t'expliquerai ça plus tard, viens.

– On entre les premiers ?

– Non pas ! Si tu rentres le premier et que tu te colles d'emblée sur les derniers bancs tu es aussitôt repéré. Laisse-moi faire… Tu vas voir ! Il y a déjà une bonne douzaine de sourdingues et de myopes dans la classe. Ceux-là vont bondir au premier rang. Puis il n'y a pas moins de vingt ou trente lèche-culs qui vont se battre pour être sous le nez du prof. Notre dernier rang, nous l'aurons. Mettons-nous là et attendons. »

Ainsi fut fait toute la journée et cela ne rata pas une seule fois.

« Messieurs, on m'a chargé de vous dicter votre emploi du temps. Je vais donc m'acquitter immédiatement de cette tâche. Par la suite je vous donnerai la liste de quelques livres que vous commanderez dès aujourd'hui pour être en mesure de commencer efficacement le travail jeudi. Nous allons ensuite, durant le temps qu'il va nous rester, faire quelques révisions de mise en route.

– Ne te casse pas la tête ! Nous mettrons tout ça en ordre ce soir à l'étude avec des cases pour chaque heure et chaque jour.

– Dites donc Grivardou, vous ne croyez pas que c'est suffisant que je parle. Voulez-vous vous taire pour le moment. Je vais vous donner la parole d'ici peu. »

Grivardou haussa les épaules. Je devins rouge jusqu'aux oreilles car, si c'était à Grivardou que s'adressait la remarque, c'était à moi que s'adressait le coup d'œil.

J'étais repéré.

« Bon ! (cela commençait toujours avec lui par bon et c'est après ça que toutes les catastrophes vous arrivaient) Eh bien c'est à vous cette fois Grivardou ! Veuillez me décliner *rosa* : la rose au singulier et au pluriel. C'est peut-être encore une de vos rares possibilités, si toutefois il vous en reste, et si vous n'avez pas oublié pendant ces vacances le peu que vous saviez. »

Le Pitre s'exécuta avec aisance et termina à la grande joie de la classe par deux *rosibus* retentissants.

« *Rosibus* ! Où avez-vous vu du *rosibus* là-dedans ? ça promet ! Asseyez-vous… Vous allez tous vous arranger pour me revoir vos déclinaisons d'ici jeudi, et passée cette date, s'il y a encore des *rosibus*, ils auront un zéro pointé qui comptera pour leurs moyennes… Voyons, vous là-bas ! Vous n'étiez pas dans ma classe l'année dernière ? »

J'entendis dans un murmure Le Pitre me dire : « Tu voulais savoir tout à l'heure ? Eh bien, c'est ça être dans le collimateur. Tu y es en plein maintenant. »

Je confirmai par un signe négatif de la tête.

« Pouvez-vous me donner la deuxième déclinaison "le maître" ? »

C'était dans mes cordes. Je me lançai et je sortais à peine du nominatif singulier que je vis les sourcils de La Savate gagner le haut de son crâne. J'allai néanmoins jusqu'au bout.

« Il sort de chez les curés ma parole ! »

La remarque avait fusé en même temps de deux ou trois coins de la classe, et elle devait être pertinente puisque La Savate lui aussi me posait la question.

« Où avez-vous fait votre sixième ? »

Il me voyait déjà évadé de quelque boîte religieuse. Il y en avait plusieurs dans la région et il se réjouissait par avance du triomphe facile qu'il allait pouvoir en tirer.

« Je n'ai pas fait de sixième. Je rentre directement en cinquième.

– Quelqu'un a bien commencé à vous apprendre le latin ?

– Le curé de mon village (et je simplifiais pour éviter toute autre explication).

– Ça ne m'étonne pas ! Vous aurez tout intérêt à apprendre à prononcer comme tout le monde. *Dominus* et non pas *dominous, dominum* et non pas *dominoum*... Où vous croyez-vous ? On n'est pas à la messe ici ! »

Il leva les épaules, jeta un coup d'œil au ciel, comme s'il pouvait encore prendre les anges à témoin après ce qu'il venait de me dire, et ce fut là notre première et seule prise de contact de l'année. J'étais catalogué, définitivement classé dans son esprit. J'étais l'indésirable, l'irrécupérable dont il allait bien falloir s'accommoder.

« Ne t'en fais pas ! Je suis content, j'ai été le dernier tout seul l'année dernière. Cette année nous serons deux. »

Heureusement, Le Pitre m'avait déjà baptisé le matin même, sans cela, après cette séance, je n'y aurais pas coupé, pour tous (et c'eût été un comble) j'aurais été « Le Curé ».

Du coup, « Ton Pied » me devenait sympathique.

Deux heures consécutives de concentrations et d'émotions fortes avaient porté ma vessie à la limite de l'éclatement.

Dès la sortie je me précipitai, mais là comme ailleurs il y avait déjà la queue ! Et là aussi j'appris qu'il fallait savoir se démerder, pisser au besoin sur les talons de ses devanciers si l'on voulait être prêt à temps pour la nouvelle rentrée.

Je fus pris de court et, lorsque libéré je me retournai, ce fut pour voir les derniers derrières anonymes disparaître aux dernières portes qui se refermaient.

J'avais perdu ma classe. Je m'affolai, de quel côté me diriger ? À quelle porte frapper ?

Ce fut en larmes que le surveillant général ramena sans aménité l'égaré au troupeau.

« Tâchez de faire un peu attention et de ne pas recommencer. Passons pour ce premier jour. La prochaine fois vous serez consigné. »

Le Pitre m'avait gardé ma place. En reniflant je me glissai à ses côtés.

Mon entrée favorisée et accompagnée du surveillant général avait perturbé et gelé l'atmosphère de la classe d'anglais qui avait commencé.

Monsieur le professeur qui avait déjà gagné son estrade en était redescendu et toutes les têtes s'étaient tournées vers moi.

Monsieur le surveillant général s'était excusé.

« Un égaré ! Encore admissible puisqu'il est nouveau et que c'est le premier jour. »

Notre professeur était un homme âgé, aux cheveux blancs, à la face glabre, que l'on aurait très bien imaginé parmi les héros de Dickens. Je fus surpris par ses yeux qu'il avait bleus, petits, extrêmement petits et mobiles dans un faciès par ailleurs lunaire.

« *What is your name ?* »

Je fus frappé par sa voix de fausset en même temps que par une pluie de postillons qui m'atteignit en plein visage et, comme je mettais un certain temps à répondre, ses yeux se mirent à aller des uns aux autres comme s'il était inquiet ou quêtait une approbation.

« *You are not a rabbit ? Well !* À nouveau *what is your name ?*

– "Ton Pied". »

Une réponse claire et nette couvrant ma propre voix était partie dans son dos et la salle fut agitée d'une hilarité houleuse, extensive.

Devant cette brusque explosion de gaieté qui frisait le chahut, mon interlocuteur me tourna le dos et fit face.

« Eh !... Voyez-moi ça ! Les petits lapins mangent les carottes, et les petits enfants apprennent l'anglais !

– Ne te tracasse pas ! Il est un peu fou, mais pas méchant du tout. »

Le Pitre, profitant de la volte-face, venait de me rassurer.

« Bien ! Voulez-vous donc me dire, "Ton Pied", votre âge en anglais... Please ? »

Il n'avait pas entendu mon nom, seul ce « Ton Pied » qui sûrement ne lui avait pas paru drôle lui était resté.

La classe tout entière en quelques secondes fut en proie au délire.

Cette fois mon surnom ne faisait plus de doute et était bien officialisé.

J'étais atterré, et ma réponse s'en ressentit. N'ayant de connaissance parfaite des nombres qu'en partant de l'unité, je me trompai, j'annonçai quatorze au lieu de douze, et c'est ainsi que je devins pour ce professeur, du même coup et à tout jamais, un simple et un attardé qui n'avait même pas la notion de son âge.

Par la suite il ne manquait pas de me rappeler mes faiblesses.

« Vous voyez ce poêle : depuis le temps qu'il est dans cette classe, il sait sûrement plus d'anglais que vous. »

Et, un jour où il était plus inspiré :

« Eh ! voyez, vous ressemblez à une chèvre qui n'a plus de lait et qu'on veut traire. »

Je n'ai jamais vu une chèvre privée de lait et en instance de traite, mais cela doit être fort plaisant, car tout le monde s'amusait beaucoup et moi aussi au demeurant.

« Fais gaffe ! avec "Pink Baby" cela n'avait pas d'importance, mais avec lui méfie-toi, c'est une vache ! »

Je ne sais s'il en était une, mais même sans cornes il en avait l'air avec son nez long sur sa face cireuse de bilieux. Sans un sourire, sans un mot, de la porte, au moyen de son parapluie qu'il tenait accroché à l'épaule il donna le signal.

Chacun gagna sa place. On aurait entendu voler une mouche.

« Interrogation écrite.

– Merde, le salaud !... Le premier jour... Il n'a rien trouvé de mieux ! »

Le Pitre n'en revenait pas.

Un problème d'énoncé tentaculaire à solutions à tirettes fut inscrit au tableau. À lui seul il en couvrait la surface.

Je m'en tirai. Le Pitre, à mes côtés, restait en panne sur la première question. Notre collaboration était encore trop récente pour lui être utile. Il n'osait s'aventurer.

Je remis ma copie assez satisfait, certain d'avoir appliqué tous les conseils de Paul en la matière.

Raisonnements détaillés d'un côté, opérations de l'autre.

« Qu'est-ce que c'est que ça ? Je ne vous ai pas demandé de me faire un roman ! Je ne corrige pas les devoirs de français. »

Cette fois c'était l'effondrement !

Et voilà comment on sabote à tout jamais des relations qui auraient pu être normales, et même bonnes, pourquoi pas ?

Je retrouvai Henri au réfectoire.

Il avait jugé « Pink Baby » amusant. Il savait déjà *rosa* la rose sur le bout du doigt, et les nouveaux s'étaient contentés pour le moment de leurs noms patronymiques.

Quant à moi j'étais plein d'amertume, plein d'amertume contre Paul qui avait sollicité mon entrée en cinquième, contre ce principal qui stupidement l'avait permis, contre ce curé qui m'avait ridiculisé aux yeux de tous mes camarades.

La soirée s'annonçait meilleure : gymnastique – étude.

La cour de gymnastique était en contrebas. On y descendait par une série de marches en pierre qui devenaient scabreuses l'hiver et par temps de verglas. Elle était étroite, sans soleil, entourée de murs, et son espace était si réduit que l'on courait le cent mètres en cinquante. Encore fallait-il freiner son arrivée bien avant la corde (ce qui était un comble) si l'on ne voulait pas s'abîmer contre l'obstacle : en l'occurrence le mur non rembourré de l'arrière de nos cuisines. Évidemment tout cela compromettait l'effort et limitait la compétition et la performance.

Il y avait là un sautoir, rempli de sciure qui rendait possible sans trop de risques de fractures le saut en hauteur et en longueur et… mon Dieu… je crois bien que c'était tout !

Le fond de la cour était occupé par une vaste salle, une sorte de grange à peine améliorée, sans plafond ni plancher, utile les jours de pluie. De ses poutres pendait un jeu de cordes lisses. Elle recelait, outre quelques haltères et quelques poids en vrac, une barre fixe et un jeu de barres parallèles. Il y avait enfin, affublé de son tremplin, un cheval-d'arçons qui vidait ses entrailles faute de réparations.

À cette époque les sports n'avaient ni l'importance ni la vogue qu'on leur attribue aujourd'hui et ce matériel devait suffire à notre bonheur. On abordait ce domaine en toute saison en tenue légère. Marie-Thérèse avait dû, en vue de ces circonstances, m'acheter un short blanc dont j'étais très fier, et teindre elle-même une chemisette en noir, couleur indispensable pour donner plus d'allure aux mouvements d'ensemble rythmiques et coordonnés.

Je dois dire au passage, que si mon short se comporta toujours très dignement, il n'en fut pas de même de ma chemisette qui, sous les pluies fines ou simplement sous les effets de la sueur, régulièrement déteignait. Il en résultait (Marie-Thérèse avait dû être grandement trompée sur la qualité de son produit) qu'après chaque épreuve, je portais, indélébiles pendant plusieurs jours, les stigmates de mes efforts. Comme je ne faisais pas d'abus inconsidérés de savonnette, cela me valait de temps à autre quelques réflexions désobligeantes bien que méritées.

Nos évolutions étaient dirigées avec fermeté par notre professeur de gymnastique qui avait la lourde charge de faire de nous, sinon des athlètes, du moins des garçons en bonnes conditions physiques de la sixième à la terminale.

D'âge moyen, maigre comme un coucou, il s'agitait à longueur de jour et de semaine, donnant l'exemple à chaque classe, et si nous ne trouvions pas personnellement la forme, lui par contre la gardait.

Tout cela se passait sous les fenêtres de nos classes aux bruits stridents d'un sifflet à roulette qui traversaient vitres et murs, permettant à chacun de suivre de sa place, en même temps que le cours de maths ou d'anglais, les différentes phases des évolutions.

« Tu sais grimper à la corde ? »

Quelle question ! Bien sûr je savais grimper à la corde ! Et que représentait donc la hauteur de la poutre en comparaison des grands chênes de mon village !

« Qui t'a appris ? »

A-t-on besoin d'apprendre aux écureuils à monter aux arbres ?

Ils étaient deux, deux pensionnaires pourtant bien sympathiques à servir de cible et de souffre-douleur à leurs camarades. Deux qui auraient bien volontiers échangé leurs notes les meilleures (ils étaient d'excellents élèves) pour la joie d'être à peu près fichus comme nous. Mais voilà ! La vie fait à certains des vacheries qu'ils doivent traîner dès le départ.

Sans la moindre charité on les avait surnommés « Dromadaire » et « Dandinette ». L'un était bossu, l'autre était bancal, et l'un et l'autre faisaient des efforts prodigieux pour le faire oublier. C'était émouvant ! Cela aurait dû inciter à beaucoup de générosité, eh bien il n'en était rien. Les enfants pas plus que les vieillards ne se pardonnent rien.

Le Dromadaire, malgré toutes les interdictions, insistait pour lever les haltères, pour les poser d'abord sur son thorax caréné, puis pour les projeter en l'air au mépris de sa bosse et de ses omoplates décollées. Quant à Dandinette, il partait chaque fois sans hésiter pour ces courses désespérées, au cours desquelles il savait qu'il devrait s'arrêter, stoppé à mi-parcours dans sa claudication.

Pas l'ombre d'une indulgence ne leur était réservée. Ils n'en demandaient pas tant d'ailleurs ! Mais pourquoi donc les avoir si méchamment affublés de deux surnoms qui leur rappelaient à chaque instant ce qu'ils auraient tant voulu oublier.

Le Pitre achevait de me confondre.

« Il fallait te presser ! C'est toujours ainsi pour les derniers ! Il y a en principe un morceau de pain pour tous mais les premiers en prennent souvent deux, quelquefois trois. Alors les derniers évidemment, tant pis pour eux ! »

La panière de 16 heures repartait vide lorsque j'arrivai cinq minutes en retard.

Le Pitre partagea généreusement son pain avec moi.

« Fais donc attention pour demain. Ce n'est pas sur les rangs des classes qu'il faut être le premier. C'est ici, mon vieux. Sinon tu jeûnes. »

La récréation fut triste et morne, j'étais abattu, et Le Pitre eut beau insister, je ne jouai pas.

Nos livres et nos cahiers étaient fournis par l'unique librairie de la ville. Commandes et livraisons s'effectuaient par le canal de la conciergerie au moyen d'un bon sur lequel chaque élève indiquait clairement son nom, son prénom, son adresse et l'adresse de ses parents. Les notes étaient expédiées directement à ces derniers en un temps record. Moyennant quoi tout le monde était appareillé dès la première semaine. Monsieur le Principal avait une importante remise sur tous ses achats personnels, et le libraire faisait le cadeau somptueux d'un livre en fin d'année à l'occasion de la distribution des prix. Ce livre cartonné souvent doré sur tranche, d'importance et de valeur indiscutable, bien qu'il eût en général fait plusieurs mois de vitrine, était convoité par toutes les classes mais seuls les forts en thème pouvaient prétendre le posséder.

Dès mon arrivée en étude je passai comme tous les autres ma commande, puis je cherchai à remettre avec l'aide du Pitre un peu d'ordre dans mes affaires.

« Fais comme moi un quadrillage avec ordonnées et coordonnées. Les jours à la verticale, les heures à l'horizontale. C'est la seule façon de dresser un emploi du temps correct et lisible. »

Je m'y employai et, cherchant à personnaliser davantage, je le badigeonnai de couleurs vives ; le rouge couvrant le latin, l'anglais et les maths, le vert tendre les matières pour lesquelles j'avais moins d'appréhension, réservant le blanc pour les heures souhaitables et reposantes, quelques véritables oasis dans la semaine, telles que le dessin, la gymnastique, l'histoire ou la géographie.

« Que fais-tu là, Pitre, sur cette page ?

– Ça mon vieux, c'est mon compte à rebours jusqu'aux vacances de la Noël. Je vais le fixer à la porte de mon casier, et tous les matins je rayerai un jour. Avec ça on sait toujours où l'on en est. On a la date du jour et le nombre exact de ceux où il reste à s'emmerder. »

Je suivis l'exemple aussitôt et je rayai la première case, désolé, il en restait quatre-vingts avant le départ ! C'était à désespérer.

Notre salle d'étude au premier étage se différenciait des salles de cours par ses dimensions. Deux suffisaient à tous les pensionnaires. C'est dire que nous étions une soixantaine par étude, rangés sur un mobilier vétuste, lourd, patiné, taillé à la hache, et constitué par des tables et des bancs solidarisés. Six sur chaque rang. À l'évidence, depuis l'inauguration des lieux, rien n'avait dû changer là, et des inscriptions profondes, gravées au couteau, assuraient de la pérennité du matériel, rappelant à certains qu'un des leurs avait bien avant eux passé là, et y avait débuté comme eux ses humanités.

« Laisse-moi cette place. J'y tiens, c'était celle qu'occupait mon père. Regarde, il y a déjà mon nom ! »

On la lui abandonnait bien volontiers ! On n'avait aucune raison de le contrarier. Et puis !... Lorsque la superstition s'en mêle... !

« Berluchon est un con. »

Qui était ce Berluchon ? Un professeur ? Un ancien pion ? De toute façon il avait fallu un certain sang-froid à celui qui, des soirées entières, sous son nez peut-être, avait gravé cette opinion péremptoire qui s'étalait sur plus de trente centimètres.

Suivaient des noms, des kyrielles de noms, puis des dates, des phrases entières même, affirmatives, à l'emporte-pièce, comme celle-ci relevée au hasard, empreinte non de misogynie mais d'un bien grand désabusé dont aucun de nous n'était en âge de contrôler la véracité : « La vie est un désert qu'il nous faut traverser, la femme est un chameau qui aide à le passer. » Ou cette autre beaucoup plus explicite : « Tout homme a dans son cœur un cochon qui sommeille. » On trouvait même sur quelques tables, en un relief aussi saisissant que s'ils avaient été réalisés la veille à la gouge, des bas-reliefs particulièrement complexes et réussis, que seul un grand talent et de longues heures de doux farniente permettaient d'expliquer.

« Regarde-moi ça ! »

Le Pitre me faisait remarquer un magnifique petit médaillon gravé en coin d'un pupitre. Il représentait les fantasmes d'un hérisson descendant d'une chevauchée réalisée sur une brosse, poils en l'air. Entouré d'une banderole, où l'on pouvait facilement lire : « Illusion ! Illusion ! Tout n'est qu'illusion », bien que peu complexe dans son symbole, il était un vrai chef-d'œuvre.

« Si cette place n'était pas aussi désastreuse, c'est là que je me serais installé ! Mais il n'en est pas question. Tu parles, on tournerait le dos à l'estrade ! Viens. »

Mon ange gardien, sûr de ses principes, m'avait conduit à un angle de la pièce, à un angle éloigné mais face à l'estrade, et d'où l'on pouvait surveiller le pion.

« C'est là l'idéal. Tu peux t'installer. Nous n'y serons jamais surpris et nous aurons la paix. »

Et le fait est que cette position devait s'avérer remarquable. Grâce à elle nous pouvions de ce point faire impunément en silence ce que bon nous semblait. Battre notre flemme, échanger nos devoirs, lire un bouquin aussi bien que n'importe quel illustré, avec la certitude d'avoir toujours le temps de l'escamoter à la moindre alerte.

« Évidemment nous ne pouvons tout avoir ! Nous sommes loin du poêle c'est vrai, mais tu sais il n'y a pas à le regretter. D'abord l'hiver ne dure pas toujours, puis près du poêle on a presque aussi froid qu'ici et l'on profite plus de la fumée que de la chaleur. Alors nous ne perdons pas grand-chose, même si notre confort en souffre quelques semaines. »

Et c'était ma foi vrai. Tous les chauffages de l'établissement étaient du même type. Tous fumaient et tous étaient aussi inefficaces et illusoires. Quelle que soit sa place, personne n'évitait ni l'onglée ni l'engelure. Mais dans le fond il n'y avait rien à dire car leur formule restait saine. Son manque d'efficience nous laissait à d'égales températures, que ce soit dans nos classes, dans nos dortoirs sans feu, ou dans nos cours glacées, et il n'en résultait que peu de rhumes, même durant les plus grandes rigueurs de l'hiver.

Nos salles d'étude étaient entourées de casiers. Accolés aux murs, ils étaient destinés à recevoir nos livres et nos cahiers. Leur importance était grande. Individuels, il était admis que chacun de nous pouvait fermer le sien à cadenas, assurant ainsi son inviolabilité. C'était là, avec nos caisses à provisions, les seuls refuges possibles à l'interdit, mais, à l'encontre de ces dernières qui n'étaient abordables qu'aux récréations, ceux-ci restaient toujours à portée de nos mains.

Il était primordial d'avoir son casier près de sa place, de pouvoir l'ouvrir et le fermer sans même se lever pour réussir à y glisser l'objet ou la lecture à soustraire d'urgence à la curiosité du pion.

Ça aussi Le Pitre, pour nous deux, l'avait prévu.

Ce fut le mercredi soir que je fis connaissance avec la colle. Non point d'une manière homéopathique, mais de royale façon, puisque ce ne fut ni par deux ni par trois heures qu'elle me fut octroyée, mais sous la forme d'une demi-consigne accompagnée d'un zéro de conduite pointé.

Nous étions au dortoir, l'heure de l'extinction des feux allait sonner. Le pion s'était rendu aux lavabos. Le dortoir restait sans surveillance. Ce fut Le Pitre qui engagea les hostilités en m'assénant un maître coup de traversin au moment où je m'y attendais le moins.

Simple jeu de franche camaraderie bien sûr, et je l'avais bien compris, mais c'eût été mal me connaître que de compter sur ma passivité. En quelques secondes nos deux lits furent transformés en champ de bataille, et, tels Goliath et David, nous nous mesurâmes avec nos sacs de duvet d'oie.

J'y allais de bon cœur. Le Pitre, après une résistance héroïque, me paraissait fléchir et s'était brusquement réfugié sous ses couvertures.

J'attribuais ce succès à mes coups, et je redoublais d'ardeur. Ce fut l'euphorie de la victoire qui me perdit. Je maniais magnifiquement ma massue, sans indulgence, comme un assommeur de bœufs…

« Dis donc, Le Pitre, un zéro pointé qu'est-ce que ça veut dire ?

– Qu'il va compter sur ta moyenne de fin de mois… Et qu'en dessous de dix tu récoltes cette fois une consigne. Mais pourquoi t'inquiètes-tu ? Tu t'en fous puisque tu ne pars qu'à la Noël… Mais aussi espèce d'andouille, tu n'as pas vu que je m'arrêtais… Je t'ai fait signe ! »

Manque d'habitude, de méfiance ou d'observation… Non, je n'avais pas vu.

Certes je l'avais bien mérité mon zéro de conduite, mais je fus plus que démoralisé lorsque le samedi soir je bénéficiai pour ce premier dimanche de la seule retenue de la semaine, accompagnée de ce commentaire : « S'acharne sur son voisin de lit qu'il cherche à assommer avec son polochon. »

Et, comme si cela n'avait pas suffi et que Le Pitre eût été un élément fragile à protéger, « sujet asocial à surveiller de près ».

Le lendemain et les jours suivants n'améliorèrent rien. Alors qu'en temps ordinaire je jouissais d'une belle insouciance intestinale, je fus pris dès le jeudi d'une diarrhée démentielle qui me scia le moral et potentialisa toutes mes énergies au point que tout le reste ne comptait plus pour moi.

« Ce sont les pois cassés, m'avait dit Le Pitre, je n'ai jamais pu m'y habituer. Chez moi ils ressortent tels que je les ai avalés, comme des chevrotines. »

Cela me prenait sans préavis, n'importe où, aux moments les plus inopportuns, et le caractère impératif de mes ennuis ne me permettait aucun délai. J'avais déjà bien du mal à attendre que l'on me donne le feu vert. Une fois en maths, deux fois pendant les deux heures consécutives de latin, et je devins suspect même au professeur de français qui dut m'accorder une sortie en catastrophe cinq minutes à peine après le début de la rentrée. J'y pensais à la récréation, j'y pensais en étude, et j'étais saisi d'une appréhension qui me serrait la gorge dès que je devais pénétrer dans une classe. Cela tournait à l'obsession !

« Vous me fichez le camp à l'infirmerie ! Voilà quatre fois que vous dérangez toute l'étude ! On va vous accompagner. »

Quelques cuillerées d'un breuvage magique à goût de Pernod, ce qui en plus n'était pas désagréable, me permit de retrouver mon équilibre.

« Et ça a vraiment le goût de Pernod ? Et sa couleur ? Tu ne me racontes pas une blague ? Tu le jures ? »

Le Pitre, à la suite de mon affirmation réitérée et enthousiaste, éprouva aussitôt les premiers symptômes d'une débâcle telle que la mienne auprès de la sienne n'était que rigolade.

Il grimpa à l'infirmerie une fois, deux fois, quatre fois, il ne s'en lassait pas.

« Ça fait cinq jours que je ne suis pas allé aux chiottes ! »

Le mardi suivant, Le Pitre était indiscutablement gonflé et bloqué. Il eut droit à un lavement.

« Tu parles d'une histoire ! Un litre de flotte avec un boc ! Et en plus, j'ai dû lui montrer mon cul ! »

L'infirmière, très certainement, avait dû en voir bien d'autres.

Je comptais beaucoup sur la remise de mon devoir de français pour me remonter le moral.

« Racontez une de vos journées de vacances. »

Le sujet par la liberté qu'il accordait m'avait plu. N'ayant à mon actif ni un voyage à la mer, ni un voyage à la montagne, c'est une journée dans ma campagne que j'avais choisie. Une longue journée, que j'avais revécue baignée de lumière, en compagnie de mon frère, de Fox et de Folette, le long des champs jaunes de blé piqués de nielles et de coquelicots. J'avais parlé de mes prés verts aux herbes épaisses garnies de marguerites et de boutons d'or, de mes bois profonds pleins de chants d'oiseaux, et j'avais essayé de couvrir ma feuille de cette poésie champêtre et sauvage que je sentais vibrer en moi d'autant plus intensément que j'en étais séparé.

Il faut croire que je n'y étais pas parvenu.

« Devoir sans grand intérêt, peu d'imagination, manque d'action. »

J'atteignais à peine la moyenne, alors qu'une visite aux Foires franches était adjugée à seize sur vingt et qu'une promenade à Arcachon atteignait la cote exceptionnelle de dix-sept sur vingt.

C'en était trop !

J'écrivis une lettre pathétique à ma famille. J'y relatai mes tribulations, mes désillusions. Je suivais mal en anglais où il me manquait du vocabulaire, je ne comprenais rien en latin où tout ou presque me faisait défaut et, désirant attendrir au maximum tout le monde, j'ajoutai en exagérant quelque peu que j'avais manqué de pain tous les jours à mon goûter. Je demandai enfin des nouvelles immédiates de toute la maison.

La réponse devait me parvenir quelques jours plus tard avec ma propre lettre.

« Relis ta lettre, tu as fait trois fautes d'accord monstrueuses. Je ne te dis pas où. Tu les trouveras facilement... On n'a rien sans mal. Un effort soutenu ne pourra faire moins que de porter ses fruits dans l'avenir. Lorsque j'étais au front sur la cote 304…

« P.S. Si tu as été puni, c'est probablement que tu l'as mérité… Au sujet du pain de 4 heures, j'en parlerai à notre boulanger, et je lui demanderai de t'en apporter lorsqu'il aura le temps. »

Ma mère heureusement avait ajouté un tout petit mot très affectueux, et je m'y raccrochai.

Le bilan de cette semaine infernale qui s'achevait n'était pas fameux. Sur le plan des connaissances : en anglais, en latin, je n'avais rien acquis ; sur le plan géographique j'avais approximativement repéré les lieux de mes tortures et je ne me trompais plus de porte ; sur le plan pratique la moisson, par contre, était plus fructueuse.

J'avais d'abord remplacé le patois, ma deuxième langue maternelle qui ne m'était plus d'aucune utilité, par l'argot du collège, et je savais une bonne fois pour toutes :

– que le lit était un pageot,

– que la casquette était une bâche,

– que le nez était, non point un pif, mais un tarin,

– que mes habits étaient mes frusques,

– que mon pantalon était un falsard et ma chemise une limace,

– que le collège ne pouvait être qu'un bahut,

– et que tout ce qui m'appartenait, qui gênait les voisins, et de ce fait devenait indésirable, était mon bidule. Enfin, et c'était là et de beaucoup le plus important, je comptais au moins un camarade parfait.

Le Pitre était mon ami.

J'avais également appris, grâce à mes troubles intestinaux, et j'allais oublier de le mentionner, que les cabinets étaient des toilettes pour nos professeurs, mais que pour les copains et moi-même, ce ne pouvait être que des chiottes. Et je vais leur consacrer quelques lignes car ils en valaient la peine.

* *
*

Les toilettes de notre collège n'avaient rien de commun avec les cabinets discrets, aux cloisons de torchis, de mon école communale. Bien que loin d'être des réussites architecturales elles s'imposaient, nécessaires, implantées à cheval sur deux cours, présentes et abordables de tous côtés. Quatre isoloirs, deux à l'est, deux à l'ouest encadrant deux ardoises de taille exceptionnelle (on était dans leur pays) étaient ainsi toujours à notre disposition.

Tout-à-l'égout… Cela aurait dû être un avantage, cela s'avérait en fait souvent un inconvénient.

Si les cabinets de la communale connaissaient parfois le débordement, les toilettes de notre bahut, et c'était beaucoup plus grave, connaissaient en permanence l'engorgement, et à cela on n'avait trouvé d'autre remède qu'une longue perche de bois que Gégène, notre garçon de réfectoire, balayeur à ses heures, manœuvrait plusieurs fois par jour en brassages et ramonages utiles et consciencieux.

Malgré tout, aux heures de pointe, l'urine stagnait en nappes citrines devant l'ardoise et celui qui l'oubliait y risquait toujours le bain de pied. Pour toutes ces raisons on comprendra facilement la prudence avec laquelle on abordait ces lieux où, d'habitude, l'on se rend plutôt pressé. Souvent, pour éviter le pire, on devait s'exécuter à distance en des clapotis évocateurs émulatoires et audibles de loin. Heureusement, entre jeunes garçons, la pudeur n'existait pas.

« Dis donc, ce n'est pas Paulo et Demogras qui baratinent de l'autre côté ?

– Ça m'en a tout l'air, ils se disputent même.

– Tu vas voir, nous allons les calmer, tu y es ? »

Jambes écartées, thorax bloqués en vue de l'effort, Le Pitre et moi avions projeté en chœur un jet nourri par-dessus l'ardoise, semant l'affolement parmi les antagonistes d'en face qui ne s'y attendaient pas. Le temps que les douchés furieux, remis d'accord, fassent le tour, avait suffi aux farceurs pour rentrer leurs lances et disparaître. Il ne restait plus aux autres qu'à s'ébrouer ou, s'ils étaient délicats, à aller se laver aux robinets voisins.

Cet âge pouvait permettre des plaisirs que l'âge mûr ne saurait retrouver.

Cet exploit était classique, fréquent, et toujours renouvelé avec le même succès. Il suffisait à expliquer l'appréhension légitime de tous ceux qui face à l'ardoise devaient néanmoins s'exécuter ; et cette inquiétude n'était pas moindre lorsqu'ils devaient occuper les isoloirs voisins. Elle changeait simplement de nature, car non seulement ces isoloirs n'étaient fermés qu'à mi-hauteur, ce qui permettait l'indiscrétion même involontaire, mais encore, n'étant munis que de crochets inefficaces ou arrachés, ils favorisaient l'intrusion inattendue à tous les instants.

L'occupant momentané de la place devait, pour éviter ce risque, se servir de la ceinture de son pantalon afin de retenir lui-même la porte. S'il n'avait pris la sage précaution de signaler sa présence par une blouse ou un cache-nez en travers du bas flanc, il risquait fort – à tout moment s'il tenait ferme – d'être précipité tête première à l'extérieur, ou, s'il lâchait, de rester dans la confusion la plus totale, exposé ainsi aux quolibets, voire à l'indifférence, ce qui n'était pas mieux.

Le moins que l'on puisse dire, c'est que c'était déplaisant.

« Tu viens fumer une cigarette aux chiottes ? »

On y allait souvent par groupes de trois ou quatre. L'un faisait le guet devant la porte pendant que les autres grillaient leurs sèches en s'efforçant d'avaler la fumée. Les petits étaient avantagés puisqu'ils pouvaient opérer debout, alors que les plus grands devaient obligatoirement se tenir dans une posture inconfortable et accroupie.

« Veuillez sortir de là-dedans. »

La vigie placée devant la porte, prise de court, n'avait pu donner l'alerte. Tout le monde avait reconnu la voix du surveillant général.

La porte rabattue claqua, ouverte d'un seul coup. Nous y étions six ce jour-là, comprimés tels des sardines, qui nous échappâmes comme une volée de moineaux. Le surveillant général fut tellement surpris qu'il n'eut pas le temps de réagir, chacun de nous s'étant déjà perdu aux quatre coins de la cour.

Nos toilettes avaient une vocation de fumoir, nos toilettes avaient une vocation culturelle.

Tout le monde conviendra que des pissotières sans graffiti n'existent pas.

Les nôtres n'échappaient pas à la règle.

Un mur blanc inspire, c'est connu. C'est l'égal de la toile vierge du peintre ou de la feuille blanche de l'écrivain.

Nos toilettes étaient passées à la chaux tous les mois, eh bien, du premier jour au dernier, elles n'étaient que fresques, pamphlets, sentences ou poésie. Tous les arts confrontés en permanence y rivalisaient, y culminaient.

« As-tu vu les chiottes de droite ?… Non !… Alors mon vieux vas-y, quelqu'un y a fait une de ces gonzesses avec un cul ! Je n'ai jamais rien vu d'aussi réussi. »

Je passerai assez vite sur le détail des fresques, reflets de nos états d'âmes et de nos aspirations, elles sacrifiaient beaucoup à la chose, et témoignaient malgré quelques égarements, de bien belles connaissances. Certaines tenaient de l'enluminure, en noir, brun et vermillon ; cela donnait à ces essais, qui allaient du détail à l'épure, une grande vigueur. Les mieux réussies étaient toujours reprises très vite grâce à la fraîcheur du transparent dès les premières heures qui suivaient chaque badigeonnage, d'autres remplaçaient les moins heureuses, il s'ensuivait que toutes tendaient vers une égale perfection.

Dans le domaine du pamphlet l'activité n'était pas moindre. Inutile de dire que ces derniers, qui émanaient d'efforts communs, n'étaient, pas plus que les fresques d'ailleurs, jamais signés. Nés dans leur début d'une inspiration souvent brumeuse, chacun de nous se devait d'y apporter correction et précision, et eux aussi s'enrichissaient au fil du temps. Ils visaient tous nos maîtres, et certains professeurs avertis, et auxquels ces diatribes étaient destinées, allaient paraît-il furtivement en prendre connaissance à l'occasion d'un petit pipi innocent, aux fins d'en tirer des conclusions. Il y avait là de la prose (tout le monde n'est pas poète) mais aussi des vers et même des chansons. Le surveillant général en avait en particulier inspiré une des plus fameuses. Transmise à la pointe sèche, elle put se parfaire en douze couplets et un refrain au cours de plusieurs années. Un mélomane talentueux y avait même un jour projeté les notes. Elle devait passer par la suite, polycopiée, paroles et musique, à la postérité.

* *
*

« Tiens voilà Gégène qui pile ! J'ai un compte à régler avec lui. Je lui dois ma consigne de dimanche dernier au réfectoire. J'ai une idée, cela m'étonnerait qu'elle ne réussisse pas. »

Gégène était un petit bonhomme maigre aux cheveux en brosse. Il avait fait la guerre de 14, y avait perdu toutes ses dents, et était appareillé de peu d'un dentier curieux, haut et bas, qui lui donnait un air méchant pour l'unique raison qu'il ne pouvait plus, à cause de lui, fermer totalement la bouche.

Cela créait chez lui un faciès de roquet furieux toujours prêt à mordre.

Tout cela n'aurait rien été, on s'habitue à tout, si cette prothèse, lorsque Gégène ouvrait la bouche, n'avait eu la fâcheuse habitude de lui échapper.

« Gégène, un caramel ?

– Ah ! Tu es quand même un gentil garçon ! Je vois que tu es sans rancune. Allons-y pour un caramel. Tu me le mets dans la bouche… Là… mer"chi". »

Le Pitre avait vu juste. Le résultat ne se fit pas attendre. Une minute après, Gégène était en perdition.

Comme il fallait s'y attendre le double appareillage s'était solidarisé. N'ayant pas les mains en état de se libérer, il voulut demander de l'aide. Cela lui fut fatal. Le dentier de Gégène libéré s'échappa comme un ressort et, fatalité, disparut dans les égouts.

Gégène eut beau lâcher aussitôt sa perche, et passer le bras entier dans l'orifice, il ne put rattraper ni le dentier ni le caramel !

VI

NOTRE COLLÈGE REMONTAIT AU DÉBUT de la Troisième République et son inauguration avait eu lieu en 1888. Érigé depuis moins d'un siècle, sa construction avait été entreprise à une époque où la ville ne s'était pas encore échappée de ses boulevards intérieurs, ce qui expliquait sa position actuelle à quelques centaines de mètres du plein centre. Une vaste prairie déserte, prélevée sur la propriété d'une riche abbaye voisine, en avait favorisé l'implantation.

Une allée courte et étroite de beaux platanes, longeant une petite place elle-même plantée, conduisait du boulevard à son unique porte d'entrée. Son portail de ce fait apparaissait de loin dans un encadrement de verdure assez réussi, et cela enlevait un peu de son austérité à l'établissement.

C'était pour l'époque une imposante bâtisse grise construite en moellons, et on avait vu grand, au moins quant à sa superficie, puisqu'il fallait un petit quart d'heure à pied pour en faire le tour. Elle était ceinte et isolée sur toutes ses faces de hauts murs de trois ou quatre mètres qui lui donnaient un air presque pénitentiaire, bien que leurs sommets n'eussent été ornés ni de fils de fer barbelés, ni de tessons de bouteilles, comme on aurait pu s'y attendre.

L'ensemble du bâtiment à l'architecture de caserne était constitué d'un corps principal en avancée flanqué de part et d'autre de deux équerres latérales d'égale importance.

Ces différentes parties ménageaient entre elles de vastes espaces libres qui constituaient nos cours.

L'édifice n'avait en réalité sur sa totalité que deux étages, mais il était coiffé de greniers immenses avec fenêtres et cela, ajouté à un rez-de-chaussée surélevé, en faisait un établissement imposant qui dépassait grandement tous les besoins de la centaine de pensionnaires que nous étions.

Il en résultait que des deux ailes nous n'en occupions qu'une, encore étions-nous à l'aise puisqu'une partie du deuxième restait vide, et que, bien sûr, aucun élément des combles n'était aménagé. L'aile restante était abandonnée à un externat de jeunes classes préparatoires au collège et hébergeait les petits de la neuvième à la septième. Nous n'y allions jamais.

Un réseau de galeries limitées par des balustrades en fer forgé, couvertes bien qu'ouvertes à tous les vents, desservait tout l'ensemble et, pratique, permettait de rejoindre par temps de pluie n'importe quel point sans se mouiller. Ces galeries étaient peu fréquentées les jours de soleil, mais on y refluait en bloc par mauvais temps, et elles servaient alors de préaux.

Le corps central de l'établissement avait une partie en avancée et donnait sur la cour d'honneur. C'est là au premier et au deuxième étage que se trouvaient, en vigie, les appartements de Monsieur le Principal, sur l'unique et obligatoire circuit d'entrée que maîtres et élèves devaient emprunter ; et c'est de là, on s'en doutait, que s'exerçait, sans que l'on puisse l'éviter, un contrôle voilé qui inquiétait tous ceux qui devaient franchir plusieurs fois par jour ce passage, que l'on soit potache ou professeur.

Chacun se hâtait de gravir le perron et de s'engouffrer sous le hall, et c'est à ce niveau, alors que l'on commençait à respirer et que l'on se croyait sauvé, qu'en général le redouté se produisait et que Monsieur le Principal, comme par hasard, descendait son escalier.

« Ah ! Je ne vous retarde pas plus, M. Radauton ! J'aurais bien aimé vous entretenir au sujet d'un de vos élèves de cinquième, mais ça ne presse pas. Nous en parlerons une autre fois… Oh ! Vous n'êtes pas tellement en retard. La cloche a sonné… Voyons ? Il y a cinq minutes, guère plus. Le surveillant général doit s'occuper de vos élèves.

– La vache ! Il n'en manque pas une », et Radauton, vexé, s'engouffrait à droite en pressant le pas vers les galeries.

« Dis donc toi, arrive par ici. D'où viens-tu ? Comment se fait-il que tu ne sois pas déjà en cours ? Il est 9 h 10 ! Dix minutes de retard… Rappelle-moi ton nom… Bien, tu viendras faire deux heures de retenue dimanche, cela t'apprendra à être à l'heure.

– Ce con ! La seule et unique fois de la semaine où cela m'arrive ! » Les deux réactions, élève ou professeur étaient interchangeables.

L'élève s'échappait à gauche cette fois au pas de course vers la cour et sa classe, où deux heures de colle supplémentaires lui étaient encore octroyées à son arrivée : « Dérange ses camarades par une entrée intempestive en cours, à la suite d'un retard injustifié.

– Oh merde alors ! »

Presque toutes nos classes ouvraient au rez-de-chaussée anonymement sous les galeries. Aucun numéro aux portes, aucune indication particulière ne permettait de s'y retrouver. Il aurait été logique que chaque année possédât sa propre classe, en fait il n'en était rien. Il y avait la classe d'anglais, de français, de maths ou d'allemand, et tous les élèves passaient leur temps en chassés-croisés permanents dont seule l'habitude permettait de se tirer.

Toutes nos classes étaient ordonnées sur un même type : une chaire surélevée, un tableau noir, un matériel vétuste et un poêle central, et je crois bien pouvoir affirmer sans commettre d'erreur qu'en six années je n'ai jamais vu s'y effectuer une seule réparation ou une seule remise en état. Le tableau noir seul était repeint une fois l'an pendant les vacances.

On écrivait au collège comme chez Paul et Marie-Thérèse, à l'encre et au porte-plume, et nos tables étaient équipées des mêmes encriers que ceux de la communale. Seule différence, l'encre employée n'était plus violette mais noire comme nos tableaux.

L'encre et le porte-plume, cela ne devait pas durer, mais l'on en était encore là en classe de cinquième. L'ère de la pointe bic n'était pas envisageable. Le stylo lui-même ne venait que de traverser la Manche, et l'on ne disait d'ailleurs pas encore stylo mais stylographe, ce qui était quand même étymologiquement plus évocateur sinon plus joli.

Arborer un de ces gadgets d'avant-garde à la poche de sa veste suffisait à donner de l'importance à qui le portait et attestait une notoriété. La plupart de nos professeurs en avaient un, mais celui de M. le principal, remarquable par son élégance, les éclipsait tous et forçait l'admiration : Watermann, plume rentrante, en or 18 carats. Cela classait l'homme et laissait loin derrière lui tous les autres porteurs de systèmes plus ou moins archaïques à pompe ou à aspiration de modèle courant. Il le manipulait volontiers avec ostentation, la plume toutefois toujours tournée vers le plafond, et on avait intérêt à ce que le stylo ne bave pas lorsqu'il inscrivait votre retenue sur son carnet noir, car dans ces cas, deux heures avaient la fâcheuse tendance de se transformer en quatre, surtout si par inadvertance ses doigts se maculaient.

Pour un élève, la possession d'un stylographe aurait été à elle seule un signe extérieur de richesse familiale, et se serait avérée périlleuse, car il était toujours dangereux de se faire remarquer de quelque façon que ce soit. Même les externes qui ne se souciaient ni des envies ni des jalousies qu'ils pouvaient susciter, qui étaient sans cesse à la recherche de l'insolite et de l'innovation, n'auraient osé afficher semblables prétentions. Et lorsque l'un deux s'aventura un jour à en faire usage au cours d'une composition de français, il ne trouva personne, pas même le professeur, pour s'apitoyer sur son sort lorsque son appareil, à la suite d'une fausse manœuvre, se vida en totalité sur sa copie.

« Demain c'est la composition de maths ! Je n'ai eu le temps de faire aucune révision ! C'est une catastrophe !

– Chiche que je m'arrange pour qu'on ne la fasse pas ! »

Cela me paraissait impensable et pourtant Le Pitre semblait sûr de lui.

« Tout ce que je te demande c'est de n'en parler à personne, même pas aux copains. Promis ?

– Juré ! »

Les classes n'étaient pas fermées entre les cours. Le Pitre s'y était glissé en secret dix minutes avant l'entrée. En dix minutes il ne dut pas chômer pour réaliser son tour de force : verser l'encre de tous les encriers dans les cendres du poêle et la remplacer avec maîtrise et précision par ses propres moyens, aussi proprement qu'à la burette, par une urine personnelle et concentrée.

Le Pitre avait gagné son pari.

Le concierge dispensateur d'encre ne put être alerté avant l'heure voulue. La composition fut bien remise à la semaine suivante sans que cela soit plus fameux pour autant.

Deux salles au collège différaient totalement des autres et tranchaient sur le conformisme habituel : la salle de dessin et la salle de physique et chimie.

L'amphithéâtre de dessin était au premier étage. Nous y accédions deux petites heures par semaine, deux heures tellement agréables qu'elles passaient sans que l'on s'en aperçoive.

Raphaël, au mépris de son asthme et de son emphysème, venait à nos devants jusqu'au bas de l'escalier. C'était un homme déjà âgé, frisant la soixantaine, un bon gros père de famille qui se laissait choir sur sa chaise, épuisé après chaque ascension, et qui ne méritait certes pas d'y trouver les punaises renversées qui assez souvent l'y attendaient.

Un peu d'attention de sa part aurait pu facilement le mettre à l'abri de ces mauvaises plaisanteries, mais il était si essoufflé, si confiant, et si pressé de s'asseoir, qu'à chaque fois il oubliait et s'empalait.

Ces farces de mauvais goût le laissaient sans réaction. L'idée de sévir ne l'effleurait pas, à peine se mettait-il en colère, mais par contre on le sentait profondément perturbé et attristé. Dans ces cas il ne quittait plus son estrade, et nous laissait nous débattre avec nos feuilles et nos crayons, et cela pouvait durer l'heure entière pendant laquelle il boudait.

On n'avait pas de place attitrée à l'amphithéâtre de dessin. Chaque semaine était une remise en question. Nous nous saisissions de notre carton ou de notre planche qui nous attendaient dans un coin et, sous le couvert de la recherche d'un angle favorable, nous nous installions où bon nous semblait, suivant l'humeur ou les problèmes à régler entre copains.

On dessinait, on peignait, et on parlait beaucoup ; le bruit n'ayant jamais nui à l'élaboration des chefs-d'œuvre.

À nos pinceaux Raphaël proposait des natures mortes. Trois pommes ; deux bananes, de quoi ravir un Cézanne, et faire grimper des enchères aux plus hauts sommets. Hélas !

d'une semaine à l'autre les pommes blettissaient, les bananes, si toutefois nous résistions à la tentation, de vertes devenaient jaunes, puis noires, et cela compliquait singulièrement nos exploits. Nous étions toujours à la poursuite de l'effet. Aujourd'hui le plastique serait venu à notre aide, à l'époque il n'existait pas et Raphaël se ruinait en achats exotiques.

On dessinait des plâtres : la tête de Dante pendant deux mois, jusqu'au jour où un facétieux l'agrémenta d'une paire de bacchantes gauloises ; la baigneuse de Falconet jusqu'au jour où son pubis se couvrit de bouclettes noires et de coulées de carmin. Raphaël passait entre chaque travée, jetait un coup d'œil curieux sur l'ébauche, sur le modèle, et après avoir repoussé l'artiste en herbe, terminait l'esquisse en quelques magistrales retouches. Après quoi, ayant retaillé son crayon avec un petit scalpel de poche, il s'octroyait, content de lui, un généreux dix-huit sur vingt qui comptait pour la composition et les moyennes de fin d'année.

« Ce n'était pas mal ! Ce n'est pas mal du tout ! Mais votre brouette, vous le voyez bien, flotte dans des sphères de contingences éthérées. »

Heureux de sa trouvaille, il continuait sa ronde de l'un à l'autre puis regagnait son estrade sur laquelle, les yeux dans le vague, au milieu du brouhaha familier, il s'endormait.

Nous l'appelions Pissette. Le sobriquet lui avait été attribué, non point pour des raisons de faiblesses vésicales, mais pour un simple lapsus malencontreux qu'il avait commis à plusieurs reprises au cours d'une séance de travail durant laquelle il avait eu besoin d'une pipette, un de ces compte-gouttes géants qui, dans le fond, aurait très bien pu s'appeler pissette, pourquoi pas ?

L'appellation lui était restée.

C'était un homme petit, de corpulence moyenne, toujours vêtu d'une blouse blanche, qui nous attendait à jours fixes pour nous dévoiler avec patience et bonhomie, sous une vaste hotte, des tours qui tenaient du démoniaque et de la prestidigitation. Dans ses mains adroites, qui manipulaient avec aisance le bec bunsen, la cornue et le tube à essai, les mélanges viraient du rouge au bleu, du noir d'encre au blanc laiteux avec une certitude, prévisible pour lui seul, et qui nous ravissait.

La salle de physique et de chimie qui tenait également lieu de salle de sciences naturelles était proche de l'amphithéâtre de dessin.

« Oh ! Dis donc regarde, ils rangent la baleine, la vache, la femme et la chauve-souris sous la même bannière ! »

De grands tableaux aux classifications multiples et détaillées, avec règnes, classes, ordres, familles et genres, couvraient les murs. Ils rappelaient que, du point de vue de l'espèce et par rapport aux autres êtres animés, nous n'étions que des mammifères bimanes à station verticale mais doués de langage et de raison, alors que les sangsues, classées hirudinées n'étaient que des annélides sans soies ni raison, mais ô combien mieux servies par la nature que nous-mêmes puisqu'elles avaient neuf jeux de testicules à leur disposition.

La salle possédait de nombreuses vitrines de sujets naturalisés, mais tout cela eût été assez banal, s'il n'y avait eu en plus, hors de portée, perchés sur des étagères hautes et fermées, toute une série de flacons bouchés à l'émeri dont les étiquettes inquiétantes : acide acétique, sulfurique, nitrique, etc., etc., rappelaient que là, partout, le danger était présent. Des systèmes compliqués de cornues réunies par des jeux de serpentins de verre traversant des bouchons de caoutchouc percés et plongeant dans des éprouvettes graduées créaient une atmosphère d'alchimie où l'ésotérique le disputait au mystérieux.

« Messieurs, vous venez de voir au cours de cette expérience la préparation de l'azote atmosphérique sur le cuivre porté au rouge. L'expérience est concluante et, je crois, réussie. »

Et c'est ainsi que Pissette concluait chaque fois, car chaque fois avec lui l'expérience était réussie.

Lorsqu'il n'agitait pas le ballon sur la flamme de gaz tamisée par la toile métallique, Pissette, pour notre joie, passait son temps à s'exciter sur quelques machines compliquées, au maniement délicat, en vue de démonstrations magistrales. Il en avait tout un lot dans un petit réduit attenant à sa salle. Il les extrayait l'une après l'autre, couvertes de poussière et de toiles d'araignées, et ne manquait jamais de s'extasier sur elles comme s'il les découvrait pour la première fois.

$\gamma = \frac{mg}{2\,M + m}$ toute la machine, messieurs, est dans cette formule.

Nous allons vérifier grâce à elle les lois de la dynamique et le principe de l'inertie.

La nôtre était grande mais, grâce à son engouement personnel, il arrivait à la vaincre.

Les poids surveillés à la montre de précision montaient et descendaient le long de la règle et, lorsque le fil ne cassait pas, nous pouvions vérifier avec lui leur évolution.

Atwood ! C'est un des rares noms de la physique anglaise que grâce à lui et à sa machine, je connaisse encore aujourd'hui.

« Virginie », pendue à une potence dans un angle retiré pour qu'on ne la dérange pas, était une pièce maîtresse de notre laboratoire. Virginie était un vrai squelette, un squelette féminin au bassin large, aux os habilement solidarisés.

C'était pour nous un objet de curiosité, et pour Pissette un sujet de vénération dont il était d'autant plus fier que son acquisition avait soulevé pour son laboratoire de financières difficultés. Il l'entourait de soins attentifs, de prévenance même, ne la mobilisant qu'en de rares occasions pour nous en énumérer avec amour tous les os sans erreur avant de la ranger de nouveau sous son suaire de drap blanc qui la tenait à l'abri des courants d'air. Personne, sans son autorisation, n'avait le droit de toucher Virginie.

C'est dire quelle fut sa stupeur le jour où on la déroba.

Enlever un squelette entier (Virginie n'était pas mettable en pièces détachées) ne constituait pas une mince entreprise. Outre le volume qu'elle représentait, son ensemble jouait facilement des castagnettes et pouvait alerter. Ce furent quelques externes qui se chargèrent de l'opération dangereuse et délicate de la retirer de son gibet, de l'emballer dans un imperméable, et de la sortir incognito du collège à la barbe du concierge.

Virginie allait prendre l'air.

Dès que la subtilisation fut constatée, le principal en fut informé. Le collège fut fouillé de fond en comble. Marcel, le concierge, interrogé ; mais, sans indices valables, on se perdit en conjectures et Pissette, à qui en principe revenait la responsabilité du laboratoire, donc de Virginie, s'en arrachait les cheveux et, lui si calme d'habitude, ne décolérait pas.

Le rapt remontait maintenant à cinq jours. Toutes les suppositions devenaient possibles. Pissette ne supportait plus le suspens et désespérait de revoir sa Virginie.

On devait pourtant la retrouver, un dimanche matin, pendue à une enseigne basse d'une des rues les plus passantes de la ville dans laquelle elle provoquait l'attroupement et jetait un certain froid.

Pissette, prévenu d'urgence à son domicile, alla à sa rencontre pour la reconnaître et la récupérer dans ses bras lorsqu'on la décrocha.

Vérifications minutieuses une fois faites, il fallut bien reconnaître qu'elle n'avait subi aucun dommage, aucun outrage. Elle était intacte jusqu'à la plus petite phalangine et phalangette.

Virginie, sous l'œil attendri de Pissette, regagna donc sagement sa place et, renonçant au scandale, reprit sa vie carcérale qu'elle n'aurait jamais dû quitter.

À la suite de cette aventure, elle fut toutefois débaptisée.

De Virginie, elle devait devenir Rosalie.

Oh bien sûr ! Non pas que les Rosalie soient plus sujettes à la fugue que les Virginie, mais parce qu'il y avait justement alors un refrain à la mode qui faisait fureur. On le retrouva transcrit de bout en bout au tableau noir de la salle de sciences naturelles, et il fut déterminant :

« Rosalie, elle est partie
Si tu la vois, ramène-la moi. »

* *
*

Un morceau de pain sec nous était distribué en guise de goûter à la récréation de 4 heures. C'était à nous de l'agrémenter comme bon nous semblait ; les caisses à provisions étaient donc tolérées au collège, et, en fait, elles étaient indispensables.

Chaque pensionnaire avait la sienne : une boîte en bois blanc de trente ou quarante centimètres de côté, personnalisée et étudiée dans son aménagement, toujours bien fermée pour éviter les convoitises.

Ces caisses à provisions dans la vie d'un pensionnaire à part entière comme nous l'étions presque tous (nous ne partions qu'à Noël ou à Pâques), étaient d'une importance primordiale pendant un mois, mais perdaient tout leur intérêt les deux mois suivants où elles étaient vides ou presque.

Je subissais le sort commun.

Pourtant, tout était toujours prévu à la maison pour couvrir, dans les meilleures conditions et durant tout le trimestre, largement tous mes besoins. Ma mère préparait mes réserves elle-même, et y apportait tous ses soins, en remplissant au mieux de chocolats, de pots de confiture, de boîtes de rillettes ou de pâtés.

Alors !

Eh bien voilà ! Rien de ce qu'il aurait fallu prévoir pour permettre à chacun de nous d'exploiter rationnellement ses richesses n'était fait. Le collège voulait ignorer ce problème, et dans un établissement qui regorgeait de place on n'avait pas eu l'idée de mettre à notre disposition la moindre pièce convenable qui aurait transformé radicalement notre situation et sauvé nos provisions. Ce simple manque d'organisation et de prévoyance était à la base d'un véritable gâchis qui compromettait le confort essentiel de notre vie d'enfant. C'était scandaleux ! Nous ne disposions pour ranger nos affaires que d'un fond de couloir, que d'un recoin improvisé sous un escalier où quelques étagères insuffisantes avaient, et tant bien que mal, été disposées. Glacé l'hiver, particulièrement chaud l'été, cet antre obscur et humide à souhait n'était jamais aéré. Le pot de confiture aussitôt ouvert se couvrait en une nuit d'aspergillose, en deux jours se remplissait de moisissures géantes et en moins d'une semaine devait être jeté. La boîte de pâté appétissante le lundi, bleuissait le mardi pour devenir plus que douteuse le mercredi. Toute conserve de quelque nature qu'elle soit, une fois entamée devait être consommée dans les quarante huit heures. À ce rythme aucune prévoyance n'était plus possible. Le chocolat lui-même n'y résistait pas, sous sa protection d'aluminium il moisissait lui aussi l'hiver, fondait l'été, et mieux valait régler son sort dans la huitaine de l'arrivée si l'on voulait en profiter. Seul le sucre, malgré des invasions permanentes de fourmis, avait quelque chance de s'en tirer. C'est grâce à mes deux morceaux de sucre nº 3 que j'ai bien souvent évité le pain sec de mes goûters.

L'état des lieux enfin dépassait l'entendement. Ils étaient toujours empreints des mêmes négligences, de la même saleté : papiers gras, fruits avariés abandonnés sur le sol, boîtes ouvertes anonymement délaissées sur des coins d'étagères ; et durant les chaleurs, chacun de nous devait en accepter l'odeur. On peut imaginer ce que cela pouvait donner si l'on ajoute que ce passage, déshérité, à l'écart de tout et oublié, ne voyait le balai de Gégène qu'une fois par semaine, et encore n'était-ce que pour y soulever des nuages de poussière et de miasmes aussitôt retombés.

« Regarde ! Regarde ce rat ! »

Il y avait bien sûr des souris en permanence, mais aussi de gros rats gris remontés des caniveaux voisins et attirés par les odeurs.

« Dis donc Le Pitre, c'est ta caisse qui pue ainsi ?

– Penses-tu ! C'est celle de Coulogne !... Tu sais bien, il est rentré d'urgence à l'hôpital !

– Tire-la donc de là, pousse-la dans un coin. Il y a quelque chose qui pourrit à l'intérieur. »

Lorsque Coulogne revenait remettre de l'ordre dans ses affaires, c'était avec un autre que la même aventure recommençait.

Impensable ? Je me demande pourquoi il n'y eut jamais aucune protestation. L'époque, certes, n'était ni aux réclamations ni aux revendications, cela suffit probablement à l'expliquer. Il n'en est pas moins vrai que le souvenir de nos caisses à provisions me reste encore sur l'estomac.

* *
*

On descendait dans nos cours en suivant les galeries jusqu'à des escaliers. C'était là la formule prévue, sage, classique et logique. Elle ne donnait satisfaction à personne et elle était réservée aux nonchalants, aux obèses (rares compte tenu de la cuisine de la maison) ou aux paresseux. En réalité tous les autres y arrivaient grâce à une même pirouette par-dessus les balustrades en fer. De la main gauche on saisissait la rambarde, on se penchait dans le vide pour poser sa main droite sur la margelle basse, et d'un coup de reins on se propulsait tête première dans le vide pour atterrir en souplesse un bon mètre au-dessous. Enfin, les rapides, ceux qui étaient sûrs de leurs performances et confiants en leurs jarrets, franchissaient purement et simplement l'obstacle à pieds joints ou en courant sans se soucier ni de la hauteur ni des pavés qui, en contrebas, les attendaient. Fait étrange, je n'ai pas souvenance du moindre accident survenu au cours de ces exercices périlleux.

Nos cours, espaces destinés à la promenade ou à la détente, étaient en fait des arènes de combat, des lieux où l'on se mesurait en champ clos dans des tournois ou des compétitions de jeux violents d'où n'étaient exclus ni les ecchymoses, ni les genoux couronnés, ni les saignements de nez, et cela sous l'œil indifférent de nos pions.

C'était là aussi où, à chaque récréation, tout litige, toute dispute trouvait sa solution : « le jugement de Dieu ». Il valait mieux pour le subir avoir de bons muscles à sa disposition que de bons arguments, et il fallait s'y soumettre quelles qu'en soient les issues prévisibles. Il n'y avait jamais de plaintes. Le mouchard était considéré au collège comme méprisable et haïssable par excellence. Être rossé ne portait aucun préjudice à une dignité ; porter le « pet » suffisait par contre à vous discréditer et à faire l'unanimité contre vous. Tout le monde en avait conscience et personne ne s'y risquait. On mettait bien assez souvent le nez dans nos affaires sans que nous ayons besoin d'y inciter.

Ces conditions me convenaient. J'y allais de bon cœur et à ces exploits je réussis un jour à me briser un bras, fracture que sans hésiter, je mis sur le compte d'une glissade malencontreuse dans un coin humide de la cour. Tout ne fut pas perdu puisque cet incident légitima un bon mois de repos qu'une trop généreuse calcification ne permit hélas pas de prolonger.

Une partie de notre cour était réservée à un terrain de basket. L'établissement avait son équipe dont l'insigne, un brin de muguet en plastique blanc et vert, vendu cent sous tous les ans, était toléré même sur la tenue du dimanche. Grâce à elle, chaque année de grands espoirs étaient permis. Mais elle devait battre un camp adverse, les Bleuets, pour pouvoir se qualifier en vue des championnats universitaires d'académie et cela n'était pas facile. Dix joueurs étaient nécessaires, pas un de plus pas un de moins, pour y arriver. Leur entraînement se parfaisait à chaque récréation. Nous leur devions un spectacle permanent, mais aussi, de-ci de-là, quelques vigoureux coups de pieds imprévus au derrière, car on ne saurait déranger impunément un champion à l'entraînement.

« Tu comprends, ils nous emmerdent, il n'y a de place que pour eux ! »

Dix parmi nous s'amusaient donc, et les autres passaient leur temps comme ils pouvaient.

Clermont était la ville universitaire à laquelle nous étions rattachés. Celle où l'on devait obligatoirement subir les épreuves orales du bac, si toutefois l'on franchissait les barrières de l'écrit.

Notre équipe valeureuse avait de fortes chances d'arriver chaque année en championnat jusqu'à Clermont et ce fut pour beaucoup l'unique occasion qui leur fut offerte de visiter la ville.

Notre collège n'avait rien d'un collège anglais ! Il manquait de *green*. Il est vrai que je me demande bien ce que seraient devenues avec nous les pelouses entretenues, tracées au cordeau, de Cambridge ou d'Oxford, et *a fortiori* leurs massifs de fleurettes. Il ne pouvait en être question. Nos cours étaient néanmoins plantées d'arbres florissants : des platanes déjà gros et des acacias taillés en boule qui projetaient une ombre franche tous les étés. Livrés à eux-mêmes nos platanes montaient haut, et leurs branches envahissantes se balançaient au niveau des fenêtres de nos dortoirs. De nos lits, après les avoir vus s'agiter dénudés pendant de longs mois d'hiver, on pouvait suivre sur leurs rameaux l'éclosion de leurs bourgeons et, jour après jour, assister à la naissance puis à la poussée de leurs feuilles jusqu'au moment où, le miracle accompli, elles s'agitaient brillantes et folles dans les tourbillons de vent qui naissaient entre nos murs.

Nous profitions d'elles printemps et été. Grâce à elles nos cours pelées, qui auraient été caniculaires, bénéficiaient d'une ombre agréable et légère.

L'automne, ces feuilles jonchaient nos sols.

Cela commençait par les acacias. Ils jaunissaient à peine, et un matin un peu plus frais que de raison, sans autres signes précurseurs, sous l'influence d'un souffle insignifiant, ils abandonnaient en pluie leurs denses parures qui allaient se perdre le long des murs dans des recoins abrités en petits tas insignifiants. Leurs longs pétioles restaient encore pendus quelques jours à la branche puis finissaient par tomber de l'arbre, à son pied qu'ils jonchaient.

Il en était tout autrement de nos platanes. Longtemps ils restaient verts, longtemps ils résistaient à la pluie et aux bourrasques, mais enfin, aux jours les plus courts de novembre, subitement, comme s'ils n'avaient déjà que trop attendu, ils brunissaient et se décidaient à laisser choir leurs larges feuilles l'une après l'autre, tournoyantes et planantes. Par paquets, pendant des semaines, elles formaient un tapis mouvant jusqu'au jour où Gégène décidé, résigné, réglait leur sort de son balai.

« Si on allait faire un tour dans les caves ! Qu'en penses-tu ? Tu viens, dis, Le Pitre ? »

Sans hésiter je jetais mon béret par l'un des multiples soupiraux qui bordaient la cour. Un béret perdu en jouant, qui s'égare au point d'atterrir dans une cave, cela peut se produire de temps à autre. Il fallait bien aller le récupérer même si cela devait s'assortir de l'octroi de deux heures de retenue… Deux heures d'ailleurs de plus ou de moins, quelle importance lorsque l'on n'attend rien ni des jeudis ni des dimanches !

« Bon, allez ! Cinq minutes, pas une de plus ! »

Ayant tourné les talons, le pion allait à d'autres préoccupations et oubliait sa montre.

Cette autorisation nous conduisait tout droit dans le labyrinthe des sous-sols, une série de caves à peine éclairées par d'étroits et hauts soupiraux, coupées de murs de refend, eux-mêmes percés de portes en chicane, ce qui contribuait au mystérieux de nos expéditions.

Aller dans les caves, c'était l'occasion d'aller flâner, sans surveillance, dans la poussière, loin de l'habituel. Nous suivions systématiquement chaque soupirail et c'était extraordinaire la moisson d'objets perdus que l'on pouvait y récupérer. Crayons, gommes, règles (sans intérêt) mais aussi des balles, des toupies, des illustrés très spéciaux, autant d'épaves qui avaient échappé, volontairement ou non, à leurs propriétaires maladroits ou prudents et qui allaient remonter à la lumière dans nos poches ou sous l'abri de nos blouses.

Un chef d'établissement a probablement bien autre chose à faire que de parcourir les caves de la maison et pourtant, que de choses il apprendrait en le faisant !

Nous remontions après une demi-heure d'absence, quelques moments avant la sonnerie de la rentrée.

« Le Pitre, viens voir ! Il y a là une barrique ! »

C'était bien un petit tonneau qui avait fraîchement atterri dans cette première cave au fond de l'escalier.

« Tu parles, c'est du vin !

– On y goûte ?

– Bien sûr ! »

Le robinet entrouvert coulait bien mais l'obscurité ne permettait guère de se faire une idée. Nous goûtâmes dans le creux de nos mains. Nous étions tombés sur un baril d'encre ! D'encre rouge qui plus est. Nous remontâmes dans un état pitoyable, les mains et le visage barbouillés comme des Iroquois.

La fin de la récréation se passa en ablutions désespérées au robinet de la cour. Rien n'y fit, et nos efforts ne nous permirent pas d'échapper à la version latine de deux pages proposée le dimanche à ceux qui s'étaient distingués au cours de la semaine.

Les greniers étaient d'un accès périlleux puisqu'aucune autorisation ne pouvait y légitimer notre présence. C'était une ascension à la sauvette, à ses risques et périls ; aussi, rares étaient ceux qui la tentaient. Franchir l'escalier aux rencontres toujours possibles en était l'épreuve la plus scabreuse mais non la seule, puisque pour réussir l'expédition, il fallait en plus arriver à ouvrir une porte en général toujours fermée à clé.

Les étages, montés quatre à quatre, on pouvait souffler sur le palier du haut. Une collision à ce niveau étant plus qu'improbable puisque personne n'accédait jamais jusque-là, pas même les balayeurs, on pouvait alors maîtriser son cœur et prendre tout son temps pour solliciter et opérer avec un fil de fer de fortune une serrure sans mystère qui en général ne résistait pas.

Porte repoussée, on était dans la place.

Le coup d'œil sur les greniers était impressionnant car c'était bien là le plus imposant enchevêtrement de poutres et de solives que l'on puisse rencontrer. À l'encontre des caves compartimentées et dans lesquelles on aurait pu facilement se cacher, là, du premier coup on embrassait toutes les surfaces dans toute leur ampleur. De grandes lucarnes, véritables fenêtres, éclairaient si parfaitement les lieux que l'on s'y sentait mal à l'aise. Se dissimuler, s'il avait fallu, aurait été bien impossible, aussi nous hâtions-nous de graver sur une poutre nos initiales ou une date avant de déguerpir au plus tôt.

« D'où venez-vous ?

– Des greniers…

– Sans blagues ! C'est vrai ?

– Tiens, demande au Pitre, et si tu ne veux pas nous croire monte voir. Nous avons laissé la porte ouverte et notre nom est marqué sur la troisième poutre en commençant par le fond.

– C'est bath ?

– Tu parles, de là-haut, tu vois toute la ville ! »

C'étaient des exploits gratuits. Rien n'était à dénicher là-haut sous les toits exclusivement fréquentés des martinets et de rares hiboux, rien, si ce n'était la joie d'y avoir bravé l'interdit, d'y avoir grillé à la hâte quelques cigarettes, et de s'en être tiré sans ennui.

Si les caves et les greniers avaient été d'accès libres, nous n'y serions probablement jamais allés, mais quel dommage c'eût été !

* *
*

On peut la surprendre quelquefois en plein jour pelotonnée et pétrifiée sur la plus basse branche d'un pommier, ou, en sentinelle au soleil, à la cime d'un piquet d'où elle a l'air de surveiller les alentours, alors qu'elle ne voit strictement rien. Le jour l'a surprise là, avant qu'elle n'ait pu rejoindre sa retraite dans une anfractuosité ou un trou d'arbre. Impuissante, elle attendra, si rien ne la dérange, jusqu'à la nuit prochaine qui seule pourra la libérer. Il est possible, dans ces rares occasions de l'approcher, sans bruit, car si elle n'y voit rien elle y entend fort bien. Immobile, on peut alors l'observer tout à loisir, de dos comme de face, car prévenue, Dieu sait comment, elle ne tarde pas à tourner vers l'intrus une tête étrangement mobile sur son corps impassible. Elle fixe de ses yeux ronds avec insistance, curieusement, jusqu'au moment où, se croyant menacée, elle se décide à la fuite. Elle exécute alors à plusieurs reprises une mimique de départ et, consciente d'une épreuve redoutable, elle décolle enfin doucement, se laissant choir sans un claquement d'aile en un vol rasant qui la conduit vers des destinations hasardeuses qu'elle n'a pu choisir.

On l'appelle communément la chouette.

Chouette-effraie, chouette chevêche, chouette hulotte, toutes confondues sous le même vocable malgré des différences notoires. C'est tout juste si l'on ne les assimile pas au grand-duc et au hibou. Moins grandes qu'eux, elles n'ont pourtant ni leurs oreilles de plumes ni leurs griffes imposantes, et si elles ont les mêmes yeux fixes aux énormes pupilles dilatées cerclées d'or, protégées par les mêmes paupières mobiles, elles gardent néanmoins un regard doux et étonné qui contraste en tout avec celui cruel et froid des grands rapaces de nuit.

Alors que le hibou n'hésite pas à attaquer tous les autres oiseaux, voire des gibiers plus gros que lui, la chouette se contente d'insectes ou de petits maraudeurs. Musaraignes, mulots, rats sont leurs proies favorites, et c'est une hécatombe qu'elles réalisent chaque soir et en toute saison.

Un tronc creux, une excavation de muraille, un plancher de grenier, une poutre au besoin, leur suffisent pour se dissimuler et établir un nid sommaire sans matériaux. Là, elles élèvent et défendent avec héroïsme et amour leurs petits, trois ou quatre boules de duvet blanc qui, cinq semaines durant, de mai à juin, occuperont tous leurs loisirs.

Elles ne méritent pas le coup de fusil. Le chasseur abusé ne se baisse même pas pour ramasser leurs cadavres. On les dit immangeables. C'est faux ! Mais qui oserait mettre dans sa marmite un trophée de si triste renom ?

Car la chouette en est là ! C'est l'oiseau du malheur, c'est l'oiseau de mauvais augure ! L'oiseau du diable, dont le cri à côté de la ferme annonce des calamités certaines. L'athée lui-même se signe si, par les plus beaux jours d'été, elle s'avise de chanter sur le poirier du jardin, et l'aïeul allume un cierge, si elle le fait avec insistance sur la cheminée de la maison.

On lui fait une guerre sans merci. On la piège, et gare à elle si elle tombe vivante entre des mains. Elle sera écartelée, clouée encore frémissante sur la porte de la grange où son cadavre sec et repentant aidera à conjurer le sort.

Comment en est-elle arrivée là, elle, l'oiseau de Minerve, symbole de sagesse et de clairvoyance, qui avait l'insigne privilège de pouvoir rester posée sur la main ouverte de la déesse ? Des hauteurs de l'Olympe, la voilà reléguée près de la boule de cristal de la voyante, après avoir suivi de son vol étouffé les chevauchées des sorcières sur leur balai.

C'était une jeune hulotte tombée des toits de nos greniers. Nous la trouvâmes un matin au lendemain d'un jour de grand vent dans le coin de notre cour, tournée vers le mur, comme mise en pénitence. Agressive, elle s'était hérissée à notre approche, trop jeune pour fuir, menaçante de la griffe et du bec. Un halo de fines plumes blanches autour de chacun de ses yeux dessinait avec son bec un Φ majuscule parfait.

C'était une aubaine !

La chouette était notre totem, le totem de l'année de philo. Sa tête inscrite dans un losange agrémenté d'une devise *cogito, ergo sum,* composait le cachet encreur de notre classe. Elle fut aussitôt récupérée. Pas question de la remettre dans son domaine des combles. Nous décidâmes de l'adopter et, comme elle n'était pas encore adulte, de l'élever.

Quelques casiers de notre étude étaient disponibles et vides, l'un d'eux devait faire l'affaire. À l'insu du pion, l'oiseau de Minerve y fut cloîtré, et l'étude entière se mit en devoir de nourrir « Caroline ».

C'était facile.

Elle avait un appétit sans caprice. Les morceaux de viande les plus retors, que les uns ou les autres lui apportaient, disparaissaient comme par enchantement. Notre chouette grossissait, prenait de la force, et sa prison obscure, munie d'un cadenas de fortune, avait l'air de lui convenir. Personne, hormis nous, n'en connaissait l'existence, et l'histoire aurait pu durer longtemps sans un détail dont nous avions à tort minimisé l'importance. Si notre chouette mangeait, ce dont on ne pouvait que se réjouir, hélas ! aussi, par contre, elle fientait ! Ce fut l'origine du drame. Nous essayâmes bien un système ingénieux de papiers pour faciliter son nettoyage, mais comme ce travail délicat ne pouvait avoir lieu qu'à la sauvette, il fut insuffisant.

Au bout de huit jours, une odeur aigrelette commença à flotter dans un coin de l'étude, au bout de quinze jours, cela devint intolérable, et notre pion qui suspectait des insuffisances d'hygiène parmi nous, nous regardait de travers. De toute évidence, l'un de nous se putréfiait.

« Voyons ! À qui appartient ce casier ?... À personne ?... Bon, nous allons bien voir !... Les odeurs viennent de là. Allez me chercher un garçon et dites-lui d'apporter une scie. »

Cela se passait à l'étude du soir.

Le principal s'était dérangé et menait lui-même les opérations. Il n'y avait aucune parade.

Gégène, appelé d'urgence, œuvrait de la scie.

Le cadenas céda. Le principal lui-même ouvrit la porte. Et Caroline, surprise, aveuglée par la lumière, à petits pas, sollicitée par la porte ouverte, de sa propre initiative, en roulant des épaules, sortit de sa prison.

« Un hibou !... Pauvre bête ! »

Il se trompait, ce n'était qu'une chouette.

Sidéré, pris de pitié, Monsieur le Principal venait de prendre notre fétiche dans ses bras, et fut décoré à la minute d'une projection acide, dont l'abondance ne pouvait être mise que sur le compte de l'émotivité de Caroline.

Cela jeta un froid... changea les préoccupations et coupa court aux compassions.

Sans précautions inutiles, d'une fenêtre ouverte, Caroline, notre pensionnaire de quelques semaines, fut projetée dans la nuit et s'envola.

Le mutisme fut complet. L'évidente relation qui liait « Athénée Noctua » à la philosophie ne fut même pas soupçonnée.

Cette incarcération fut considérée comme un acte de cruauté collective.

Une consigne générale termina l'aventure de Caroline, notre chouette adoptive.

VII

Le bahut vivait sous un régime d'autocratie. Les sanctions disciplinaires prises par notre principal – entendons-nous bien – les sanctions graves, étaient alors sans appel et restaient redoutées de tous, y compris du personnel. À l'égard des élèves, un conseil de discipline, en général soumis et gagné par avance à l'optique dirigeante, ratifiait toute décision sans que l'intéressé ait voix au chapitre. On passait en conseil de discipline sans avoir à comparaître, sans y être invité, et bien sûr aussi, sans l'avoir demandé. Aucun régime d'autorité n'aurait osé afficher pareille désinvolture, puisque, non seulement l'accusé ne pouvait lui-même se disculper, mais qu'il était en outre privé de défenseur.

Même pour des enfants, ce système par trop despotique révoltait. Heureusement, cette procédure était malgré tout assez exceptionnelle. Elle se déroulait en principe une seule fois, à chaque fin de trimestre, et les affaires d'importance relative restaient en suspens jusque-là, mais lorsque ce tribunal d'exception était requis d'urgence – ce qui arrivait malgré tout quelquefois –, cela sentait franchement le roussi, et l'intéressé ne s'en tirait que rarement sans un renvoi de quelques semaines dans ses foyers. Grâce à Dieu et par miracle, je n'y passai jamais.

La discipline était sévère au collège.

On était puni pour avoir prononcé le mot de Cambronne qu'il soit dit sous forme d'exclamation, d'admiration, de rage ou de dépit. On récoltait sans contestation possible une demi-consigne pour avoir fumé aux chiottes, une autre demi-consigne pour avoir lu des journaux ou des illustrés étrangers à l'établissement, et une consigne entière pour avoir été le dernier en composition, quelle qu'en soit la matière, ce qui était au demeurant parfaitement stupide, puisqu'à chaque fois, en ces occasions, il en fallait bien un !

Ces sanctions, exécutoires les jeudis et les dimanches, reléguaient à l'étude bon nombre d'entre nous pour lesquels une promenade, voire une sortie, aurait bien fait l'affaire.

Le principal représentait donc l'autorité, la souveraineté absolue. La bonne marche de l'établissement reposait sur ses épaules et, comme il convient à celui qui doit commander, qui doit savoir se faire respecter, on le voyait fort peu. Sa silhouette figée, entrevue de-ci de-là à l'extrémité d'une galerie, suffisait à rétablir l'ordre. Les batailles les plus farouches dans les cours étaient stoppées, les rangs les plus disloqués se reformaient, et les professeurs, mêmes les plus indifférents, se hâtaient de rentrer dans leur classe.

Pour nous tous, il était « Barbichou ».

Il portait le bouc, alors à la mode, et ce dernier – qu'il avait noir, taillé en pointe, très soigné, et qu'il aimait, refoulement certain, caresser de temps à autre en parlant à ses subalternes qui eux en étaient privés – lui donnait un air de Méphisto concupiscent (un des plus beaux mots de la langue française lorsqu'il est mis en pièces détachées).

On le disait poète et certains expliquaient et donnaient ainsi un sens à l'air lointain qu'il affichait lorsqu'il conversait avec quiconque. Cet air, il l'avait, lorsque, les mains derrière le dos, il saluait d'un bref signe de tête un professeur qui le croisait, cet air, il le reprenait aussitôt, lorsqu'après vous avoir accordé un coup d'œil condescendant, il pivotait sur ses talons ou lorsqu'il vous gratifiait d'une retenue.

Rêves de poète ? Lassitude ? Profond dégoût ? Je le croirais plus volontiers lorsque je me le remémore nous passant en revue avant nos promenades du jeudi et du dimanche.

En rang par deux, les plus petits à l'avant, les anciens à la traîne avec le pion, une bande de loqueteux, tous plus ou moins minables avec nos costumes froissés et tâchés, nos chaussettes en accordéon sur nos souliers douteux où fréquemment la ficelle remplaçait le lacet. Voilà ce qui l'attendait deux fois par semaine, à 14 heures, sous la galerie principale ; avouez qu'il y avait bien de quoi le dégoûter.

Il s'imposait pourtant cette épreuve démoralisante. C'était méritoire, et jamais aucun départ ne fut donné sans cette inspection.

Ma taille me voua longtemps à l'avant de la colonne. C'était moi qui avais droit au premier coup d'œil, et je vous assure qu'il était éloquent et qu'il n'y avait guère moyen de s'y tromper.

« Voyons, il manque des boutons à cette veste ! Il faudra me la faire passer à la lingerie… Remontez votre pantalon… »

Privé de bretelles, ma ceinture ne tenant pas, j'essayais sans succès en adoptant une attitude déhanchée.

« Mais voyons, tenez-vous droit… »

Le résultat était le même.

« Mettez votre casquette. »

La casquette, au bahut, devenait une bâche. Pour ce, elle devait subir un certain nombre d'épreuves et de transformations. Les anciens se chargeaient de ces dépucelages. Elle était, dès le départ, vidée de sa garniture intérieure, puis sa visière devait être cassée et recassée jusqu'au moment où elle épousait et gardait la forme d'un toit. La mienne avait été travaillée avec tellement d'ardeur qu'elle avait fini par céder en son milieu, et que j'avais dû la restaurer grâce à une couture en zigzag, au fil noir. Ma mère, lorsqu'elle la vit lors de mes premières vacances familiales, faillit en faire une syncope. Une bâche bien faite devait pouvoir se plier et se mettre facilement en poche aussitôt le portail franchi. La mienne était une réussite. Elle avait perdu son galon, perdu tout son apprêt, et je pouvais la mettre aussi bien sur le haut du crâne, que sur l'oreille comme le dernier des voyous.

« Vous appelez ça une casquette ?… Depuis quand ne vous êtes-vous pas fait couper les cheveux ?… Tenez, passez au deuxième rang, vous faites honte à l'établissement. Je ne veux plus voir cette casquette. Vous direz à vos parents d'en acheter une autre. C'est compris ? »

Après moi, le reste de son inspection était rapide. J'avais potentialisé, galvanisé et épuisé tout son effort. Il tournait les talons, l'air lointain, le regard perdu dans le vide.

Malgré toutes les injonctions, toutes les mises en demeure, toutes les menaces même, ma tête n'ayant que peu grossi en six ans de la cinquième à la philo, je n'eus qu'une seule bâche. Elle devait devenir avec le temps un petit chef-d'œuvre, la visière s'étant désolidarisée, et le tout ne tenant plus guère que par du chatterton.

Je l'ai encore. C'est un trophée. J'y tiens.

Les notes de chacune de nos compositions nous étaient données par nos professeurs eux-mêmes, elles n'en restaient pas moins soumises à une lecture officielle, complexante et sans charme, toutes les semaines.

On frappait avec autorité à la porte, au milieu d'un cours, et Barbichou faisait son entrée suivi du surveillant général et du concierge porteur des registres. Le principal et le surveillant général serraient la main du professeur, le concierge passait un de ses registres au surveillant général et la lecture commençait.

« Composition de latin classe de 4e A : trente élèves, ont composé vingt-sept élèves.

« Premier, Micheron, dix-huit sur vingt. »

Un silence suivait la proclamation du vainqueur qui se levait. Barbichou décrivait un quart de tour, lui faisait face, et le gratifiait d'un « bien » ou d'un « très bien » et d'un « cela ne m'étonne pas » qui devait en principe largement le payer de ses efforts. Le deuxième, Bérichaud, avait droit, lui aussi, à son temps de pose et à ses petites congratulations.

Ils étaient toujours deux, les deux mêmes à se disputer la première place dans ces tournois sans cesse renouvelés. Tantôt l'un, tantôt l'autre, l'annonce de leurs noms, en tête de liste, n'était une surprise pour personne, mais ce dont personne ne se doutait c'est qu'ils avaient fini par se prendre en grippe et que ce duel permanent était devenu pour les deux rivaux un cauchemar atroce. Chaque semaine l'un ou l'autre en faisait une crise de foie.

La gloire, ça se paie !

Puis la lecture reprenait sur un rythme, cette fois nettement accéléré, qui donnait à peine à chacun le temps de se reconnaître et de se lever.

« Enfin vingt-cinquièmes – *ex aequo* – Demogras, Blanchard et Tamain avec cinq. »

Nous étions trois sur le podium à rester debout sans que personne ne nous invite à nous rasseoir. Trois à être foudroyés. Mais un peu pour chacun, c'était moins dur à supporter. Pour nous non plus cela n'étonnait personne ; ni Barbichou, ni le surveillant général, ni le professeur, ni même le concierge qui nous regardait avec un air de grande commisération. Mais bon sang ! Il en fallait bien, tout de même, des derniers !

Nous subissions – stoïques comme doivent le demeurer des crétins – les remarques désobligeantes qui s'imposaient et la fameuse sentence fatale et attendue.

« Serez consignés tous les trois dimanche ! C'est moi qui vous donnerai votre version latine : du Tite-Live ! Et c'est moi qui vous la corrigerai. »

Sur toute la ligne, c'étaient les mêmes qui payaient, mais aucun de nous n'en faisait une jaunisse. Quant à la version de Tite-Live il n'y avait pas lieu non plus de s'en faire, nous avions une traduction de tous les textes, nous n'étions plus en composition, et cela laisserait encore quelques loisirs.

J'étais pour ma part assez satisfait. J'aurais pu être trentième et seul dernier avec un ou un demi, et, aux yeux de Paul, qui était habitué et presque résigné aux places extrêmes, qui ne s'occupait jamais ni du problème des *ex aequo* ni de celui des absents, ce résultat, même minable, serait déjà une réussite.

* *
*

L'arrivée d'un inspecteur général dans l'établissement était précédée pendant quelques jours d'un grand renfort de rumeurs, et le caractère imprécis de sa discipline rendait inquiet, voire dangereux, le corps professoral dans sa totalité. Rapidement toutefois, avec son rapprochement, l'indifférence regagnait certains maîtres, on savait enfin à quoi s'en tenir : « il » venait pour la physique et les mathématiques ou pour les langues vivantes ; les non concernés pouvaient de nouveau respirer.

Dès le début du cours on était fixé. Le concierge glissait deux sièges dans un coin de la salle, et se retirait sur la pointe des pieds. La nervosité gagnait le prof et les deux ou trois bons élèves en la matière sur qui allait reposer, sans aucun doute, l'honneur de la classe. L'autre lot, dont je faisais évidemment partie, n'était pas concerné, un semblant d'attention étant le seul apport que l'on pouvait légitimement lui demander.

« Tu vas voir, c'est marrant ! On va voir "Cucu-Prime" plancher. Cela changera ! S'il pouvait s'emmerder un peu, cela ne lui ferait pas de mal. »

Le Pitre exultait.

« Bon, je vous demanderai tout à l'heure, Micheron, l'énoncé du théorème de Pythagore. Vous le savez ?

– Oui monsieur, le carré de l'hypoténuse est égal, si je ne m'abuse, à la somme des carrés des deux autres côtés.

– Bien, mais inutile bien entendu de dire "si je ne m'abuse", c'est là un moyen mnémotechnique. Gardez-le pour vous. Il n'est pas de Pythagore… À vous, Bérichaud, les propriétés du triangle isocèle.

– C'est un triangle ayant deux côtés égaux, ce qui entraîne l'égalité des angles opposés et réciproquement.

– Bien ! Je compte sur vous. »

À la hâte, chacun assurait ses assises, comme il pouvait, et tout se passait comme prévu. Barbichou, accompagné de Monsieur l'Inspecteur général, arrivait dès le début du cours, et mon Dieu, surtout pour un mauvais élève, il était assez distrayant de voir son professeur durant quelques quarts d'heure dans ses petits souliers.

En général, aucune éclaboussure, durant ces heures, n'atteignait aucun de nous, et pourtant, un jour, j'y laissai des plumes bien bêtement et par ma faute, je dois le reconnaître.

C'était justement un inspecteur général voué aux sciences que nous avions l'honneur d'accueillir en nos murs. Il croisait comme une corvette sous nos galeries en compagnie de Barbichou avant d'aller rendre visite à ses victimes. C'était l'époque où j'avais eu des velléités helléniques et, bien que je ne fusse guère plus féru en grec qu'en latin, l'idée me vint d'évoquer à haute voix la seule règle de grammaire que probablement je possédais :

"Τα ξῶα τρὲχει"

J'aurais du me méfier !

Grec et latin étaient alors bien trop à la mode pour que le sens de mes paroles n'atteigne pas son but. Barbichou, tout comme l'inspecteur général d'ailleurs, était instruit en grec et avait compris.

« Les animaux se promènent ! »

« Vous passerez à mon bureau à midi. C'est compris ? »

Mon humour ne fut pas apprécié et fut mal récompensé. Je n'échappai au blâme que d'extrême justesse.

* *
*

Si Barbichou symbolisait l'autorité, « La Tuile », notre surveillant général, de son côté, représentait l'inquisition, et ils étaient complémentaires l'un de l'autre, ce qui n'excluait pas l'addition des punitions attribuées précédemment ou en même temps par l'un ou par l'autre et pour les mêmes raisons.

Le premier se consacrait en principe aux causes graves et d'exception, aux relations faciles ou difficiles avec les professeurs ou les familles, le deuxième était voué aux tracasseries journalières de routine et à la discipline de tous les instants qui jamais ne devait se relâcher.

La Tuile ! Ce sobriquet était évocateur. Son bureau occupait un angle stratégique sous les galeries et sa porte fermée ne constituait pas forcément un élément de tranquillité puisqu'elle pouvait s'ouvrir à tous les instants et aux moments les moins souhaitables. Il était là un peu comme l'araignée sur sa toile sentant vibrer chacun des fils. Un bruit inaccoutumé le faisait apparaître, un silence anormal, tout aussi sûrement.

Il surveillait les allées et venues de chacun, les entrées des classes, récupérait les élèves en souffrance, et distribuait à tour de bras les punitions un peu suivant une inspiration qu'il avait bien souvent capricieuse. On le disait brave homme, c'était certain. Mais sa tâche était ingrate et, sûrement bien à tort, lui valait d'être le mal-aimé de la maison.

C'était chez lui qu'étaient centralisées les retenues récoltées par chacun de nous auprès des professeurs, des maîtres d'internat et des pions, et c'est à lui que l'on devait aller quémander son billet de sortie avant chaque vacance ou, le cas échéant, les jeudis et les dimanches. Plus d'un ressortait de son cabinet les mains vides, déconfit par une ou deux heures oubliées mais redécouvertes sur le registre et qui ruinaient tous les projets. On avait beau arguer de sorties rares, de visites exceptionnelles, voire utilitaires, rien n'y faisait, il fallait se contenter d'un quart d'heure de parloir et se résoudre à l'aveu de sa faute à la famille ou au correspondant. Dans ce domaine, j'étais un privilégié. N'ayant jamais de surprises agréables, je n'en avais jamais les inconvénients.

« La Tuile nous réclame ! Ça va barder ! C'est au sujet des cigarettes, l'autre soir au dortoir ! “Fil de fer” a porté le pet. Je te l'avais bien dit. C'est une vache ! »

Nous étions, Le Pitre et moi, chacun de notre côté de la porte. Ni l'un ni l'autre n'osions la franchir le premier car La Tuile faisait déjà seul un raffut de tous les diables.

« Alors, vous vous décidez, ou je double la dose ! »

Nous nous étions élancés tous les deux en même temps. Notre choc eut lieu de front à l'entrée du bureau et il fut redoutable.

Le nez du Pitre éclata et se mit à saigner comme un robinet. Moi-même je m'assis à terre et mon œil, en un rien de temps, se ferma.

On dut nous conduire tous les deux à l'infirmerie. La Tuile ce jour-là capitula, et ce fut un des rares cas où devant l'événement la consigne recula.

À leur façon, les potaches se vengeaient de La Tuile. Il était le seul dans l'établissement à avoir sa chanson attitrée. Et quelle chanson ! Tous les potaches, internes, externes, du plus petit au plus grand, la connaissaient. Sur l'air de « la fille du bédouin » elle était devenue notre *Marseillaise* à tous.

Couplet

Un potache en train de chier
Se pressait la panse,
Par l'odeur alléché
Ma Tuile s'avance,
Mais en l'entendant louffer
Sa barbe s'hérisse,
Vieille vache de potache tu seras collé.

Refrain

C'est le petit père la Tuile
Qui passe là-bas, la barbe en broussaille,
Oh ! Potaches, fuyez
Car vous respirez un air de bataille,
Et ses lunettes cassées
Pendent sur son nez
Tandis qu'il s'exhale,
Une odeur de Pernod, du plus prochain bistrot
Cher à ce chameau.

et cela continuait ainsi dans ce même style alerte et imagé, dont je vous fais grâce (il y avait douze couplets !)

La Tuile jouissait au collège d'une vieille renommée d'intempérance. C'était relativement mérité, mais il faut pourtant être juste, jamais cela n'atteignait, comme dans la chanson, des sommets entraînant la culbute. De temps en temps, tout au plus, la rampe de la galerie s'avérait providentielle... Mais après tout, une rampe, c'est bien fait pour servir !

Hors des heures de cours, deux pions et deux répétiteurs se chargeaient de nous encadrer.

Un répétiteur par étude, un pion par dortoir.

Des répétiteurs, mal nommés car ils ne répétaient rien, j'en ai connu deux : Roupillat à qui revenait la surveillance des jeunes, et Frapachaud, à qui revenaient les classes de terminales à partir de la troisième.

Ils étaient chargés de la surveillance de notre travail en étude ; en réalité, quoique très dissemblables l'un de l'autre, ils ne surveillaient l'un comme l'autre rigoureusement rien. Pour des raisons bien différentes, la seule chose qui leur importait était leur tranquillité, quant au reste, libre à nous de meubler nos études comme bon nous semblait.

« Silence, silence, et au travail ! »

D'un air las, Roupillat gagnait son estrade, installait sa montre sur son pupitre, tirait un journal de sa poche, et s'abîmait deux heures durant dans sa lecture. Seul, un bavardage excessif pouvait l'en extraire. Il en sortait alors contrarié, lançait une retenue au hasard, et se replongeait aussitôt dans sa gazette et, comme il n'était ni vindicatif ni méchant, il oubliait, le plus souvent, la punition qu'il avait annoncée.

Depuis vingt-cinq ans qu'il hantait le collège, Roupillat, petit, chétif, ratatiné, en était devenu une figure familière. On le voyait arriver, tous les matins, par tous les temps, sur son vélo, rasant les murs, et repartir de même le soir, toujours aussi discret. Il était d'une maigreur impressionnante, et ses joues décharnées, assorties d'un menton en galoche, accentuaient son aspect vieillot. Il avait la cinquantaine lorsqu'il nous surveillait, déjà voûté, souffreteux, il ne se déplaçait jamais sans une canne. Il respirait le chronique, l'irrécupérable... Et c'est le bahut qui l'avait récupéré.

Célibataire, on savait qu'il avait une mère à sa charge, et que ses conditions matérielles étaient modestes. Il recueillait bien de-ci, de-là, quelques leçons particulières de latin ou d'anglais, qu'il donnait volontiers sporadiquement à quelques attardés, mais cela certes n'allait guère loin et demeurait très insuffisant pour redresser une situation peu brillante, c'est le moins que l'on pouvait dire.

« Monsieur, puis-je vous offrir un peu de confiture ?

– Oh ! Je veux bien, par gourmandise. Elle a l'air parfaite ! De quoi est-elle ? »

Il n'attendait que cela lorsqu'il rôdait, vers 4 heures, autour de nos caisses.

Il extirpait un morceau de pain prévu, hors de sa gabardine, et repartait avec sa tartine.

« Fameuse, cette confiture, fameuse ! Vous féliciterez votre mère. Rien de plus nourrissant que le sucre. »

Il en avait toujours deux ou trois morceaux dans ses poches et il les grignotait en faisant son étude le soir.

Quel rêve déçu avait bien pu le faire échouer là, où depuis des années il s'adonnait à la même lecture favorite et exaltante d'un journal ? Problèmes de santé ? Malchance ?

Je l'ai revu et recroisé longtemps plus tard. Vieilli prématurément, il n'avait que peu changé. Il était toujours empreint de la même tristesse, revêtu de sa même gabardine, et continuait à lire, fidèle à ses mêmes principes et à ses mêmes opinions, page par page, gros titres et petites annonces, son même quotidien.

Frapachaud s'occupait des grands, de l'étude où se préparaient les examens. Lui-même, peu favorisé par le sort, s'acharnait par ses propres moyens, loin de toute faculté et dans des conditions difficiles, sur une licence de lettres, qu'il s'efforçait de vaincre certificat après certificat.

L'étude, pour lui, était consacrée au travail personnel. Il couvrait son bureau de documents et donnait l'exemple, un exemple qui hélas ! était bien peu suivi.

Peu importait à Frapachaud ce que nous pouvions faire. Tout ce qu'il exigeait c'est que cela se fasse en silence et sans déplacement, moyennant quoi, il était parfaitement possible d'entamer et de conduire à bien avec son voisin une partie d'échecs acharnée sous son nez, il ne le voyait pas, ou à plus forte raison de s'adonner, à l'abri de son dictionnaire, aux lectures les plus profanes, il ne s'en souciait pas.

Certainement il y avait parmi nous des garçons qui n'en profitaient pas, des exceptions, des mordus de l'effort, des consciencieux, des compétitifs mais, à côté, combien étions-nous de rêveurs et de flemmards à exploiter de tels avantages !

* *
*

Comme dans *Les Mystères de Paris*, nous avions, au bahut, notre Pipelet.

C'était un personnage important, qu'il convenait de ne pas minimiser, et que l'on pouvait placer au second rang de la hiérarchie, bien avant La Tuile, immédiatement après le principal, que, même dans certaines circonstances, il supplantait.

« Michel a une petite retenue ! Pensez-vous qu'on puisse le laisser tout de même sortir avec nous jeudi matin ?

– Je n'en sais rien, Madame, mais laissez-moi un mot. J'en parlerai à Monsieur le Principal, et nous verrons ce que nous pourrons faire. »

Notre concierge parlait à la première personne du pluriel, mais condescendait à empocher discrètement toute pièce qui lui était offerte. Il ne s'en choquait nullement. Cela s'accommodait avec ses fonctions et l'aidait à considérer avec plus de bienveillance les petits problèmes auxquels il était fréquemment mêlé.

« Croyez bien que je n'oublierai pas, j'en toucherai un mot en temps voulu à Monsieur le Principal. Nous ferons de notre mieux. Un bavardage, ce n'est tout de même pas quelque chose de si grave ! Venez chercher Michel, comme d'habitude, vers 10 heures. »

Et cela s'arrangeait.

Être concierge d'un établissement scolaire demandait autrefois des compétences, voire des connaissances musicales solides. Si les écoles normales supérieures vivaient alors au son du clairon, les lycées et les collèges obéissaient aux injonctions des roulements de tambours. Je n'ai pas connu cette époque folklorique, elle était de fort peu révolue à mon arrivée en pension, mais je ne peux m'empêcher de le déplorer.

Notre Pipelet n'avait plus à sa disposition qu'une cloche, or tirer sur une chaîne, même en cadence, c'est banal, à la portée du premier imbécile venu, et certainement notre concierge aurait mérité mieux. Aujourd'hui, les choses se sont encore considérablement dégradées, puisque le préposé n'apparaît même plus, reste caché dans sa loge et se contente d'appuyer sur un bouton. Encore un peu et tout sera programmé sur un carton perforé ! Notre Pipelet, lui, par contre, apparaissait encore. Deux fois toutes les heures, comme le coucou des horloges suisses, une fois pour la sortie des classes, puis cinq minutes après, pour la reprise des cours. C'était lui, enfin, qui donnait le signal du réveil, du coucher, des heures des repas, du travail et du repos. C'était l'horloge Jaz de notre établissement.

Ce programme, à lui seul, était d'une importance telle qu'il aurait grandement suffi à expliquer l'importance du personnage ; or ce n'était qu'une infime partie de ses charges.

Marcel, c'est ainsi que condescendait à l'appeler Barbichou, avait, outre la responsabilité de nos horaires, la surveillance des entrées et des sorties de la maison. C'est donc lui qui ouvrait et fermait matin et soir le portail de la cour d'honneur et qui contrôlait l'arrivée et le départ des externes. Rien ne lui échappait et, s'il n'avait pas autorité pour distribuer la consigne, il savait par contre, parfaitement où porter incidemment ses plaintes.

Il passait pour un cafard sournois, en fait il ne faisait que son métier, mais on s'en méfiait car il y mettait trop de cœur.

« Tu vois, Demogras, tu t'es fait coincer ! Cela ne m'étonne pas. Le Pipelet est dans le coup. Il a vu lorsque tu remettais ta lettre à Rousselot. Pas étonnant qu'on ait inventorié sa serviette à la sortie. Le hasard ! Il a bon dos, le hasard ! Il s'appelle Marcel en l'occurrence.

– Ne t'inquiète pas, il me paiera ça… Ce soir je serai un peu en retard à l'arrivée au dortoir. Je lui prépare un tour à ma façon. »

On ne badinait pas alors avec ces entorses au règlement. Une boîte aux lettres à l'entrée du réfectoire devait recevoir tout notre courrier et devait rester le seul cheminement légal de nos correspondances. Toute lettre pouvait être ainsi contrôlée et ouverte par la direction si elle le jugeait nécessaire. Il faut reconnaître qu'à de rares exceptions, elle ne le faisait pas. La vigilance et le principe toutefois demeuraient.

Trois semaines de retenue pour un message anodin à sa cousine et pour lui rappeler qu'elle était agréablement moulée, c'était cher payé. Demogras était furieux.

« D'où venez-vous Demogras ? Vous ne pouvez pas être sur les rangs comme tout le monde ? »

Interpellé par le pion de service, ce dernier dut alléguer, pour se justifier, d'un besoin de dernière minute.

Le lendemain, le réveil eut bien lieu comme de coutume, mais le tintement habituel se fit en deux temps avec deux ou trois minutes de retard, le Pipelet avait eu besoin de ce petit intermède pour se laver les mains et nettoyer la poignée de la chaîne.

« Plein de merde ! Avec un bâton, mon vieux ! Je lui ai mis plein de merde sur la poignée, ça lui fera les pieds à ce salaud, et ça l'apprendra à s'occuper de ses affaires. »

Cette dissuasion, ni signée, ni revendiquée, n'eut aucun effet. Dans ce domaine, le Pipelet était indécrottable.

C'est à 10 heures et à 16 heures que notre concierge venait tous les jours solliciter nos économies.

À 10 heures, sous la forme d'un panier de brioches et de croissants chauds, à 16 heures, sous la forme d'une corbeille de gâteaux et de chocolats, qu'il installait sur le rebord d'une fenêtre.

C'était, bien sûr, une tolérance de Barbichou, une tolérance qui ne profitait guère qu'aux externes, puisqu'ils étaient le plus souvent les seuls argentés, ou qu'à quelques internes prévoyants qui savaient modérer leurs tentations.

En ce qui me concernait, ce n'était pas le cas. Les deux ou trois premiers jours de la rentrée, sans compter, après avoir mis toutefois de côté, à un sou près, le prix de retour de mon billet de chemin de fer (les prix étaient stables à cette époque), je noyais mon chagrin et me gorgeais de bouchées et de bonbons à la liqueur. J'allais ainsi jusqu'à une demi-ébriété, jusqu'à l'intoxication, et jusqu'à la ruine. Après quoi, je n'avais plus à résister à l'envie, je ne risquais plus de perdre mes économies et je me désintéressais de la corbeille.

Le concierge faisait là ses affaires. Certains, probablement mal intentionnés, chuchotaient qu'elles étaient florissantes, que le Pipelet y gagnait en quelques minutes autant qu'un professeur. Je n'ai aucune idée sur une pareille affirmation. Je sais toutefois, que cette coutume que j'ai toujours connue, et qui ne pouvait moins faire que de mettre ostensiblement en évidence des inégalités sociales, fut suspendue. Elle était, paraît-il, devenue un scandale.

Les appels au parloir, les communications importantes, et en particulier les convocations au bureau du principal, passaient par l'entremise de Marcel, et le laconique suspens, teinté de sadisme, avec lequel il s'acquittait de sa tâche, laissait toujours planer jusqu'à la dernière seconde, sur ceux qu'il allait récupérer, un doute qui n'était que bien rarement apprécié.

C'était un beau brin de fille, alors dans ses vingt ans, blonde et mince, autant qu'il m'en souvienne, qui apparaissait quelques rares fois sous nos galeries entre son appartement et le bureau de son père. Elle était suivie d'un mouton blanc (ni rare, ni original, pour un mouton) qu'elle élevait au biberon et, pour des adolescents comme nous l'étions, sous pression permanente, privés de tout contact avec les filles, son image même évanescente était une merveilleuse vision.

Si je dois tout de suite dire, pour l'honneur et la dignité de nous tous, que le mouton n'inspira jamais rien à aucun de nous, je dois reconnaître en revanche, qu'il n'en fut pas de même de cette blonde enfant, qui, à son insu et bien innocemment, occupa par contre une grande place dans nos sentiments.

Sans le savoir, elle eut une foule d'admirateurs, parmi les pensionnaires surtout, puisqu'ils étaient évidemment les plus sevrés.

Certains lui dédièrent des sonnets, d'autres allèrent jusqu'aux poèmes. L'un d'eux, dans une bucolique inspiration où il louait même le mouton, (il venait de traduire du Virgile) lui voua une ode scandée en vers latins.

Hommages inutiles, hommages perdus, puisqu'aucun de nous n'osa jamais les lui faire parvenir… Quel dommage !

VIII

Le régime de l'internat au collège était de rigueur monacale. L'ayant subi pendant six ans je peux en parler à bon escient, et je ne peux moins faire que de l'évoquer.

Nous nous levions à 6 heures, hiver comme été, et, si l'on ne nous tirait pas de notre sommeil pour des prières nocturnes, nous n'en sortions pas moins en pleine nuit durant quatre mois de l'année.

Demi-heure nous était aussitôt accordée pour nos ablutions, notre habillement et la remise en condition de notre lit. C'était plus qu'il ne nous en fallait. Nos chaussettes étaient souvent déjà mises, du moins l'hiver, les chemises et les tricots suivaient, enfilés l'un dans l'autre tous à la fois ; nos promenades aux lavabos restaient des allers et retours prudents, et la journée commençait par une série de baptêmes, ceux de nos lits. Enfin, si cela s'avérait nécessaire, on pouvait toujours terminer le laçage de ses souliers en étude, sans pour autant entraîner le scandale. Suivait une demi-heure d'étude, dans une pièce qui, l'hiver, était tout aussi glacée que nos dortoirs. Elle était destinée à la révision de nos leçons du jour, mais à ces heures matinales le poêle n'y était jamais allumé, et durant les rigueurs hivernales, c'était, le plus souvent, un groupe de volontaires parmi nous qui se chargeait de ce travail. Ils descendaient eux-mêmes à la cave pour en remonter bois et charbon et, lorsque nous quittions les lieux pour nous rendre à notre petit déjeuner, grâce à ces pionniers de la première heure tout était en ordre ! La fumée s'était dissipée, on avait pu refermer les fenêtres, et le poêle avait pris son régime symbolique de croisière.

Les matinées comme les après-midi, rarement entrecoupées d'heures creuses, étaient consacrées tous les jours à nos cours, et les samedis dans leur totalité n'échappaient pas à la règle.

Une récréation d'une heure était prévue après le déjeuner et avant l'étude du soir.

L'étude du soir, interrompue seulement par le départ des externes surveillés, se prolongeait jusqu'au repas, un repas léger qui ne pouvait en aucun cas perturber ou alourdir nos rêves, et, à 8 heures, c'était le retour au dortoir, qu'il fasse nuit ou encore jour, et quelle qu'en soit la saison.

Sur ce rythme monotone, les jeudis et les dimanches, sans être folichons, tranchaient. Certes, c'étaient les jours de sorties autorisées, mais rares étaient les privilégiés qui en profitaient, récupérés par un correspondant ou leur famille et, comme à cette époque les migrations bihebdomadaires auxquelles nous sommes habitués aujourd'hui n'avaient pas commencé, le plus grand nombre d'entre nous restait entre nos quatre murs.

C'était donc un effectif à peu près au complet qui quittait le collège ces jours-là, dès le début de l'après-midi, pour des promenades vers des directions qui ne dépendaient pas de nos choix, mais de décisions suspendues jusqu'à la dernière minute.

Champêtres, elles nous conduisaient les jours de soleil dans la campagne avoisinante. La ville était loin d'avoir des dimensions tentaculaires ; nous traversions rapidement l'agglomération en colonne par deux, et nous ne tardions pas à pouvoir nous disloquer en pleine nature dans des coins encore sauvages et du reste charmants.

C'est là, sur les crêtes environnantes ensoleillées, désertes, couvertes de bois de genêts et d'ajoncs, sur des terrains anonymes qui ne manquaient pas, et sur des collines plus creusées dans leurs rochers que des fromages de gruyère, que nous engagions deux heures durant des improvisations bruyantes qui ne pouvaient gêner personne, à part quelques amoureux malchanceux qui, d'ailleurs, sans attendre, disparaissaient à notre approche.

Dix, douze kilomètres en quelques heures, nous laissaient juste assez de force pour regagner le soir notre bercail, et l'étude qui s'ensuivait ne pouvait être qu'une étude de récupération.

C'était ainsi les jours fastes qui, bien que nombreux, n'excluaient pas les jours de pluie, les jours où nulle sortie n'était envisageable.

Par ces intempéries, les cinémas ou les matchs en saison restaient les seules solutions. Encore fallait-il arriver à une harmonie budgétaire, qui, seule, permettait la décision. Elle finissait par se faire devant la plus sombre des perspectives, celle d'une étude supplémentaire de trois heures sous la surveillance d'un pion mécontent. Les argentés préféraient, à tout prendre, payer pour les démunis.

« Bon ! Vous vous êtes mis d'accord ? Nous allons au ciné ? Bien, je vais voir le principal.

– Qu'est-ce qu'il se joue ?

– Oh ! Un navet, mais avec les cordes qui tombent ! »

Notre clientèle n'était volontiers acceptée que lors de la projection de ces derniers qui, sans nous, auraient fait salle vide. À ces occasions, on nous accordait des conditions de faveur, alors que la direction nous refusait l'entrée, même à plein tarif, pour chaque film à succès.

« Nous n'avons plus de place, et puis vous êtes trop tapageurs, vous me ruinez l'ambiance aux moments les meilleurs et j'ai des protestations après chaque spectacle... Cette semaine c'est impossible. »

Il restait le stade. Le stade où notre présence était toujours souhaitée, sollicitée, et où un prix encourageant nous était consenti, d'abord parce que nous faisions nombre, ensuite parce que nous étions partiaux et d'autant plus que l'un des éléments clé de l'équipe, un trois-quarts aile doué, était un produit de notre bahut. Dans ces conditions, personne dans l'établissement n'avait droit à une position équivoque. S'opposer à aller à un match, qu'il pleuve ou qu'il vente, aurait exposé et entraîné aux pires représailles.

De ces évasions quasi obligatoires, où l'on se gelait les pieds, les mains et les oreilles, nous rapportions rhumes, angines et quelquefois (on n'est pas impunément chauvin sur la pelouse) quelques vigoureux coups de poing, mais aussi de vastes sujets à controverses valables quinze jours, en attendant la prochaine rencontre.

Il fallait s'en accommoder !

* *
*

Une centaine d'élèves tout au plus, dans une enceinte aussi réduite, soumis au même rythme d'une vie scandée sur les mêmes horaires, même si leurs cours et leurs dortoirs différaient, ne pouvaient moins faire que de se connaître. Le bahut restait à cette époque une grande famille, simplement hiérarchisée année par année, et où le nouveau ne pouvait méconnaître l'ancien pas plus que l'ancien ne pouvait ignorer le nouveau. Les rapports entre chaque étage, facilités par la présence des frères qui se suivaient sur la même route à quelques encablures, étaient corrects, voire bons, bien que les plus jeunes aient toutefois avantage à se méfier de leurs aînés qui avaient souvent la taloche facile, lorsqu'il s'agissait de sauvegarder leurs prérogatives. Les règlements de compte, certes, ne manquaient pas, mais ils restaient sans conséquence, trouvaient leur solution entre intéressés, sans atteindre jamais les sphères administratives, dont tout le monde se méfiait ; et c'était une école excellente, un apprentissage précoce mais parfait de la vie, dont tous pouvaient tirer profit.

« Tu connais Bredaine ?... Méfie-toi de lui, m'avait dit Le Pitre. Il n'est ni vindicatif, ni méchant, mais il cogne dur à l'occasion. Tu vois, c'est celui-là qui se promène sous les galeries en lisant son journal et qui chausse des sabots garnis de paille. Attention à ses coups de pied ! Ils sont redoutables. »

Je le connaissais. J'avais déjà eu maille à partir avec lui, quelques jours auparavant où je l'avais bousculé, et je n'étais pas prêt de l'oublier.

« Il est fou, cet apôtre !

– Ne crois pas ça. Il est bien avec tout le monde ! Le principal lui-même prétend que c'est un sage, et personne ne lui dit jamais rien. »

Qui n'a pas connu Bredaine ?

Il était en terminale. Après avoir été bicarré de rhétorique, il était à même de cuber sa philo lorsque j'entrai moi-même en cinquième.

C'était une figure.

« Un élément digne de Salamanquel », avait-on entendu dire plusieurs fois à Barbichou. Ce garçon est loin d'être sot. C'est à croire qu'il se complaît en notre compagnie. Je désespère, pour ma part, de le voir nous quitter ! »

L'âge de Bredaine ?... La direction avait certainement son opinion là-dessus, mais nous autres, nous n'en savions fichtre rien. Tout ce dont on était sûr, c'est qu'il avait dépassé, et de très loin, la majorité, puisqu'il avait déjà accompli à plusieurs reprises son devoir électoral.

« Tu resteras vingt ans, s'il le faut, dans ce collège, mais tu n'en sortiras que nanti du baccalauréat », lui avait dit son père.

Depuis, c'était entre le père et le fils une épreuve de force et d'endurance sur laquelle Bredaine, qui avait relevé le défi, gardait toutes ses chances.

Bredaine portait la barbe, ne se mêlait à aucun jeu ni à aucune intrigue, c'était un solitaire. Il ne se mettait plus sur les rangs lorsqu'on rentrait en cours, et il ne pénétrait dans les salles qu'en compagnie des professeurs – qu'il dominait de toute la tête et avec lesquels, volontiers, il s'entretenait. Bredaine, enfin, se refusait à entrer en compétition avec quiconque, et donc se dispensait des puérils tournois des compositions trimestrielles. Son livret scolaire ne l'eût d'ailleurs pas permis, puisqu'il avait déjà atteint, d'additif en additif, un volume plus qu'anormal qui interdisait tout folio de supplément. Bredaine avait droit, sans que personne ne le lui conteste, à son journal, et il allait, par une exceptionnelle dérogation, l'acheter lui-même en ville tous les matins avant 8 heures. Monsieur le Principal le saluait au passage, et lui, qui ne condescendait que rarement à parler, n'hésitait pas à l'entretenir de faits divers, en lui frappant sur l'épaule, lorsqu'il le croisait sous les galeries. Impassible, Bredaine avait assisté à la montée de multiples recrues venues des fins fonds de la sixième, qui avaient fini par le rejoindre, et qui étaient à même de vouloir le dépasser. Il n'en était pas affecté et son indifférence envers ces jeunets restait totale.

Bredaine était un élément statique, indissociable de notre collège, qui sans lui aurait manqué de quelque chose.

Or, un jour, ce fut une traînée de poudre :

« Bredaine est admissible ! ! ! Bredaine est admissible en philo ! »

C'était imprévisible ! Impensable ! Partie de la loge du concierge, la nouvelle fut connue de tous en quelques instants.

L'établissement fut secoué d'espoir et d'inquiétude. Les autres succès passaient au second plan ; les noms, le nombre n'avaient plus d'importance.

« Bredaine était admissible en philo. »

Le Principal visiblement ému vint à sa rencontre. Bredaine prit la chose avec calme. Il n'y croyait pas et on dut le conduire jusqu'à la liste d'affichage où son nom figurait bien en première ligne, compte tenu de sa position dans l'ordre alphabétique.

Les professeurs le congratulèrent et lui serrèrent la main. L'établissement entier était dans l'admiration. Bredaine avait disparu !

On le chercha partout, on le chercha une demi-journée. On ne parlait plus que de lui. Les cours étaient perturbés.

L'établissement entier était dans l'angoisse.

On finit par le retrouver, seul, au milieu d'un nombre impressionnant de cocottes en papier, et en compagnie d'un nombre respectable d'illustrés porno, dans une salle désaffectée où il s'était retiré pour procéder à quelques révisions, qu'il jugeait indispensables pour approfondir quelques détails, philosophiques, qui en six ans lui avaient échappé. Sur la demande expresse de Monsieur le Principal, les professeurs furent invités à lui apporter leur aide, et, de peur de le reperdre, on ne le quitta plus.

L'oral approchait. La dernière main était mise aux derniers préparatifs. Le principal avait demandé à Bredaine de raser sa barbe. Ce dernier avait refusé… Ce fut à ce moment que l'on fit la découverte. Tragique ! C'était tragique ! Bredaine avait bien un livret scolaire mais il n'était pas à jour.

Cet état de fait, dont personne jusqu'à ce jour ne s'était préoccupé, entraîna une réunion d'urgence du corps professoral en son entier.

Comment pallier ce manque ?

Faire un faux ? Cela fut envisagé ! Un faux, bien sûr, qui aurait passé sous silence l'acharnement du valeureux candidat, puis l'idée fut écartée.

« Il y a mieux à faire. Il serait capable de se faire coller à l'oral ! Je monterai à Clermont moi-même le jour de ses épreuves et je le suivrai pas à pas. Je mettrai cette anomalie de livret sur le compte d'un oubli et cela me servira d'introduction… Je m'en charge. »

Le principal tint parole : ainsi parrainé Bredaine franchit, à son corps défendant, le cap de l'oral. Il fut jugé valable au cours de toutes les épreuves, et, le moins que l'on puisse dire, c'est qu'il ne pouvait pécher par un défaut de maturité.

« Qu'avez-vous envisagé maintenant, Bredaine ?

– La médecine, Monsieur le Principal. La médecine, c'est une exigence de mon père.

– ! ! ! ! ! »

C'est ainsi que Bredaine nous abandonna, un beau jour de juillet, pour la faculté de médecine où la perspective de quelques années et de quelques examens successifs devait logiquement lui permettre d'aborder le grand métier, à l'âge où, pour d'autres, sonne l'heure de la retraite !

* *
*

Ses activités l'avaient fait surnommer Le Scribe, et rien en apparence ne le distinguait du reste du troupeau. Il n'était ni indiscipliné ni revendicateur. Son aspect, tranquille et complaisant n'attirait pas l'attention, le mettait à l'abri des suspicions, et il savait, aux cours comme en étude, se faire oublier.

Il progressait sans précipitation, redoublant de-ci, de-là, quelques classes vers un baccalauréat qu'il considérait illusoire, inutile, et dont ni la perspective ni la possession ne l'enchantaient. Il n'avait pas la bosse des études. Il ne s'en cachait pas. Sa vocation, car il s'en reconnaissait une, le poussait vers le négoce et les affaires où il sentait, qu'un jour ou l'autre, il s'épanouirait.

Pour tous les professeurs, c'était un élément comme tant d'autres. Pour les pensionnaires, il en était bien autrement : Le Scribe était un élément unique et précieux, voire indispensable dans leur vie, et tous, de la sixième à la philo, avaient, à longueur d'année, recours à ses services.

Ses études en dilettante lui laissaient des loisirs, mais, alors que d'autres en auraient dilapidé stérilement les temps morts, lui, au contraire, en profitait, et ses possibilités n'étant pas banales, il savait les monnayer. Le Scribe, au collège, s'entraînait et s'adonnait déjà au commerce.

De la rentrée d'octobre à la sortie de juillet, il réalisait des affaires toujours florissantes, avec des pointes plus fructueuses en fin de trimestre, avant chaque période de congé.

Il occupait un coin retiré de notre étude, mais, alors que chacun de nous ne disposait que d'un unique casier, lui s'en était approprié une bonne demi-douzaine, lesquels, en surnombre, et sans lui, seraient restés inoccupés. Assez loin de sa place, pour ne pas risquer les soupçons, ses casiers dispersés n'attiraient pas l'attention et portaient un cadenas anodin comme tous les autres. Le Scribe avait installé dans chacun ses entrepôts une véritable bibliothèque clandestine, destinée à palier pour les jeunes cerveaux que nous étions certains manques évidents.

Elle comportait une collection étudiée et équilibrée de revues et de livres tous plus interdits les uns que les autres.

Le catalogue en était prestigieux et pouvait être consulté facilement grâce à un carnet répertoire que le bibliothécaire portait constamment sur lui. On peut affirmer que cette bibliothèque secrète avait beaucoup plus de succès que celle de l'établissement, et, sans entraîner toutefois l'abonnement, pour dix sous, grâce à elle on pouvait à tout moment meubler agréablement ses loisirs.

Il y en avait pour tous les goûts : des livres de fond, aux auteurs injustement passés sous silence, tels que Restif de la Bretonne, Sade, ou même Monsieur de la Fontaine dans ses contes – ce qui changeait des fables de notre enfance – et, à côté des Pieds Nickelés et de Tintin, pour un prix à peine supérieur, des illustrés choisis avec discernement, aux photos riches et audacieuses.

« Que veux-tu ?

– Le dernier *Sex-Appeal.*

– Je ne l'ai pas encore, je sors jeudi, tu l'auras pour dimanche car je l'ai déjà promis vendredi et samedi à Demogras. »

À chacune de ses sorties hebdomadaires, le Scribe réinvestissait ses bénéfices et, grâce à une bonne gestion, ses avoirs faisaient boule de neige.

Ici Paris, Sex-Appeal, Paris Plaisir : il était mieux pourvu que le kiosque de la gare, et il possédait pour les plus difficiles, auxquels les nus épilés et rose bonbon ne suffisaient plus, ce que l'on ne pouvait trouver nulle part : des photos en série prises sur le vif, sans retouches, et auxquelles rien ne manquait.

Aujourd'hui où fleurissent dans les plus petites villes les sex-shops, cela peut paraître ridicule, à l'époque c'était grandement apprécié.

Ces documents rares, de haute pilosité, auraient suffi à eux seuls à faire la fortune du Scribe.

« Où as-tu trouvé ça, Scribe ? C'est ta sœur qui a posé ?

– Couillon va ! Je les ai, je te les passe, c'est l'essentiel. »

Tout le monde, du plus jeune au plus vieux, avait droit aux cavernes d'Ali Baba, et pouvait – grâce au stock – muni de sa lampe électrique, parfaire ses connaissances théoriques le soir, sous ses draps, à deux conditions toutefois : la première de payer d'avance (la maison ne faisait aucun crédit), la deuxième de s'engager à ne refiler aucun document par complaisance à ses voisins, ce qui n'eût pas manqué de saper les affaires.

« Bon, voilà un lot de douze que tu ne connais pas. Mais fais attention. Tu prends tes responsabilités. Si tu te fais prendre c'est à tes risques et périls. Pas de mouchardages qui n'arrangeraient d'ailleurs personne. C'est d'accord ?

– Ne te tracasse pas Scribe, je sais que je risque la porte, donne-moi tes photos. »

Hasard surprenant ! Il n'y eut jamais de mésaventure dramatique. Tout le monde se méfiait.

Si la Toussaint et le Mardi gras ne soulevaient pas l'enthousiasme au collège – puisque beaucoup parmi nous, devant des vacances d'aussi courte durée, ne partaient pas – Noël et Pâques étaient par contre l'occasion de grandes effervescences. Personne, en principe, ne restait durant ces deux semaines où l'établissement faisait relâche et fermait ses portes. Le risque de punition était donc de ce fait considérablement réduit, mais il n'en persistait pas moins. Certes on ne risquait pas la consigne de vingt-quatre heures, mais tout le monde restait à la merci, malgré tout, de la retenue jusqu'au soir, jusqu'au dernier autobus ou au dernier train et, pour chacun de nous, ces quelques heures de retard auraient été un désastre.

Aussi, quinze jours avant chaque départ, tout le monde faisait preuve de vigilance, et les notes de conduite plafonnaient. Grâce à cela il y avait donc peu de catastrophes et nous franchissions tous le portail, dès 14 heures, le samedi.

Pour Barbichou, nous n'avions que quelques minutes pour rejoindre nos convois respectifs. Pour nous, délibérément, la grille à peine contournée, nous en décidions autrement, optant pour le départ le plus tardif, le dernier train ou le dernier car, les seuls d'ailleurs auxquels nos familles nous attendaient. Jusqu'à une heure tardive, la ville ces jours-là, nous appartenait donc, et tout le monde restait dans le coup. Les groupes s'égrenaient, se scindaient, les frères se séparaient, et rapidement suivant les sympathies, évitant les artères principales favorables aux fâcheuses rencontres, ils s'organisaient pour de petites escapades, depuis longtemps préméditées et attendues. Ces quelques heures de défoulement trimestriel étaient une revanche bien méritée après nos trop longues incarcérations, et chacun avait prévu les économies nécessaires pour y faire face.

« Il y a du Frontignan à Monoprix !... Du fameux ! Tu y vas et tu en prends trois bouteilles. Toi, tu achètes les cigarettes, des gauloises, et n'oublie pas les allumettes. Je vais m'occuper moi-même du saucisson, des sardines et du pain. Rendez-vous au square près de la gare.

– Dis donc, tu prends des sardines à la tomate ?

– Entendu ! Ne te tracasse pas. »

Les plus jeunes improvisaient un casse-croûte géant, fabuleux, où rien ne manquait, au cours duquel faute d'entraînement, le onze degrés, qui n'avait rien à voir avec « l'abondance » habituelle, leur monterait à la tête, alors que les plus âgés aspirant à de plus piquantes aventures, se dirigeaient sans hésiter vers les deux maisons les plus hospitalières de la ville, dans l'espoir de forcer leur entrée et de les investir.

Les uns et les autres se retrouveraient à la gare, et on aurait tout le temps pour palabrer et pour faire connaître ses performances.

Mais à tout cela il y avait une condition, une clause maîtresse, pouvoir disposer de l'autorisation familiale que l'on devait remettre au surveillant général, et qui, seule, légitimerait l'évasion précoce en séchant les cours de l'après-midi. À cette époque rigoriste, demander pareille faveur à sa famille se serait soldé par un échec. Paul, comme bien d'autres pères, n'aurait ni compris ni accepté. C'est là encore où Le Scribe, providentiel, intervenait.

Sans lui, personne n'aurait tourné la difficulté, avec lui, ce n'était qu'un jeu. Des années durant, il réalisa le tour de force de mettre tout le collège dans la rue dès 14 heures et, comme il ne fit pas d'émules, je me demande comment les générations futures purent se débrouiller.

Évidemment ce n'était pas gratuit, rien de ce que faisait Le Scribe ne l'était, mais en payant tout le monde pouvait avoir recours à lui. Il suffisait de prévoir et de l'avertir assez tôt pour le soulager dans cette dernière semaine où il risquait d'être submergé.

« Bon ! Tu veux une perme pour deux heures ?… As-tu une lettre de ton père ? Ah ! Bon tu as sa demande de sortie ! Alors, c'est parfait, montre-moi ça… Six heures ! Non, mais il n'y va pas de main morte, même pas quatre heures ! Non, mais ça ne va pas ! As-tu déjà remis quelquefois une lettre de tes parents à Barbichou ?

– Non !

– Tu as bien fait, ce sera plus simple. Il ne pourra ainsi y avoir de comparaison possible. N'en remets jamais, c'est plus prudent. Son écriture est facile. Tu auras ta lettre demain. C'est cent sous et tu paies d'avance. »

Le Scribe était organisé.

« Ah ! Dis donc, je garderai ta lettre. Je la mettrai dans un classeur. Elle me servira pour toujours. »

Il avait tout le nécessaire : du papier blanc, du papier de couleur, du papier quadrillé avec ou sans filigrane et même du papier inspecteur. Il faisait enfin appel à un lot extraordinaire de plumes de toutes formes et de toutes espèces, pour l'écriture droite, pour l'écriture penchée, fine, épaisse, avec déliés et sans déliés.

Le jour où je lui avais montré le lot de plumes dont Paul m'avait muni à ma rentrée, il avait exulté.

« Décidément ton père pense à tout ! Sais-tu que tu as là un assortiment exceptionnel ! Encore faut-il savoir s'en servir ! Toi, tu n'en feras jamais rien... Je te l'achète. »

Je le lui donnai.

« Merci, j'accepte, car il y a là des plumes que je n'avais pas, mais en revanche tu ne paieras pas ta prochaine fausse perme. C'est tout de même drôle de penser que je vais l'écrire avec les plumes fournies par ton père ! Tu ne trouves pas ça marrant toi ? »

Le soir même, Le Scribe s'exerçait. Tout était étudié dans le moindre détail. En quelques minutes la forme était acquise et la première épreuve sortait.

« Pour le style ne te tracasse pas, j'ai l'habitude, c'est toujours à peu près pareil. »

Il n'y avait rien à redire, nos chers parents eux-mêmes s'y seraient mépris.

Nous étions une centaine à avoir recours à ses talents et c'était un travail important et absorbant que nous lui imposions tous les trois mois. Les résultats financiers, par contre, étaient à sa mesure, brillants, encourageants !

Ce qu'est devenu Le Scribe ?... Je n'en sais fichtre rien. Il avait tout pour réussir, ne serait-ce qu'en qualité de faussaire. Toutes les fois qu'une rubrique annonce l'arrestation de l'un d'eux, je m'informe, je tremble pour lui. À tort, bien sûr, car il était tellement habile que je me demande comment il réussirait à se faire pincer, si toutefois il a persisté en ce domaine.

Barbichou n'a-t-il pas reçu, pendant six ans, la plus fabuleuse collection de faux qui puisse se réaliser, sans même s'en douter !

Nos retours à la maison, Noël et Pâques, se déroulaient dans une atmosphère de liesse facile à imaginer, après les bamboulas et les excès auxquels nous nous étions livrés et auxquels notre régime habituel ne nous préparait pas.

Frontignan et tabac, dont on usait imprudemment, ne manquaient pas de déclencher des effets, qui pour n'en être pas inattendus, n'en restaient pas moins spectaculaires. Les foies les mieux disposés n'y résistaient pas, et, c'était à l'arrivée dans le giron de nos familles, souvent sur le quai même de la gare, que nos orgies improvisées trouvaient leur fatal dénouement.

C'était du meilleur effet !

« Mais voyons Paul, laisse donc cet enfant se remettre ! Tu vois bien qu'il est malade ! Regarde sa mine ! Il est littéralement défait. »

Paul ravalait sa rogne et se voyait contraint de remettre à plus tard une explication au sujet du bulletin trimestriel qu'il ruminait sournoisement depuis plusieurs jours.

Ce n'était que partie remise, mais c'étaient toujours quelques heures de gagnées.

« Mais voyons, tu sens le tabac ! Tu n'as pas fumé au moins ? »

Bien sûr que non, je n'avais pas fumé ! Mais nous avions dû voyager dans le compartiment réservé aux fumeurs et ceci expliquait cela… Nous étions imprégnés !

Une restitution en jets abondants et sans plus de préavis de mes agapes, qui en général ne tardait guère (le Frontignan est blanc et cela ne pouvait me trahir), finissait de convaincre.

« Paul, cet enfant a quelque chose ! Si demain il est encore dans cet état, nous ferons appel à notre médecin. »

La nuit améliorait les choses, les jours suivants mon équilibre digestif se stabilisait, et l'idée d'une consultation était remise au trimestre suivant.

* *
*

« Chers camarades, si, lorsque j'avais votre âge et que j'étais encore à votre place, on m'avait prédit qu'un jour je serais parmi vous pour présider ce banquet annuel de l'amitié, lien qui unit vos jeunes générations à la mienne, j'aurais été plus qu'étonné, plus que sceptique. Élève indiscipliné, moins que moyen, que dis-je plus que médiocre, rien ne me désignait alors pour cette rencontre que je considère aujourd'hui comme un honneur. Soumis à une discipline auprès de laquelle celle que vous connaissez maintenant n'est que bagatelle, je n'avais alors qu'un désir, franchir, bac en poche, les murs de cet établissement, symbole de contrainte, pour ne plus y retourner. Or, non seulement j'y reviens volontiers aujourd'hui à la recherche des souvenirs, mais encore avec, ô combien de plaisir ! pour vous y retrouver.

– *Non solum… sed etiam.* Je te parie qu'il a aussi séché sur Tite-Live et Cicéron », m'affirma tout haut Le Pitre, que la vision des tréteaux débordants de gâteaux et chargés de bouteilles de mousseux rendait euphorique.

C'était ainsi chaque automne, au cours du premier trimestre, qu'avait lieu, un soir vers 5 heures, le goûter annuel que nous offraient les anciens élèves, nos aînés, et avant lequel nous écoutions, dans un silence relatif, l'inévitable discours de circonstances qui nous séparait encore d'agapes providentielles dont l'évidence s'étalait sous nos nez.

Ils venaient en général à cinq ou six, en tenue de ville soignée, jeter un pont affectif entre deux générations, et nous prouver par leur présence que notre collège, s'il était un établissement digne et efficace d'où l'on pouvait réussir et faire carrière, était aussi et avant tout une excellente école de camaraderie et d'amitié.

Grand et maigre, cheveux grisonnants coupés en brosse, légèrement voûté, yeux malicieux, l'orateur improvisé avait su ce jour-là gagner notre sympathie par la désinvolture outrecuidante qu'il avait d'emblée affichée auprès de Barbichou.

On le savait épris d'archéologie, féru de préhistoire, on le disait aussi volontiers enclin à la gaudriole, et cette dernière tendance n'était pas faite pour nous déplaire.

« Dis donc, tu ne trouves pas qu'il a du marabout ? Tu as vu son tarin ?

– Il paraît que c'est un drôle, un rigolo quoi !... Regarde Barbichou, il est dans ses petits souliers. »

Le conférencier continuait.

« Bien sûr il faut travailler, bien sûr je ne nie pas l'importance de vos succès, de vos prix, des concours généraux et des honneurs de votre âge, mais je voudrais bien vous dire que ce qui compte avant tout, c'est cette culture générale qui vous imprégnera tous ici, et dont vous garderez le bénéfice du premier jusqu'au dernier. Je dis bien... du premier jusqu'au dernier ; ce classement ne présentant à mes yeux qu'une très relative importance puisque l'expérience a très souvent montré par la suite que dans l'existence, dans la réussite sociale, bien de ceux qui étaient les derniers sont à leur tour les premiers.

Cette allusion d'inspiration curieusement cléricale, dans un milieu farouchement laïque, sonnait étrangement. Barbichou, qui conversait en coulisse avec nos autres visiteurs, fronça le sourcil et prêta l'oreille, visiblement préoccupé par la tournure des évolutions oratoires. « Ça y était ! L'orateur était lancé, et c'était l'apologie du cancre parfait qu'il n'était ni plus ni moins qu'en train de faire avec complaisance devant son jeune auditoire, cette fois attentif et conquis... Et Dieu sait s'il en connaissait un rayon sur la question ! »

Barbichou visiblement s'attendait au pire sans pouvoir, pour autant, imaginer ce qui pouvait germer dans la tête d'un ancien passant pour un peu cabochard, et qui, de toute évidence, avait envie de s'amuser au mépris des contingences, peut-être même à ses dépens. Quelle belle et unique occasion pour lui, devenu pour quelques instants vedette d'un collège qui avait été le sien, de vider son sac et quelques petites rancunes en même temps. Mais que faire d'autre si ce n'est contre mauvaise fortune bon cœur, et de prendre le parti de sourire. Et Barbichou, à force de sourire, en avait un rictus.

« Comme vous, mes chers camarades, j'ai eu vos états d'âme, mon lot régulier de retenues et de consignes, que dis-je ! J'y ai même ajouté un jour particulièrement faste une mise à la porte de deux semaines qui, si elle m'a causé quelques ennuis, m'a par ailleurs permis de couper au plus gros des compositions d'un trimestre. Comme vous j'ai bavardé en étude, chahuté le pion, dormi aux cours de français, de latin et de maths et fumé dans les isoloirs de vos toilettes, et cela ne m'a pas empêché de franchir la dernière barrière.

« Qu'aucun de vous ne se désespère donc aujourd'hui. Je ne doute d'aucun, et je suis sûr que demain, conscients de vos responsabilités et de vos devoirs, vous saurez tous à votre tour, intimement mêlés à la vie de la société, trouver sinon le chemin de la gloire, du moins celui de l'honneur et de l'épanouissement.

« Malgré l'âge qui ne manquera pas de venir, je vous souhaite de garder toujours votre âme de collégien et son éternelle jeunesse. Ce qui fera votre suprématie morale et intellectuelle, ce sera cette culture classique qui vous est dispensée ici, et contre laquelle de temps à autre vous vous insurgez. C'est elle, avec tout ce qu'elle comporte d'indépendance intellectuelle, qui vous conduira avec toutes ses possibilités vers ce but suprême de la dignité de la personne humaine. Grâce à elle, je crois pouvoir affirmer qu'un jour on ne manquera pas de vous proclamer, vous aussi, comme l'ont été avant vous les anciens de ce collège, "âmes et gloires de la cité". »

Un tonnerre d'applaudissements devait accueillir cette envolée lyrique. L'orateur venait de se tailler un franc succès et s'était interrompu.

On aurait pu croire qu'il en avait fini.

Le Pitre tendait déjà la main vers un chou à la crème qui depuis une demi-heure l'obsédait et le faisait saliver, mais le signal de la curée ne venant pas il dut se ressaisir.

« Merde alors ! Ils nous les font venir de loin, ces gâteaux ! »

Le conférencier reprenait.

« Mes chers amis, il me reste encore un dernier devoir à accomplir avant de vous quitter, et je me tourne maintenant vers votre principal, dont l'indulgence n'est plus à démontrer, pour lui demander une dernière faveur qui, je l'espère, me sera accordée : Monsieur le Principal, pouvez-vous lever pour une fois toutes les punitions en cours, des plus légères aux plus graves, en l'honneur des anciens ? Je suis sûr que vous ne me refuserez pas cette requête et, d'avance, je vous en remercie. »

Barbichou parut hésiter quelques secondes et se faire tirer l'oreille, mais c'était évidemment une simple mise en scène et sa décision fut rapide.

« Bon ! Monsieur le surveillant général, prenez note ! C'est une affaire entendue.

– Toutes les punitions, Monsieur le Principal, même les consignes ?

– Même les consignes, Monsieur le surveillant général, c'est une amnistie totale, pas de demi-mesure, tout ce qui est porté jusqu'à cette heure sur le cahier, mais attention, cela n'engage pas l'avenir ! »

Nouveaux applaudissements.

« Monsieur le Principal, je vous remercie. Allez maintenant mes enfants, profitez de ce goûter modeste que je ne vous ai que trop fait attendre. »

En une minute les plats furent vides, chacun ayant fait de son mieux. Aux plus rapides les mains pleines, les autres gardant toujours la possibilité de négocier leur verre de mousseux contre un chou, un éclair ou un mille-feuille. En un rien de temps tout avait disparu.

« Tu as vu comment il l'a possédée, cette vache ! Moi qui n'avais pas une seule heure de colle cette semaine ! Quel manque de pot ! »

Les anciens s'en allaient, suivis des autorités.

Le Pitre n'avait pu retenir plus longtemps son enthousiasme ; hélas ! dans son euphorie, il avait mal mesuré le son de sa voix. Barbichou, qui franchissait la porte, venait de faire volte-face.

« Votre nom ?... Bien... Ce sera une consigne, n'est-ce pas ! Et ce n'est pas cher payé hein ? Entière, et pour ce dimanche. Deux pages de l'*Énéide* à traduire et à apprendre par cœur. Vous viendrez lundi me les réciter à mon bureau. Cela vous apprendra à savoir mesurer vos expressions et à faire vos observations en temps opportun. »

« Eh voilà ! Tout seul en étude avec La Tuile dans le dos ! C'est bien ma veine ! Et je n'ai même pas pu m'envoyer le chou qui était sous mon nez ! »

Le Pitre était écœuré.

IX

DIFFICILE ENTREPRISE QUE D'OSER parler de ses maîtres… Avec le recul des ans l'unanimité ne se fait pas, chacun reste sur des positions discordantes, parfois même contradictoires.

Tel, brillant en une discipline, ne tarit pas d'éloges sur son professeur, alors que tel autre, incompris en son temps, le traîne dans la boue. En vérité, je crois que nous n'eûmes que d'excellents maîtres, tous instruits, consciencieux, dévoués et efficaces, il faut leur rendre justice, dans la mesure où nous nous y prêtions. Hélas, un certain nombre d'entre nous, obstinément, s'y refusaient, non par contestation bruyante comme on en voit aujourd'hui, mais parce qu'ils constituaient un groupe qui sans conteste préférait le sommeil au travail.

Nos classes se scindaient donc en deux parties très inégales. Ceux, peu nombreux et inchangés, qui briguaient les premières places et les honneurs, et ceux, le gros du troupeau, qui s'en moquaient éperdument et préféraient leur tranquillité à tout le reste.

Je crois, sans forfanterie aucune, que ces derniers auraient pu faire à peu près aussi bien que les autres mais ils n'en avaient, au moins à ce moment-là, ni le courage ni l'envie.

Adeptes du moindre effort, leur ambition se limitait à peu, en général à une petite moyenne, et encore était-ce uniquement parce que c'était là une condition nécessaire et exigée pour franchir le cap de fin d'année et ne pas redoubler.

Évidemment, l'optique et le comportement des bons élèves ne pouvaient être semblables à ceux des médiocres ou des cancres. Assurés de leurs résultats, les premiers se faisaient les champions des matières nobles, seules valables à leurs yeux, et leurs notes étaient acquises à grand renfort de connaissances coûteuses, alors que les autres, moins exigeants, se contentaient de se revaloriser dans des disciplines secondaires où, les combines et les dons naturels n'étant pas exclus, ils pouvaient triompher sans grande déperdition de matière grise.

Bien sûr, cela n'abusait personne.

« On vous attend au bac mes petits amis ! Il ne s'agira pas, ce jour-là, de sauts en longueur ou de lancer de poids ! »

Bien sûr ! Bien sûr on le savait, mais en attendant la moyenne était malgré tout atteinte, et le pas de fin d'année était franchi.

Avec Le Pitre et pas mal d'autres, nous avions d'instinct classé nos professeurs en deux catégories : celle des inoffensifs et celle des dangereux. Nous aurions pu tout aussi bien y en adjoindre une troisième, celle des généreux, car heureusement pour nous, dans le nombre, il s'en trouvait.

Dangereux : le prof de maths, de latin ou d'anglais ; inoffensifs : le prof d'histoire, de sciences nat ou de dessin. À ces derniers, bien sûr, allait toute notre sympathie. Grâce à leur compréhension, nos moyennes étaient à l'abri des chutes tragiques, vertigineuses, irrémédiables. Nous leur en étions reconnaissants, mais cela ne voulait pas dire pour autant que nous ne les chahutions pas. Nous savions que d'eux nous ne risquions rien, que leur bienveillance était sans limite, qu'il n'était question à leurs cours ni de consigne ni de retenue, alors nous en profitions un peu, nous en abusions même, mais nous le faisions toutefois sans méchanceté, réservant aux autres, à ceux dont il n'y avait rien à attendre, nos tours pendables, voire nos vacheries.

Les conjurations se fomentaient toujours dans nos cours pendant les récréations. Tout élément douteux en était soigneusement écarté et leur cercle en garantissait le secret. Les participants, solidaires, ne se vendaient jamais, sachant fort bien qu'une sanction collective fait courir beaucoup moins de risques qu'une punition individuelle dont on peut tout redouter.

« Dis donc Demogras, où as-tu trouvé cet engin ? »

C'était un fil réfrigérant, à peine visible, une sorte de farce et attrape, rapporté de Paris.

« À qui va-t-on mettre ça ?

– À La Savate bien sûr ! En latin. Tu n'oserais tout de même pas le coller à Trinquette, il ne le mérite pas. »

La Savate avait commencé son cours comme de coutume, et, assis à sa chaise, s'employait, grâce à une leçon de texte, à sa petite distribution hebdomadaire de zéro. Rien apparemment ne se passait. Pourtant, un petit noyau d'avertis le surveillait attentivement.

« Cela chauffe légèrement, puis d'un seul coup cela doit devenir glacial. Tu verras cette réaction », avait prédit Demogras.

Depuis quelques secondes, La Savate s'agitait enfin imperceptiblement, légèrement, plus nettement. Allait-il se lever avant le déclenchement du dispositif ? C'eût été navrant !

Il n'en eut pas le temps ! Ce fut fulgurant !

Il y eut un petit nuage de fumée, comme si l'on avait craqué une allumette, un saut de carpe en l'air, et La Savate fit face à sa chaise en même temps qu'il tournait son postérieur à la salle.

Ce fut un éclat de rire général.

Le pantalon, sur une surface égale aux deux mains, était carbonisé et laissait voir des fesses rosées et nues.

La Savate mit quelques secondes à réaliser, puis ayant constaté par la palpation les dégâts, il sauta, rouge comme une pivoine, sur son chapeau et, cachant grâce à lui son infortune gagna la porte, laissant la classe en proie à un tohu-bohu délirant.

L'affaire était d'importance ! Nous avions été dépassés. La brûlure du pantalon n'était certes pas au programme. Que s'était-il donc passé ? Probablement un fonctionnement défectueux du système, car le prospectus ne mentionnait nulle part de semblables risques.

Ça allait barder !

L'arrivée de La Tuile, suivie de celle du principal, nous confirma dans nos prévisions et mit un terme immédiat à nos commentaires.

Barbichou était dans une rage folle. Il y eut une enquête serrée et immédiate où chacun fut interrogé en particulier.

« Faute grave, atteinte à la dignité d'un maître, détérioration d'un costume. Sanction disciplinaire exemplaire », bref rien qui ne puisse inciter ni à la confidence ni à l'aveu spontané.

Personne ne savait rien, n'avait rien vu, ni rien compris à cet acte de vandalisme que tout le monde réprouvait, et qui, au demeurant, pouvait fort bien être le fait d'une autre classe.

La classe récolta, malgré tout, une punition exemplaire de quinze jours, et fut invitée avec fermeté, et sous la menace d'une majoration de peine, à régler le pantalon détérioré.

Une collecte organisée dépassa les espérances. La solidarité fut sans faille, et La Savate retrouva, en même temps qu'un pantalon neuf, toute sa dignité.

Trinquette appartenait à la ville avant que d'appartenir au collège, et il aurait été plus juste de dire appartenait aux bistrots de la ville, puisque, chaque jour, il s'arrangeait pour en visiter au moins deux ou trois sur son parcours, avant de nous arriver.

Cette habitude n'avait pas été contractée de façon plus ou moins inavouable en solitaire, et sous l'unique impulsion d'une intempérance de nature, non, elle avait été acquise noblement avec le temps, et n'avait comme raison que les amitiés et les sympathies de rencontre que Trinquette avait toujours suscitées.

Il y avait de nombreuses preuves à cela. C'est ainsi, et on pouvait le vérifier, que Trinquette n'avait pas de préférence en ce qui concernait ses étapes, qu'il ne s'y rendait jamais à heure fixe, comme l'aurait fait un banal alcoolique, et enfin qu'il ne poussait au grand jamais une porte en solitaire. Il n'en était pas moins vrai que tous les estaminets le connaissaient, qu'il y faisait avec ses amis des stages fréquents et rapides le matin, et fréquents et prolongés le soir, après ses heures de cours, avant de retourner tard à la maison.

Son label n'était donc pas usurpé, bien qu'encore une fois, il n'aurait pas été admissible d'assimiler Trinquette à un vulgaire poivrot.

Jamais on ne l'avait vu, l'habitude aidant, son équilibre compromis. Quelques mauvaises langues prétendaient bien qu'il passait de temps à autre, dans des occasions exceptionnelles, quelques nuits à la belle étoile, dans des fossés, en compagnie de joyeux drilles de son espèce, mais cela n'ayant jamais été dûment vérifié, devait bénéficier de l'avantage du doute, et pouvait être mis sur le compte de la médisance ou de la jalousie, car Trinquette passait pour un des plus fins palais de la région et à ce titre seulement, s'était fait quelques ennemis.

Boire c'est bien ! Savoir apprécier à sa juste valeur ce que l'on boit, c'est mieux !

Trinquette se prétendait assez doué du gosier pour pouvoir déterminer sans hésiter tout ce qu'il faisait passer en ce carrefour, et il tenait à sa notoriété en la matière. Pour la soutenir il avait même été jusqu'à faire des paris, à lancer des défis. « Tous les vins que l'on voudrait, à l'exception des champagnes qui n'étaient que vulgaires piquettes, les yeux fermés, il en donnerait, rien qu'au bouquet, le cru et le millésime… Qu'on le mette à l'épreuve ! »

On l'avait fait plusieurs fois sans le prendre en défaut, mais une de ces soirées, entre autres, était restée mémorable.

Ce soir-là, comme de coutume, on lui banda les yeux. On décapsula des bouteilles.

Son jugement s'avéra, comme toujours, immédiat et infaillible.

« Pouilly 1930 – Montrachet 1928 – Chambertin 1920 – Haut Brion 1924 ». Mais voici qu'on lui donna un dernier verre.

« Celui-là, franchement, je ne vois pas. Je n'ai jamais rien bu d'aussi mauvais. Je préfère ne pas regoûter… Puis-je voir ? »

C'était de l'eau teintée de grenadine !

Trinquette eût fait fortune comme maître de chais ou comme sommelier. Il avait loupé sa vocation, il était prof d'histoire.

Tous les méchants sont buveurs d'eau, « est-ce suffisant pour affirmer que le vin, à lui seul, suffit à ne faire que gens aimables et doux » ? C'est loin d'être sûr, bien qu'on eût été enclin à le croire en considérant et Bacchus et Trinquette.

Trinquette, lorsque je l'ai connu, était un homme dans la fleur de l'âge, grand, mince (la bière seule fait de la graisse), en partie chauve et sa figure colorée – mais sans excès – n'avait pas encore souffert de ses libations. Toujours très dignement vêtu, il portait un col de celluloïd, peut-être un peu haut, qui lui conférait une certaine raideur. Des lunettes d'écaille, dont l'épaisseur surprenait, permettaient d'imaginer la limite de son univers. En fait, ce dernier ne dépassait guère quelques mètres, et c'était un détail qui avait son importance, car nous savions en tirer profit. Cela lui donnait de face un air étonné de chouette mal éveillée, qui allait fort bien avec sa calvitie.

Trinquette apparaissait quelques secondes avant l'heure de son cours à l'extrémité de nos couloirs, une serviette noire à la main, et nous adressait, en retirant son chapeau, un sourire engageant.

Trinquette était un homme heureux.

Il gagnait son estrade, extrayait de sa poche un oignon qu'il remontait et consultait systématiquement avant de le mettre sur son bureau, et se mettait en devoir, avec le premier crayon venu qui lui tombait sous la main, de se gratter frénétiquement l'intérieur de l'oreille, sacrifiant ainsi aux exigences impératives d'un eczéma du conduit qui le torturait.

Ce besoin urgent satisfait, il ouvrait son manuel et son cours commençait.

Il le faisait consciencieusement, méthodiquement et les rares qui l'écoutaient, non seulement s'y intéressaient, mais affirmaient qu'il était passionnant. Malheureusement ce n'était là qu'une minorité, car, si l'on ne chahutait pas bruyamment au cours de Trinquette, on y faisait par contre tout sauf de l'histoire. On pouvait y entreprendre une partie de dames avec son voisin, un devoir de latin si l'on était en retard, ou y lire *Tintin* en le laissant déborder sans trop de précaution sur ses genoux. L'important était là aussi de le faire en silence car, faute d'avoir une vue perçante, Trinquette, malgré son eczéma, avait l'ouïe fine, et c'eût été dommage de le perturber.

Un quart d'heure avant la fin de son cours, Trinquette dictait un résumé que toute la classe était censée prendre par écrit, et deux ou trois fois par trimestre, on l'entendait dire à voix basse, mais assez intelligiblement pour que tout le monde puisse en faire son profit : « Tiens, voilà qui ferait un bon sujet pour la composition. »

À bon entendeur, salut !

Une composition en classe d'histoire sous la surveillance de Trinquette dépassait tout ce que l'on peut concevoir. À le conter, je m'expose à être accusé de fabulation, il n'en est rien.

Préparer plusieurs fausses copies était toujours de règle chez Trinquette. Cela consistait à prévoir et à traiter à l'avance les deux ou trois questions jugées probables. Le titre laissé en blanc en tête de la page était ajouté le jour de l'épreuve. Chacun entrait donc dans la salle avec et son lot de fausses copies et son manuel, au cas où ses prévisions se seraient avérées fausses. Le sujet n'était pas plus tôt écrit au tableau que les plus heureux sortaient déjà leur épreuve terminée pour y ajouter titre et date, alors que les autres se mettaient en devoir, leur livre sur les genoux, de le recopier sans en omettre une seule virgule.

Trinquette, pendant ce temps, assis à son bureau, se perdait dans des dossiers ou s'abîmait dans quelques lectures qui paraissaient le passionner. On s'imagine ce que cela pouvait donner, ajouté à sa myopie.

« Penses-tu qu'il le fait exprès ?

– Je ne sais pas, mais rien ne m'étonnerait. C'est tellement un chic type ! »

Au bout d'une heure Trinquette se levait bruyamment, descendait lentement de sa chaise, et, tandis que les livres disparaissaient pour quelques minutes sous chaque paire de fesses, il suivait toutes les rangées de tables pour parapher chaque copie. On lui tendait sa feuille, sa fausse copie, et, sans même la retourner, il la signait sans hésiter. Les résultats dépassaient les espérances, et l'on pouvait s'interroger sur quels critères il pouvait bien établir son jugement.

Il y arrivait pourtant de quart de point en quart de point, du dix-neuf trois quarts acquis au premier jusqu'au seize sur vingt attribué aux dix derniers *ex aequo*.

Jamais on ne vit chez lui une note descendre au-dessous de quinze, jamais on ne vit non plus un dernier solitaire. Sa bienveillance s'y refusait.

« Mais voyons Rossignol, qu'est-ce qu'il vous arrive mon garçon ? Pourquoi pleurez-vous ?

– Monsieur, j'ai loupé complètement ma composition de maths, je suis dernier et je n'avais pas besoin de ça pour ma moyenne. Je risque de redoubler.

– Mais voyons ! Mais toutes les compositions ne sont pas terminées que je sache, Rossignol ! Celle d'histoire en particulier n'est pas faite. Vous êtes un élève consciencieux. Avez-vous suivi avec attention mon avant-dernière leçon sur la politique extérieure de Bismarck ?… Bien ! Eh bien, cela peut s'arranger. Allez, consolez-vous. »

Et Rossignol, quinze jours après, était deuxième en histoire avec dix-neuf et demi. On ne pouvait guère faire mieux !

Avoir Trinquette dans son jury à l'oral du bac était un sourire de la providence.

« Voyons mademoiselle, ne vous troublez pas. Vous allez bien me dire quelque chose sur cette question… Non ? Allons, ce n'est pas grave… »

Et, se tournant vers son collègue :

« Oui bien sûr elle ne sait pas grand-chose, mais elle s'est quand même présentée. Mettons-lui la moyenne… Elle est si gentille ! »

Alors que tous les autres professeurs avaient du mal à parcourir leur programme de l'année, Trinquette était lui, toujours en avance, et terminait en principe le sien un bon mois avant la sortie.

« Messieurs, le programme se termine avec cette leçon. Je vous remercie de votre attention, qui m'a touché. Les dernières compositions m'ont apporté la preuve de votre travail et de la solidité de vos connaissances, je ne crois donc pas nécessaire d'occuper les trois semaines qui nous restent à de fastidieuses révisions, et, pour vous récompenser de votre application, j'ai décidé de vous faire pendant nos dernières rencontres quelques lectures si vous le voulez bien.

« Je commencerai aujourd'hui par deux nouvelles des *Lettres de mon moulin* ».

Un tonnerre d'applaudissements saluait toujours ces initiatives, et deux heures durant, cette fois dans un silence religieux, toute la classe émerveillée écoutait Trinquette réciter à haute voix, en marquant les intonations, *L'Élixir du révérend père Gaucher*, ou *Les Trois Messes basses de Garrigou.*

* *
*

Il nous était venu en droite ligne de Provence, cigale égarée dans notre ville qui se voulait « portail du midi ». Il montait de Marseille ou de Toulon, et bien sûr il aurait passé plus inaperçu sur sa canebière natale que dans notre région du centre, où son accent et son exubérance naturelle en faisaient une cible privilégiée et sans défense pour des lascars comme nous.

Complaisance et indulgence, il en avait à revendre, alors qu'il lui eût fallu avec nous fermeté et rigueur. Nous l'avions surnommé Ratatouille depuis le jour où, au cours d'une de ses digressions dont il avait le secret, il nous avait, en pleine leçon de géographie, vanté son plat national et donné en détail sa recette.

« Tenez, prenez-le par écrit : ratatouille (niçoise s'entend), mélange de courgettes, de tomates, d'aubergines, d'oignons, etc. N'oubliez pas les oignons avec l'huile d'olive, je dis bien l'huile d'olive, c'est l'essentiel, la réussite en dépend. »

Et ce sobriquet lui allait fort bien ! Ratatouille que son caractère, mélange de facétie, de spirituel et de saine gaieté ! Ratatouille aussi que ses cours, où se mêlaient l'histoire de France, les anecdotes de notre ville, et ses aventures personnelles, tout cela noyé dans un zézaiement qui, à lui seul, aurait suffi à enlever tout sérieux à ses discours.

Il prenait en fin de quatrième la suite de Trinquette, lourde succession, dont il se montrait pourtant très digne.

« Tu rentres chez Ratatouille cette année ! Eh bien ! Mon vieux, tu vas voir ce chahut ! »

Ratatouille non seulement supportait le chahut, mais encore l'acceptait, et même le provoquait. C'était à croire que, s'il n'avait pas eu lieu, il en aurait été désappointé, contrarié, et qu'il aurait presque ressenti ce manque comme un affront.

« J'aime une classe vivante, mon cher collègue », répondait-il de temps à autre aux professeurs voisins qui se plaignaient d'entendre par trop de rumeurs de l'autre côté de leurs cloisons. « Vivante je dis bien, et même s'il doit en résulter un peu de bruit. »

Il était servi ! La classe réputée la plus calme, sous sa férule se survoltait, se déchaînait et battait des records.

La Tuile et Barbichou, en vadrouille sous les galeries, passaient devant sa classe en levant les épaules, marquaient parfois un temps d'arrêt mais n'osaient pas pousser la porte, et il valait mieux ! ! !

« Vous avez tous de bons manuels, je vous préviens en commençant cette année scolaire : je n'ai pas l'intention de les remplacer. Vous pouvez les consulter chez vous ou en étude. Je me contenterai donc de préciser et de compléter à chaque cours, les points de détail de la leçon que vous jugerez obscurs ou insuffisamment développés. »

C'était certainement une belle formule et qui rompait avec la routine habituelle. Trop de professeurs se contentaient de nous relire nos livres ou de nous les résumer en des heures fastidieuses d'inutiles dictées, mais hélas ! ce qui était certainement moins valable, c'était de laisser à notre appréciation le choix des sujets à approfondir.

« Voilà, nous venons d'en terminer avec Napoléon ! De quoi voulez-vous que nous reparlions ? Du Consulat ? Des plans de ses batailles ?… Des amours de Napoléon !… Ah !… Cela ne m'étonne pas de vous… Eh bien ! Nous allons revoir ça ! Dans le fond cela a eu son importance, et ne manque pas d'un certain intérêt. »

Et pendant que Ratatouille s'évertuait à nous conter les malheurs de l'Empereur et de Joséphine, d'un côté de la salle à l'autre des batailles navales s'organisaient en plein jour à haute voix :

« Je dis trois coups en D4.

– Rien.

– Deux coups en C4.

– Rien.

– Quatre coups en F3.

– Rien.

– Quatre coups en F4, intervenait brusquement Ratatouille, contre-torpilleur coulé n'est-ce pas ? Voyons, ce n'était pas très malin ! Allez, maintenant foutez-nous la paix et écoutez un peu comment Bonaparte fut fait cocu… Oh bien sûr ! Je sais bien, cela arrive tous les jours et vous me dites que votre voisine n'a pas fait tant d'histoires, mais votre voisine, ce n'était tout de même pas Joséphine ! Allons, soyons sérieux ! »

Pendant ce temps, un autre clan s'adonnait à une petite dînette.

Pain, sardines, cervelas passaient de mains en mains, arrosés de longues lampées d'un Frontignan que l'on buvait ostensiblement à la bouteille.

« Ça a l'air bon, ce que vous mangez là-bas dans ce coin ! Qu'est-ce que c'est ?… Du thon à l'huile d'olive et au citron ! Où l'avez-vous acheté ?… À Monoprix ! Le Frontignan aussi ?

Combien le vendent-ils ?... Ah non alors, là, pas de cigarettes ! À cause de l'odeur ! Non. Je dis non... Et même si vous avalez la fumée... Vous n'êtes pas raisonnables. On ne peut pourtant pas dire que je ne suis pas conciliant !... Ah vous ne trouvez pas ! ! ! Eh bien vous avez du tempérament ! »

En composition, les avantages acquis chez Trinquette étaient reconduits, mais alors que Trinquette avait toujours gardé la maîtrise et l'initiative des classements, ces derniers, chez Ratatouille, lui échappaient, et étaient souvent soumis à l'enchère ou à un chantage public, auquel tout le monde participait avec la conviction de ses besoins.

« Monsieur il faut me mettre premier, c'est nécessaire pour mon bulletin trimestriel ! Vous ne pouvez pas me reprocher d'avoir trop chahuté ces trois derniers mois ?

– Non, non, et non. Vous pouvez faire et dire ce que vous voudrez, c'est Ménichou qui sera le premier... Pourquoi ?... D'abord parce qu'il est le seul à m'écouter dans cette classe, et enfin parce que tout le monde, vous comme les autres, savez bien que c'est le meilleur élève de la classe.

– Mais monsieur, lui par contre n'en a pas besoin !

– Ça je m'en fous. C'est comme ça. Oh ! Vous pouvez recopier tout votre livre si vous voulez, ça ne changera rien. Vous serez deuxième un point c'est tout... D'ailleurs le dernier aura encore une bonne note. Vous n'avez rien à dire... Ah ! Je suis une vache ! C'est possible ! Vous n'avez qu'à être moins exigeant... Et ne rouspétez pas ainsi, sans cela je demande au principal une composition surveillée par un pion et je vous donne un sujet que j'ai traité et que vous ne trouverez pas sur votre Mallet et Isaac... Qu'est-ce que vous en diriez de cela ? C'est pour le coup que vous pourriez me traiter de vache !

– Allez, arrête Demogras, tu vas finir par nous faire avoir des emmerdements ! »

Ratatouille nous faisait les cours d'histoire de l'art. Cela avait lieu le soir, dans le noir, à cause de la lampe à projection.

Ces cours restaient facultatifs, ne donnaient lieu à aucune composition (c'était dommage), néanmoins personne, pour rien au monde, ne s'en serait dispensé. Un cours de Ratatouille en pleine lumière c'était déjà grandiose, mais dans le noir, avec la complicité d'un anonymat même très relatif, c'était aberrant.

« Ce soir, messieurs, j'ai choisi comme sujet de nos réflexions *Le Radeau de la Méduse*, une œuvre de Géricault (il prononçait Zérico) peinte en 1819... Non ? Ça ne vous plaît pas ? Alors que voulez-vous qu'on projette ? Une chose ou une autre, moi ça m'est égal...

– *La Source* d'Ingres ! *Le Bain de Diane* de Boucher ! *La Maja nue* de Goya !

– Ah ! Je vois, vous êtes polarisés. Dans un sens c'est rassurant. Enfin je veux bien ! Qui veut se charger de manipuler la lanterne ? »

Il y avait toujours pour ce travail de nombreux farceurs volontaires.

« Bon, vous avez assez contemplé la naissance de Vénus ! Vous la connaissez par cœur. Allez, donnez la suite !... Qu'est-ce que c'est que ça ?... Ah ! Vous exagérez ! D'où avez-vous tiré cette photo ? Elle est quand même bien ! Un peu trop de poils à mon avis... Voyons... Repassez-la... C'est votre cousine !... Vous êtes un beau cochon quand même. »

Du nu féminin dans la peinture contemporaine étudiée par Ratatouille, et de ses commentaires, nous avions réussi à dégager et à mettre au point une classification des seins assez originale et évocatrice suivant leur forme et leur maintien. Cela allait du néné à la tétarasse, en passant par le nini, le nichon et la tétasse.

« Vous ne croyez pas monsieur, que l'idéal c'est quand même le nichon ?

– Ah ! On voit bien que vous êtes à l'âge où l'abondance ne fait pas peur. Mais attendez, vous verrez, vous changerez d'avis plus tard, lorsque vous vous rendrez compte que le nichon n'est qu'un passage éphémère et fragile vers d'affligeants et fatals glissements. Vous verrez ! Vous reviendrez aux ninis et peut-être même aux nénés… Qui sait !… Dites donc Demogras, ne me faites pas dire ce que je n'ai pas même pensé. J'ai très bien entendu ce que vous venez de dire et j'ai reconnu votre voix, même dans le noir… Vous êtes un cochon ! »

Ratatouille était ancien officier, du « zénie » disait-il, et, comme personne n'en voulait, il avait hérité pour cette raison, en plus de ses charges normales, de la préparation militaire de nos grandes classes. Lourde responsabilité, puisqu'elle touchait à la défense de la nation !

Qui disait préparation militaire disait terrain de manœuvres. Nous devions nous y rendre tous les quinze jours, sous sa direction et sa surveillance. Là nous étions censés nous familiariser avec le parcours du soldat, et y étudier, entre autres, le fonctionnement du Lebel et du fusil-mitrailleur, dont nous devions connaître chaque pièce au point d'être aptes à les démonter ou à les reconstituer sans défaillance.

Notre départ avait lieu du collège, où les externes intéressés venaient nous retrouver les samedis après-midi à la belle saison.

En colonne par deux, au pas du fantassin en campagne, nous devions rejoindre notre terrain de manœuvre loin sur les coteaux. Le départ sous les fenêtres de Barbichou avait une certaine rigueur, mais bien sûr cela ne durait pas.

Ce parcours du futur soldat était en effet fortement compromis par deux écueils auxquels notre colonne ne pouvait échapper, deux points chauds difficiles à franchir, tous les deux placés sur son trajet. L'un se situait au centre même de la ville, l'autre à peine à sa périphérie.

C'est au niveau de Monoprix que notre colonne subissait ses premiers dommages et s'amputait toujours de quatre ou cinq volontaires qui, estimant que l'intendance était indissociable de l'effort, s'engouffraient dans la grande surface en direction du rayon de l'alimentation. Saucisson, sardines, pain, quelques litres de beaujolais, constituaient l'objectif. Mission accomplie, le commando devait rejoindre rapidement l'avant-garde, mais en fait, le rythme accéléré du soldat en campagne devenait pour lui celui de la flânerie, et on ne devait le revoir que bien plus tard, très longtemps après l'arrivée du contingent sur le terrain.

Il n'y avait malgré tout rien à dire, la cause était juste, noble, et même teintée d'un certain altruisme qui n'échappait à personne. Ratatouille fermait les yeux et en général, à leur sujet, ne disait rien.

Il n'en était pas de même lorsque notre équipe déjà amoindrie passait au niveau d'une des rues dite mal famée et accueillante à la fois, et que certains parmi nous connaissaient déjà fort bien. Là il y avait arrêt de la colonne, discussion et, presque toujours, une sérieuse contestation.

« Demogras je vous avertis, je ne veux rien savoir ; si vous n'êtes pas à 6 heures avec nous à notre retour je fais un rapport.

– On en a pour dix minutes, juste le temps de dire bonjour à Nadia ! Nous vous rejoignons.

– C'est malheureux d'en être déjà là à cet âge ! Vous êtes prévenus, Demogras et les autres, 6 heures ! »

Partis une vingtaine du collège, il en arrivait quatre ou cinq au terrain, ceux qui embarrassés du fusil-mitrailleur ou du Lebel n'avaient pu faire autrement. Les autres avaient disparu. Que faire ? Il ne leur restait plus qu'à s'asseoir à l'ombre et à attendre, avant d'envisager une quelconque démonstration, que quelques autres arrivent.

« Enfin, vous voilà ! Il est temps, vous avez vu l'heure ? Ah c'est bien, vous apportez quand même le ravitaillement… Et trois beaujolais. Bon. Il n'y a rien à dire… Vous avez un tire-bouchon ? Évidemment non ! Ah si je n'étais pas là ! Tenez, prenez mon couteau. Vous devriez tous avoir un couteau comme celui-là : deux lames, un ouvre-boîtes, un tire-bouchon, un poinçon. On n'est jamais en peine avec ça. Bigre ! Elles sont fameuses ces sardines ! Quelle en est la marque ? »

On récupérait les autres au retour à un bistrot d'angle.

« Ah ! Vous voilà vous autres… Vous ne savez pas ce que vous avez perdu… On a fait un de ces casse-croûte à l'ombre !… Oh ! Bien sûr, Nadia ! Vous croyez que c'est avec elle que vous apprendrez le maniement du fusil-mitrailleur ? C'est un officier supérieur qui vous interrogera dans quelques semaines ! On verra alors, on verra si vous serez si forts… Vous mériteriez qu'elle vous fiche la vérole… J'avais un copain qui avait votre âge et qui… »

Et Ratatouille partait, encore une fois, dans ses digressions habituelles.

Ratatouille était un phénomène unique, comme je n'en ai jamais revu.

* *
*

Être catalogué brillant élève dès le début de son entrée au collège, au cours de un ou deux conseils de classe successifs, était une assurance quasi définitive pour les six années à venir.

Cette première impression était indélébile, déterminante et pratiquement jamais ni controversée ni remise en question. Pour qu'un champion, ou déclaré tel, soit rétrogadé, il fallait vraiment qu'il y mette le paquet. Cet état de fait était par contre encore plus valable pour les moins chanceux. Un moyen, en principe restait moyen, et un médiocre, quoiqu'il fasse ne s'évadait jamais de sa médiocrité. Le collège avait horreur des graphiques en dents de scie ! On restait en première ce que l'on avait été en sixième et il fallait attendre l'épreuve du premier bac pour que, de-ci, de-là, quelques heureuses surprises viennent, en philo et sur le tard, modifier les opinions.

En général toute règle comporte quelques exceptions. Elles sont quelquefois rares mais elles existent. J'en fus une. Oh ! Non point que je parvins jamais à faire varier à mon avantage des convictions qui avaient été, dès le départ, des plus pessimistes et qui étaient bien établies, mais parce que je réussis, en une matière, à remonter un handicap jugé désespéré, en entraînant d'ailleurs dans mon sillage, comme de bien entendu Le Pitre, mon ami.

Nous réalisâmes ce tour de force grâce à un concours de circonstances, il est vrai tout à fait exceptionnel, d'où la cote d'amour ne fut pas exclue au départ, mais où, l'amour-propre ayant pris le relais, ses effets surent par la suite se maintenir.

Cela eut lieu en anglais, matière certes qui demande peu d'intelligence, tout au plus de la mémoire, dont les cancres sont d'ailleurs assez souvent pourvus, mais en anglais tout de même, matière essentielle où l'on n'improvisait pas.

« La Mouche » était notre professeur d'anglais.

Drôle de surnom, penserez-vous ! Drôle oui, inexplicable non, et vous allez comprendre.

L'appellation n'avait rien à voir avec son métier, mais bien avec une de ses passions, un violon d'Ingres, élevé chez lui au niveau d'un sacerdoce.

Certes, La Mouche était professeur ; certes, il s'acquittait avec dévouement de sa tâche tout au long de la semaine dans ses classes d'anglais, mais il n'avait en fait qu'un désir, qu'une envie, c'était de les quitter pour se livrer à son sport favori, la pêche, la pêche à la ligne, la pêche à la truite, seul poisson digne de lui.

On pêche la truite au grillon, à la sauterelle, à la chenille verte du jeune chêne, mais on pêche très souvent la truite, avec un maximum de succès, au lancer à la mouche… et vous avez compris.

Dès le vendredi et le lundi nous étions au courant des bonnes fortunes du jeudi et du dimanche.

« Vingt-trois truites ! Dont la plus courte faisait vingt-cinq centimètres… En descendant les gorges du Coirou. »

Il connaissait toutes les rivières, tous les ruisseaux de la région et pourtant ils sont nombreux, classés ou non classés, et il les suivait par tous les temps, en cuissardes, un vieux feutre sur la tête, et son lancer à la main. Ces tableaux de pêche, même ramenés à leur juste valeur, laissaient rêveur.

Un collectionneur n'a qu'un désir : parler de ses collections, un chasseur de ses chasses, un pêcheur de ses pêches. Notre anglais en était imprégné.

« N'oubliez pas, messieurs, que l'Angleterre est une île entourée d'eau de toutes parts (c'est le propre des îles), que tous ses habitants sont des marins et que la moitié d'entre eux sont des pêcheurs. »

L'Anglais restait bien pour nous un gentleman flegmatique en chapeau melon et œillet à la boutonnière, mais au lieu d'un parapluie au bras, nous avions fini par le concevoir constamment une canne à pêche à la main.

Nous n'ignorions rien des termes les plus techniques de la pêche, même ceux propres aux Terre-Neuvas et notre vocabulaire, constamment amélioré en la matière, était d'une richesse incomparable.

« Monsieur ! Une mouche ! Là… Sur la vitre… »

Le cours était stoppé net. La seule vue du diptère suffisait à capter toutes les attentions, et, chacun ayant l'autorisation et même le devoir de tenter sa capture, au besoin jusque sur la tête de ses voisins, cela donnait lieu, autour du *fly*, à d'agréables moments de détente et à certains minichahuts très appréciés. Dès que prisonnière, bourdonnante au creux d'une main, la mouche était aussitôt transférée dans une boîte d'allumettes suédoises toujours à portée.

« Et ça, messieurs, ça je le parierais, c'est une truite assurée pour demain. »

Au printemps et en été l'insecte est abondant, en automne ou en hiver il est sans vigueur ou absent, et les difficultés commençaient avec lui. La Mouche devait alors abandonner le vif pour pratiquer le leurre.

« Tenez, je vais vous apprendre à préparer une mouche artificielle. C'est enfantin. »

Il réalisait chaque fois de petites merveilles de finition.

« Vous prenez un petit hameçon, un crin fin et léger, votre plume… Regardez… Et voilà ! Vous pouvez en faire autant avec un peu de colle, mais cela n'a pas la même élégance, et que de temps perdu ! Voyez-vous : le problème n'est pas la confection, la seule difficulté c'est de trouver de la plume… Toutes les plumes ne conviennent pas également. Il faut d'abord de la plume de coq irisée, et seule une certaine race est valable. C'est à la fois le secret et le drame. »

Nous avions un coq à la maison.

Cela ne coûtait pas bien cher d'essayer ! Sait-on jamais ! Aux premières vacances je le coinçai en cachette dans un angle obscur de son poulailler et là, il dut d'urgence consentir à quelques sacrifices.

« Les plumes du cou, rien que celles du cou », avait dit La Mouche.

Mon coq, l'opération faite, affichait une allure tellement inhabituelle que ses poules elles-mêmes ne le reconnaissaient plus et le fuyaient.

Ce fut une réussite !

« Où avez-vous trouvé ces plumes ? »

Je dus expliquer. Décrire mon coq qui, du jour au lendemain, fut le sujet de toutes ses préoccupations.

« Écrivez, écrivez aujourd'hui même à votre famille, pour qu'il ne lui arrive rien. Ce serait un crime ! C'est un élément exceptionnel. »

Il ne parlait rien moins que de me l'acheter et il fut contrarié d'apprendre l'importance qu'il détenait au milieu de ses poules. Je ne pus le consoler qu'en m'engageant à donner, le jour même, des directives à la maison.

Dès ce jour mon coq eut droit à des égards, mais perdit sa tranquillité et dut accepter d'être plumé avec régularité tous les trois mois.

Et, de ce jour également, mes notes, tant en devoir qu'en composition, s'améliorèrent sensiblement. En quelques mois, alors que j'étais au plus bas de l'échelle, je rattrapai les moyens, en un an, l'amour-propre s'étant déjà mis de la partie, je pulvérisai ce premier résultat pour gravir jusqu'aux tout premiers rangs.

« Détachez-lui les plumes doucement, et surtout en petite quantité. Vous pourriez le tuer et ce serait navrant. Une poignée, pas plus d'une poignée, vous entendez ? »

J'avais beau l'assurer que mon coq était de santé robuste, il se perdait en recommandations.

Dès mon arrivée à la maison je m'informai.

« Où en est mon coq, maman Louise ?

– Oh ! Ton coq devient trop vieux ! Depuis que tu le plumes il n'a plus le moral. Il manque mes poules, et il n'est pas question d'en garder un jeune à ses côtés dans cette basse-cour tant qu'il vivra, car il devient méchant ! Je me demande ce qui me retient de le mettre à la marmite.

– Je t'en supplie, n'en fais rien maman Louise ! Ne fais pas ça. Je compte au contraire sur toi pour en prendre le plus grand soin. »

Je réussis ainsi à le mettre à l'abri d'une sauce au vin quasi fatale pour un sujet de son âge, même aussi brillant, et jamais coq n'eut droit à pareille longévité. Hélas ! Il y a un terme à la vie, même pour un coq des mieux soignés, et mon coq, un beau jour, finit par crever de vieillesse. Maman Louise me fit prévenir.

« Que faut-il faire ? »

Ma réponse fut immédiate. « Le plumer de haut en bas et garder avec soin toutes ses plumes. » Et c'est ainsi que, fait unique dans les annales des coqs morts de crevaison, le mien, malgré les services déjà rendus, fut enterré tout nu dans le fond du jardin après avoir dû, même après sa mort, me livrer une dernière fois, et cette fois en totalité, toutes ses plumes.

J'étais premier alors en anglais. Les plumes du coq ne pouvaient tout expliquer. Je le restai.

À notre époque, alors que l'on s'efforçait de considérer le latin et le grec langues vivantes (c'est tout juste si l'on ne nous demandait pas de converser dans les langues d'Horace ou d'Hérodote), l'anglais, paradoxalement, était traité presque en langue morte.

On traduisait Dickens ou Shakespeare, on s'exerçait à grands coups de vocabulaire et d'expressions plus ou moins valables et archaïques à quelques essais écrits, on apprenait quelques rudiments de civilisation, mais jamais, au grand jamais, on ne se lançait à converser.

Quelques disques rayés, échappés de casses multiples, lambeaux de méthodes Assimil ou autres, nous étaient bien proposés de temps à autre, mais le livre permettant de les décrypter ayant été perdu, ces disques posaient de tels problèmes, même aux professeurs, que l'on n'insistait pas.

La phonétique restait notre ignorance. Elle était approximative, capricieuse, méconnaissable d'un maître à l'autre, et il aurait suffi pour s'en convaincre, s'il l'eût fallu, de comparer celle de nos deux professeurs qui, assurément, auraient eu bien du mal à se comprendre s'ils n'avaient eu recours au français.

L'été entrait au plein de son farniente, et je bayais aux corneilles lorsque mon père arriva.

« Un Anglais est en panne au bas de notre côte ! J'ai vu ça à sa plaque minéralogique : GB ! Je ne me suis pas avancé, à quoi bon, je ne sais pas un mot de sa langue, mais tu devrais aller voir. Tu as été premier ce trimestre, tu dois pouvoir te débrouiller. Une conversation ne peut faire que du bien ! Ce serait pour toi un test, et tu peux peut-être te rendre utile. »

Je n'étais pas convaincu, mais je sentais que si je m'y refusais, Paul, visiblement allait être contrarié.

C'était bien un Anglais en pantalon de golf, à casquette écossaise et en bras de chemise, qui s'affairait sous le capot de son auto.

J'essayai dans un effort louable une improvisation, une entrée en matière, ce que je pouvais. Je m'escrimai en vain !

Mon interlocuteur roulait des yeux ronds, échangeait quelques mots avec sa femme, mots que du reste je ne comprenais pas, et, faute de mieux, me souriait en me montrant ses mains couvertes de cambouis. Nous en étions là et, décidément, rien ne laissait prévoir la moindre réussite, lorsque mon frère arriva aux nouvelles.

« Alors, qu'est-ce qu'il lui arrive ?

– Que veux-tu, je n'en sais rien, il ne comprend rien ! »

Le résultat fut immédiat et je m'entendis dire dans un français irréprochable à peine teinté d'accent :

« Ah ! Bien ! C'est parfait ! Vous parlez aussi le français ? »

Ma parole, il avait certainement cru être tombé sur le seul attardé de la région réfugié dans son patois, il n'avait même pas reconnu sa propre langue.

Dès lors tout s'arrangea fort bien. Il eut de l'eau, du savon et une serviette, et Paul, qui de loin nous observait sans pouvoir entendre, eut la ferme conviction que tout allait pour le mieux et que mon test était une réussite. Il était si heureux à notre retour, que ni mon frère ni moi-même n'osâmes lui avouer la vérité.

* *
*

Aller en Angleterre comme on le fait de nos jours était impensable. C'était encore une expédition risquée. Notre professeur lui-même qui était un sage (pourquoi aller chercher au loin ce que l'on a à sa porte) n'avait jamais eu l'audace de traverser le *Channel* ne serait-ce que pour aller jeter un fil dans les eaux de la Tamise ; dans le fond, pour lui cela avait sûrement mieux valu ! Que d'illusions il aurait dû perdre en posant les pieds sur les falaises de la perfide Albion.

Les échanges culturels, entre ces deux pays séparés d'un lourd et ancien contentieux, étaient encore dans leurs balbutiements et se limitaient, pour l'heure, à de sporadiques essais épistolaires. Les établissements respectifs se communiquaient des listes et les professeurs essayaient quelques appareillages qui rarement se révélaient heureux.

Par une insigne faveur de La Mouche j'avais été servi des premiers et il m'était échu, remarquable et paraît-il inespéré, non point un correspondant mais une correspondante.

« Voilà qui, je l'espère, devrait grandement émoustiller vos relations. Soyez-en digne ! »

J'étais le seul de la classe pourvu d'un élément féminin. J'avais immédiatement fait des jaloux et tous les copains enviaient mon sort. Il n'y avait pourtant pas de quoi ! Car hélas ! Ces demoiselles d'outre-Manche n'avaient pas encore à l'époque commencé cette brillante remontée qui fut la leur ces dernières années, et qui les a portées à la pointe de l'émancipation de leur sexe.

Katleen Roberts était ma correspondante.

J'avais sa photo en pied, peu folichonne, boulotte, ingrate, en tablier, et je lui avais adressé la mienne, guère plus flatteuse. Notre correspondance s'était établie.

J'étais tombé sur une infatigable épistolière. Je recevais de ses nouvelles chaque semaine. De ses nouvelles et de celles de toute sa tribu, père, mère, oncle, tante, sans oublier le *cat*, le *dog* et les canaris. J'avais droit de regard sur le menu familial de tous les jours et j'avais dû donner avec franchise le mien, à base de lentilles, haricots et pois cassés. Notre courrier était étroitement surveillé par La Mouche qui veillait à ce qu'aucune négligence ni aucun retard n'ait lieu. C'était en partie intéressé.

Katleen m'envoyait tous les quinze jours *Life* et le *Times* contre un envoi personnel équivalent d'un *Match* et d'un journal local. La Mouche suivait ainsi à peu de frais les nouvelles fraîches de la *gentry* de Londres et de ses environs.

Ce fut amusant pendant deux mois, mais cela ne tarda pas à devenir fastidieux, astreignant, assommant et onéreux.

« Le Pitre ! Cette fille commence à m'emmerder avec ses parties de cricket et ses histoires de canassons.

– Eh bien, laisse-la tomber. Ne réponds pas.

– Tu sais bien qu'avec La Mouche, c'est impossible.

– Tu vas voir, j'ai une idée... Écoute... »

J'écoutai les conseils du Pitre et je glissai dans le premier envoi venu, non pas le *Match* habituel, mais un spécimen des plus osés et des plus légers que Le Scribe avait pu me procurer.

Les canaris, le *dog*, le *cat*, les tantes et la mère durent trouver ça plus que *shocking* et même si les oncles et le père trouvèrent ça dans le fond plutôt *very very exciting* et très parisien, je ne reçus jamais plus aucune nouvelle de Katleen, et j'en fus débarrassé.

X

UN DIAGNOSTIC D'APPENDICITE, contrairement à ce que l'on pourrait croire, soulève souvent chez l'enfant bien des difficultés. Il rappelle à la modestie et tous les médecins les plus chevronnés s'en sont souvent rendu compte. Le point douloureux est inconstant, le vomissement tardif, la température plus que modeste, le toucher rectal silencieux, et l'interrogatoire déroutant. Il ne reste, en fait, parfois, qu'un pouls accéléré, qu'une paroi douteuse, et, à une époque où le laboratoire et la radiographie n'entraient pas encore dans le jeu, seule une certaine intuition, ajoutée à une plus ou moins longue observation, pouvaient faire pencher la balance vers la potion ou le bistouri.

La médecine n'est pas une science exacte, on l'oublie trop souvent.

Tout jeunes que nous étions alors, déjà nous le savions, et nous en profitions.

Notre infirmerie était au premier étage et voisinait les appartements de Monsieur le Principal. On y accédait facilement pour les raisons les plus futiles : un rhume de cerveau, un mal de dents, une chute dans la cour sur un caillou pointu, à la suite d'un saignement de nez, et on y était toujours bien accueilli.

Une infirmière jeune, aimable, et agréable à regarder, ce qui ne gâtait pas la sauce, y dispensait les soins urgents dans une salle de pansements. Toute blanche, cette pièce contenait une vitrine, une table de verre, deux chaises de métal et un matériel léger très sommaire mais qui suffisait à nous impressionner : petites pinces cochères ou de Péan (je l'ai appris depuis), cotons montés, pipettes blanches, brunes, violettes, d'eau oxygénée, de teinture d'iode, ou de Dakin, sur de petits plateaux blancs.

On montait là pour les premiers soins, puis matin et soir, pour leur renouvellement, et c'étaient toujours quelques minutes où l'on échappait à la surveillance et à la routine.

Quatre box vitrés attenants, avec lits, dans une atmosphère exceptionnellement surchauffée, étaient réservés à l'isolement des cas sérieux ou supposés tels. Avant d'y être admis il fallait subir, dans tous les cas, l'épreuve du thermomètre. Sans température rien à faire, mais le moindre dixième de degré au-dessus de trente-huit en ouvrait toutes grandes les portes.

« Tu te mets contre un mur et tu te martèles les coudes pendant un quart d'heure ! Cela réussit à tous les coups. »

Pour certains d'entre nous, les élèves les moins recommandables, la recette était connue et nous savions en user, le cas échéant, à la veille d'une composition trop dangereuse pour notre moyenne. Il ne fallait pas en abuser, mais une fois par trimestre l'alibi était retenu et pouvait être mis sur le compte de la fatalité.

Un médecin attaché à l'établissement visitait les lieux deux fois par semaine, ou d'urgence, si c'était nécessaire. Ses sentences, nous le savions, ne pouvaient être ni discutées, ni suspectées, aussi profitions-nous largement de sa bienveillance.

C'était un homme petit, mince, d'une trentaine d'années, qui sentait l'éther et l'iodoforme. Il posait veste et chapeau en entrant, revêtait une blouse blanche et la consultation commençait.

« Ouvre la bouche, bon ! Fais ah… bien. Vous lui ferez quelques badigeonnages. Il a une amygdale volumineuse. Au suivant… Tiens, c'est toi ! »

Il finissait par nous connaître tous parfaitement.

« Et tu as une composition demain probablement ! Je ne vois pas grand-chose, où as-tu mal ? »

Il n'était pas dupe, mais sait-on jamais avec des enfants ! Il vaut mieux être prudent, et puis il y avait un peu de température malgré tout.

« Bien, tu restes vingt-quatre heures ici (c'était suffisant). Vous lui donnez un peu d'aspirine et vous surveillez les selles. Si cela va plus mal, vous me prévenez. »

Et cela allait mieux dès le lendemain !

Cela devait pourtant changer un jour. J'avais rejoint l'infirmerie pour un mal de ventre banal, bien sur mes pieds, en sifflotant. Il n'y avait même pas de composition à l'horizon.

« Il doit être opéré d'urgence. Je préviens immédiatement Monsieur le Principal. »

Je m'en tirai (à cette époque où il n'était question ni de sulfamides ni à plus forte raison de pénicilline) avec deux drains et deux semaines de clinique, avec une vessie de glace sur le ventre, et je lui dus une fière chandelle ce jour-là !

* *
*

On ne pouvait vraiment pas dire que de notre collège se dégageait une grande ferveur laborieuse. À part quelques éléments qui faisaient du succès personnel leur point d'honneur, la plupart d'entre nous, au moins jusqu'en fin de troisième, évitaient tout zèle intempestif. L'émulation était relative et les cracks n'avaient pas grand mal à conserver leurs privilèges sur un peloton groupé qui allait son train de sénateur. Dire pour autant que les degrés de connaissances étaient alors particulièrement bas serait une erreur. Les études secondaires étaient à cette époque solides, et je crois sans forfanterie que bien des derniers de nos classes auraient pu, dans la plupart des matières, en remontrer aux premiers d'aujourd'hui. Le français, le latin, le grec, gardaient de hauts niveaux, et nos mathématiques, pour n'être pas modernes, n'en étaient pas moins sérieusement approfondies. C'était simplement l'ambiance de notre collège qui était en cause, qui restait favorable au calme, et tout cela découlait certainement de nos effectifs réduits qui permettaient à une vie familiale et bon enfant de s'y instaurer.

Notre établissement pourtant, comme tous les autres, ne manquait pas de formules d'encouragement.

Les basses classes avaient d'abord le tableau d'honneur, une institution mensuelle. Dépendant de la bonne tenue et seulement de l'application, on pouvait parfaitement le brandir en fin de mois, même assorti des plus catastrophiques notes de composition. L'avoir constamment était pourtant une gageure difficile à tenir, habituer sa famille à cette régularité : une maladresse grave, sinon une imprudence que l'on ne tardait pas à regretter, puisqu'elle rendait rapidement toute vie impossible.

« Le Pitre, j'ai le tableau d'honneur ce mois-ci !

– Moi aussi, mais si j'ai un conseil à te donner, ne t'en vante pas à la maison. Ne le montre surtout pas. C'est la sagesse, sinon on ne manquera pas de te le demander les mois suivants et comme celui-ci risque d'être une exception !... Laisse tomber ça. Il n'est marqué sur aucun bulletin trimestriel. Ne lève donc pas ce lièvre ! Ce serait dangereux. »

J'avais suivi les conseils du Pitre. Je n'en parlai jamais, en revanche il ne me causa aucun souci.

En plus de ce tableau d'honneur, chaque classe traînait en fin de trimestre son petit lot de félicités et d'encouragés. Félicités, ceux qui s'étaient distingués par une ou plusieurs places de premier, encouragés, ceux qui les talonnaient de près. Mais là aussi il y avait toujours les mêmes abonnés, les mêmes fanatiques, les mêmes acharnés, heureusement peu nombreux pour la bonne santé morale de notre classe, ce qui fait que là non plus je n'avais, pas plus que bien d'autres, ni espoir ni désillusion.

D'une tout autre importance était le bulletin trimestriel qui arrivait par la poste à la maison, à Noël, à Pâques, et aux grandes vacances. Il précédait, hélas ! de quelques jours notre propre arrivée, et de si malencontreuse façon qu'il ne pouvait être encore digéré lorsque nous retrouvions nos familles, et que c'est à lui que nous devions le climat morose, sinon glacial, de nos retours. Il était pour tous l'inévitable qu'il fallait bien accepter, et qui gâchait systématiquement le début de toutes nos vacances. Disons-le tout de suite, pour les pensionnaires il n'y avait avec lui aucune parade. Seuls quelques externes privilégiés pouvaient espérer trouver une solution. Il leur fallait pour cela la complicité d'un frère, d'une sœur, ou même à la rigueur d'une simple bonne complaisante qui pouvait guetter le facteur et intercepter à temps l'enveloppe aux armes de l'établissement.

Avec cent sous, ce détournement réussi, le soir même, grâce aux talents du Scribe qui s'était procuré, on ne sait comment, des bulletins blancs, ils rentraient en possession d'un nouveau document, peut-être moins officiel, mais beaucoup plus élogieux et présentable que le premier.

Comme Le Scribe n'était regardant ni sur les appréciations, ni sur les places, ni sur les notes, ils s'en tiraient fort bien... Fort bien jusqu'à la fin de l'année ! Car de temps à autre, à ces moments-là, les choses pouvaient se compliquer en situations, sinon drôles, du moins difficilement explicables aux yeux des familles, mais qui, à y bien réfléchir, relevaient haut dans l'esprit de ces dernières le niveau de l'établissement.

« Imaginez-vous, cher ami, qu'André doit subir un examen de passage dans certaines matières (Le Scribe, prudent, prévoyait toujours cette possibilité). Pourtant, cette année, André avait fourni un travail valable, et mon Dieu ses appréciations ne nous laissaient pas prévoir ça... On devient de plus en plus exigeant avec nos jeunes ! Ne trouvez-vous pas ? Je me demande dans quelle mesure c'est là une formule qui peut les encourager ! »

L'épreuve de rattrapage passée (et dans ce cas il fallait tout mettre en œuvre pour réussir), tout s'arrangeait. Il n'y avait plus qu'à recommencer puisqu'un seul document, le livret scolaire, aurait pu dévoiler la supercherie, et que ce dernier restait au collège sans en sortir jusqu'aux examens... Ce jour-là par exemple, il y avait des surprises !

On redoublait peu au collège. Des moyennes souvent discutables, mais néanmoins acquises, permettaient de franchir les différents échelons qui conduisaient à la rhétorique. Au bac évidemment les choses se corsaient, il y avait assez fréquemment des temps d'arrêt.

« Ce sera, madame, une mauvaise session cette année, et nous le regrettons, affirmait le concierge, appuyé sur son balai, et qui en ces occasions n'hésitait pas à parler à la première personne du pluriel, nous n'avons pas d'éléments solides comme les années précédentes. Le niveau baisse, Madame ! Nous le constatons tous les ans avec Monsieur le Principal et nous le déplorons. »

À l'examen, comme pour les courses du tiercé à Longchamp, il y avait les catégories des favoris, des outsiders et des délaissés.

Les favoris se comptaient sur les doigts d'une main, les outsiders sur les doigts de l'autre, les délaissés on ne les comptait pas, ils constituaient le gros du peloton. Heureusement pour eux, leur cause était loin d'être aussi désespérée qu'on voulait bien le laisser entendre, et, malgré les prédictions peu encourageantes du Pipelet et de bien d'autres, la plupart s'en tiraient, sinon dans des délais records, du moins dans des temps raisonnables.

Bien sûr il y avait bien quelques candidats carrés, bicarrés, ou cubes en philosophie ou en rhétorique, et Bredaine en était le plus illustre échantillon, mais c'étaient là des exceptions.

Dans le fond notre collège en valait bien un autre, et les déchets n'y étaient, ni plus ni moins qu'ailleurs, importants.

« Mesdames, mesdemoiselles, messieurs, mes chers enfants,

« C'est un honneur pour moi que d'être ici sur cette estrade, d'y présider cette distribution des prix de fin d'année, et d'y prononcer le discours d'usage.

« Laissez-moi tout d'abord vous féliciter tous. En premier, bien sûr, les lauréats qui recevront dans quelques minutes la juste récompense de leurs efforts, mais aussi tous les autres qui, moins chanceux, ont néanmoins accompli cette année scolaire avec conscience, courage, et studieuse application.

« À vous tous, mes chers enfants, je souhaite de bonnes vacances en milieu familial, vacances qui, je l'espère, vous permettront de nous revenir dans deux mois, reposés, dispos, et prêts pour un nouvel effort.

– Dis donc Le Pitre ! Il y va un peu fort La Savate ! Parler déjà de rentrée le jour de la sortie ! Il veut nous gâcher le départ, ma parole !

– À vous, donc, je dis à bientôt. Mais aujourd'hui je voudrais avant tout m'adresser à ceux que ni mes collègues ni moi-même ne retrouverons à la rentrée prochaine, à ceux qui, ayant passé avec succès leur bac de philosophie ou de maths élém, vont nous quitter pour de nouveaux horizons, vers des facultés voisines ou lointaines. À eux, je tiens à dire et notre fierté et notre espoir.

« Notre espoir d'abord, qui est de les retrouver bientôt dans notre société, de nouveau parmi nous, aux postes de responsabilité qu'ils auront mérités, et je leur souhaite des études supérieures couronnées de succès dans les différentes voies qu'ils auront choisies. Ingénieurs, professeurs, médecins, avocats, nous sommes sûrs qu'ils feront dans l'avenir honneur à notre collège.

« Je leur dirai enfin la fierté qui est la nôtre d'avoir pu, par notre effort, coopérer à dégrossir, à dégager sur le long chemin qui va de la gangue à la pierre, les qualités maîtresses qui feront d'eux des hommes, et je l'espère des notables appréciés.

« Voilà qu'ils vont entrer dans le détail des connaissances dans chaque discipline choisie, et je suis sûr qu'ils sauront aller fort loin. À la faculté le soin et le devoir de leur apporter des études précises et définitives de techniciens avertis ; en ce qui nous concernait, notre but était plus modeste, mais je crois non moins important, car c'était à nous que revenait l'insigne privilège de leur inculquer le vaste éventail des données de base sans lequel rien ne serait possible pour eux aujourd'hui.

« Toute spécialisation prématurée aurait été une erreur appauvrissante, une catastrophe, qui aurait nui, j'en suis sûr, à l'équilibre d'une formation que l'on se doit de souhaiter largement ouverte dans tous les azimuts.

« En six années passées avec nous, ils ont déjà beaucoup brassé !... Oh ! Je sais bien que quelques-uns parmi eux se sont laissés aller de-ci de-là à quelques rêveries, voire à quelques sommeils réparateurs, mais cela n'est pas grave car tous ont bien été obligés, malgré tout, d'écouter le plus souvent, et d'entendre. J'espère qu'ils auront retenu un peu et c'est ça l'essentiel.

« Bien sûr, je ne me fais pas d'illusion, bien peu parmi eux reprendront leur Gaffiot pour faire des versions latines durant leurs loisirs, bien peu reviendront à leur grammaire grecque, mais qu'importe s'ils ont oublié le gérondif ou le supin, l'important est qu'ils se sentent un jour à l'aise sur l'Acropole ou le Colisée, lorsqu'ils visiteront Athènes ou Rome, et si ce jour ils se sentent là aussi chez eux, notre but aura été atteint. Former, non des béotiens, mais des hommes dont les connaissances seront suffisantes pour leur permettre de vivre sans œillères en profitant au maximum de toute chose, voilà l'objectif que nous nous étions fixé pour eux. »

La Savate était lancé, de tirade en tirade on en avait certainement pour une petite demi-heure. Il n'y avait plus qu'à attendre que son inspiration tarisse.

« Oh ! là là ! Qu'est-ce qu'il nous les casse avec son boniment !

– Dis donc Le Pitre, où as-tu déniché ce palmarès ? Es-tu nommé quelquefois ?

– Oh ! C'est sans surprise ! Premier prix de gymnastique, tu as le deuxième ! Deuxième prix de dessin, tu as le premier !... On ne se fait aucun mal. Ah ! Tiens, tu as en plus un accessit en anglais. Pour le reste, c'est toujours pareil : Bérichaud ou Ménichou, Ménichou ou Bérichaud, il n'y en a que pour eux. Bérichaud est nommé dix fois, Ménichou onze, et c'est lui qui a le prix d'excellence. Bérichaud ne s'en consolera pas.

– Et les autres ?

– De la broutille, des troisièmes prix, des accessits, juste de quoi leur éviter l'engueulade paternelle. »

L'estrade avait été dressée en plein air à l'abri de nos platanes, au niveau de nos galeries qu'elle prolongeait en avancée vers la cour. Sur elle, tout le lot de nos professeurs au grand complet avait pris place en compagnie de Barbichou et de La Tuile. Presque tous avaient pour la circonstance revêtu une toge, certains même l'étole colorée de leur discipline.

Devant eux, sur des tréteaux, un amoncellement de livres était disposé. Il y avait là les prix d'excellence, facilement repérables à leurs épaisseurs et à leurs reliures tapageuses, les prix spéciaux, dons de fournisseurs ou de généreux bienfaiteurs, ouvrages hors série, en général de bon goût, particulièrement convoités par les forts de toutes les classes, et toute une série de volumes dorés sur tranche ou non, brochés ou reliés, groupés par tas décroissants et par année. Les albums d'images, eux-mêmes, destinés aux petites classes n'étaient pas oubliés.

Un escalier en bois, à droite, permettait de gravir la tribune. Un autre, à gauche, d'en descendre lorsqu'après avoir passé devant ses maîtres on avait reçu les récompenses de ses efforts.

Les élèves groupés par classe et par affinité étaient rangés sur des bancs au bas de l'estrade, et derrière eux, loin, jusqu'au milieu de la cour, leurs parents, leurs amis, avaient pris place sur d'imposantes rangées de chaises mobilisées pour la circonstance. Ce n'étaient là que costumes de ville et robes multicolores qui buvaient littéralement les paroles de La Savate et qui applaudissaient.

« Dis donc, tu as vu tout ce peuple ? Il y en a encore plus que l'année dernière !

– Je n'aime pas ça, Le Pitre ! Nous allons avoir bon air lorsque nous irons chercher nos deux bouquins ! »

Je me souvenais de nos prix de l'année précédente. Deux fascicules, guère plus épais qu'un cahier ordinaire, et si réduits que j'avais pu les glisser dans ma manche.

« Tu t'imagines, un prix de gymnastique et un de dessin ! Nous allons être servis ! »

J'avais horreur de la foule, particulièrement de celle-ci au milieu de laquelle je sentais confusément la présence de Paul et de Marie-Thérèse. D'un Paul déjà furieux, blessé dans son amour-propre, et qui avait toute raison de l'être, puisqu'il avait déjà certainement eu largement le temps de parcourir son palmarès, et tout cela en compagnie des parents de mon camarade Henri, prix d'excellence de sa classe.

J'imaginais sans voir et sans entendre.

« Je vous félicite, mon cher ami ! Mais si, mais si, prix d'excellence, nommé dans chaque matière ! Ah ! si j'avais de pareilles satisfactions avec le mien… Mais il ne perd rien pour attendre. On va s'expliquer dès ce soir. »

Paul réagissait toujours très mal à ces séances officielles et Marie-Thérèse elle-même, dans ces occasions, se sentait angoissée.

Je chassai ces pensées.

Les externes s'étaient mis plus que jamais en frais. Ils tranchaient parmi nous insolemment par l'élégance et le raffinement de leur toilette. J'étais dans ce domaine aussi, légitimement inquiet. À ce contact je prenais trop conscience du négligé de ma propre tenue. Mon costume terminait l'année, il n'était pas maculé de taches, il était pommelé. Quant à mes souliers, j'avais dû teindre d'urgence en noir deux morceaux de ficelle pour remplacer deux lacets manquants, et sauver les apparences. Heureux encore que nous n'ayons pas eu besoin de notre casquette pour aborder l'estrade ! C'eût été le bouquet !

« Ne t'inquiète pas, ça ne se verra pas, m'affirmait Le Pitre. Nous n'aurons qu'à aller un peu vite et, comme nous passons les derniers, personne ne fera plus attention à nous.

– Tu vois Pitre, je crois qu'il vaudrait mieux ne rien avoir. S'il n'y avait pas cette histoire de ne pas redoubler, je crois bien que l'année prochaine je m'arrangerais à faire comme Demogras et à ne pas avoir à monter sur ces tréteaux.

– Dis donc, on dirait qu'il va pleuvoir !

– Oh, penses-tu ! C'est une chance que nous n'aurons pas, pas plus que celle de voir s'effondrer l'estrade. Il faut y passer. Mauvais jour pour nous, Le Pitre ! Mauvais jour ! »

Nous étions résignés.

La Savate rangeait ses feuillets. Il venait de conclure sous une ovation générale. « Et maintenant, mes chers enfants, je vais passer la parole à M. le surveillant général. Il va "t" appeler chacun de ceux qui aujourd'hui ont mérité d'être à l'honneur par leur travail et leur succès ».

Barbichou, qui rêvait, en eut un haut-le-cœur. Son regard trahit sa pensée, et il ne put s'empêcher de faire un demi-tour vers l'orateur. « Décidément dans sa plus grande forme, pensait-il. Il n'avait qu'une phrase à improviser et il n'a pas été fichu de le faire sans y glisser une ânerie de taille… Enfin, cela peut arriver à tout le monde. Il vaut mieux que cela soit arrivé à lui plutôt qu'à moi. »

« Dis donc Le Pitre, tu as vu comment on loupe une sortie ? »

La liaison malheureuse était passée inaperçue de presque toute l'assistance mais La Savate, sans pouvoir pour autant la rattraper, comme tous ses collègues s'en était aperçu. Il s'assit, cramoisi, laissant la place à La Tuile qui enchaînait.

« Classe de philosophie et de maths élém, sont admis définitivement au baccalauréat deuxième partie :

« En philosophie, messieurs… »

La brochette était courte et aussi courte était celle de ceux qui, ayant franchi le premier pas, allaient prendre leur place.

On arrivait au palmarès. Par année, par matière. À la lecture de son nom, chaque intéressé quittait sa place, allait faire son circuit sur l'estrade, avant que de revenir plus ou moins chargé faire son inventaire parmi nous. Au passage il récoltait un mot de félicitations ou d'encouragement de Barbichou ou rien selon son cas, et les plus chargés étaient applaudis par la foule.

« Classe de troisième : prix d'excellence, Ménichou. »

Tête haute, fier comme Artaban, Ménichou gagnait l'estrade.

« Tu vois, c'est lui qui emporte le prix spécial : le Larousse en six volumes ! Tu te rends compte, c'est quand même une affaire !

– Tu crois ?

– Mais oui ! Tiens, regarde. »

C'était une pile imposante, de quoi garnir tout le devant d'une bibliothèque, et qui couvrait le premier prix de français, de latin, de grec, et de maths.

Ménichou ne put moins faire que d'accuser le coup lorsqu'il reçut l'ensemble de ses mérites sur ses bras tendus. Faute de pouvoir lui serrer la main, Barbichou lui serra le coude. Ménichou pliait sous le poids. C'était là une charge qu'aurait pu supporter Demogras, mais lui, de toute évidence y risquait la hernie. La cour entière applaudissait…

Comment les choses se passèrent-elles ? On aurait du mal à le dire. Ménichou, aveuglé ou écrasé sous ses lauriers, buta-t-il sur une planche, manqua-t-il la première marche, toujours est-il qu'on n'eut pas le temps de se porter à son secours. Ce fut une chute spectaculaire. Les ouvrages volèrent en tous sens et Ménichou déséquilibré, plongeant vers nous tête première, vint s'abîmer, fort heureusement pour lui, sur nos genoux.

Il y eut quelques instants d'intense stupeur. L'ensemble des professeurs s'était levé. La foule, qui n'avait pu que constater la brusque disparition du lauréat, s'interrogeait. La famille de l'intéressé accourait.

On releva Ménichou. On le remit sur ses pieds.

Le génie terrassé était endommagé ! Il était en sang ! Une blessure au cuir chevelu (pas grave, affirmait Le Pipelet, accouru en toute hâte. La tête, c'est tout ou rien), ses deux narines saignaient, ses mains étaient écorchées, son costume avait souffert.

On le conduisit vers l'infirmerie avec tous les égards dont il convient d'entourer un champion malencontreusement blessé.

Il devait nous revenir quelques quarts d'heure plus tard, bardé de sparadraps, un œil œdématié ne se fermant plus, et deux mèches sortant du nez, triomphant néanmoins.

« Indécrottable », conclut Le Pitre avec commisération.

À la faveur du flottement, et de la désorganisation momentanée, notre incursion fugitive à tous les deux sur le podium était passée inaperçue.

« Tu vois, à quelque chose malheur est bon, Le Pitre ! Fais voir ce que tu as récolté. »

Tout comme moi-même il avait été frustré. Un prix de gymnastique et un prix de dessin cela donnait droit à deux volumes, or on avait condensé, volontairement condensé en un seul livre, et un petit papillon sortant de ce dernier écartait toute idée d'erreur.

« *Les aventures du sapeur Camembert ! L'idée fixe du savant Cosinus.*

– Tu n'as pas l'impression qu'ils se sont fichus de nous, Le Pitre ?

– Pourquoi ? Serais-tu comme Ménichou ? As-tu des préférences pour les dictionnaires ? Tu as vu où ça l'a conduit ? Directement à l'infirmerie ! »

Bien sûr, mais je n'étais pas convaincu. Les aspects philosophiques et instructifs du sapeur Camembert m'échappaient. Je me consolai toutefois rapidement en pensant que Paul, avec ce genre d'ouvrage, ne pourrait du moins pas donner libre cours à une de ses manies favorites qui consistait à vous donner une dictée punitive avec le premier livre qui lui tombait sous la main. Celui-là pourrait traîner à sa portée, c'était un risque écarté. C'eût été quand même un comble que de se voir sanctionné, un jour de tempête, au moyen de son unique prix !

Je fis, à l'exemple du Pitre, disparaître mon livre dans ma poche et, débarrassé de préoccupations personnelles immédiates, nous nous adonnâmes, tous les deux, sans nous soucier de l'entourage, à un ultime et acharné tournoi de morpions.

Tout était terminé. Nous roulions maintenant vers la maison. La C 4 G était pleine : Paul, Marie-Thérèse, nos voisins, Henri et moi-même. Paul était visiblement en proie à une fureur contenue, que seule la présence de nos amis l'empêchait d'extérioriser. Je sentais néanmoins avec certitude que cela ne pourrait durer, que ça n'était là qu'un répit.

L'électricité qui précède l'orage est toujours plus pénible à supporter que le déferlement du tonnerre. Par sa présence glorieuse, Henri, bien involontairement, aggravait la situation. On l'avait chaleureusement complimenté, trop chaleureusement même, à mon avis. On avait admiré ses prix, chaque volume en particulier, et je n'avais même pas été invité à exhiber mon propre trophée. Marie-Thérèse elle-même, qui presque toujours, dans les cas extrêmes, venait généreusement à mon secours, paraissait débordée et privée d'arguments !

Combien de temps allait durer cette tension ? J'essayai de l'évaluer avec sang-froid. Voyons ! Les rognes de Paul étaient brutales, mais en général courtes. Deux ou trois jours pénibles, une semaine maussade et quelques coups de gueule de-ci de-là au cours de quelques points chauds durant les vacances… Ce n'était pas le diable ! Il fallait laisser passer la tornade.

Je n'eus que le temps d'embrasser mon frère et maman Louise.

« Viens avec moi dans ma classe. »

Oh ! Je n'aimais pas cette entrée en matière ; cette mise en accusation hors du milieu familial ne me laissait présager rien de bon.

« Alors, tu es content de toi ? »

Je n'étais pas particulièrement mécontent mais il ne me fallut pas grande intuition pour comprendre qu'il valait mieux tricher sur mon état d'âme. Je secouai la tête.

« Voilà tes trois bulletins trimestriels de l'année : latin, premier trimestre, 23e avec 6,5 ; 2e trimestre, 21e avec 5,5 ; 3e trimestre, 26e avec 7,5. Appréciation : doit faire de gros efforts pour atteindre la moyenne.

« Français 1er trimestre, 17e avec 9,5 ; 2e trimestre, 20e avec 8 ; 3e trimestre, 18e avec 7. Appréciation : ne fait aucun effort pour améliorer ses résultats. Mathématiques, 1er trimestre, 12e avec 11 ; 2e trimestre, 11e avec 9 ; 3e trimestre, 11e avec 9,5. Appréciation : à peine moyen. Appréciation du principal : pourrait bien faire s'il ne se complaisait dans sa paresse. »

Devant cette accablante cascade de jugements dont il résultait que, de toute évidence, jamais je n'arriverais à atteindre cette fameuse moyenne, il ne me restait qu'à baisser le nez.

« Mais alors, où veux-tu en venir ? Que veux-tu faire un jour ?... Un fruit sec, voilà ce que tu es ! Pas autre chose qu'un fruit sec qui sera incapable d'avoir le bac... Enfin, veux-tu me dire où l'on peut trouver le moindre élément de satisfaction dans ces bulletins ?

– En histoire et en géographie, je...

– Oh bien sûr ! En gymnastique et en dessin aussi ! Alors, c'est avec ça que tu espères passer ton écrit dans trois ans... Un bel exemple pour ton frère qui doit te rejoindre à la rentrée.

– Je passe en deuxième sans examen de passage... Et il y en a une dizaine qui redoublent (j'exagérais), et en anglais... »

J'avais touché juste.

« Il ne manquerait plus que ça, que tu redoubles ! »

Le ton n'avait pas changé mais la température était déjà tombée de plusieurs degrés.

« J'exige que tu prennes certaines résolutions. Ce que tu as fait en anglais, tu peux le faire en toutes les matières. Des résultats comme ceux-là, je n'en veux plus. Tu m'entends ! Je n'en veux plus. »

Des résolutions, c'était toujours possible. Je promis sans hésiter, fermement, avec conviction, avec d'autant plus de conviction que j'avais le sentiment que j'allais m'en tirer à bon compte.

« Bon ! On va voir. Je vais tout de suite mettre ta bonne volonté à l'épreuve. Tu vas travailler un peu tous les jours durant ces vacances. Il faut que tu rattrapes ce temps perdu. Nous sommes ici trop isolés pour que je puisse te faire donner des leçons particulières, mais voilà, je me suis procuré un cahier de devoirs de vacances. Dès demain tu t'y mettras. »

Mais bon Dieu ! Où Paul avait-il bien pu dénicher ça en un pareil record ! C'était un petit opuscule qui n'avait l'air de rien. Guère plus épais qu'un cahier et de format plus modeste mais dès qu'on l'avait ouvert on ne pouvait que pâlir... Premier jour une version latine, un sujet de français, un exercice de maths ! De quoi remplir toute une longue journée de travail, et cela continuait ainsi à l'exception du samedi et du dimanche !

Je retrouvai mon frère et maman Louise à la cuisine. Ma mine devait être pitoyable.

« Qu'est-ce que tu as encore fait ?

– Mais rien, maman Louise ! C'est justement parce que je n'ai rien fait que j'ai des ennuis.

– Tu n'as pas bien travaillé je parie ?

– Pas trop, maman Louise, pas trop... Comment va mon coq ? Tu sais, il faut me le maintenir en forme. Je vais en avoir besoin plus que jamais.

– Ton coq va bien. »

Certes, la pauvre femme ne voyait pas très bien les obscures relations qui pouvaient coexister entre un coq et mon travail, mais elle était tellement désireuse de tout faire pour que les choses s'arrangent au mieux !

« Si ce n'est qu'une question de coq, ne t'inquiète pas ! Je le soigne comme il faut et d'ailleurs s'il crève je t'en élèverai un autre.

– Mais, maman Louise ce n'est pas un autre qu'il me faut ! C'est celui-là. »

Je dus expliquer en détail à mon frère l'étendue de ma catastrophe.

Il fut péremptoire.

« Ce n'est pas possible, même jusqu'à midi ce n'est pas concevable. Adrien nous attend et nous avons une foule de projets. On ne peut tout de même pas tout foutre en l'air pour un cahier de vacances... Laisse-moi faire, à la première occasion je le mets au feu. J'en serai quitte pour une trempe, mais nous serons débarrassés. »

Évidemment c'était une solution extrême mais envisageable.

« Et s'il en recommande un autre ? »

Le salut devait m'arriver autrement.

Mon père, dès le lendemain, fut sans pitié.

« Tu te mets ici, et tu travailles tranquillement jusqu'à midi. Je viendrai moi-même m'assurer des résultats avant de déjeuner. »

Le premier effort proposé à ma bonne volonté était une version latine, courte mais opaque, massive, sans virgule ni point.

Je m'y attaquai, et, suivant ma technique habituelle, j'en cherchai tous les mots. Après quoi je m'exerçai avec le tout à reconstruire différents puzzles, tous plus ou moins audacieux et fantaisistes, dans l'espoir de lui découvrir un sens.

À midi Paul me trouva encore aux prises avec les deux premières lignes.

Indiscutablement je butais.

« Mais enfin ce n'est pas possible ! Évidemment je n'y connais rien ! Mais voyons, qui pourrait bien t'expliquer ça ?

Cela ne doit pas être tellement sorcier… Attends j'y pense, il y a bien quelqu'un qui pourrait nous tirer d'affaire… Voyons Pujol ! Tu n'as pas connu ce garçon ? »

Je l'avais connu en effet.

« C'est un garçon qui a passé son bac il y a deux ou trois ans, et avec latin, je crois m'en souvenir. Il vient passer ses vacances chez ses parents à cinq kilomètres d'ici. Nous irons le voir dès ce soir ! Cela nous fera une sortie, une promenade en vélo… C'est bon, nous tenons notre affaire. Je vais téléphoner pour savoir s'il est chez lui. »

Pujol nous reçut avec beaucoup de gentillesse et nous offrit un rafraîchissement.

« Voyons voir cette version ! J'espère que je ne me suis pas trop rouillé en trois ans. »

Ce fut long, enfin au bout de deux heures Pujol assura qu'il entrevoyait le sens général. Il s'agissait d'une panthère qui, blessée par une flèche empoisonnée, cherchait parmi les herbes celle qui la sauverait. Il ne pouvait néanmoins traduire. Il y avait ou un manque ou un trop dans cette phrase ! Il penchait plutôt pour un manque.

« De toute façon cette version était un sombre traquenard bien au-dessus d'un programme de troisième ! » Il pouvait l'affirmer et rien d'étonnant à ce que je ne puisse m'y retrouver.

Un examen rapide du reste du manuel s'avéra tout aussi contrariant. Aux dires de Pujol les exercices d'algèbre et de géométrie n'étaient concevables que pour un élève de première, quant au français les textes de référence ne figuraient qu'en marge du programme, et lui-même n'en avait jamais entendu parler.

Douter des compétences de Pujol ne vint même pas à l'idée de mon père. Pujol avait fait ses preuves. Pujol avait ses deux bacs, était en faculté et ne pouvait tout de même pas être suspecté sur des devoirs de troisième.

« Impensable de proposer un cahier de vacances avec des épreuves au-dessus ou hors programme !

– Comment expliquez-vous ça, Monsieur Pujol ?

– Oh vous savez ! Dieu sait qui a bien pu choisir les devoirs de ce fascicule ! »

Paul était écœuré !

Le lendemain il n'était déjà plus question que de révisions et Paul se dispensa de toute vérification.

Le surlendemain… Ma foi !… Le surlendemain, j'avais définitivement reconquis ma liberté, et rejoins Adrien, mon frère et notre chien sur un autre terrain d'évolutions.

XI

NOTRE COLLÈGE SE VOULAIT APOLITIQUE.

Exception faite pour Bredaine, aucun journal, aucune revue ne devait franchir, dans les poches des externes, les portes de l'établissement. Les élèves se devaient alors de se désintéresser de préoccupations qui restaient réservées aux adultes, et qui, au demeurant, n'auraient pu leur attirer que des ennuis. Personne, externes ou internes, n'aurait osé afficher à sa boutonnière le moindre insigne, et aucun de nous ne se serait permis, à plus forte raison, de brandir en bout de perche, où que ce soit, le calicot, même le plus anodin, de crainte d'être repéré, mis à l'index, et impitoyablement rappelé à l'ordre.

Les professeurs, en cours, n'avançaient certaines opinions qu'avec d'extrêmes prudences, et les rares allusions que pouvaient permettre Socrate et Cicéron se perdaient dans un tel déploiement de règles et de syntaxe qu'elles passaient inaperçues.

À peine soupçonnait-on que notre professeur de latin avait des tendances socialisantes, que notre professeur de maths lisait l'*Action Française* et que l'un de nos pions, libre-penseur, avait ses entrées nocturnes à la loge maçonnique de la ville.

La politique n'avait pas encore atteint les jeunes couches et n'avait pas pénétré jusqu'à l'enseignement, elle s'est bien rattrapée depuis, il faut le reconnaître.

Notre collège se voulait apolitique, notre collège se voulait athée.

Pas totalement, toutefois, puisqu'il existait dans ses murs une chapelle. Un prêtre grisonnant, sourd, à demi aveugle, voûté mais courageux, s'y rendait, ombre falote, rasant les murs, une fois tous les dimanches pour y célébrer un office devant un auditoire fluctuant et décevant. Rares étaient ceux qui se rendaient à cette messe, et ce ne pouvait être que des inquiets ou des convaincus, car les opinions qui imprégnaient notre établissement ne favorisaient ni la prière ni la foi.

Prolongement naturel d'une école laïque, sensibilisé par une séparation encore récente de l'Église et de l'État, notre collège se voulait libéral et agnostique ; de là à être sectaire et athée il n'y avait qu'un pas, et ce dernier était d'autant plus facilement franchi qu'un anticléricalisme de règle y était farouchement entretenu.

Deux institutions religieuses, locales et voisines, tenues par des prêtres et des jésuites, nous concurrençaient. Leurs résultats aux examens de fin d'année, comparés et commentés, qui en définitive ne faisaient pas toujours ressortir notre supériorité, attisaient la flamme de la discorde.

« Tu as vu Pérouteau et Dali qui étaient en deuxième, l'année dernière, en queue de classe, les voilà reçus ! Ils ne devaient pourtant jamais l'avoir, aux dires de La Savate !

– On a beau dire tout ce que l'on voudra, c'est une rude boîte que celle des curés. Tu te rends compte ! »

Un petit échange d'éléments troubles, et d'ailleurs jugés indésirables par l'un et l'autre camp, s'établissait entre les différentes sectes, mais force était bien de reconnaître que ce courant insignifiant certes, mais continu, n'était pas en notre faveur.

Bien rares étaient les recrues qui venaient vers nous garnir les derniers bancs de nos classes. Bien leur en prenait d'ailleurs, car, repérés dès le premier jour de la rentrée, ils devenaient sur-le-champ des cibles vouées à toutes les vexations. Élèves et professeurs se chargeaient de leur faire expier leur état de transfuges.

« Voyons, vous là-bas... Le nouveau... Oui, vous, ne me regardez donc pas avec cet air ahuri !... Vous devez être calé en latin ! Traduisez-moi cette phrase de Cicéron. »

La phrase choisie, un écheveau inextricable de dix lignes, était bourrée d'embûches. L'interrogé pataugeait, s'enlisait dans une construction hâtive, et s'arrêtait enfin, stoppé, à bout de souffle.

« Vous venez pourtant de chez les curés, ce me semble ? Eh bien ! On ne peut pas dire que cela soit convaincant. »

Sans charité aucune, nous n'aurions évidemment pas mieux fait nous-mêmes, mais la charité est une qualité éminemment chrétienne et nous n'en avions pas, la classe riait aux éclats. Oh ! non point méchamment, mais pour se détendre, tandis que La Savate, pourtant si peu enclin en principe à tolérer les démonstrations de masse, haussait les épaules et laissait faire lâchement.

Comment, dans ces conditions, notre collège avait-il la prétention de s'ériger en symbole de tolérance ? Pourtant il le faisait, et c'était probablement dans cette optique qu'il supportait sans indulgence en cours d'année quelques séances d'instruction religieuse. Ces dernières, bien sûr facultatives, n'étaient que peu suivies, mais certains y préparèrent néanmoins leur communion solennelle.

Il ne faut toutefois pas exagérer ! Cette communion restait externe et discrète et ne figurait évidemment pas sur le palmarès de fin d'année.

Nous n'étions tout de même pas chez les curés, que diable !

Notre collège se voulait apolitique, notre collège se voulait athée, mais en aucune façon ne se voulait asexué.

La Savate assurait le latin depuis la sixième, aussi connaissait-il bien cette classe de quatrième dont il venait de prendre possession.

« Rossignol, à vous. Récitez-moi votre leçon de texte. »

Ce choix n'avait pas été fait au hasard. Rossignol était un garçon studieux, consciencieux, fluet, au teint velouté de pêche, pourvu d'une voix de fausset qui l'aurait fait admettre sans réserve dans la chorale vaticane la plus exigeante. Sa leçon, certainement, il la savait ! Et point n'était besoin à La Savate de le surveiller pour s'assurer qu'il ne la lisait pas après l'avoir accrochée au dos d'un camarade placé au-devant de lui.

La Savate, perdu dans son cahier de textes, en profitait pour effectuer certains contrôles et n'avait même pas relevé la tête.

S'étant raclé la gorge à deux reprises, Rossignol commença la récitation de son texte, comme de coutume sans erreur, avec assurance, mais d'une étrange voix de basse coupée de quelques ratés dus à des cordes vocales manifestement mal accordées.

« Qu'est-ce qu'il vous arrive Rossignol ?... Vous êtes enroué ? »

La Savate avait relevé la tête, les sourcils en demi-cercle ; il n'en avait pas cru ses oreilles, et maintenant il n'en croyait pas ses yeux.

Rossignol, le fluet Rossignol, il ne le reconnaissait plus ! Il se trouvait en présence d'un vrai jeune homme qui avait fait une poussée d'asperge, de dix à quinze centimètres, d'un seul coup au cours de ses vacances et dont la musculature s'était affirmée. Ce n'était plus du duvet tendre qui ombrait maintenant ses joues, mais un poil bien visible et si noir, qu'aux commissures des lèvres il amorçait déjà un embryon de moustache. Ce n'était pas une transformation, mais une réelle mutation, et, qui plus est, Rossignol, le frêle Rossignol, muait.

« Bien, très bien, Rossignol ! Comme d'habitude je vous félicite ! »

La Savate, sous le coup de l'étonnement continuait à regarder Rossignol, et la réflexion spontanément ajoutée, qu'il regretta immédiatement, compte tenu de l'hilarité générale qu'elle souleva, lui échappa.

« Mais il faudra vous acheter un rasoir, Rossignol ! »

« Grivardou, vous aurez une consigne ! Et vous aussi Demogras ! Cela vous apprendra à animer le chahut.

– Mais, monsieur !

– Ça suffit Grivardou ! Taisez-vous. »

Chaque rentrée n'était pas toujours marquée d'aventures aussi cocasses, bien que ce soit toujours à ces époques, entre la cinquième et la troisième, que l'on pouvait se rendre compte chez chacun de nous des plus grands changements.

Partis en culottes courtes, la plupart revenaient en pantalons longs, alors que ceux qui avaient déjà assuré l'année précédente cette modification vestimentaire découvraient invariablement une partie de leurs mollets, témoins indiscutables de leur croissance.

Déjà évidentes dans la cour, ces transformations devenaient flagrantes au dortoir où le velouté devenait velu sur les bras, les jambes et certaines poitrines. Chacun étalait avec fierté ses avantages fraîchement acquis et levait avec ostentation les bras pour témoigner par une pilosité des aisselles fournie, annonciatrice de bien d'autres, du bon démarrage de ses hormones.

« Dis donc Le Pitre ! Tu as vu ta figure ! Tu t'es réussi aujourd'hui. Tu t'es fait une de ces balafres ! »

Les coupe-choux, seuls rasoirs alors en vigueur, faisaient leur apparition à côté des brosses à dents et c'étaient les joues tailladées jusqu'au sang que les nouveaux adeptes revenaient chaque matin des lavabos.

Pubertés précoces, pubertés tardives, préludes à une sexualité évidente, s'affirmaient, comme il se doit, entre dix et seize ans.

Toutes ces perturbations physiques entraînaient bien sûr de profonds remous psychiques. C'est à eux que l'on devait attribuer les graffitis de nos toilettes, et c'est encore à eux que Le Scribe devait ses profits les plus réguliers.

De tout temps les hommes ont aimé comparer leurs armes, nos jeunes années n'y manquaient pas. Sans fausse pudeur, dans nos W.-C. archaïques, ces comparaisons étaient d'ailleurs inévitables. Certains s'y complaisaient, et, scrupuleux, faisaient même intervenir dans ces mensurations et le centimètre et le compas. Enfin, calibre n'étant pas forcément synonyme d'efficacité, ces examens respectifs, étant jugés insuffisants, étaient fréquemment suivis de véritables joutes et de vrais défis qui trouvaient le plus souvent leurs déroulements le soir dans les recoins les plus obscurs de nos cours. Au demeurant, simples vérifications d'un bon fonctionnement, à la veille d'exploits plus sérieux qui ne manqueraient pas d'avoir lieu.

Méthode ancienne, vieille comme le monde, que la morale certes réprouve, mais que Diogène pratiquait néanmoins sans fausse honte à l'entrée même de son tonneau.

En ces fourbissements frénétiques, les velléités et les performances s'accumulant, certains allaient fort loin, poursuivant en solitaire, sur leurs lancées, la recherche de satisfactions souvent renouvelées. La plupart, à cet âge aux récupérations fulgurantes, s'en tiraient sans grand dommage, ne gardant de ces exercices acharnés qu'un visage momentanément un peu pâle ou que des yeux légèrement cernés. Rares étaient ceux qui, à la suite de ces excès, atteignaient l'épuisement complet et pour lesquels le fortifiant sérieux, voire la quintonine, s'imposait.

De toute façon il n'y eut jamais de drames à déplorer.

Ah ! jeunesse insouciante, jeunesse impénitente, que de gaspillages, que de réserves perdues (si toutefois on peut faire des réserves en la matière) qui feraient probablement ô combien votre affaire aujourd'hui !

Notre collège n'était pas mixte. Nous y perdîmes assurément beaucoup, mais c'était là certainement la sagesse. Que de catastrophes en seraient probablement résultées ! Alors, que, privées de moyens efficaces, ces demoiselles n'auraient eu que la résistance de leurs adducteurs à nous opposer. La distance, entre deux éléments déjà trop enclins à se retrouver, était la seule parade valable à nos ardeurs.

Deux pensionnats, à l'opposé de la ville, groupaient les jeunes intellectuelles de la région. L'un était directement sous la bannière et la protection de Jeanne d'Arc, l'autre était sous la férule laïque, et sous la surveillance intransigeante d'une directrice, vieille fille peu commode, qui, n'ayant plus à veiller sur les turpitudes de sa propre chair, s'acharnait à la sauvegarde de celle de son troupeau.

Externes et pensionnaires connaissions bien ces deux pôles d'attraction. Nombreux parmi nous étaient ceux qui avaient, soit une sœur, soit une vague cousine en la place. Grâce à eux, nous disposions tous d'éléments sérieux et précis. Des photos familiales, souvenirs de vacances, circulaient de l'un à l'autre. Habillées, décolletées ou en maillot (une pièce, les seuls en honneur), elles étaient détaillées à la loupe et l'heureux possesseur de ces documents en tirait vanité et orgueil, tout en laissant toujours planer un doute sur des relations que seul un lien de famille trop étroit pouvait dissiper.

« Qui est celle-là ? À droite du groupe ?

– C'est ma cousine, mon vieux !

– Elle est bien foutue, nom de Dieu !

– Seize ans ! Tu parles si elle est bien ! Et une chouette fille avec ça. Pas compliquée du tout. Tu as vu sa poitrine ? Ce n'est pas de la gnognote ! Et elle embrasse, avec ça !

– Tu l'as embrassée ?

– Et je veux ! Plutôt dix fois qu'une ! Tu parles ! Deux mois à la mer ensemble... Mais pour la bagatelle, pas mèche, mon vieux ! C'est tout juste si j'ai pu glisser, un jour, ma main dans son maillot ! Mais ça valait déjà la peine.

– Eh dis donc ! Tu blagues ?

– Crois ce que tu veux, je m'en fous ! Tout ce que je peux te dire c'est qu'elle a certainement plus de poils au cul que toi. Seulement, voilà : elle est en deuxième et à Jeanne-d'Arc ! Alors, rien à espérer avec les "frangines". À la moindre incartade, elle risque la mise à la porte. Pas même moyen de lui écrire. Il faudra attendre l'année prochaine. »

Jeanne-d'Arc ne transigeait pas et disposait, outre d'une ambiance religieuse qui transformait en pires infamies les plus candides aspirations, d'un réseau de surveillance rigoureux. Ces futures mères de famille se devaient d'arriver intactes à leur nuit de noces et rien n'était laissé au hasard pour cela. Toutes les lettres y étaient ouvertes, épluchées, dépouillées et décodées une à une, et c'est sous bonne garde, dans un uniforme sans complaisance ni faiblesse, que ces demoiselles, aux veilles des vacances, gagnaient à la dernière minute la gare où elles étaient enfournées jusque dans leur wagon.

Inutile de dire que leurs sorties du dimanche faisaient l'objet de précautions tout aussi attentives. Aucune faille n'était là ni exploitable ni possible.

Le collège de jeunes filles, notre *alter ego*, faisait preuve d'une égale rigueur. Sa directrice, tout aussi rigoriste envers ce qui touchait de près ou de loin le sexe, veillait avec une rancœur accumulée sur son harem. Tout était fait pour décourager, et on allait fort loin dans la recherche et le détail de la prévention.

La rencontre entre jeunes gens et jeunes filles ne devait, en principe, jamais se produire.

Un coup de téléphone dimanche et jeudi, entre notre principal et cette vigilante directrice, devait régler nos sorties et éviter toute collision entre nos colonnes, et c'est si vrai qu'en cinq années de fidélité à toutes les promenades, je n'ai jamais assisté au plus fortuit télescopage.

Que craignait-elle ? Une prise d'assaut suivie d'un viol collectif de tout son effectif ?

C'eût été improbable à moins… à moins qu'elle n'eût assimilé ses ouailles à de vulgaires lapines qui, on le sait, ovulent et entrent en chaleur à la seule vue des mâles.

En fait, on ne voulait pas le moindre défaut dans le système ! Eh bien ! Malgré toutes ces précautions la nature était la plus forte et il s'en trouvait.

* *
*

Notre ville avait un musée ; un petit musée de province, sans importance ni prétention, comme il s'en trouve dans chaque coin de France. Discret, il recelait dans ses pénombres un bel ensemble de cailloux taillés et polis par nos ancêtres des grottes voisines, et une collection plus discutable de toiles, talents locaux dans des cadres poussiéreux accrochés à des cimaises, dans l'instabilité et l'indifférence.

Seule une toile de Monticelli et quelques études de petits maîtres arrivés là, on ne sait trop comment, étaient dignes d'intérêt et auraient pu légitimer quelques entrées. Mais tout cela restait méconnu et, dans cette région où le calendrier du facteur tient lieu d'idéal artistique, personne n'avait la curiosité de pousser la porte du cénacle, d'ailleurs toujours fermée.

Construit en équerre, ce petit hôtel du XVIIe au style Renaissance, ancien couvent des Clarisses, était par lui-même un joli petit morceau d'architecture et, même si on ne le visitait pas, il faisait bien partie intégrante des vieilles pierres de la cité. Ignoré sans l'être, tout le monde était habitué à sa présence, il était agréable à regarder et rien ne laissait prévoir qu'il serait un jour à l'origine d'une fronde qui allait naître, croître et s'amplifier démesurément pendant plusieurs mois, sous l'instigation ombrageuse d'une directrice de collège à l'établissement voisin.

Cela vaut la peine d'être conté.

Ce musée encadrait un espace vert et, sur sa pelouse proprement entretenue, protégée de grilles, on pouvait apercevoir sur un socle bas une statue de pierre. Couverte de lichen, bien qu'elle ne soit pas particulièrement agressive, elle aidait à personnaliser l'immeuble dont la plaque justificative disparaissait sous un enchevêtrement d'un lierre séculaire.

C'était un Sisyphe plus grand que nature qui, tout arcbouté, poussait son énorme rocher vingt-quatre heures sur vingt-quatre, par tous les temps, sous la pluie et le soleil. Aucun passant, aucun touriste, ne trouvait à redire à ce spectacle statique et innocent. Ce fut pourtant à cause de lui, et de lui seul, que le scandale devait se produire. Madame la Directrice était passée mille, dix mille fois près de lui sans plus s'en soucier que quiconque, pourquoi un jour s'avisa-t-elle d'en prendre ombrage ? Jeta-t-elle sur lui les yeux sous un angle malheureux ? Était-elle ce jour-là en proie à des pensées lubriques défavorables ? Je ne sais ! Toujours est-il que ce fut du jour au lendemain qu'elle prit conscience du danger que cette œuvre d'art faisait peser sur ses élèves et à deux pas de son établissement.

Brusquement, cela devint pour elle une obsession, un véritable cauchemar.

« Mais, voyons, ce Sisyphe était nu ! Nu comme un ver ! Tous attributs à l'air ! Était-ce là un spectacle décent pour de jeunes âmes candides, internes ou externes, qui ne pouvaient moins faire que de passer et repasser plusieurs fois par jour ou par semaine devant lui ! Quel sujet de contemplation offert à une jeunesse déjà ô combien trop intéressée par la bagatelle ! Comment n'avait-elle pas plus tôt pressenti ce risque ? »

Madame la Directrice prit la mouche et la prit bien… On allait voir.

La municipalité reçut une lettre, ferme et sans équivoque, qui déclencha une hilarité générale à la mairie.

Madame la Directrice du collège de jeunes filles exigeait le déplacement du Sisyphe, et, en cas d'impossibilité, une mutilation de l'œuvre qui n'aurait été ni plus ni moins qu'une castration.

La lettre fut classée sans objet.

C'était sans compter sur la fureur et l'acharnement directorial.

Ah, bon ! La municipalité ne voulait pas intervenir, eh bien, on allait voir. Puisqu'il fallait à ces messieurs de la polémique pour se décider, on soufflerait la polémique.

L'Académie fut avisée. Elle réagit mollement. La presse y fut mêlée. Les journaux, amusés, en parlèrent abondamment. On se référa à la mémoire de Paul IV qui avait bien, en son temps, accepté de faire voiler de draperies les nudités de la Sixtine. On exigeait au moins une coquille de plâtre sur la virilité du roi de Corinthe.

En quelques semaines, les testicules du Sisyphe connurent une renommée que rien n'eût jamais pu faire prévoir et furent le point de mire de toute la ville. Ce que l'on n'avait pas, jusque-là, remarqué dans sa relative proportion, sautait maintenant aux yeux de tous.

« Quel dommage que nous soyons bouclés ! C'est à l'encre rouge qu'il faudrait les lui passer ! »

Le Pitre trouvait que cela aurait donné plus de force à cet impact. Demogras jugeait l'idée intéressante, plaisante et originale. Nos conditions d'internes ne permirent pas cet exploit.

La ville entière se passionnait, se divisait. Prise entre deux feux, la municipalité, après avoir fait remarquer que ce n'était pas d'aujourd'hui que le Sisyphe était nu, dut enfin prendre une mesure. Mais elle le fit avec sagesse.

La sculpture garderait sa virilité intacte ; mais, dès le printemps, elle serait entourée d'un bouquet de troènes aux feuilles persistantes qui, en grandissant, ne manquerait pas de jeter rapidement un voile pudique sur l'objet du scandale.

Ainsi fut fait. Hélas ! Le troène est un arbuste à pousse lente, et de longs mois de tourments attendaient encore Madame la Directrice. Rien ne lui fut épargné. Elle dut subir les quolibets de la défaite. Certaines de ses pensionnaires, même, particulièrement délurées, bravant ses foudres, et dans un but évident de la narguer, n'avaient-elles pas pris l'habitude, à chaque week-end de sortie, de faire un petit pèlerinage vers le musée pour y fixer ostensiblement la pierre profane !

Elle faillit en perdre la tête.

Notre collège à son tour se devait de réaliser quelque chose. Et c'est ainsi qu'un petit groupe parmi nous, par une nuit sans lune, se décida à faire le mur, pour que le lendemain Madame la Directrice puisse, au moins toute une matinée, contempler sans rougir son Sisyphe décemment affublé et ceint d'un pagne bariolé.

Le scandale fit encore un certain temps du bruit. Puis l'affaire se tassa. Les troènes prirent de l'ampleur, finirent par faire une chaste et verte ceinture au fils d'Éole, et ce dernier, dans l'indifférence retrouvée, put enfin continuer à pousser son caillou.

* *
*

Platon assumait la philo à notre collège et à celui de ces demoiselles. Sa silhouette était familière dans les deux camps, et on le rencontrait fréquemment sur le parcours de jonction, sa canne ou son parapluie à la main droite, et une volumineuse serviette de cuir noir, bourrée de documents, à la main gauche.

Grand, voûté, se dandinant légèrement, il allait, perdu dans ses réflexions métaphysiques, vers l'un ou l'autre de ses buts, sans se soucier ni des voitures qui le frôlaient ni des trottoirs contre lesquels il trébuchait. Il allait souriant, en proie à ses rêves, ébauchant de temps à autre un geste au cours d'un monologue intime, qui l'absorbait au point qu'il en oubliait de voir, donc de rendre leur salut à ceux qui l'en gratifiaient.

Platon, dont le sobriquet, bien sûr, se perpétuait d'année en année, était humaniste, célibataire et catholique pratiquant.

Humaniste, il l'était de droit, et aimait à le rappeler de temps à autre ; catholique, il l'était par conviction et, comme il avait toujours le courage de ses opinions, son assiduité à tous les offices du dimanche témoignait de sa ferveur ; célibataire, par contre, il l'était resté avec regret, et s'y était résolu, peut-être un peu trop prématurément et à contrecœur, ce qu'il n'hésitait pas à déplorer, même publiquement. Une timidité excessive vis-à-vis du sexe faible était certainement à l'origine de cette renonciation, car Platon n'était pas misogyne pour autant et ces demoiselles le savaient bien, puisqu'elles profitaient de leurs audaces et de son trouble pour transformer ses heures de cours en épreuves, dont il sortait rouge, congestionné et en sueur. Platon ne leur en voulait pas. Il était d'ailleurs incapable d'en vouloir à qui que ce fût.

« Mesdemoiselles ! J'ai décidé de traiter votre programme en maintenant un décalage d'une semaine avec celui du collège de garçons. Cette façon de faire nous permettra de profiter de la lecture d'ouvrages, que vous pourrez avoir en alternance avec ces messieurs. Lorsque les garçons auront pris connaissance de certains livres, je vous les ferai parvenir et *vice versa*. Vos deux bibliothèques ainsi se compléteront… Voilà pour cette semaine : la thèse de *L'Égoïsme primitif* par Spinoza et *La Doctrine évolutionniste* de Spencer. Terminez-en la lecture sous huitaine. Lundi, ces ouvrages passeront dans les mains des garçons.

Et c'est ainsi que Platon, à son insu, devait faire le facteur, des années durant, entre nos deux établissements. Jamais la mèche ne fut découverte, jamais, non plus, il n'y eut d'indiscrétion.

Les lettres, pliées en quatre, passaient sous les couvertures de chaque manuel. L'émulation entre les deux collèges s'en ressentait, était grande, et Platon l'attribuait, sans hésiter, à la rivalité des sexes. Dès qu'arrivés, les livres repartaient, et des résumés succincts sur chacun, transmis d'année en année, évitaient bien de fastidieuses lectures.

Si ces demoiselles ne savaient pas dans le détail les thèses de Spinoza, elles savaient par contre, ce qui était beaucoup plus important, que leurs images hantaient nos nuits et qu'on les couvrait par la pensée, faute de mieux, de baisers brûlants ; et les garçons, en retour, savaient qu'ils étaient l'objet de langueurs regrettables ou de jeux aussi ardents qu'inavouables.

Correspondances hebdomadaires exaltantes, certes, mais hélas ! désespérément platoniques !

« Tiens, voilà le courrier ! »

Platon apparaissait sous la galerie, sa serviette bourrée à craquer d'ouvrages qu'il distribuait sans retard, heureux de se délester, et chacun y retrouvait rapidement la réponse à sa missive. Dès la rentrée d'octobre, les premiers contacts étaient pris, les idylles, grâce à Socrate, Nietzsche, Bergson et quelques autres, s'édifiaient. Rapidement, les correspondances se personnalisaient. Grâce à des alphabets secrets ou à des grilles plus ou moins complexes, le ton des messages devenait rapidement et sans danger intime, et chaque lettre pouvait être décryptée en étude, le soir, presque sous le nez du surveillant. À part les photos, beaucoup trop risquées, on pouvait avoir confiance en Platon, et tout confier à sa serviette.

Grâce à ces échanges des rendez-vous étaient donnés, et après un premier trimestre d'efforts conjugués, chaque correspondant pouvait raisonnablement espérer un petit rancard pour un dimanche soir ou un jour de veille de vacances dans un jardin public écarté de la ville.

On s'y rendait, le cœur battant, souvent sans même connaître les traits de sa partenaire, sans trop savoir si cela valait la peine, sans trop savoir ce que l'on aurait vraiment à se dire après les sommets épistoliers déjà atteints. Il y avait toujours le risque navrant du lapin, mais aussi quelquefois une heureuse surprise qui permettait de transformer un baiser quasi fraternel d'arrivée, en un bouche-à-bouche de quelques secondes, au départ. Et cela entretenait les espérances.

Attendre beaucoup plus de ces rencontres était plus qu'improbable et les rares audacieux, qui, à force d'insistance, arrivaient à obtenir quelques vagues privautés supplémentaires, même si elles n'étaient pas suivies d'un frisson de gratitude, pouvaient légitimement afficher des airs de grands vainqueurs.

Ces demoiselles n'étaient pas plus sages que celles d'aujourd'hui, mais elles étaient démunies, et, en l'absence de cette arme absolue qu'est devenue la pilule, les risques étaient quand même trop grands pour leur permettre de concrétiser leurs rêves.

Il fallait savoir se contenter de peu.

* *
*

Tous les ans, en fin d'année, un bal réunissait les élèves de terminale des deux collèges, au cours d'une soirée organisée au théâtre municipal de la ville.

C'était un événement attendu et dont on espérait beaucoup. Les quinze jours qui le précédaient voyaient la fièvre monter. Tout le monde avait son idée en tête, sa cavalière presque attitrée, et par avance concevait les projets les plus insensés.

Le jour venu, l'étude du soir était supprimée, et chacun s'ingéniait à des raffinements de toilette d'autant plus méritoires, qu'ils étaient improvisés et inhabituels. C'étaient des débauches de gomina ou de parfum qui, tous les ans, mettaient nos finances en perdition. Les souliers pour une fois étaient cirés avec soin, les nœuds de cravate étudiés et les pochettes repassées et arborées.

Chacun attachait beaucoup d'importance à cette rencontre qu'il jugeait, sans trop savoir pourquoi, déterminante. La perspective de tenir officiellement ces jeunes filles dans nos bras nous projetait au comble de l'excitation.

C'était alors l'époque du tango et du slow. Leurs rythmes lents dans une pénombre obligatoire, les corps à corps qui en résultaient étaient favorables, et ce serait bien le diable si ces demoiselles n'arrivaient pas à y déceler le profond de nos sentiments et la précision de nos désirs.

Nous savions, par des révélations de sœurs à frères, que chez ces demoiselles l'effervescence était au moins aussi intense que chez nous. Par dérogation exceptionnelle : poudre, fard et rouge à lèvres seraient autorisés, et chacune aurait poudrier et houppette dans son sac à main. Nous savions que les robes seraient longues et que toutes nos futures cavalières apportaient le plus grand soin à leurs décolletés qui devaient répondre à deux impératifs : être assez avantageux pour être au maximum troublants, être assez discrets pour pouvoir néanmoins supporter la censure de Madame la Directrice qui, en dernière minute, et sans faiblesse, l'exerçait. Deux ou trois pressions habilement disposées et qui ne pourraient que facilement céder au premier mouvement, devaient résoudre ce problème délicat. Nous étions, pour la plupart, informés.

À 9 heures, en colonne par deux, pour ne pas rompre avec l'habitude, astiqués et survoltés, nous faisions enfin notre entrée dans la salle. Chacun y avait espéré une ambiance tamisée d'alcôve. Nous étions servis !

« Tu parles d'une vache ! Elle a fait doubler l'éclairage ! C'est un coup fourré de la directrice ! Tiens, regarde au balcon ! »

La salle rutilait de lumière. Aucun coin, aucun angle n'échappait aux projecteurs, et gradins et corbeilles débordaient d'opulentes poitrines toutes jabotées.

Madame la Directrice, devant les risques d'une telle rencontre, avait cru habile de convier à ce bal, qui, pour la plupart de ces demoiselles était le premier, leur famille au grand complet. Chaque mère pouvait ainsi surveiller sa progéniture. Les responsabilités étaient réparties. Elle était elle-même, un collier de trois rangs de perles au coup, le chapeau sur l'oreille, en avant-scène, lunette en main, scrutant la salle.

Le Pitre fulminait.

« Elle nous a eus ! Ah la garce ! mais ne t'inquiète pas, je lui promets une surprise avant la fin ! »

Interroger Le Pitre était inutile.

Le bal commença. Les heures passaient. Pas un tango, pas un slow ! Des valses, rien que des valses qui se succédaient sous le regard attentif et perspicace de leur directrice.

À deux ou trois reprises, sur son ordre, quelques couples avaient été invités à modérer leurs élans et à se séparer. Certaines limites à la convenance avaient dû être atteintes, ou du moins ainsi avait-elle dû en conclure, d'après certaines palpitations de poitrine, ou quelques rougeurs subites repérées à la jumelle. Ces demoiselles, se sentant surveillées, restaient de marbre.

Allons, bon ! Ce serait un bal sans histoire plein de déception et de désillusion. Échanger un baiser était improbable, effleurer même une joue, dans cette ambiance, devenait un problème.

« Alors Le Pitre, cette surprise ? Ce serait peut-être le moment ou jamais ! »

Et d'un seul coup, sans préavis, elle arriva !

Ce fut le noir complet… Le noir d'encre… La panne totale, à peine perturbée quelques minutes après, de-ci de-là, par quelques allumettes qui, rapidement s'éteignaient après avoir brûlé des doigts.

Ce fut un beau vacarme. Madame la Directrice hurlait des ordres qui se perdaient dans le brouhaha et que personne ni n'entendait ni n'écoutait. Certaines de ces demoiselles, cette fois sérieusement pressées et menacées, poussaient des glapissements ou des cris effarouchés, d'autres, moins bruyantes, en profitaient. Les mères de famille criaient au scandale.

Rien n'était prévu en cas de panne et Madame la Directrice n'arrivait pas à se dégager de son avant-scène.

Cela dura un grand quart d'heure, au cours duquel on perçut même, malgré le bruit, deux ou trois soufflets inquiétants qui ne pouvaient que renforcer la panique.

La panne découverte, la lumière confirma le drame.

Ces demoiselles avaient souffert et remettaient de l'ordre comme elles pouvaient à leurs robes, rectifiaient leurs décolletés, quelques-unes rattachaient leurs bas.

Les jeunes gens rajustaient leur cravate, d'un revers de main leurs cheveux, et s'essuyaient et les lèvres et les joues.

La séance fut suspendue.

Suspendue pour l'année, et l'année suivante une petite annonce figura au tableau d'affichage : « À la suite des incidents regrettables de l'année dernière, le bal habituel de terminale n'aura pas lieu. »

Les plombs de commande du théâtre furent introuvables. Le Pitre, je crois, les garde encore chez lui en souvenir.

* *
*

Les haltères de cent kilos ne lui suffisaient plus et il jetait le poids et le marteau beaucoup plus loin que le professeur lui-même. Demogras était un élément marginal dans notre classe.

Grand, gros, fort, tout en muscles, il était, depuis la cinquième, affligé d'une acné volcanique qui, chaque jour, lui causait des problèmes cuisants de rasoir. Il y remédiait à grand renfort de sparadraps et rappelait pour cela un des personnages clés des Pieds Nickelés. Sa mine patibulaire, inquiétante, accentuait la ressemblance.

Du col de sa chemise s'échappait, malgré son jeune âge, une pilosité noire, fournie, envahissante ; et ses bras, plus velus que ceux d'un anthropoïde, étaient impressionnants. De toute évidence, ce garçon touché par une maturité précoce contrôlait mal ses hormones et tranchait au milieu de nous.

Malgré ces apparences, Demogras était un calme, serviable et sympathique. Comme beaucoup de forts, il ne profitait jamais ni de sa carrure ni de sa musculature, il donnait même au contraire très souvent l'impression d'en être gêné.

Toujours conciliant, il était enclin à l'indifférence, voire à la passivité en tout, sauf, toutefois, si on lui disputait la possession d'une des revues du Scribe, dont il faisait grand usage et dont il exigeait la primeur. Comme on le savait, on les lui abandonnait, moyennant quoi on pouvait faire de lui ce que l'on voulait.

« Tu sortiras dimanche prochain, Demogras ?

– Bien sûr que je sortirai.

– Que vas-tu faire ?

– J'irai voir le match ! Cela promet d'être une belle partie et, si j'ai le temps, j'irai faire un tour jusqu'au bordel… Tu veux venir ? »

Cette réponse résumait toutes ses préoccupations et toutes ses aspirations.

Privé de toute connaissance en logarithmes, Demogras n'ignorait rien en matière de rugby, aucun classement de poule, aucune composition d'équipe, et Demogras était tout aussi calé en matière de bordel, puisque dès la quatrième incluse, il s'y était, à la grande admiration de tous, toujours très régulièrement rendu.

Une situation familiale privilégiée lui permettait d'assouvir sans calcul ses deux passions. Fils unique, pourvu d'un lot impressionnant d'oncles et de tantes, tous désireux de lui être agréable, l'argent de poche ne lui manquait pas. Il dépensait sous notre nez, tout en nous en faisant d'ailleurs profiter de temps à autre, des sommes qui nous paraissaient de petites fortunes.

À tous ces parents prodigues, proches ou lointains, il aurait dû vouer un culte de reconnaissance sans limite ni faille, et il le faisait en vérité, mais cela ne devait pas l'empêcher de tous les faire mourir, du moins moralement, l'un après l'autre sacrifiés sur l'autel de ses passions. Voici comment.

Tout débuta la veille d'un grand match. La veille d'un match décisif qui devait mettre aux prises notre valeureuse équipe locale contre une équipe concurrente adversaire de toujours, sur un terrain neutre malheureusement éloigné. Demogras, pour assister à cette partie unique qui engageait tout l'avenir de la saison, était prêt à tous les sacrifices.

« Le Scribe, tu me fais une fausse perme pour ce samedi midi ? Je te donne ce que tu veux.

– Non Demogras. En cours de trimestre c'est trop risqué. On va te demander des explications, on peut écrire à ton père. Je ne peux pas. »

Demogras était déçu, sur le point d'abandonner, lorsqu'il lui vint une idée… Pourquoi pas !

Il y avait un grand-oncle dans la famille, âgé, malade depuis déjà de longs mois, pourquoi ne pas précipiter un peu les choses et le faire trépasser dès cette fin de semaine. Cela légitimerait un départ le samedi, il aurait ainsi tout loisir de prendre son train, de voir son match, de revenir passer une nuit en bonne compagnie et de rentrer le lundi matin.

C'était risqué, mais le jeu en valait la chandelle. Monsieur le Principal fit l'objet d'un télégramme étudié par Le Scribe et qu'un externe expédia.

Le résultat dépassa les espérances.

« Demogras, au cabinet de Monsieur le Principal, il vous attend. »

Le Pipelet venait de l'appeler.

Monsieur le Principal le reçut avec les ménagements que la situation imposait.

« Demogras, j'ai à vous communiquer une triste nouvelle. Un deuil dans votre famille. Je m'empresse de vous dire qu'il ne s'agit ni de votre père ni de votre mère mais d'un de vos oncles. Votre père vient de m'adresser un télégramme. Préparez-vous immédiatement… Vous avez un train à quelle heure ?

– Vers 15 heures, Monsieur le Principal !

– Comment, vers 15 heures. Voyons !… Ligne de Clermont… Mais vous avez un train à 10 heures ce matin !

– Monsieur, j'ai un cours de latin de 10 à 12… Peut-être…

– Non, non, Demogras… Je vous félicite de votre conscience, mais vos parents vous attendent. Vous partirez à 10 heures. Préparez-vous de suite et présentez-leur mes condoléances à votre arrivée.

– Merci Monsieur le Principal. »

La tête de Demogras était l'image même de la consternation et de l'affliction. Il était au bord des larmes.

« Merde, il va falloir que je mange en ville à midi ! Cela complique un peu la situation mais ce n'est pas grave ! La prochaine fois, je m'arrangerai pour que ce télégramme arrive après 10 heures. J'aviserai. »

Point ne fut besoin de récidiver cette année-là. L'équipe adverse ayant pulvérisé la nôtre, il n'y eut pas à provoquer d'autres sorties exceptionnelles.

Mais il n'en fut pas de même l'année suivante. De quinze jours en quinze jours, notre formation vola de victoire en victoire et, même en se retenant et en modérant ses désirs, Demogras dut néanmoins sacrifier deux de ses tantes les plus chères, et c'est ainsi, que le pli étant pris, d'année en année, sans que Monsieur le Principal ait eu le moindre soupçon, la famille de Demogras fut, week-end après week-end, décimée dans sa quasi-totalité.

Le pot aux roses faillit pourtant bien un jour être découvert, et justement, cette fois, à l'occasion d'un deuil véritable, le seul peut-être que Demogras connut vraiment dans toute sa scolarité. Mais voilà : ce dernier eut lieu en plein milieu de semaine.

« Voyons Demogras, je croyais votre oncle déjà décédé l'année dernière !

– C'en est un autre Monsieur le Principal. Nous étions nombreux dans notre famille. »

Le ton, la rapidité de la réplique, la tranquillité avec laquelle elle fut dite sauva la situation.

« Mais tu comprends, j'ai eu chaud ! Je crois que cette fois il faut que je renonce à ce système. C'est dommage, ça marchait bien ! »

Et Demogras se mit à cogiter en vue d'une autre solution.

* *
*

C'était une épreuve qui n'était pas plus obligatoire que le brevet, qui n'avait rien à voir ni avec le premier ni avec le deuxième bac, qui ne donnait aucun diplôme ni aucun point de rattrapage aux examens et dont les résultats n'étaient consignés ni sur bulletin ni sur palmarès, mais c'était une épreuve qui, en général, avait lieu et se passait entre la deuxième et la terminale, suivant son courage, ses dons personnels, ou son degré d'évolution.

Ce n'était pas une performance compétitive athlétique, ce n'était pas non plus une performance intellectuelle comparable à celle du concours général, c'était bien plus important que tout cela, car ce n'était ni plus ni moins que la décision, délibérément prise, d'une descente au bordel dans l'une ou l'autre des deux maisons accueillantes de notre ville.

Nul n'était contraint de la réaliser, mais ceux qui s'y soumettaient en revenaient tellement auréolés aux yeux des autres, que bien rares étaient ceux qui s'en dispensaient.

Pour être valable, cette expédition devait être homologuée, donc confirmée et accréditée par la présence d'au moins un camarade ayant déjà fait ses preuves. Ce dernier agissait, non point comme parrain, mais comme témoin, car il eût été, sans cela, bien trop facile de s'attribuer de frauduleux lauriers.

Aller à la maison close, pour y prendre un verre de bière ou même de champagne, ne suffisait pas. Il était question d'un exploit beaucoup plus précis, il fallait y consommer, et l'on n'hésitait pas, avec certains sujets particulièrement suspects, à les surveiller jusque dans leurs ébats, par le truchement de la glace dépolie.

Il n'était donc question ni d'esquiver ni de tricher.

Le Pitre m'avait pris à l'écart ! Son air était anormalement grave.

« Qu'est-ce qu'il t'arrive, Le Pitre ?

– Nous allons au bordel à Pâques ! Tu es d'accord ? Tu ne te dégonfles pas ? Demogras nous y conduira, il me l'a promis.

– Qu'est-ce qu'il te prend, Le Pitre ?

– Mon vieux, c'est comme ça. Cela ne peut plus durer. Bredaine m'a traité, hier encore, d'infâme puceau. On va bien voir ! J'en ai parlé à Demogras. Tu viens, oui ou non ? »

J'en eus le souffle coupé. Décliner cette proposition était toujours possible, mais c'était perdre la face à tout jamais aux yeux du Pitre et, ça je ne pouvais pas. J'essayai de biaiser.

« Et le fric ? Dis donc Le Pitre, tu y as pensé, au fric ?

– Bien sûr, que j'y ai pensé !... Même en ce qui te concerne. Pas d'histoire ! C'est pour cela que je te préviens assez tôt, trois mois à l'avance. Je sais que tu as l'argent, je l'ai vu encore hier. Tu n'as qu'à le mettre de côté et te priver de bouchées et de croissants pendant quelques semaines. Je vais bien le faire moi-même ! Trente-huit balles, c'est plus qu'il n'en faut. Je connais les tarifs. Cinq francs de consommation, vingt francs au bas de l'escalier pour la chambre, cinq francs de pièce après... Remarque, on peut toujours ne pas donner ces cinq francs, mais Demogras m'a dit que cela se faisait... Alors... »

Alors j'étais coincé. J'avançai néanmoins une objection que je jugeais de taille et que j'espérais efficace.

« Oui... Oui... Bien sûr, mais as-tu vu les planches du Scribe ? Si on chope une de ces maladies on sera frais ! »

Les planches du Scribe constituaient un dépliant qui n'en finissait pas. Redoutable extrait, subtilisé à un dictionnaire médical, tout le monde pouvait le consulter pour quelques centimes. En condensé sur quelques pages, pas de poésie mais des photos dans toute leur crudité, toutes plus effrayantes les unes que les autres.

Verges flaccides, repentantes, rouges, tuméfiées, ulcérées, dégoulinantes de pus ou porteuses de bubons, vulves saccagées, remaniées ou envahies de papillomes végétants, et sous chacune de ces déprimantes visions : balanites, blennorragies, chancres mous, chancres syphilitiques, boutons d'orient. Rien à voir avec les nus aguichants et prometteurs des revues hautement spécialisées sur le sexe. Là, chaque planche était un document dissuasif étiqueté : collier de vénus, pustules syphilitiques, gommes, et en guise d'apothéose suivait une série de reproductions de figures les unes sans nez, les autres sans cheveux, toutes couvertes de croûtes et de sanies.

« Bien sûr, je les ai vues ! Mais tu parles, pourquoi veux-tu que ce soit à nous que cela arrive ! Puis, tiens, regarde ! Je me suis procuré deux capotes. »

Et c'était ma foi vrai ! Le Pitre venait d'extraire d'une de ses poches profondes deux préservatifs roses. Je les examinai avec attention.

« Tu crois que ça nous ira ?

– Bien sûr, que cela ira ! Et avec ça on ne risque plus rien !

– Tu en es sûr ?

– Mais évidemment, je les ai achetées au Scribe. »

Et, bien que convaincu que l'argument suffisait, il ajouta : « Elles sont éprouvées, renforcées et toute neuves. »

Toutes mes objections avec ce diable de Pitre se trouvaient balayées… J'en tentai, sans grand espoir, une dernière.

« Et dis donc, Le Pitre, si la patronne nous juge trop jeunes ! Ne penses-tu pas qu'on va passer pour de pauvres couillons ? De quoi aurons-nous l'air !

– Ah bon ! Je vois bien que tu veux te dégonfler. Tu sais très bien que de ce côté-là, cela ne risque rien. Regarde Rossignol, il y est allé il y a trois semaines aux vacances de Noël. On ne lui a pas refusé à lui ? Alors ! Il ne fait pas plus vieux que nous ? Et puis là aussi, j'ai mes renseignements. On s'arrange pour montrer son argent, après ça va tout seul. Devant le fric, les filles, paraît-il, ne résistent pas. Alors, tu viendras, oui ou non ?

– Bon ! Bon ! Je viendrai. »

Le moins que l'on pouvait dire, c'est que je n'étais propulsé ni par un besoin impérieux ni par une folle allégresse. Mais il y avait l'amour-propre et il fallait tout de même compter avec lui.

Dès le lendemain, je commençai en rageant mes privations matinales en vue de ces nécessaires économies. Le Pitre, qui décidément ne laissait rien au hasard et qui se méfiait un peu, me surveillait.

« Fais voir ton fric ! Fais attention de ne pas le perdre ! Avec moi, ça ne prendrait pas ! »

Cette fois, je sentais bien que j'étais embarqué sans retour sur la galère, il n'y avait plus d'issue.

* *
*

Notre ville se reconnaissait deux maisons ribaudes, deux maisons comme l'on en trouvait alors en province, dans chaque cité de moyenne importance possédant garnison. Quatre ou cinq filles, rarement plus, y attendaient le client et y épongeaient les surcroîts d'ardeurs masculines qui trouvaient là, toujours, un lieu disponible, discret et prêt à les recevoir.

Les bons bourgeois leur rendaient visite volontiers, de temps à autre, en semaine, en secret, et, grâce à elles, bien des quiétudes conjugales étaient préservées. Les célibataires, les soldats et les jeunes les fréquentaient plus bruyamment les samedis et les dimanches, et c'était normal. Les mères de famille voyaient en elles des éléments rassurants de sauvegarde et pensaient, à juste raison, qu'il y avait là un exutoire commode, qui protégeait efficacement leurs filles tout en permettant sans danger à leurs garçons de faire leurs premiers pas.

Les affaires de ces maisons étaient saines. Loin d'être une charge pour l'État, elles rapportaient leur honnête contribution fiscale et tout le monde y trouvait son compte. Elles jouissaient, non point de l'opprobre, mais, suivant leur personnel et sa tenue, d'un juste crédit, voire d'une réelle notoriété.

« Ah ! Il va faire un tour rue de la Boucherie ou rue Neuve. Bah, c'est de son âge ! »

Nous avions décidé d'écarter la rue de la Boucherie. Trop centrale à notre gré, ce qui pouvait entraîner de fâcheuses rencontres, elle comportait en outre ce mot de « boucherie » qui sonnait mal à nos oreilles, et s'accordait peu, il faut le reconnaître, à une première aventure qui touchait aux choses de l'amour.

Nous irions rue Neuve, une rue calme, aussi vieille que toutes les autres, mais qui se caractérisait par sa discrétion, aucun magasin, aucun café aux alentours.

À l'occasion de deux ou trois sorties nous avions repéré les lieux. Nous nous étions engagés dans la rue et nous avions louché avec insistance sur la petite loupiote rouge continuellement allumée qui balisait la porte de l'immeuble. Pas moyen de se tromper.

Cette fois, nous étions arrivés. Sortis à quinze heures, sans perdre de temps, sous la conduite de Demogras, nous poussions, cinq minutes après, la porte dite close, qui ne l'était en fait que pour ceux qui n'osaient pas.

« Allez, vous y êtes ? Suivez-moi, n'ayez aucune crainte : il n'y a jamais personne à cette heure. »

C'était une salle banale avec quelques banquettes de cuir, quelques chaises groupées autour de simples tables, et un assemblage de glaces réparties sur les murs. Une salle bien peu différente de celle d'un bistrot, avec un petit comptoir qui se trouvait à droite de l'entrée voisinant un escalier en spirales qui se perdait vers des étages. Les fenêtres et les volets, simplement, étaient fermés. Sous des lampes tamisées d'abat-jour de soie rose, dans une ambiance d'ouvroir, trois femmes en peignoir s'occupaient à des travaux de lingerie. Au bar, en tenue de ville, une quatrième paraissait plongée dans des comptes.

À l'ouverture de la porte, toutes avaient levé la tête.

« Tiens Marcel ! Quelle surprise ! Ce n'est guère ton heure ! Que se passe-t-il ? Le bahut est en bordée aujourd'hui ? Ah, oui, c'est vrai ! Ce sont les vacances de Pâques ? Tu es en compagnie ? »

La patronne, ce ne pouvait être qu'elle, avait quitté son comptoir et tendait la joue à Demogras qui, sans hésiter, l'embrassait en copain.

« Mais dis donc, tu les crois vraiment à la maille, ceux-là ? Je ne veux pas d'histoires, tu sais !

– Allons, allons, Ginette tu ne vas tout de même pas me les mesurer comme des écrevisses, de l'œil à la queue ! Ce sont des copains, ils sont avec moi en terminale, que diable ! Ils passent le bac cette année !

– C'est égal, Marcel, de plus en plus jeunes ! Enfin... Rappelle-moi qui donc, chez vous, a dit qu'aux âmes bien nées la valeur n'attend pas le nombre des années ?

– Racine, répondit sans sourciller Demogras, mais dis donc, Ginette, on n'est pas venu ici pour faire du français. On en a ras-le-bol, du français, tu sais. »

Dès notre entrée, les trois pensionnaires s'étaient levées, avaient repoussé leur ouvrage, puis l'avaient fait disparaître en un tour de main.

Nous étions maintenant assis, Le Pitre et moi rouges comme des pivoines et, sans que nous les ayons invitées, ces dames s'étaient mises à nos côtés. J'avais hérité d'une blonde, filasse, courtaude, plus peinte qu'un Mohican, et Le Pitre d'une grande bringue, brune, osseuse, aux cheveux noirs comme du jais ; Demogras, de son côté, seul à l'aise, et qui décidément se comportait en habitué, avait engagé la conversation avec une espèce d'ogresse rousse qui certainement devait avoisiner les cent kilos.

Rapidement, j'appris que ma partenaire, malgré les apparences qui l'éloignaient fort du type ibérique, s'appelait Carmen, que celle du Pitre, que je jugeai mieux partagé que moi, s'appelait Nadia, et qu'enfin la rouquine répondait au doux nom de Zézette, ce qui lui allait comme un gant.

La conversation s'engagea, et ces dames s'accordèrent ensemble pour déclarer qu'elles avaient soif et qu'une anisette serait la bienvenue. Puis, comme elles avaient chaud, elles se mirent en mesure de se mettre à l'aise, ce qu'elles firent avec d'autant plus de facilité qu'elles n'avaient qu'un peignoir à ouvrir.

Marcel, avec autorité, passa la commande générale, et Ginette, que tout le monde appelait Madame, sauf Marcel, s'empressa d'apporter verres et liqueurs. Au passage elle avait mis en branle un phonographe à la sonorité un peu douteuse, mais la musique aidant, l'atmosphère se détendit. Nous étions, momentanément du moins, admis.

Ces dames voulurent d'abord connaître notre âge. Nous leur en fournîmes un en nous vieillissant un peu. Sans nous croire, elles parurent satisfaites, et Zézette, qui malgré son poids s'était installée sur les genoux de Marcel, posa une question qui parut à toutes pertinente, essentielle, et de la plus grande importance : avions-nous déjà fait l'AMOUR ?

L'aveu rougissant de notre inexpérience en la matière (il n'était pas question de tricher avec des techniciennes) parut les combler de joie.

« Oh, dis donc, Marcel ! Ils ont leur pucelage ! Mais c'est un événement ! Une grande première ! »

Zézette et Nadia en battirent des mains.

« Mais voyons mes biquets, il ne faut pas être timides comme ça ! Il faut se dégourdir ! Qu'est-ce que c'est que ça !

"Oui madame, non madame" ; on dit "oui Zézette, non Nadia". Ce n'est pas plus gentil comme ça ? On ne va tout de même pas vous manger !

– Dis-moi Marcel, tu les crois vraiment drus tes petits copains ? Voyons voir ! »

Nos partenaires se mirent sur-le-champ à s'assurer, dans le détail, de l'intégrité de notre anatomie.

L'examen leur ayant paru concluant, nous fûmes invités à notre tour à partir à la découverte. Carmen, qui était couverte de balafres comme un cheval rescapé de corrida, tint beaucoup à me faire admirer chacune de ses cicatrices, alors que Nadia, qui s'était révélée velue comme un ours, mettait de son côté au défi Le Pitre de repérer dans sa fourrure deux grains de beauté intimes tant qu'elle n'en montrerait pas l'endroit.

Le Pitre s'exécuta avec application mais dut y renoncer.

« Dis donc Zézette, tu m'écrases un peu ! Lève-toi et fais donc plutôt voir à mes copains ton tour de passe-passe avec les pièces de un franc.

– Tu as raison, Marcel ! Qui met trois pièces de un franc en rang au bord de la table ? »

Demogras, charitable et grand seigneur, s'exécuta.

En quelques secondes, sans que Zézette ait eu à y mettre les mains, les trois pièces disparurent.

Formidable ! Zézette avait une vulve préhensile. C'était un tour extraordinaire, au cours duquel aucune pièce ne devait jamais rouler à terre.

En fouillant nos poches, il nous fut deux fois renouvelé, et nous aurions volontiers prolongé le spectacle s'il n'avait dépassé nos possibilités.

J'étais éberlué ! J'en oubliais Carmen, quant au Pitre, il réagissait à sa façon, et comme de coutume lorsqu'il était fortement impressionné, en faisant aller et venir son crâne et ses oreilles à un rythme rarement atteint. Ce fut Nadia qui la première s'en aperçut.

« Mais dis donc qu'est-ce qu'il t'arrive ?... Carmen, Zézette, regardez ! »

Il fallut expliquer. Le Pitre fut invité à reprendre ses effets, et le numéro fut tellement apprécié par Zézette que, dans l'euphorie, elle lui rendit ses trois francs pour prolonger le spectacle.

Madame s'était déplacée pour admirer le phénomène. Carmen et Nadia applaudissaient.

Une ambiance de cirque envahissait la maison.

Zézette crut le moment favorable pour récupérer une monnaie qu'elle venait inconsidérément de restituer.

« C'est maintenant mon tour. Donnez chacun cinq francs et je vais vous montrer comment on fait disparaître une bouteille de bière dans sa totalité.

– Voyons Zézette, un peu de décence ! Où te crois-tu ? Tu n'as pas affaire à des troufions. »

Madame, qui n'était pas curieuse d'un exploit qu'elle avait maintes fois pu apprécier, venait d'intervenir.

Zézette baissa le nez, et malgré ses tâches de rousseur, devint rouge carotte jusqu'aux oreilles.

« Si on buvait une autre anisette ? » lança-t-elle pour se faire pardonner. Mais ce fut Marcel qui coupa court cette fois.

« Eh, les gars ! Il est déjà 5 heures ! Si vous voulez vous décider, c'est le moment ou jamais.

– Tu crois, Marcel ? »

Ginette ne paraissait pas emballée. Carmen crut bon d'intervenir.

« Mais Madame, ils ont les sous.

– Toi Carmen, tais-toi. Je t'interdis de toute façon de monter jusqu'à la semaine prochaine. Je te l'ai déjà dit. Pour de l'argent tu ferais n'importe quoi

– Mais Madame, ils ont l'argent et ils sont gantés !

– Gantés ou pas, inutile d'insister ! Tu restes ici. Si Zézette veut bien, c'est d'accord !... Mais c'est bien pour te faire plaisir Marcel, car vraiment ! ! ! »

J'eus un frisson rétrospectif. Alors, Carmen que j'avais tenue une heure sur mes genoux, avec laquelle je m'étais laissé aller à certaines privautés était contagieuse ! Je l'avais échappé belle ! J'eus un sentiment de gratitude infinie envers Ginette. J'étais prêt à abandonner, et sans Demogras et Zézette, c'est certainement ce que j'aurais fait. Mais il était trop tard.

Ces demoiselles s'étaient déjà levées. Carmen avait aussitôt pris la place de Zézette sur les genoux de Demogras, et ce dernier, inconscient, bien sûr, l'embrassait comme si de rien n'était. La grande brune entraînait déjà Le Pitre vers le comptoir et Zézette, qui debout me parut encore plus phénoménale qu'assise, venait me rejoindre.

J'étais consterné !

Demogras dut s'en rendre compte car, se penchant légèrement vers moi, il me confia à l'oreille :

« Ne t'inquiète pas, Zézette est une brave fille. C'est même celle que je préfère. Elle a du métier… Que dis-je, de la bouteille. »

Certes, je n'en doutais pas ! Pourvu qu'elle n'ait pas en plus oublié un tesson dans ses profondeurs !

Il n'y avait plus rien d'autre à faire qu'à suivre, et, après avoir déposé au passage mes vingt francs sur le comptoir, je m'engageai dans l'escalier derrière Zézette dont l'imposant postérieur occupait toute la cage et aurait empêché tout dépassement si, toutefois, j'en avais eu envie.

La chambre, ni grande ni petite, était tapissée d'un papier à fleurs fané : un lit de milieu en fer, une grande glace qui arrivait jusqu'au plancher, une table à toilette, deux chaises, le tout plongé dans la pénombre. L'unique fenêtre qui aurait donné sur la rue avait ses volets clos et une étrange odeur de poudre de riz et de parfum lourd imprégnait.

Aussitôt entrée Zézette, ayant rejeté son peignoir, s'était dirigée vers un bidet d'angle et sans se soucier de ma présence s'activait, nue, accroupie sur la cuvette, à des ablutions dont l'esthétique douteuse me dérouta.

« Mets-toi à l'aise ! Tu ne vas tout de même pas garder et ta veste et ton pantalon ! »

Zézette, sur le lit, se révéla impressionnante. Ses seins avaient quitté sa poitrine et pendaient comme deux ballons à demi dégonflés le long de ses flancs, alors que son ventre oscillant dans sa masse de droite à gauche à la moindre reptation, me rappelait les volumineuses masses de pâtes molles que j'avais pu voir, à l'occasion, chez les boulangers lorsqu'elles attendaient la cuisson.

Zézette enfin, ô désespoir, sentait le miel ! Elle avait au plus haut point cette odeur commune à toutes les rousses, et maintenant qu'elle était nue, elle embaumait comme un pain d'épice, or je n'avais jamais pu sentir le miel. La situation se compliquait ! Je sentais que le courage m'abandonnait.

Ce fut une passe héroïque, un corps à corps courageux qui ne coûta que bien peu à Zézette mais qui me vida littéralement de toutes mes énergies. Quarante kilos sur cent dix et tous en bourrelets !

Consciente de l'importance du résultat de ce premier assaut de néophyte, Zézette fut compréhensive, coopérante, irréprochable. De mon côté je me débattis, que dis-je, je m'ébrouai comme je pus et finis par triompher dans des délais raisonnables. Les réflexes ancestraux avaient joué. J'avais été relativement bref, mais efficace.

En dix minutes, tout était consommé. J'avais perdu toutes mes économies, toutes mes illusions, mais j'étais déniaisé.

Zézette, en récupérant rapidement ma dernière pièce de cent sous, me félicita chaleureusement de ma tenue de route, augura bien de l'avenir, puis sans attendre, ce devait être chez elle une idée fixe, se précipita de nouveau vers sa cuvette.

Je retrouvai Demogras dans la salle, en grande conversation avec Ginette.

« Déjà ! Eh bien ! Mon vieux, vous n'avez pas moisi, pour un aller et retour, c'est un aller et retour ! »

Heureusement, Zézette arrivait pour homologuer ma performance. Quelques minutes après, Le Pitre accompagné de Nadia, descendait à son tour.

« Dis donc Marcel ! Un peu paresseux ton petit copain. Plus fort avec les oreilles qu'avec la queue. Imagine-toi que nous y serions encore. J'ai dû le démarrer à la manivelle. »

Elle avait du vocabulaire cette Nadia ! Et des expressions ô combien imagées… Et brusquement cette histoire de manivelle me remit Paul en mémoire. Paul et sa voiture en panne, dégommée, elle aussi, si souvent, à la force du poignet, à la manivelle bien sûr ! Paul, dans cette ambiance n'était guère à sa place, mais son évocation suffit à me ramener à la réalité.

« Dis donc Le Pitre ! Tu as vu l'heure ! Il faudrait peut-être penser au train et s'activer un peu ! »

Nous prîmes congé rapidement, laissant Demogras en place, puisqu'il avait le temps, et que Zézette à présent était de nouveau disponible.

« Il faudra revenir, maintenant que vous connaissez le chemin. N'oubliez pas d'apporter des pièces de un franc. »

Ouf ! Nous étions sur le trottoir, hors de la rue et à l'air pur.

« Cela ne s'est pas mal passé, qu'en penses-tu Le Pitre ?

– Pour toi, peut-être ! Mais pour moi, alors !… Figure-toi ! Nadia… Mon vieux… Elle porte un double dentier comme Gégène. Lorsque je lui ai vu poser cet engin sur la table de nuit, ça m'a tout coupé. Tu parles d'une tuile. J'ai failli y renoncer, je n'arrivai même plus à enfiler ma capote. »

Je fus quelques secondes à m'appuyer contre un mur. Brusquement cela me revenait. Mon préservatif ! Nom de Dieu, je ne l'avais pas mis ! Je l'avais oublié ! Comment avais-je pu commettre une pareille imprudence ? Il était encore là, intact, dans ma poche.

J'eus un vertige... C'était une catastrophe !

J'avais monté Zézette à cru...

Le Scribe m'avait dit : « Tu te laves et surtout tu pisses dès que tu le pourras, c'est souverain dans tous les cas, cela entraîne les microbes. » Il m'avait même donné une pilule. « Tu avales cette pilule, tu pisseras bleu trois ou quatre heures après, cela peut t'éviter le pire. »

Je retournai toutes mes poches et je finis par découvrir la fameuse pilule enrobée de poussière dans un repli de doublure. Sur le champ, telle quelle, je l'avalai.

Puis j'essayai le premier recoin propice... Sans résultat... Pas une goutte !

La panique me prenait.

« Dis donc Le Pitre ! J'ai l'impression que ça me brûle !

– Penses-tu ! Comment veux-tu déjà ? Voyons, ne t'en fais pas ! Demogras m'a toujours dit qu'il ne prenait aucune précaution... C'est égal, oublier sa capote ! »

J'essayai encore à deux ou trois reprises. Ce ne fut qu'à la troisième que j'amenai quelques gouttes, et cette fois, elles me brûlaient pour tout de bon.

J'étais démoralisé, d'autant plus démoralisé que Le Pitre, parti dans sa direction, n'était plus là pour me rassurer. Lui au moins n'avait pas été aussi stupide ! Il l'avait utilisée, cette capote !

Les cauchemars commençaient. Je me voyais dans quelque temps privé de cheveux... privé de nez... peut-être... et c'eût été le comble à mon âge, privé de queue comme un vulgaire chat siamois !

C'est dans ces dispositions d'esprit et bourrelé de remords, que je retrouvai Paul et Marie-Thérèse sur le quai de la gare.

La chaleur de mes effusions s'en ressentit. Il y avait une gêne, un manque de spontanéité, dont j'étais seul à connaître la raison... Et si, dans quelques jours, la maladie se déclarait !

« Paul, je ne trouve pas cet enfant en bon état, ni physiquement ni moralement. Je suis certaine que l'approche de l'examen le perturbe. C'est évident ! Inutile de lui faire la moindre réflexion.

– Mais enfin Marie-Thérèse, son bulletin trimestriel ! Je ne peux pas laisser passer…

– Paul, laisse ça tranquille. Crois-moi, ce n'est pas le moment. »

En arrivant à la maison, j'exprimai le besoin de monter à ma chambre faire un brin de toilette. Le train, la poussière de charbon… Personne n'en revenait. Tout le monde était stupéfait.

« Tu vois Marie-Thérèse, il change.

– Bien sûr Paul, en prenant de l'âge ! Je trouve quand même qu'il manque de vitalité. Tu as vu son air inquiet. Il ne faudrait tout de même pas qu'il nous fasse une neurasthénie ! »

Deux jours, trois jours, six jours, je m'examinais dix fois dans la journée. Le Scribe m'avait dit : « Au bout de neuf jours tu es tranquille. » Ce fut spectaculaire, au neuvième jour je retrouvai mon entrain, ma joie de vivre, ma débordante activité. J'étais sauvé.

« Dis donc Demogras, "les âmes bien nées", méfie-toi c'est du Corneille. Cela peut être dangereux, le jour du bac, de les coller à Racine… Puis, tu sais, avec Zézette, j'ai eu une fameuse trouille. Imagine-toi que j'avais oublié de mettre ma capote.

– Penses-tu ! Avec Zézette ! Mais tu ne risquais rigoureusement rien… C'est une fille propre, Zézette ! Elle a de l'hygiène. Tu l'as bien vu, elle a le cul dans l'eau toutes les dix minutes ! C'est un véritable nénuphar. »

* *
*

Les habitudes prises sont difficiles à perdre.

Un long tuyau de descente, plus solide que tous les autres, permettait la glissade le long du mur du dortoir, jusqu'à la verrière en contrebas. De là, par un pilier de la galerie on gagnait la cour, et ce n'était plus qu'un jeu de sauter le mur pour se retrouver dans la rue. Le retour était plus scabreux, demandait plus d'efforts, mais s'effectuait néanmoins par le même chemin. Une fenêtre non accrochée qui s'ouvrait à la moindre pression permettait de regagner son lit. Une fausse clé eût sans doute été préférable mais il eût fallut la faire exécuter et personne n'y avait sérieusement pensé.

Cela donna lieu à des situations comiques et tragiques.

C'est ainsi qu'un soir, deux élèves se retrouvèrent nez à nez avec le pion qui avait la garde de leur dortoir. Personne ne pipa mot, et les uns et les autres se sentant également en faute, vaquèrent à leurs affaires et firent semblant de ne pas se reconnaître.

Un autre jour cela faillit, par contre, beaucoup plus mal tourner. Au cours d'une mauvaise prise l'un des équilibristes réalisa une chute, à l'issue de laquelle il traversa sans s'y arrêter la verrière.

Avec l'aide de ses coéquipiers il put regagner tant bien que mal son lit. Le lendemain il fut admis à l'infirmerie.

« Une chute en gymnastique » avec fracture du péroné. Le professeur n'avait rien vu, mais trois témoins s'étaient bien rendu compte de l'accident. Alors !...

Un vaste trou dans le toit de nos galeries laissa un moment Barbichou perplexe. Que diable s'était-il donc passé ? Le gel, assurément, agissant sur de l'eau infiltrée entre l'armature et la vitre. Il allait en parler à Gégène et lui demander de resuivre et, au besoin, de remettre un peu de mastic sur tous ces carreaux.

XII

QUATRE ANNÉES DE JOYEUSE INSOUCIANCE, même suivies d'une année d'efforts relatifs, ne pouvaient conduire qu'à ma perte. Dès la rhétorique, j'en eus la preuve.

Je passerai sur les détails des réactions familiales qui suivirent mon échec. Elles furent homériques mais ne présentèrent toutefois pas assez d'attraits pour que j'en fasse étalage. Je me contenterai d'en évoquer certains aspects pittoresques, laissant à l'imagination de chacun le soin d'improviser et d'étoffer.

En vérité, ce fut un drame affreux, où Paul réagit avec toute sa vigueur coutumière, et dont je fus évidemment le sinistre héros.

J'en entendis, bien sûr, de toutes les couleurs et, au paroxysme de la crise, je dus même, un jour, être traité d'indécrottable vaurien, de déshonneur de la famille et j'en passe, mais ce fut surtout une occasion à des prises de conscience où chacun de nous passa sur la sellette et fut amené à se poser une multitude de questions.

Les premières se rapportèrent, bien sûr, à ma personne, et pour y répondre je fus d'abord testé sans indulgence dans le détail, je dirai même dans un menu détail qui remonta jusqu'à ma naissance. Chacune de mes aventures fut, l'une après l'autre, exhibée, disséquée, pesée, commentée, et donna lieu à des conclusions en cascade, hélas ! toutes plus navrantes les unes que les autres. Il semblait en résulter que j'appartenais à une race, jusque-là inconnue dans la famille, mais que l'on allait bien être obligé d'admettre : celle de l'anormal, voyou intellectuel et affectif.

Mes géniteurs alors, à leur tour, s'interrogèrent. On chercha, on remonta dans le passé, loin en arrière, jusqu'à la lignée des ancêtres connus, et l'on se rejeta les responsabilités.

Il y eut des mots aigres-doux et l'on put même croire, certains jours, que la solidité du couple allait être ébranlée.

Paul jura sur ses grands dieux qu'il n'y avait aucune tare majeure dans sa famille. Marie-Thérèse de son côté affirma qu'à sa connaissance nul, parmi les siens, n'avait jamais mal tourné ni péri aux galères.

Les comparaisons enfin s'imposaient avec mon frère, sujet qui, jusque-là du moins, s'avérait normal. On les fit au passé, au présent, et même, en anticipant un peu, au futur. Elles s'avérèrent aggravantes, démonstratives, tristement accablantes, et tournèrent toutes à mon désavantage.

En quelques semaines, j'étais devenu un « cas », un cas inexplicable, qui relevait probablement plus de la plus obscure des génétiques que de la recherche et de l'analyse.

En désespoir de cause, on ne parlait rien moins que de me « laisser sur la touche », que de « m'abandonner au triste sort » que je méritais.

Paul ne décolérait pas ! Marie-Thérèse était sans cesse au bord des larmes, et mon frère m'apportait en cachette les consolations de son ressort, et aussi à sa portée, qu'il jugeait les plus valables.

« Je t'assure bien, me disait-il en sourdine et pour me soutenir le moral, que l'année prochaine je n'en ficherai pas une rame. Comme cela on arrêtera de t'ennuyer à cause de moi... Mais si tu veux mon avis, ne te tracasse pas, cela finira par s'arranger. »

Son optimisme était inébranlable et rassurant.

Maman Louise, par contre, sentant son nourrisson sérieusement menacé, n'en menait pas large.

« Cette fois, petit, tu y as été trop fort. Ton père est vraiment en colère, je ne l'avais jamais vu comme ça. Pourvu qu'il ne te mette pas en apprentissage... Remarque : il n'y a pas de sots métiers ! Mais c'est égal ! Moi qui te voyais professeur ! »

Et elle passait au crible les différentes possibilités locales : boulanger, maçon, mécanicien, avec leurs avantages et leurs inconvénients respectifs.

« Menuisier, petit, à tout prendre je crois que c'est ce qui te conviendrait le mieux... »

On fut long à se ressaisir, mais ce fut, contre toute prévision, l'optimisme de mon frère qui triompha. Paul, le maître, le chef, le conducteur, un matin réagit et trancha.

« Bon ! Je vais te donner une dernière chance. Après tout, tu n'as pas fait de sixième et tu es entré en cinquième, tu recommenceras donc à la rentrée d'octobre. Mais cette fois ma décision est prise, irrévocable, tu entends, je dis bien irrévocable : je te change d'établissement. La distance n'a aucune importance (c'était fort juste puisque de toute manière je ne rentrais à la maison qu'avec le bulletin trimestriel de Noël et de Pâques), tu vas changer d'air et de relations. Cela ne peut que t'être salutaire. Tu fileras à Poitiers. Ta tante, qui accepte, te servira de correspondante. *Alea jacta est !* »

Décidément, Paul savait plus de latin que moi !

* *
*

C'était donc dans un lycée que j'allais échouer à la rentrée, un lycée inconnu où je ne retrouverais ni Le Pitre, ni Le

Scribe, ni Demogras, ni aucun de mes meilleurs camarades, et c'est avec la plus grande appréhension que je l'abordais.

Paul n'avait pas été rassurant.

« On nous a fait une faveur, m'avait-il dit, et si tu restes à la traîne il n'y aura pour toi aucune indulgence, le proviseur m'a prévenu, dans ce cas tu seras renvoyé… Tu en connais les conséquences ? Tâche donc qu'il en soit autrement. »

L'établissement était bien différent de celui que je venais de quitter et, si je devais toutefois rapidement l'adopter, mon premier contact avec lui n'en fut pas moins glacial. Il faut bien reconnaître qu'il y avait de quoi. En le voyant j'eus quelques instants de panique, et seule l'image de Paul, toujours en toile de fond, m'aida à les surmonter.

Ancien collège de Jésuites, dont la fondation remontait à Henri IV, il ne devait sa situation, presque au centre de la ville, qu'à l'extension dans le temps de celle-ci. Au centre de la ville certes, mais néanmoins totalement isolé d'elle par ses murs sans complaisance, l'ensemble formait une construction homogène, au carré, rappelant dans son architecture toute sa mission première. Ses bâtiments, de style classique, partaient en étoile d'un pavillon central coiffé d'un dôme. Ils étaient parcourus par un dédale de longs couloirs intérieurs, éclairés par de hauts vasistas qui gardaient, dans une sobriété oppressante, la marque du rigoureux, de l'ascétisme, voire du puritanisme. Rien n'aurait moins étonné que de rencontrer encore là, à l'un de leur détour, quelques groupes de moines sous capuchon de bure. Des cours intérieures, n'ayant d'autres issues que ces galeries d'arrivée, étaient enserrées, de toutes parts, d'ailes en étages. Privées d'arbres, avec leur vue exclusive sur le ciel, même sans que l'on ait eu à ajouter des barreaux aux fenêtres qui les surplombaient, elles n'auraient guère démérité auprès de celles d'une prison. Les bruits de la ville n'arrivaient pas jusqu'à elles et seuls les cris aigus et répétés des corneilles, en perpétuel mouvement autour du dôme central et des clochetons de la chapelle, y apportaient une note de vie imprévisible et sans contrainte.

La cour d'honneur elle-même, ornée d'un médaillon Louis XIV, et placée sous la surveillance d'un buste d'Henri IV, sans pelouse, sans massif de fleurs, simplement couverte de gravillons blancs, n'échappait pas à la sévérité générale. Elle était jouxtée en son angle gauche par une chapelle qui l'écrasait de sa masse, et sa vaste coupole gothique aux voûtes surbaissées, à la présence mystique, obsédante et insolite dans un lycée laïque, mais ô combien à sa place dans un ancien collège religieux, n'apportait pas une note d'équilibre particulièrement réussie, et, comme pour égayer la situation, le tout avait été confié à la garde d'un concierge peu gracieux, récupéré de la guerre de 14, aux idées rouges et à la jambe de bois ! Quel changement avec mon ancien collège ! Où avais-je atterri !

Un millier d'élèves fréquentait ce lycée : sept ou huit cents pensionnaires et deux ou trois cents externes, ce qui était un nombre fabuleux pour l'époque, la capacité des lieux, et qui revenait à dire que personne ne pouvait s'y reconnaître. Dès huit heures, tous les matins, tout cet effectif, grossi d'une cinquantaine de professeurs, envahissait cours, couloirs et bâtiments, et l'ambiance devenait aussitôt celle d'une ruche survoltée où chaque élément courait vers son destin sans s'occuper de son voisin.

Notre lycée, comme tous les lycées de France et de Navarre, était sous la direction d'un proviseur, et la surveillance d'un censeur. Deux personnages fort différents, tant dans leurs allures que dans leurs fonctions, mais qui se complétaient très bien.

Petit, trapu, tout en muscles, notre proviseur, ancien officier de marine, avait gardé de son service des habitudes de quartier-maître et restait célèbre pour ses coups de gueule. Sa descente dans une de nos cours, toujours motivée par quelque raison d'État, ne passait jamais inaperçue. Cet homme-là était fait pour briser les juntes. Aucune revendication, tumultueuse ou pas, ne lui résistait. Tout était réglé, non point entre les quatre murs de son bureau mais sur-le-champ, à l'air libre, au vu et au su de tous et sans porte-voix, il n'en avait pas besoin.

Le censeur, par contre (le Sans Cul pour tous) n'était qu'une ombre, mais c'était une ombre diablement efficace qui, favorisée par le jeu de nos galeries et de nos couloirs, surgissait toujours omniprésente, raide et empesée, au moment où on la souhaitait le moins.

« Quel est votre nom ? Vous… Oui, le siffloman !… Avez compris n'est-ce pas ! Pas besoin de solliciter une sortie pour dimanche. »

Et il disparaissait comme il était venu en haut d'un escalier, en consignant sur un carnet le nom du siffloman malchanceux qui ne pouvait même pas espérer un oubli.

À tous les deux, grâce à leurs efforts conjugués, le bâtiment était conduit avec toute la fermeté qu'imposait son importance, et pourtant, Dieu sait si c'était compliqué.

Le lycée jouissait d'une grande renommée. Elle était justifiée. Son effectif impressionnant allait de la sixième aux classes supérieures et, s'il n'y avait aucune place réservée aux petites classes de 9e, 8e ou 7e, toutes les autres, par contre, y étaient une fois et même très souvent deux fois dédoublées.

Essentielle bien sûr, pour lui, la préparation première au baccalauréat, mais bien plus importantes encore ses préparations aux Grandes Écoles, dont il y avait là un éventail prestigieux, qui allait d'hypokhâgne à khâgne, de maths sup à Saint-Cyr. C'était de la présence de ces élèves chauffés à blanc en vue des futurs concours que résultaient l'émulation permanente et l'ambiance d'extraordinaire travail qui régnaient au lycée. Leurs calots noirs ornés d'un X ou leurs calots bleus nous étaient familiers. Nous les croisions à longueur de journée dans nos couloirs. Bien sûr, khâgneux, taupins et saint-cyriens, avaient leurs salles, leurs dortoirs, leurs cours particulières, mais nous avions en commun les mêmes professeurs, et c'est à cela que nous devions un choix de maîtres exceptionnels. Enfin, comme ils partageaient la vie de notre établissement, bien d'autres avantages en résultaient. Grâce à eux nous avions par exemple un remarquable équipement sportif dans nos salles de gymnastique, un court de tennis dont tout le monde pouvait profiter lorsqu'ils ne l'occupaient pas, et surtout une longue salle d'armes voûtée où, toute la journée, retentissait le cliquetis des fleurets, des épées ou des sabres engagés dans des assauts répétés et si impétueux qu'ils en faisaient trembler nos vitres. Il n'était jusqu'au régime alimentaire de l'internat qui ne subisse leur influence.

« Qui a mis une saucisse au bout de chaque pique de cette cour ?

– C'est nous, Saint-Cyr, Monsieur le Proviseur.

– Peut-on en savoir la raison ?

– Très simple Monsieur le Proviseur, beaucoup trop souvent de saucisses au menu depuis quelques jours.

– Très bien, vous m'envoyez votre major à mon bureau, je réglerai ce problème avec lui. »

Et pendant un ou deux mois, il n'était plus question de saucisses au réfectoire.

Ils jouissaient d'un statut spécial, et cela ne manquait pas de panache lorsque la promotion recevait ses anciens.

Lycée important, de grande renommée, notre établissement connaissait enfin la présence permanente d'une petite colonie d'élèves étrangers, venus se familiariser avec notre langue, nos coutumes et nos études. Il y avait là des Anglais, des Allemands, des Turcs que nous voisinions et il s'ensuivait des relations étranges, inattendues, toujours intéressantes, sinon profitables.

Rifat Azac Oglü fut longtemps mon ami. Plus âgé que moi, déjà possesseur d'un harem qui attendait avec impatience son retour à Istanbul, il m'apprit tout sur la bonne gestion d'un palais turc, alors que je lui inculquais quelques-unes des multiples subtilités de notre langue.

Se souvient-il encore de nos discussions animées ? Je n'ai rien oublié de ses explications, hélas, même en son pays, elles ne m'ont jamais servi !

Faute de place dans une étude de première, j'avais échoué dans celle réservée aux taupins. Là, aucune surveillance ne s'exerçait. L'autodiscipline était de règle, chacun à sa place, tel un bénédictin, travaillait avec acharnement sans un mot, dans un silence absolu.

Ma présence insolite, au milieu des calots noirs, était ignorée. Je n'avais plus qu'à me faire tout petit et à prendre exemple sur eux. Un jour, pourtant, devant une difficulté algébrique sur laquelle je butais depuis quelques minutes, je me hasardai auprès de mon premier voisin.

« Comment ! Tu ne sais pas résoudre ça ? Mais alors, c'est que tu es encore plus con que tu en as l'air ! Ce n'est pas possible ! Tu n'as qu'à faire un effort, fous-moi la paix, ce sont là des âneries. »

La leçon avait été profitable, je n'avais jamais plus récidivé.

Je m'étais parfaitement habitué à ce climat. J'aurais pu, dans cette étude où j'étais libre (sauf de faire du bruit), m'endormir, ou passer le plus clair de mon temps en rêveries ou en lectures incontrôlées, chose étonnante je n'en eus jamais envie. Le Pitre lui-même, le compagnon de nombreuses années, l'inséparable, celui sans lequel je ne savais rien entreprendre, ne me manquait plus, et ce n'était que bien rarement que je repensais à lui.

J'avais décidé d'en finir, d'en sortir au plus vite, même si cela devait m'être pénible, or, très vite, cela devait devenir autre chose, une sorte de volupté du travail que je n'avais jusque-là jamais connue, une forme de masochisme intellectuel dont je ne me lassais pas et qui me faisait pousser au plus loin mon effort. Les heures d'études, très rapidement n'y suffirent pas. Mes récréations y passèrent et je ne tardai pas à sacrifier mes après-midi de jeudi, ne conservant de détente qu'un dimanche sur deux.

Ce dimanche, je le passais tous les quinze jours chez ma tante. Cette fois, j'avais en elle une correspondante efficace qui veillait sur moi comme sur son propre fils et mes restrictions volontaires, mais nécessaires, l'affligeaient.

« Dimanche prochain, je viens te chercher à 9 heures, et tu ne rentreras que le soir. Travailler c'est bien, comme tu le fais, c'est stupide. »

Chère tante, qui s'ingéniait à ce que chacune de ces sorties soit une réussite. Grâce à elle je retrouvais, tous les quinze jours, une longue journée familiale près de mon oncle, de mon frère (venu me rejoindre en qualité d'externe) et de mon cousin. Une longue journée où j'abandonnais livres et cahiers au profit des jeux, du sport, de la promenade et de la table. Heureux âge, où après une saine fatigue, nous liquidions un canard à trois, et où une boîte de vingt-cinq sardines était immanquablement condamnée, lorsqu'elle était ouverte à l'heure du goûter.

Il y avait aussi, faubourg du Pont-Neuf, quelques ravissantes filles entre quinze et seize ans (il y en a partout, il suffit de chercher) qui auraient eu déjà beaucoup d'attraits. Mais sur ce point particulier, ma tante restait en éveil, et ne s'en laissait pas conter.

* *
*

Dans un lycée comme celui de Poitiers, qui avait donc pour mission essentielle la préparation aux Grandes Écoles, l'épreuve du baccalauréat n'entraînait que peu de remous et passait presque inaperçue. Les proportions de réussite s'échelonnaient, chaque année, entre soixante et soixante-quinze pour cent, sans que personne n'invoque pour autant le miracle. Notre examen, démystifié, était ramené à sa juste valeur, qui était celle d'un examen de passage, obligatoire, certes, mais rien de plus. Le bac se passait dans notre ville, presque dans nos murs, et je crois que c'était là aussi une des nombreuses raisons de nos succès.

Pour nous, les pensionnaires, c'était un jour peu différent des autres. Nous quittions l'établissement pour chaque épreuve, et y revenions aussitôt après, à nos habitudes d'étude, de réfectoire et de dortoir. En deux jours, l'affaire était réglée, et il ne restait plus qu'à attendre l'oral dans les conditions habituelles.

Cette fois, j'étais fin prêt. Sérieusement renforcé dans mes notions de langue anglaise, programme vu et revu en français et en maths, je ne conservais plus qu'un unique point noir : ce latin avec lequel j'étais décidément irrémédiablement brouillé, qui restait à la traîne, mais que les autres matières devaient en toute logique largement compenser. Le style des appréciations de mon livret scolaire s'était radicalement transformé, la confiance m'était revenue, d'autant plus totale, que le latin était à l'examen matière clôturante et ne pouvait, de ce fait, en aucune façon, entamer l'euphorie du parcours. J'avais pourtant encore un souci ; mais ce dernier ne touchait plus un point particulier de mes connaissances, il se rattachait directement à ma santé.

« Cela vient de ce que tu travailles trop », avait diagnostiqué ma tante. Je n'y avais guère cru, et j'étais allé consulter un médecin.

« Votre affaire n'est pas grave, m'avait affirmé l'homme de l'art. Il s'agit de banales crises de migraines ophtalmiques. C'est là un point commun que vous avez avec Pascal qui, lui-même, en était affecté et qui en prenait les scotomes pour des présages divins. Ne vous y méprenez pas vous-même, et surtout, ne vous laissez pas impressionner, car ce n'est rien. »

Certes, j'étais flatté d'avoir de semblables analogies avec Pascal, certes, j'étais rassuré car j'ajoutais, à cette époque, foi sans réserve aux paroles des médecins, mais ces crises n'en restaient pas moins de redoutables obsessions car avec elles aucun remède, et Dieu sait si j'en avais essayé, ne s'était avéré souverain. Leur imprévision et leur déroulement ajoutaient à mon drame : un quart d'heure privé de vision, suivi de deux heures de migraine insoutenable ! De quoi inhiber ou anéantir toutes mes possibilités. À ces incidents qui survenaient toujours sur les coups de 11 heures ou de 16 heures, je n'avais trouvé qu'une seule parade : manger, manger à temps, bien avant tout prodrome. C'était compliqué, mais c'était l'unique solution, et j'avais eu l'occasion souvent de le vérifier. L'éventualité, toujours possible, d'une crise au milieu d'une épreuve, le jour du bac, restait pour moi une hantise. J'étais donc bien décidé à pallier cette éventualité par tous les moyens du bord, et ce ne fut pas simplement muni du buvard et de l'encrier habituel que je me présentai au centre des épreuves, mais bien un panier au bras, un panier de ménagère et abondamment garni.

Ces contraintes alimentaires inévitables allaient donner à mon examen une tournure originale et pittoresque qui ne devait pas passer inaperçue et dont je ne suis pas prêt à oublier les cocasses effets.

Ce fut le premier matin, dès l'entrée, qu'ils commencèrent.

À la vue de mon équipage, le préposé à l'appel tiqua, marqua un temps et s'informa.

« Que traînez-vous dans ce panier ?

– Des provisions de bouche, Monsieur ! »

La réponse était si inattendue qu'elle le suffoqua.

« Comment, des provisions de bouche ? Vous vous croyez parti en pique-nique ? Laissez-moi ce panier là.

– J'en ai besoin, Monsieur. Vous pouvez contrôler, il n'y a rien d'autre que de la nourriture. »

Vérifications faites, c'était vrai... Nul texte n'interdisant l'entrée de ravitaillement dans les salles d'examen, même pour des épreuves de courte durée, je fus autorisé à me rendre à ma place sous l'œil intrigué et goguenard des professeurs surveillants qui s'étaient rapprochés et dont j'étais devenu, dès cet instant, le point de mire folklorique et amusant.

Ils n'avaient pas fini de s'étonner.

Les sujets de français ne m'étaient pas plus tôt remis qu'en les parcourant j'ouvrais déjà mon panier et m'attaquais à mon premier sandwich au beurre débordant de jambon, et il y eut des rires mal contenus lorsque, buvant au goulot de ma bouteille, j'arrosai le tout, pour en faciliter la descente, d'un mélange d'eau et de vin rouge qui, de prime abord, pouvait très bien donner le change avec un petit rosé d'Anjou bien connu dans la région. Sans me laisser impressionner, mon plan terminé, j'attaquai mon deuxième sandwich, me libérant du troisième et de la totalité de ma bouteille un peu plus tard, au milieu de l'hilarité générale, et avant la fin de ma rédaction.

Anglais le soir même, mathématiques le lendemain, se passèrent pour moi dans la même ambiance gastronomique et gargantuesque, et je ne renonçai même pas à mes agapes pour l'épreuve de latin.

Mon panier, en deux jours, était devenu familier à tous. On ne me le vérifiait plus. On venait simplement de temps à autre voir où j'en étais et ce qu'il me restait. Pour tous les surveillants, j'étais classé, et définitivement devenu le goinfre du troisième rang.

Tout s'était très bien passé, sans contretemps, sans perte de temps inutile, sans incident et sans accroc. J'étais satisfait du français, de l'anglais et des maths, quant au latin, je n'en étais pas particulièrement mécontent, puisque j'avais réussi à dénicher, par une chance inouïe, en feuilletant avec acharnement mon Gaffio, la traduction intégrale de la seule phrase reconnue comme impossible par l'ensemble des candidats, cette phrase qui, à elle seule, devait, en toute logique, m'éviter le zéro fatidique que seul, dans le fond, je redoutais.

Pour faire fonctionner mon moteur, j'avais liquidé en deux jours, dans une apparente belle et exceptionnelle décontraction, trois pains complets frais, huit tranches de jambon d'York épaisses, une douzaine de bananes et éclusé deux litres de mélange.

Mon appétit exceptionnel, que ni l'angoisse, ni la diversité des épreuves n'avaient jamais émoussé, avait fini par enthousiasmer l'équipe promue à la surveillance de ma salle, en même temps qu'il lui posait une énigme. Un problème insoluble, mais facile à concevoir, puisqu'à l'époque je n'étais pas encore obèse, et ne pesais guère plus de quarante kilos.

Cette énigme devait d'ailleurs perturber tout particulièrement l'un d'eux, puisqu'à la fin des épreuves, n'y tenant plus, il vint m'interviewer dans l'unique but de me conseiller vivement de voir un médecin, car, seul, un ténia, à ses yeux, était susceptible d'expliquer pareille boulimie.

L'oral – dix jours après – s'avéra sans embûche. Mes restaurations obligatoires et successives de l'après-midi, discrètement prises derrière des piliers de cour, passèrent inaperçues. Les différents obstacles du parcours furent franchis avec aisance et l'on aurait pu considérer ce dernier comme exemplaire, si mon examinateur en la langue de Pline, à la suite d'une explication de texte laborieuse où je n'expliquai rien, ne s'était enquis de savoir si je n'avais pas commis l'insigne erreur de me tromper de section.

Le point généreux, dont en désespoir de cause il me gratifia, devait toutefois suffire à mon bonheur.

Bascule à l'appui, j'avais pris près de trois kilos au cours de mon examen, et j'avais une mine superbe le jour des résultats.

* *
*

Une année de philosophie aurait logiquement dû être une année de lumière, en fait il n'en fut rien, et je ne garde qu'un souvenir obscur et plus ou moins confus des rudiments qui m'y furent enseignés.

Probablement trop jeune, cette initiation dut tomber à faux et m'échappa malgré, et peut-être justement, à cause du trop brillant professeur qui me la dispensa. Ces quelques mois passés en compagnie de Pythagore, Euclide, Aristote, Descartes et quelques autres, furent néanmoins lourds de conséquences. Ne m'auraient-ils appris que la rigueur d'un raisonnement qu'ils eussent été déjà bénéfiques ; mais en vérité, ils m'apportèrent beaucoup plus, puisqu'ils eurent le mérite de me faire prendre conscience des vraies tendances qui sommeillaient en moi.

J'avais longtemps hésité jusqu'alors entre des dispositions que je croyais plus littéraires que scientifiques, au sortir de cette année de réflexion mon choix ne faisait plus de doute, et, confronté à des élucubrations que je jugeais – d'ailleurs à tort – stériles et sans fin, j'avais acquis la nette conviction que c'était vers des sciences plus exactes qu'il me fallait me diriger.

« Messieurs… »

Lévillon (il n'avait pas de surnom) commençait toujours ses cours par « Messieurs », voulant, par cette entrée en matière, mieux marquer son désir de s'adresser non plus à des adolescents mais à des hommes.

« Messieurs, voici le sujet de votre dissertation. "Des goûts et des couleurs on ne discute pas." Je vous quitte, je vous laisse à vos méditations que je souhaite riches et fructueuses. Composez tranquillement. Je reviendrai dans quatre heures récupérer vos copies. Que ceux qui auront terminé avant l'heure veuillent bien mettre les leurs sur le coin de mon bureau… Je vous remercie. »

Les classes de Lévillon se déroulaient dans un climat de confiance, de dignité et de déférence mutuelle, qui allait fort loin dans le respect des uns, des autres, et des opinions.

« Messieurs, nous traiterons la semaine prochaine de la théorie bergsonienne sur la liberté. Veuillez vous informer sur la question en parcourant dans la mesure du possible les livres et manuels qui sont à votre portée. Nous en discuterons. »

Nos heures de philosophie se passaient en débats, toujours très animés, où chacun à tour de rôle pouvait prendre la parole s'il le désirait. Toute la classe participait volontiers à ces polémiques organisées. Le jeu consistait, car bien sûr nous en avions trouvé un, à adopter des positions, plus ou moins sincères, d'opposition. Cela suffisait à enthousiasmer Lévillon et à le précipiter dans des excitations et des jubilations extrêmes qui, à leur tour, faisaient notre bonheur. À grand renfort d'argumentations, qui le plus souvent nous dépassaient, Lévillon tenait alors tête et s'ingéniait à détruire une contestation qui, en vérité, n'existait que dans son imagination.

« Alors vous, la rangée des sordides matérialistes ! Qu'avez-vous à répondre à cela ?… Vous voilà convaincus, j'espère ? »

Et il riait, riait à s'étouffer, persuadé qu'il venait de nous en jouer une bien bonne, alors qu'il avait bien été le seul sur le chemin de la guerre à suivre l'astucieux raisonnement et le déroulement de sa pensée.

Lévillon, lorsque je l'ai connu, était un homme jeune. Des séquelles d'une ancienne poliomyélite avaient fait de lui un infirme et étaient à l'origine d'une boiterie qui le contraignait à porter une canne-béquille qu'il suspendait, en entrant dans sa classe, ostensiblement au coin du tableau noir. Dépourvu de préoccupations personnelles, Lévillon semblait n'avoir comme unique intérêt que ses cours de philosophie. Ses élèves, qu'il appelait avec orgueil « ses grands », étaient aussi ses protégés. Pour lui, nous étions au-dessus de tout soupçon et si, par mégarde, nous étions pris à partie par qui que ce soit, fusse même par le proviseur, il partait immédiatement en guerre à nos côtés. De cette attitude sans compromission, nous lui gardions la plus vive reconnaissance. Je n'ai jamais vu un maître plus aimé de ses disciples.

Il nous le rendait bien.

« Monsieur le Proviseur, ces élèves sont en rang et sous ma responsabilité depuis cinq minutes, même si je ne suis pas encore près d'eux, je ne tolérerai pas que l'on fasse la police à ma place. Nous sommes assez grands pour savoir nous comporter et nous contrôler. »

Et, satisfait de cette prise de position dite d'un ton ferme et pincé, dont il savait bien qu'il aurait à rendre compte dans quelques heures, il enchaînait :

« Et maintenant, messieurs, veuillez entrer. Je ne veux plus entendre un seul mot jusqu'à ce que cette porte soit refermée. Nous allons régler cet incident regrettable entre nous. »

Lorsque l'on portait le nom de Lévillon en 40, en zone occupée, même si l'on n'avait pas encore l'obligation d'afficher l'étoile jaune au revers de sa veste, il valait mieux passer inaperçu et savoir se faire oublier. Cette prudence, hélas ! ne convenait pas à l'esprit de notre professeur.

Arrêté dès le début de l'Occupation pour un incident stupide, un simple refus de priorité sur un trottoir, lui, l'infirme, à l'occupant victorieux, Lévillon fit la triste expérience de l'inefficacité de tous les arguments philosophiques lorsqu'ils se heurtent à la barbarie. Déporté, versé dans les rangs anonymes de troupeaux humains, il devait mourir, lui, le farouche défenseur de toute liberté, les pieds nus dans la neige, derrière d'impitoyables réseaux de fils de fer barbelés.

Notre classe de philo était à un angle de nos cours intérieures. On y arrivait après un petit circuit obscur et tortueux. Je n'ai jamais eu l'occasion d'aller la revoir, bien que l'envie m'en soit souvent venue. Je n'ai donc pu vérifier par moi-même s'il est bien exact que cette salle porte aujourd'hui au-dessus de sa porte cette plaque commémorative :

« Lévillon 1940 professeur de philosophie
Mort aux camps nazis »

Heureusement pour moi, l'année ne se résumait pas en la seule philo. C'eût été risqué. Sciences naturelles, physique et chimie, au programme dès l'écrit, la complétaient et apportaient une note bien sécurisante à l'examen. Malgré leurs coefficients mineurs, pour qui voulait s'en donner la peine, c'étaient là des planches de salut et de quasi-certitude. Aux aléas métaphysiques s'opposaient les rigueurs mathématiques sans surprise, sur lesquelles on pouvait toujours compter. Bien décidé à ne rien laisser au hasard, je leur accordais tous mes soins, par raison d'abord, puis rapidement par plaisir, et c'est certainement à ce passage que devait s'affirmer ma future vocation.

Indiscutablement, pour moi, tout était changé. Certes, si je regrettais le français et l'anglais, en compensation j'avais enfin perdu mon boulet, mon cauchemar, ce latin que depuis la cinquième je traînais en entrave.

Ce fut une année faste.

Ostéologie, myologie, physiologie confondues dans une égale curiosité y passèrent en bloc et les matières secondaires, cosmographie, histoire et géographie ne furent guère préoccupantes. Je connus des revanches, autrefois impensables, allant jusqu'aux félicitations en fin de trimestre, et Paul, que je n'avais jamais habitué à de semblables performances, n'en revenait pas.

Mes migraines ophtalmiques m'avaient quitté comme elles étaient apparues, sans préavis. L'année scolaire s'était déroulée sans heurt. Je jouissais d'un bon équilibre physique et moral lorsque l'examen arriva, et c'est on ne peut plus facilement que je gagnai la partie.

* *
*

Résultats affichés, premières émotions passées, il ne restait plus qu'à l'arroser.

Nous étions une bonne demi-douzaine de camarades, bien décidés à entériner dignement nos succès. Nous avions accumulé, tout au long de l'année, une somme d'aspirations qui s'était muée en un grand projet dont le parcours s'était petit à petit assez bien précisé. En toute probabilité il devait nous conduire jusqu'aux aurores et, après un gueuleton que nous voulions monstre, il devait se terminer à l'un des bastringues les plus connus de la ville, dans un tonus dont on ne pourrait manquer de reparler longtemps.

Une tournée chacun, comme il se doit… On commença par des Pernod ! Chez des garçons dont la sobriété était la règle, dont l'eau pure constituait la boisson de base, cela ne pouvait donner qu'un résultat rapide et prévisible. Étant probablement un des plus vulnérables, il ne me fut pas permis de jouir de l'effet.

Au quatrième verre, mes idées s'étaient irrémédiablement brouillées, au cinquième, mon équilibre était définitivement compromis et j'atteignais l'extase.

Affalé sur une banquette, résolument optimiste, bien que l'esprit vide, je participais béat, avec tout ce qui m'entourait, à la rotation universelle, et j'y serais probablement encore si des âmes charitables n'avaient pris pour moi, malgré toutes mes protestations, de radicales décisions.

On me grimpa dans le premier tramway qui convenait, et, une station se trouvant en face de ma destination, on pria le conducteur de vouloir bien discrètement m'y déposer.

Ma famille, qui attendait mon retour sans trop l'espérer encore, fut stupéfaite.

On crut de prime abord à un accident, puis on se ravisa, on se rassura, et enfin on s'exclama :

« Mais Marthe, tu vois bien que ce garçon est ivre comme une grive ! »

Ma mère fut la première à faire cette constatation. Elle n'en croyait pas ses yeux. Elle ne devait pas tarder à ne pas en croire ses oreilles.

Par un de ces curieux revirements d'ivrogne, mon mutisme fit brusquement place à une excitation démoniaque et à une logorrhée que, de toute évidence, je ne contrôlais plus. Mon verbiage était en partie incompréhensible et heureusement, car il y était question d'un ramassis d'incohérences et en particulier d'une Zézette, une fille couverte d'éphélides, aux cuisses majestueuses et aux seins en calebasses, qu'avec la meilleure volonté Marie-Thérèse ne localisait pas, et d'une certaine Simone repérée dans le quartier, pour laquelle je me sentais brusquement des ardeurs de bouc, et que ma tante, par contre, localisait fort bien.

« Marthe, ce garçon a perdu la raison ! Il me fait honte ! Je ne vois qu'une seule chose à faire, l'enfermer dans une pièce et le laisser cuver son vin. »

Ainsi fut fait.

Et ainsi se passa une nuit que j'aurais voulue apothéotique, vautré dans un fauteuil, ivre à ne plus me connaître, cuvant une biture monumentale pendant que Marie-Thérèse et Marthe me surveillaient alternativement en collant l'œil au trou de la serrure pour savoir où j'en étais.

XIII

J'ÉTAIS DONC BACHELIER, bachelier ès lettres, avec latin qui plus est. C'était à la fois et une prouesse et un comble puisque paradoxalement, cette langue morte qui aurait dû m'ouvrir toutes grandes les portes du classique me les interdisait.

Ce résultat n'avait, certes pas, été acquis sans péripéties ni sans drames, mais le pas avait été franchi en un temps normal. Il n'y avait donc rien à dire, d'autant plus que ce passage avait eu lieu dans d'honorables performances qui, en toute probalité et de plein droit me permettraient de briguer une bourse d'État.

Paul triomphait.

Certes, ce n'était pas un homme à se perdre en grandes démonstrations d'enthousiasme, mais son contentement était, cette fois, si évident qu'il en oubliait même ses incertitudes et ses griefs passés.

« Marie-Thérèse, je n'ai jamais douté de ses possibilités. »

Et, dans un grand élan de sincérité affective il ajouta :

« Dans le fond, vois-tu, je suis sûr que ce qui lui a le plus manqué, et je ne pouvais le faire puisqu'il était pensionnaire et trop loin de nous, c'est de grands coups de pied au cul de temps à autre (on pouvait s'attendre à tout sauf à cela, car en fait je n'en avais pas tellement été privé), oui je dis bien :

de grands coups de pied au cul ! Vois-tu Marie-Thérèse, j'ai manqué de générosité en ce domaine. C'était là une question de dose, et, avec une nature comme la sienne, il n'aurait pas fallu lésiner. »

Et, ma foi, je crois bien qu'il avait raison !

Ma mère, libérée elle aussi d'un grand poids, tout en n'épousant pas des opinions aussi catégoriques, emboîtait le pas à son Paul, et se laissait aller à un optimisme parallèle et de surenchères qui la faisaient divaguer.

Elle avait raconté de nombreuses fois à mon père, qui ne les avait pas suivies de près, les péripéties de mon examen et, les choses s'améliorant d'un récit à l'autre, à la dixième reprise il résultait que, de toute évidence, si je n'étais pas encore un génie, j'étais sûrement en passe de le devenir.

(Heureusement je devais m'arrêter à temps ! Rien n'étant plus catastrophique que d'accéder jeune à cet état, puisqu'il faut, par la suite, s'empoisonner toute l'existence pour s'y maintenir.)

On m'avait grandement félicité.

Quant aux éclaboussures dont Marie-Thérèse avait été involontairement témoin à travers le trou de la serrure, j'eus rapidement la conviction qu'elle en garderait le secret. De fait, il ne fut jamais question pour personne de mes débordements, et tout au plus persista-t-il entre nous deux, durant quelques jours, une certaine gêne, une certaine restriction pudique, due à l'ombre flottante d'une Zézette avec laquelle elle savait qu'il faudrait dorénavant compter.

« Marie-Thérèse, je crois que le moment serait bienvenu pour nous tous de faire une sortie. Que dirais-tu d'un ou deux jours à la mer ? »

L'allégresse fut générale. On en parla. On envisagea. On acheta une carte Michelin : la France en deux parties, et on se pencha sur les itinéraires.

Au sud, on se heurtait à Toulouse et à Montpellier, à l'ouest, à Bordeaux, plus au nord, à Royan ou à La Rochelle. Décidément nous étions dans une région impossible !

« Des traversées pratiquement insupportables Marie-Thérèse, dans tous les axes ! Partout de grandes villes encombrées de voitures et de piétons, pleines d'obstacles : feux rouges, sens interdits, etc. Tu te rends compte, Marie-Thérèse, des sens interdits ! C'est ça qui est imprévisible et terrible… Sans compter les bouchons probables en cette saison… Marie-Thérèse, non, je ne m'en sens pas le courage. J'y renonce. »

Paul – qui n'avait pas progressé dans ses prouesses de conducteur depuis son permis de conduire – ne se sentait pas l'audace du voyage.

Il aurait fallu prendre un taxi. On y pensa, mais les finances familiales, alors, là, ne suivaient plus…

L'idée y avait été néanmoins ! C'était déjà beau, et il nous restait les maillots que, trop hâtivement, nous avions achetés pour toute la famille.

Tout n'était pas perdu !

On savait se contenter de peu, à cette époque.

« Bon, la mer, c'est encore fichu cette fois ! Mais on s'en fout, avait conclu mon frère, car, pour des vacances pépères, on va quand même en avoir, ne t'inquiète pas ! »

Cette fois, il se trompait.

* *
*

Un jour, au cours d'une version latine énigmatique (c'était le propre avec moi de toute version alors que c'étaient mes thèmes qui le devenaient pour tous mes professeurs), j'avais déclaré que je serais tondeur de chiens, que ma décision était irrévocable, sans regret ni amertume, mais cette perspective n'avait pas été retenue et, bien sûr, ne pouvait *a fortiori* l'être maintenant que j'étais bachelier. Sur le sujet de mon avenir planait le mystère le plus complet, et je n'avais, jusque-là, manifesté aucune intention particulière. Il était donc logique que Paul, un jour ou l'autre, s'informe et me pose enfin quelques questions.

« Que comptes-tu faire maintenant ? »

Je m'y attendais, et depuis quelques semaines j'y avais réfléchi.

Des aspirations profondes, certes, j'en avais. Seraient-elles du goût de Paul ? C'était une autre affaire ! L'une d'elles, celle qui peut-être me tenait le plus à cœur, aurait dû me conduire en droite ligne vers les Beaux-Arts. Habile du crayon et du pinceau, maniant avec aisance la spatule, je me sentais, dans ce domaine, le feu sacré. Aussi ma réponse fut sans équivoque, lorsque Paul m'interrogea.

« Les Beaux-Arts ! Mais, mon pauvre garçon, tu as perdu la raison ! La vie d'artiste ! Il ne nous manquait plus que ça ! »

Tous mes efforts de deux années laborieuses, qui m'avaient permis de reconquérir la confiance familiale, faillirent être réduits à néant.

« Sais-tu seulement sur quel chemin tu veux t'engager ? »

Pour Paul, en tout cas, il n'y avait aucun doute ; la vie d'artiste n'était sûrement pas symbole de félicités ou d'aisance, mais à coup sûr : vie de bohème voire de débauche (les deux vont bien ensemble) où se mêlaient l'intempérance et l'insécurité qui ne pouvaient conduire qu'à la détresse et à la maladie. Pour lui, la gloire ne pouvait germer qu'après de fatales misères, voire le suicide final. Il ne concevait surtout pas que l'on puisse vivre de son talent.

« Si toutefois tu en as !... Tu vois... Je préférerais te voir instituteur, comme moi, avec un mandat toutes les quatre semaines. Oh évidemment, ce n'est pas le Pérou ! Mais c'est quand même quelque chose de solide. Quelque chose sur lequel on peut compter. »

Ce n'était pas que la famille soit systématiquement inaccessible à tout sens artistique, Paul avait toujours eu l'intention d'aller au Louvre voir la Joconde, et Marie-Thérèse choisissait toujours avec beaucoup de soin le couvercle de ses boîtes de bonbons, lorsqu'il lui arrivait d'en offrir, mais elle avait d'autres soucis qui l'absorbaient et il n'était pas question de se laisser aller sur des pentes dangereuses.

« Qui t'achètera tes toiles ? Il n'y en a certainement pas une seule dans toute notre commune ! (ce en quoi il avait raison). À qui vendras-tu ta production de statuettes, si toutefois elle existe !… Crois-tu qu'il suffise d'arborer un feutre à larges bords et une lavallière pour que ça marche ? Artiste ! avec des rentes solides peut-être, encore les dilapiderais-tu rapidement, mais dans les conditions qui t'attendraient, celles de traîne-savate sur les trottoirs, non. Ne compte pas sur moi. »

Je fis mes comptes, mon récent succès m'avait rapporté deux mille cinq cents francs. Évidemment je ne pouvais espérer aller très loin.

Marie-Thérèse partageait les craintes et les vues de mon père.

« Mais enfin ! Qu'est-ce qu'il te prend ? Il y a bien autre chose à faire ! Voyons, tu paraissais doué en histoire et en géographie. Tout le long de tes études tu n'as eu là que de bonnes notes. Pourquoi ne pas envisager une licence en ces matières ? Cela paraît tout indiqué. »

Oh ! la la, ma pauvre mère ! Si elle avait connu les cas Trinquette et Ratatouille, combien cela lui aurait paru moins évident !…

« Bon ! eh bien, dans ces conditions je veux être médecin. »

Médecin !… Cela fit sur Paul l'effet d'une bombe. De petit calibre bien sûr, mais l'effet d'une bombe car il n'y était pas préparé.

Un médecin, c'était à l'époque, cela a bien changé depuis, un monsieur, une notabilité importante qui ne se déplaçait qu'en automobile, que l'on pouvait certes déranger à toute heure du jour et de la nuit, mais pas pour moins de vingt-cinq francs. C'était enfin un homme dont il convenait de se méfier, car de lui pouvait dépendre le rassurant comme le pire. Il pouvait même, tout en n'y étant pour rien, aussi bien dire à Marie-Thérèse qu'elle était enceinte qu'annoncer à Paul qu'il fallait l'opérer. C'était un personnage que l'on admirait et que l'on redoutait, car ses verdicts étaient péremptoires et sans appel.

Mais il fallait sept années d'études assidues pour accéder au diplôme qui octroyait le pouvoir divinatoire. N'était-ce pas trop ambitieux ? Était-ce bien raisonnable ?

Paul se grattait la nuque. Ce serait là une longue et lourde charge pour le budget.

« As-tu vraiment bien réfléchi ? Es-tu bien décidé ? As-tu réalisé l'effort qui te sera nécessaire ! Je me suis laissé dire que ces études étaient sous la dépendance d'un certain mandarinat étroit, or, tu sais que nous n'avons là aucun appui. Tu ne devras compter que sur toi. »

J'étais décidé.

Paul à son tour hésitait.

« Je crois qu'il serait prématuré de conclure aujourd'hui. C'est un projet vers lequel il ne faut pas s'engager à la légère. Il est audacieux, peut-être aussi un peu trop prétentieux. Je te donne encore un bon mois de réflexion. Nos voisins commencent leurs foins, va leur donner la main, après quoi tu arracheras nos pommes de terre, dans quelques semaines nous en reparlerons. »

* *
*

« Année de foin ! Année de rien. »

On a ainsi – dans nos régions du Centre – un certain nombre de dictons à notre disposition qui se chargent de rappeler à qui veut bien l'entendre qu'il n'y a jamais, avec la terre, de bonheur parfait.

Le côté geignard des gens de chez nous y trouve aussi son compte, car ici on a toujours aimé se plaindre, même la bouche pleine, même l'escarcelle bien garnie.

Ça conjure le sort !

Et puis c'est là une forme d'autodéfense dont les racines remontent loin dans le passé, dans les siècles, à des époques où l'on avait affaire aux exigences conjuguées des seigneurs, du clergé, des fermiers généraux, et où la gabelle, la taille et la dîme étaient d'actualité.

Comme les conjonctures n'ont, ma foi, guère changé, on reste, encore de nos jours, sur ces positions qui ont déjà si souvent fait leurs preuves et on continue à se méfier, et, par prudence, à se plaindre, en devinant le bâton bien avant que d'en être menacé.

Faire les fenaisons aujourd'hui n'est plus une entreprise angoissante. Les temps ont bien changé ! On s'est mis au rythme des tracteurs. Une semaine de soleil, et ce serait bien le diable si les étés, même les plus pourris, n'en comportaient pas une, suffit. Il s'agit simplement de tenir prêt son gas-oil, son tracteur et sa barre de coupe, pour qu'en quelques jours, aidé de la râteleuse et du monte-charge, la récolte soit à l'abri avec un minimum et de bras et de peine.

Faire le foin autrefois, et le réussir, était une autre affaire !

Son foin et ses moissons !

Mais le foin l'emportait et constituait certainement l'épreuve de force majeure de l'été, celle qui nécessitait le plus d'intuition, le plus de travail et à laquelle hommes, femmes et enfants devaient contribuer.

La fenaison, au temps de mon enfance, englobait juin, juillet et débordait souvent sur le mois d'août. Elle comportait obligatoirement soleil et averses, même dans les meilleurs cas.

D'abord on s'interrogeait.

« Rose au levant, signe de pluie. Rose au couchant, signe de beau temps. »

« Si la lune revient avec le beau temps, trois jours après elle se repent. »

Et, faute de baromètre pouvant indiquer avec certitude le temps qu'il fait, on prenait l'avis des vieux qui, s'ils n'étaient pas trop gâteux, essayaient d'indiquer, ce qui était quand même le plus important, non point le temps qu'il faisait, mais celui qu'il allait faire !

Les augures jugés favorables, un matin, aux aurores, avant même parfois que le soleil ne se lève, et il se lève pourtant très tôt en été, on se lançait.

Et c'était un travail d'homme que celui de coucher l'herbe avec la faux. Un travail qui se faisait souvent en équipe, manches de chemise retroussées, jambes écartées, penché en avant, dans un vaste mouvement circulaire où tout le buste balayait son mètre d'herbe dans un bruit de sève humide, feutré et plein à la fois. Travail pénible, de patience et d'endurance, dont la monotonie n'était rompue que pour l'affûtage de la lame, d'heure en heure, et par tous les faucheurs à la fois.

L'ouvrage commençait, les pieds dans la rosée, et, fini ou pas, s'arrêtait lorsque le soleil trop haut en interdisait la poursuite et lorsque les femmes, fourches en main, envahissaient le terrain pour écarter les andains d'herbe fraîche laissés par les faucheurs.

Un peu ainsi tous les jours. C'était plus prudent, nécessaire même, puisqu'après c'était selon… Selon que les dieux étaient pour ou contre.

« Mais Berthrille ! vous en êtes toujours au Prévert ?

– Mais oui, ma pauvre Mathilde. Nous n'en sortons pas cette année. Cela fait dix fois que nous fanons tous les matins, pour remettre en meule tous les soirs, et il pleut chaque nuit. Je crois bien qu'il sera plus vite pourri que rentré… Et nous n'avons encore rien coupé par ailleurs ! »

Enfin, un jour ça y était quand même ! Remis en tas, le foin râtelé avec soin était prêt.

« Pourvu que l'orage n'éclate pas avant ce soir ! »

La charrette arrivait, tirée à vide par deux vaches ou deux bœufs, liés sous le joug, pressés par l'aiguillon plus ou moins vite selon l'heure ou le temps qui menaçait encore, et sans perdre une seconde on commençait à charger.

Monter une charrette de foin ne s'improvise pas. On savait ou on ne savait pas, et celui qui en était chargé était pleinement conscient de ses responsabilités. L'idéal était de faire entrer sur deux charrettes ce qui, en toute logique, en eût nécessité trois. Cette prouesse, qui, gagnait plusieurs heures de labeur, était hautement appréciée. Mais malheur à qui voyait son convoi se renverser à la première ornière. Il était à tout jamais disqualifié.

Sur la charrette, le poids devait être partagé et étudié à l'avant comme à l'arrière, et le foin, habilement réparti et embroché sur les longs piquets latéraux, ne devait pouvoir se déplacer.

Ce travail délicat était pourtant confié à un jeune, presque un enfant, seul capable de tenir là-haut en équilibre lorsque le lourd charroi devait se déplacer ou lorsque, sans préavis, agacées par les mouches ou les taons, les bêtes se secouaient.

La charrette prenait des proportions gigantesques sous le foin lancé de plus en plus haut, en bout des longues fourches de bois, et les bêtes ne tardaient pas à disparaître presque entièrement sous les masses sans cesse accumulées.

Avant le départ, le convoi, solidement ceint d'une longue corde qui allait de l'arrière au timon, était peigné avec soin pour éviter les pertes au contact des branches d'arbres ou des ronces le long des chemins creux. Puis, l'imposante et oscillante montagne se mettait en route, au pas lent et mesuré des bœufs.

« Ne t'arrête surtout pas au milieu de la côte, Justin, les bêtes ne pourraient repartir. »

Le travail se terminait tard, le soir, lorsqu'on libérait la charrette dans la barge, cet espace qui, au-dessus des crèches, se rétrécissait de jour en jour, en gagnant vers le faîtage. L'étroitesse des lieux, les vapeurs chaudes du foin et des animaux, l'inévitable poussière qui prenait à la gorge faisaient de cette ultime tâche un travail dantesque.

On sortait de la fournaise gris, toussant et crachant, une bave noire autour des lèvres, et, le bain, torse nu, dans le premier baquet venu, était alors la seule chose en vérité que l'on pouvait souhaiter.

« Année de foin, année de rien ! » et les années sans foin ?...

Alors, c'était bien pire ! C'était la catastrophe !

* *
*

Tout le monde ressentait un malaise grandissant, et nulle personne sensée n'échappait plus à la vague d'inquiétude. Les journaux ne parlaient que de cela, la radio elle-même ne cachait pas son pessimisme. Les menaces s'accentuaient et l'image encore floue d'un conflit possible se précisait. Bien sûr ce n'était pas possible, bien sûr on ne voulait pas encore y croire, mais on en parlait, néanmoins, de plus en plus.

On était au plein des gros travaux. Le début d'un été capricieux les avait repoussés, accumulés et il n'y avait pas de temps à perdre. Les blés mûrs se couchaient et menaçaient, si l'on ne s'en occupait pas, d'abandonner leurs grains en pleine terre. Tout cela interdisait les longues conversations, et pourtant, les propos les plus brefs ne faisaient plus état que des conjonctures internationales. On ne s'abordait plus avec le traditionnel « Comment allez-vous ? », ou le non moins traditionnel « Où en sont vos foins ? », mais avec des interrogations inquiètes et des visages soucieux : « Avez-vous lu les journaux d'aujourd'hui ? Croyez-vous que les choses puissent encore s'arranger ? »

Les anciens de la guerre de 14 hochaient la tête, haussaient les épaules. « C'est-y pas malheureux ! Vingt ans après ! »

Sur les quotidiens les gros titres s'étalaient en manchettes d'une demi-page :

« Hitler ne respecte plus ses engagements »

« Hitler menace la Pologne »

« Hitler brave l'Europe tout entière »

Et si, le soir, on s'avisait de tourner le bouton de la radio, ce n'était plus que pour entendre des vociférations retransmises par-delà nos frontières où un peintre en bâtiment, devenu du jour au lendemain maître de l'Allemagne, haranguait ses foules et exaltait les qualités aryennes de la race germanique aux premières valeurs guerrières et dominatrices. À Paris, à Londres, on multipliait les contacts, on s'interrogeait. La Russie recherchait une alliance profitable. La Pologne était cernée. On déplorait les faiblesses passées et les concessions de Munich. « De toute façon, si Hitler maintenait ses revendications territoriales, il trouverait des alliés prêts, déterminés, et qui sauraient faire face à leurs engagements, faire leur devoir en honorant des garanties inconditionnelles dont les signatures n'étaient pas encore très sèches sur les parchemins. »

Malgré tout cela, on n'y croyait pas… Chacun continuait à vaquer à ses affaires, voire à ses projets.

« Mais, Paul, crois-tu qu'il y a un danger aussi sérieux ? Aussi imminent ?

– Marie-Thérèse, toutes les conditions sont évidemment réunies pour le déclenchement d'un conflit. Cette affaire de Dantzig ne me dit rien qui vaille, et cet Hitler est un fou. Mais j'espère qu'il gardera assez de raison pour ne pas dépasser des limites qui me paraissent près d'être atteintes.

– Paul, j'ai peur que l'aventure de 14 ne recommence ! »

Marie-Thérèse, clairvoyante, était atterrée.

On était dans la dernière quinzaine d'août. Daladier venait de prononcer un discours de ferme mise en garde. L'Angleterre rappelait que tout le Commonwealth était à ses côtés.

« Mais non, Marie-Thérèse, cette fois nous ne sommes plus en 14. Nous ne sommes pas pris au dépourvu. L'Allemagne le sait. Il ne faut tout de même pas oublier la ligne Maginot qui nous couvre de Montmédy à la Suisse. Crois-moi, ils y réfléchiront à deux fois avant de s'y frotter. »

Ce fut le 27 août, un dimanche qui s'annonçait comme tous les autres, que Paul reçut, porté par la gendarmerie, son ordre de mission. « Rappel du ministère de la Guerre exécutoire immédiatement, dès réception, par le premier convoi. »

C'était le premier départ de toute la région. Rien ne nous y avait préparés. La nouvelle se répandit comme une traînée de poudre dans tout notre village.

La France était prête à toute éventualité, mais Paul ne l'était pas.

« Paul, on ne fait pas tout ce que l'on veut avec du tissu ! Je crois que pour ta vareuse, en reculant tous les boutons, cela doit être possible, tu t'y fermeras, mais pour le pantalon je me demande ce que je vais pouvoir faire. J'y arriverai difficilement, même en lâchant toutes les coutures, même en déplaçant les pattes. »

Marie-Thérèse, les larmes aux yeux, exploitait toutes les possibilités de la tenue bleu horizon que l'on venait d'extraire de la cantine.

« Que veux-tu, Marie-Thérèse, je n'ai que vingt-quatre heures pour rejoindre mon corps, fais de ton mieux, au besoin ajoute un peu de tissu à l'arrière cela ne se verra pas. Et puis, ce sera comme ce sera ! J'aviserai là-bas, mais je ne peux tout de même pas me présenter en vareuse sur pantalon rayé. »

Harnaché, guêtré, ceinturon autour du ventre (on avait dû faire d'urgence quelques trous supplémentaires avec une pointe) Paul n'avait pas l'air martial mais plutôt drôle. Pourtant, personne n'avait envie de rire, et Marie-Thérèse éclata même en sanglots. Et ce fut là le seul moment de détresse et de faiblesse qu'extériorisa cette femme qui sut se montrer d'une énergie exceptionnelle durant toutes les longues épreuves que nous allions traverser.

« Mais voyons, Marie-Thérèse ! Un rappel d'officier n'est pas forcément la guerre, peut-être une simple manœuvre d'intimidation, et même si guerre il y a, je ne crois pas qu'elle puisse être bien longue. Avec l'armement que nous possédons ! Et puis enfin, à mon âge ! »

En vrai fantassin, notre officier avait gagné la gare la plus proche à pied, et nous avions sans parler fait la moitié du chemin à ses côtés.

Paul, aussi ému que nous tous, ne s'était pas perdu en conseils. Il n'en eut ni le cœur ni le temps.

« Marie-Thérèse, je te confie les enfants et la maison… Les enfants, je compte sur vous pour ne pas causer, en mon absence, de soucis inutiles à votre mère… Enfin, occupez-vous au plus tôt du ramassage de nos haricots et de nos pommes de terre. Vous risquez d'en avoir besoin cet hiver. »

Et Paul était parti.

Le vide fut aussitôt immense à la maison.

Un jour, deux jours… Rien ne s'était plus passé. Aucun rappel n'avait suivi celui de Paul. Nous commencions à reprendre confiance et à espérer.

Le premier septembre, sans déclaration de guerre, sans préavis, l'Allemagne envahissait la Pologne. La guerre, cette fois, paraissait inévitable.

Le lendemain matin, la mobilisation générale était proclamée et partout affichée.

« Qui dit mobilisation ne dit pas guerre pour autant. »

Cette ânerie se colportait encore. Personne n'y croyait plus néanmoins. On se réconfortait simplement comme on pouvait. Chacun venait prendre connaissance des affiches tricolores, et par vagues, par classes, tous les foyers tout à tour se vidaient.

« Quand pars-tu Édouard, demain matin ?

– Penses-tu ! Ce soir même avec Albert ! Et nos blés qui sont encore sur pied, tu parles d'une catastrophe !

– Tu as vu : tous les chevaux de trois à cinq ans, demain sur la place !

– Le mien est trop vieux.

– Le mien est trop jeune. »

Chacun s'affairait, parait au plus pressé, au mieux des quelques heures qui lui restaient et partout on entendait : « Comment va faire la femme ?... Comment vont s'en tirer les vieux ? »

Je m'étais mis à l'arrachage de nos pommes de terre, suivant les volontés de Paul. À la houe, au mépris de mes reins, conscient de mon rôle d'aîné et de mes responsabilités.

Les pommes de terre, dans notre région au sol argileux où la terre convient, se font peu profondes. Dix, quinze centimètres tout au plus. Chaque pied est distant d'un autre d'une trentaine de centimètres. Mais lorsque la pluie, suivie du soleil, y est passée, on se trouve en présence d'un vrai ciment. On doit les arracher avec peine en évitant de les couper. Pour ce faire, il faut se fier à la fane. Plus la fane est vigoureuse, plus il y a abondance, et la pluie leur convient. On doit donner son coup de houe énergiquement ni trop loin ni trop près afin de soulever le pied dans son ensemble avant de le libérer de ses mottes, du talon de son instrument. Dans certains champs, pour faciliter la tâche, entre chaque rang, on donnait un coup de charrue, mais ce n'était pas notre cas et en général, pour moi qui n'y étais pas habitué, ce travail pénible me valait chaque fois un jour de lit.

J'abordais mon dernier sillon en sueur, lorsque mon frère fit irruption au bout du champ.

« La guerre est déclarée ! »

Mon frère avait couru pour m'apporter la nouvelle et, essoufflé, il ajouta :

« L'Angleterre l'a déjà déclarée depuis ce matin, cela a été confirmé par la radio. »

J'avais abandonné ma houe. Nous étions très excités.

Alors, cette fois, ça y était ! Les manœuvres d'intimidation avaient échoué. L'attente était terminée.

Tout se passait comme si un énorme abcès, devenu intolérable, et dont on attendait depuis trop longtemps la fin, venait tout à coup de crever.

C'était la guerre !... Eh bien tant pis ! Eh bien tant mieux !

Hitler l'avait voulue, eh bien il allait voir !

Aucun sentiment de tristesse, aucun sentiment d'inquiétude ne nous étreignait plus, bien au contraire une exaltation, jusqu'alors inconnue, qui avait succédé à l'angoisse et qui s'était brusquement emparée de nous, nous électrisait, nous enflammait.

Enfin notre génération allait connaître une guerre ! Une guerre qui serait la nôtre et dont nous serions fiers, comme l'étaient, de la leur, nos aînés et nos pères. Une guerre dont nous serions, à notre tour, les héros !

Il allait enfin se passer quelque chose ! Quelque chose de grand, de formidable qui allait tout bousculer, tout chambarder, tout remettre en question, jusqu'à notre vie ! Qu'importait à quel prix, à quelles peines ! Même si c'était monstrueux, même si cela ne pouvait être générateur que de malheurs et de misères, et même si cela allait coûter la mort de beaucoup d'entre nous. Seuls comptaient l'action, l'aventure et les risques qui allaient nous amener à vivre intensément, passionnément, la plus grande des épopées que l'on puisse imaginer.

« Crois-tu qu'elle durera assez pour que nous y allions ?

– C'est peu probable. Papa a affirmé à maman avant de partir que ce n'était l'affaire que de quelques mois. »

Ni l'un ni l'autre n'osâmes ajouter « quel dommage », et pourtant, nous le pensions.

Les cloches, à toute volée, sonnaient !… sonnaient au clocher de notre village, sonnaient au loin, au-delà des coteaux, dans les communes voisines les plus petites et les plus isolées.

« La drôle de guerre » venait de commencer.

XIV

Les compagnons du Tour de France ont toujours eu, dès leur origine, un saint respect pour leurs bâtons ornés de leurs rubans, porteurs de leurs insignes corporatifs. Aucun d'eux ne se serait mis sérieusement en chemin sans cet attribut, symbole de la route à faire, mais aussi signe de reconnaissance et de ralliement. Chaque rencontre donnait lieu à un examen détaillé de chaque pommeau, de chaque couleur, et ce n'était qu'après ces formalités d'usage, jugées par tous indispensables, que s'établissaient en toute connaissance de cause le contact, le dialogue et l'amitié.

La faluche était aux étudiants ce que la canne était aux compagnons.

Si vous cherchez sur un dictionnaire – même le plus complet – le mot faluche vous devrez vous contenter de la définition suivante : « Faluche : béret des étudiants », un point c'est tout !

Le moins que l'on puisse dire, c'est qu'aucun dictionnaire n'est prolixe en la matière.

Une pareille définition, sans description, sans commentaire, c'est peu. Bien trop peu à mon avis pour permettre aux futures générations de se faire une idée de cette coiffure prestigieuse qui, si elle n'est plus de mode de nos jours, et c'est bien dommage, n'en orna pas moins très souvent la tête de leurs grands-pères, à une époque où ils avaient encore des cheveux.

Poitiers n'échappait pas à la règle, bien au contraire, c'était une ville à l'âme universitaire, où les étudiants fort nombreux étaient rois et, comme c'était aussi une ville de tradition, la faluche y était communément portée. Admise une fois pour toutes, elle ne faisait retourner personne et ne soulevait ni réprobation ni litige sur son passage. Grâce à elle, les étudiants, non seulement pouvaient se reconnaître, mais aussi, à coup sûr, se compter en cas de besoin, et les faluches étaient nombreuses sur le trottoir.

La faluche était un béret, un béret de velours noir. Son nom d'origine lilloise remonte loin dans le temps et signifiait galette. Très ample, elle se portait rejetée sur le côté, sa base rigide était toujours ceinte d'un ruban, et, de couleur variable, ce ruban était l'élément noble et essentiel de la coiffure. Qu'il soit de velours ou de soie, il répondait toujours à des normes très précises, tant par sa largeur que par sa teinte, et cette dernière, très étudiée, avait toute son importance puisqu'elle était déterminante de chaque faculté, donc de chaque discipline. Rouge pour le droit, amarante pour les sciences, jaune pour les lettres, bleue pour les beaux-arts, elle devenait grenat pour la médecine, verte pour la pharmacie ou violette pour dentaire, et chacun d'entre nous arborait avec soumission la couleur à laquelle il avait droit.

De très loin, on savait donc ainsi, approximativement, qui l'on allait croiser, et l'on en savait beaucoup plus de près, car ce ruban était décoré d'insignes si significatifs et précis qu'il devenait, pour qui savait le lire, un curriculum des plus complets.

Un ruban se lisait de droite à gauche. S'il était bien tenu, on trouvait sur lui en premier, et obligatoirement, le blason de la ville, puis l'emblème propre à la faculté, et enfin toute une série de petites étoiles qui, suivant leur couleur leur nombre et leur succession, donnaient d'une manière infaillible le degré et l'histoire universitaire de celui qui l'arborait.

Je ne m'étendrai pas sur le blason de la ville, il était commun à tous ceux de la même université. Je serai un peu plus bavard sur les emblèmes de chaque faculté et surtout sur le sens des étoiles qu'il fallait connaître pour la bonne compréhension des choses. Les emblèmes de faculté étaient en fait corporatifs. Chaque discipline avait le sien. Celui du droit était figuré par une balance, celui des lettres par des palmes, celui de la pharmacie par un caducée, celui de la médecine par une tête de mort sur des tibias entrelacés. Ces emblèmes, tous dorés, ne faisaient que confirmer les couleurs, ils n'avaient donc qu'une relative importance. Les étoiles, par contre, avaient une signification tout autre, c'étaient elles qui donnaient au ruban son raffinement et, à elles seules, elles situaient le niveau exact des études dans la discipline. Tout étudiant avait droit à une étoile d'or par année validée, étoile d'or tristement remplacée par une étoile d'argent si l'examen n'avait pas été passé, ou s'était soldé par un échec.

En général, tout le monde attachait le plus grand soin en fin d'année, après la semaine estudiantine où les bizuths en particulier étaient consacrés, à la mise à jour de son velours. Rares étaient les omissions, mais lorsqu'il y en avait, elles portaient en général, toujours plus sur l'argent que sur l'or. Et c'était bien normal car pour certains barbus, grands joueurs de poker, fumeurs de pipe et joyeux drilles, sans ces petites tricheries le tour entier de leur faluche, même en admettant une grosse tête, n'aurait pas suffi.

Grâce à ces constellations, les hiérarchies de chacun étaient donc connues et respectées, comme il se devait. Et si l'on croisait sur le trottoir une faluche grenat, portant à côté de sa tête de mort deux étoiles d'or suivies d'une étoile d'argent, précédant elle-même trois étoiles d'or, on pouvait affirmer sans risque d'erreur qu'il s'agissait d'un carabin chevronné, qui bien qu'ayant redoublé sa troisième allait passer sa thèse dans l'année. Que de chauvinisme ! Que de sectarisme ne devait-il pas en résulter, penserez-vous. Eh bien ! détrompez-vous. Tout le monde certes, comme un dix-cors l'est de ses bois, était fier de ce qu'il portait sur son crâne, mais cela, chacun ayant en fait délibérément choisi son chemin, n'allait jamais jusqu'à susciter problèmes et jalousies.

Rien n'était plus fréquent que de voir sur le trottoir deux ou trois faluches de couleurs différentes en conversation amicale et animée, et, si par hasard une longue chevelure brune ou blonde ornée d'un ruban quelconque venait à passer, il n'était pas rare non plus de les voir avec ensemble lui emboîter le pas, chacune prête à toute éventualité, et chacune bien convaincue que la couleur du ruban n'entraînait sûrement pas l'incompatibilité.

* *
*

Nous étions repartis, mon frère et moi, dès la rentrée scolaire. Marie-Thérèse était restée seule à la maison, avec sa classe de quarante élèves qui l'accaparait une grande partie de la journée, et la charge supplémentaire de la mairie, qu'elle devait assurer en l'absence de Paul, souvent très tard dans la soirée. Avec beaucoup de courage, elle faisait, comme bien d'autres femmes, front à toutes ses servitudes nouvelles, consolée malgré tout de savoir que mon père, cette fois, n'était pas exposé. Les blessures de sa guerre de 14 et son âge avaient relégué Paul au train des équipages et Marie-Thérèse recevait de ses nouvelles presque tous les jours. « Ne t'inquiète pas, Marie-Thérèse, me voilà dans cette gare en qualité de commissaire militaire, je passe mon temps à coordonner des convois. Je suis devenu, comme tu le vois, une sorte de chef de gare. »

Paul recevait ses réponses par retour du courrier. « Fais quand même attention aux trains Paul, tu n'en as pas l'habitude, et surtout ne te préoccupe pas d'ici. Tout va pour le mieux. »

La situation militaire stagnait. L'hiver n'apportait aucun élément nouveau et, le temps passant, les journaux affichaient une confiance grandissante.

« Hitler n'osera jamais passer à l'attaque », « nos lignes de défense sont à toute épreuve et imprenables » et une chanson à grand succès, nouvellement lancée, plus optimiste encore, affirmait que nous irions faire sécher notre linge sur la ligne Sigfried.

On ne voyait malgré tout pas très bien comment, puisqu'aucun des belligérants, jusque-là, n'osait quitter ses positions, mais qu'importe, la nation tout entière, naïvement, reprenait de l'assurance. Les premières émotions passées, la France retrouvait son moral, se remettait à espérer, à croire jusqu'à l'absurde, jusqu'au miracle. Paul, lui-même d'habitude pessimiste, très au courant par ses contacts permanents avec ceux qui montaient et redescendaient sans cesse, écrivait à Marie-Thérèse : « Patience, Marie-Thérèse, ce n'est qu'une question de quelques mois. » Là encore, on ne voyait pas très bien comment tout cela pourrait évoluer aussi vite, puisqu'au demeurant on pouvait très bien se regarder ainsi, à la lorgnette, plusieurs années.

C'est dans ce climat relativement détendu que, trop jeune pour porter le fusil, j'avais coiffé la faluche, que de potache j'étais devenu étudiant et que, fidèle à mes prises de position, je m'étais inscrit au P.C.B.

Année normale, effectifs normaux, la faculté n'avait rien modifié à son rythme habituel. Bien sûr, les années antérieures étaient pratiquement décimées, bien sûr chacun de nous savait parfaitement que l'engagement de sa classe ne serait l'affaire que de quelques mois, mais tout le monde gardait l'espoir et restait convaincu que d'ici là tout serait terminé.

J'avais pris mes quartiers chez ma tante, dans une atmosphère sereine et affectueuse qui constituait une prolongation de cordon ombilical familial et pour moi qui haïssais la discipline du collège, qui avais horreur de tout ce qui était règlement, obéissance et esprit collectif, mes nouvelles conditions de vie me ravissaient.

Plus de grilles, plus de dortoir, plus de contraintes mais une existence toute neuve qui répondait parfaitement à mes aspirations et qui convenait à mon esprit indépendant.

Pendant mes six années carcérales, très mal supportées, que de fois j'avais envié la vie des externes ! Eh bien ! cette vie, enfin, était la mienne. Mes sorties bihebdomadaires collégiales en colonne par deux avaient contribué à me faire détester la ville, dès mes premières semaines de liberté je devais reconsidérer cette opinion.

Un chemin relativement long me séparait de la faculté. Je le parcourais quatre fois par jour. Un tramway aurait pu faciliter mes allées et venues. J'en avais pourtant limité l'usage au strict minimum, les jours de pluie, préférant me déplacer à pied dans la joie d'une autonomie retrouvée.

L'ambiance de la ville restait pour moi à découvrir et c'est en flânant, matin et soir, que je partais à cette recherche, me laissant aller à tous les errements indispensables à la rencontre des rues, des quartiers et des gens.

Mes premiers cours ne commençaient guère avant 9 heures. C'est à 7 heures que je quittais mon quartier, et ces deux heures d'avance étaient bien nécessaires à ma fantaisie. Grâce à elles, je pouvais modifier mes itinéraires au gré de l'intérêt ou de l'aventure. Pour rejoindre la faculté, je devais franchir le fleuve, le Clain et le pont sur lequel je devais fatalement passer était bien le seul coin immuable de mon parcours. Le reste était imprévu et imprévisible, dépendait des rencontres, des coïncidences, et un rien en infléchissait la route. Une paire de jolies jambes bien galbées, une dizaine de mètres au-devant de moi, grimpant allègrement, me déterminaient aussitôt, même si elles m'obligeaient à un détour déraisonnable ; un chien sympathique à saluer, un mendiant à gratifier d'une piécette (cela porte bonheur) suffisaient également.

Je changeais de trottoir pour passer devant la porte du cordonnier, pour le plaisir de renifler l'odeur de la poix et du cuir neuf, je changeais de trottoir, quinze mètres plus haut, pour fuir l'odeur du poissonnier, mais je retraversais aussitôt pour ne pas manquer l'étalage du primeur et sa petite vendeuse accorte que l'on pouvait gratifier d'un sourire ou d'un mot d'amitié, voire d'une petite causette, pendant qu'elle confectionnait ses pièces montées d'oranges et de citrons.

« Dites donc, Nicole, vous n'avez pas bientôt fini ?... Croyez-vous que je vous paie pour faire la parlotte devant la porte ?

– Mais madame, je servais monsieur ! »

Il n'y avait plus rien à dire.

J'en fus, ce jour-là, d'une livre d'oranges. Le lendemain, d'une livre de poires, et j'arrivai à la faculté, durant toute la semaine, distribuant successivement des prunes, des pêches ou des abricots. Je récoltai même d'urgence, un matin, une botte de poireaux qui dut faire le bonheur d'une ménagère, car je l'abandonnai furtivement sous le premier porche venu.

Pour la marchande, je commençais à devenir un client intéressant. Pour moi, par contre, cela devenait onéreux et n'aurait pu durer sans Nicole qui, heureusement, ne fut pas trop longue à se décider.

« C'est d'accord, demain matin, vers 10 heures sur le coteau, tu me verras monter. »

Fidèle à son rendez-vous, elle arriva à l'heure précise, tout endimanchée, sac à la main, chapeau sur la tête, et un vaste terrain vague couvert d'une forêt de hauts genêts en fleurs nous absorba.

« Comment as-tu fait ? Qu'as-tu dit chez toi ?

– Oh rien ! Je vais à la messe de temps à autre. Cela ne paraîtra pas anormal, mais j'ai dû mettre mon chapeau et prendre mon sac, tu comprends, pour que cela paraisse vraisemblable. »

Si je comprenais ! J'avais dû moi-même, ce dimanche matin, prétexter d'une conférence exceptionnelle en faculté et j'étais arrivé, ma serviette sous le bras.

Nous avions trouvé, après quelques zigzags compliqués, un petit espace de mousse propice avec une seule ouverture sur le ciel bleu.

Nous nous y retrouvions tous les dimanches. D'exceptionnelle, ma conférence était devenue régulière, et Nicole traversait manifestement une période mystique qui ne souffrait pas la défaillance.

« Tu passes quand même de temps à autre au magasin, cela paraîtrait anormal à la patronne de ne plus te voir. »

J'y passais pour une boîte de dattes ou une poche de noisettes, pour une confirmation de rendez-vous dont, certes, je n'avais plus besoin.

Reléguée dans un coin, la robe n'avait pas tardé à rejoindre le sac et le chapeau. Précaution indispensable pour ne pas la froisser, et très vite une grande liberté s'était établie entre nous. Un corps de dix-sept printemps, brun velouté et crépu par endroits, comme on n'aurait jamais osé l'espérer, un corps tout neuf, chaud, accessible et consentant, la tentation était vraiment très forte. Nicole, hélas, ne voulait rien savoir. J'avais déployé toute mon éloquence, toute ma persuasion pour lui démontrer le charme et le naturel de la chose, rien n'y avait fait, même pas la solide assurance de l'emploi de la baudruche que je m'étais permis d'apporter un jour.

« Tout ce que tu veux, sauf ça ! Tu promets une fois pour toutes ou je ne reviens pas. »

C'était à prendre ou à laisser.

J'avais accepté sans promettre, dans l'espoir d'un jour meilleur, d'un moment de faiblesse, mais même soumis à cette restriction, cela restait prodigieux.

Tous les dimanches, dans une ambiance explosive, dangereusement bourrée de désirs, faute de mieux, nous nous adonnions donc à notre petite heure d'anatomie comparée, et c'était rassérénant, après mon expérience passée avec Zézette, de trouver chez Nicole ses deux petits seins ravissants, à peine plus gros que les oranges qu'elle rangeait tous les matins, et qui eux, au moins, restaient sur sa poitrine.

Certes, nos propos, réduits d'ailleurs au minimum, n'étaient pas d'une haute portée philosophique, et l'entêtement de Nicole, bien que sécurisant, réduisait un peu l'attrait qu'auraient pu connaître nos rendez-vous, mais ces derniers n'en étaient pas moins enrichissants. Dans une nudité quasi totale, à l'abri de nos genêts, le plus clair de notre temps se passait, bien sûr, en imposition de mains, en chatouillis étudiés, en enlacements compliqués de jeunes chats qui tenaient et du catch et de l'amour. Baisers recherchés ou prolongés qui demandaient du souffle et dont on se remettait avec peine, c'étaient, dans la fougue de nos vingt ans, toutes les meilleures et les plus subtiles prouesses que, sans expérience mais d'instinct, nous découvrions.

Échauffée, haletante, turgescente, Nicole, au cours de ces joutes amoureuses et sauvages, embaumait comme un petit animal.

J'aurais, volontiers, prolongé sans me lasser ces engagements bien plus longtemps que la durée d'une messe, mais la prudence de Nicole était toujours en éveil. L'heure venue, cambrée quelques secondes dans un rayon de soleil, elle rajustait sa robe, remettait en un rien de geste un peu d'ordre dans ses cheveux et, m'ayant accordé un dernier baiser, disparaissait à ma vue derrière un écran vert, me laissant chaque fois vidé, sans réaction, insatisfait, mais ravi.

* *
*

J'ai toujours eu le plus grand mal à supporter la discipline. C'est vrai. Indiscipliné de nature, je ne l'accepte à dose homéopathique que dans la mesure où elle ne s'impose pas avec une trop grande autorité et mon caractère, volontiers d'opposition, se cabre devant toute contrainte oppressive.

La faculté, par sa surprenante tolérance et sa laxité, me séduisit d'emblée.

À côté du lycée, c'était un nouveau monde, aux règles de jeu totalement changées.

Au lycée, dans chaque salle, chacun avait sa place attitrée, immuable, vers laquelle il devait se rendre sans fantaisie, comme un bœuf à sa crèche ; à la faculté, l'amphithéâtre accueillait qui voulait, où il voulait.

Au lycée, chaque professeur connaissait chacun de nous ; à la faculté, l'anonymat, en apparence au moins, restait complet.

Au lycée, interrogations et notes, fastidieuses, se succédaient et alternaient en suspicions permanentes ; à la faculté, jusqu'à l'examen, la confiance régnait.

Enfin, si au lycée une absence n'était ni admise ni concevable, à la faculté venait qui voulait, et point n'était besoin à l'occasion de se justifier. Je n'en profitais d'ailleurs pas ; je n'y avais aucun mérite, car il me suffisait de savoir que j'avais la liberté de le faire pour n'en avoir plus aucune envie.

Le P.C.B. !... Lorsque j'évoque cette première année estudiantine, déjà bien lointaine, que m'en reste-t-il ?...

Physique, chimie, biologie. Voyons, en cherchant un tant soit peu, cela doit être facile. En physique : la loupe, le microscope, les rayons X. En chimie, la table de Mendeleïev, les chaînes hexagonales excentriques, aux noms fabuleux qui n'en finissaient pas, et qui résonnent encore dans ma mémoire, tels que le cyclopentanoperhydrophenantrem. En biologie…

Eh bien non ! Tout cela est faux, bassement réfléchi ! Soyons francs ! Le P.C.B., lorsque j'y pense, suscite en moi de tout autres souvenirs. Le P.C.B., plus que l'optique, les pendules ou les formules chimiques, c'est Juju, Régine et les roussettes ! Ces trois éléments seuls en constituent indiscutablement la sauce car ils lui apportèrent tout son bouquet par leur présence permanente et leurs odeurs respectives qui, je dois le reconnaître, si elles se mêlèrent à longueur d'année, grâce à Dieu ne s'y confondirent jamais.

C'est en biologie, matière qui avait la faveur de nous tous, que se déroulaient les séances de dissection.

Le programme prévoyait l'étude au scalpel et à la pince d'un gastéropode, d'un annélide, d'un oiseau, d'un mammifère, d'un batracien et d'un poisson, en l'occurrence de la roussette, chien de mer, petit squale miniature à la peau lisse et tachetée comme un requin. Notre nombre rendait déjà impossibles des dissections d'ensemble sur le même sujet, et c'est donc par groupes de deux ou trois que nous devions à tour de rôle étudier chaque espèce.

En principe, avec l'escargot, la sangsue ou la grenouille, qui avaient droit aux vivisections, il n'y avait pas de problème, pas plus qu'avec les cobayes ou les pigeons qui étaient relativement frais, mais c'était toujours avec les roussettes que les choses se compliquaient. Celles qui nous parvenaient au laboratoire, chaque semaine, après avoir défié la vente et le temps, nous arrivaient dans un tel état qu'à elles seules elles empoisonnaient, sur-le-champ, la salle entière pourtant vaste et aérée. Leur odeur, à peine supportable l'hiver, devenait l'été franchement insoutenable, à tel point que les malheureux officiants, qui devaient s'occuper d'elles, avaient besoin de faire appel à toute leur volonté pour éviter le vomissement.

Notre professeur lui-même, pourtant bien habitué à leur présence depuis de nombreuses années, s'en méfiait, avait hésité à les garder au programme et les distribuait chaque fois sans les toucher, avec dégoût, aux privilégiés du jour.

« Ah ! vous, tenez, venez prendre possession de votre roussette... Je la trouve avancée... Enfin vous verrez... Essayez d'en tirer quelque chose. De toute façon, je serai indulgent. Vous avez vos gants ? »

Grivaud et Chalard, à la grande joie générale, étaient même venus au laboratoire, alors que c'était à eux de s'occuper du sélacien, munis de masques à gaz de la défense passive, et le professeur avait eu, lui aussi, le bon esprit d'en rire.

Les roussettes, en biologie, étaient donc et restent légendaires au point qu'il n'est pas deux anciens de Poitiers qui, un jour en se rencontrant, ne se disent en se frappant sur l'épaule :

« Eh dis donc, te souviens-tu des roussettes du P.C.B. ?

– Des roussettes ! Tu penses ! Elles ont failli me dégoûter à tout jamais du poisson ! Comment veux-tu oublier ça ! »

Puis, assez rapidement, sans liens apparents, passant à plus agréable, il y en a toujours un des deux pour ajouter :

« Et au fait, Juju et Régine, sais-tu ce qu'elles sont devenues ? »

Juju et Régine étaient les deux seuls éléments féminins au milieu de notre troupeau. Alors que les lettres et la pharmacie étaient déjà envahies, la médecine et le droit restaient encore le fief presque exclusif des garçons. C'est dire tout l'intérêt que ces deux égarées purent susciter parmi nous, les espoirs qu'elles surent y faire naître, et, en conséquence, tous les égards dont elles furent entourées.

Notre année s'était divisée en trois groupes, non point par le jeu des nécessités de nos amphithéâtres, mais suivant les aspirations, avouées ou non, de chacun d'entre nous. Il y avait le groupe des Jujutiens, celui des Réginiens, et enfin celui des indécis et des sages qui, loin d'être indifférent se serait fort bien accommodé de la moindre défaillance, d'où qu'elle vienne.

Certes, on peut avoir oublié la silhouette du prof de chimie, celle du prof de physique ou de botanique, mais celle de Juju ou de Régine ce n'est pas possible, ce serait impardonnable et constituerait une injure flagrante à nos vingt ans.

Juju (commençons par elle) était une authentique brunette. Petite, potelée mais diablement bien moulée, ni trop grosse ni trop maigre, elle était au plein d'un épanouissement qui n'avait plus rien à attendre et qui ne pouvait que se gâter.

Bien sûr, on pouvait prévoir, en la voyant, qu'elle aurait probablement à la trentaine des formes un peu lourdes, qu'à la soixantaine, ayant eu maille à partir avec la cellulite, elle s'empâterait certainement, et prendrait une allure douairière qui ferait qu'un collier à trois rangs de perles lui conviendrait alors fort bien, il n'en restait pas moins vrai que, pour l'heure, elle était adorable.

Juju pouvait soutenir la contemplation et la critique la plus impitoyable. Côté pile, tout comme côté face, elle n'était qu'équilibre et harmonie. Même ses hanches, peut-être un peu larges pour sa taille, qui apportaient un élément de féminité accusé, s'acceptaient et donnaient à tous ses mouvements une évidente sensualité.

Juju portait des cheveux longs. Elle les laissait flotter sur ses épaules ou les retenait parfois en un petit chignon, libérateur d'une nuque propre à être mordillée. Yeux noisette, rieurs, un peu naïfs, on y percevait juste ce qu'il fallait de crédulité, et sa bouche, finement ourlée était agrémentée de lèvres si prometteuses, encadrées de fossettes si bien réparties qu'elle appelait, d'emblée, le baiser. Juju, enfin, avait une poitrine de déesse ! Une poitrine toute en rondeurs, que l'on devinait ferme et pleine d'une saine poussée intérieure qui ne devait rien au soutien. Cette poitrine, qui aurait attiré fatalement la main, avait le don de faire tourner la tête de tous les jeunes, de faire retourner la tête des moins jeunes et de faire hocher la tête des trop vieux. Juju avait le bon esprit de ne pas trop l'emprisonner, de lui laisser un peu d'aisance et elle lui avait valu, à elle seule, un oral triomphal à son dernier examen. On avait beau se dire qu'un jour ses seins finiraient, comme tant d'autres, en avalanches successives jusqu'au nombril, on ne pouvait devant eux, en attendant, qu'être extasié.

« Oh ! Viens voir, viens voir cette lame ! Une réussite ! Je suis certain que tu n'as jamais vu ça dans un pareil détail. »

Penché sur le microscope, l'invite ne s'adressait pas directement à Juju – c'eût été maladroit – mais à son voisin de travail qui, bien sûr, était de connivence.

Le microscope trafiqué (l'oculaire retiré et une moelle de sureau interposée à l'intérieur) ne permettait aucune visibilité.

« Formidable ! Tu as réussi quelque chose d'étonnant ! »

Juju ne pouvait moins faire que d'arriver.

« Je peux voir ?

– Mais bien sûr Juju, mon petit ! Tiens, je te le mets au point. Regarde-moi ça ! Tu ne verras pas ça tous les jours !

– Mais je ne vois rien !

– Comment, tu ne vois rien ! Voyons, modifie un peu le réglage. Tu ne vois toujours rien ? »

Et pendant tout ce temps, sous des prétextes qui se voulaient charitables, pour mieux la guider et lui montrer l'invisible, on pouvait, tout à loisir et sans grand risque, la peloter gentiment, lui caresser les épaules, s'appuyer sur ses hanches, la surplomber, voire hasarder une main vers son corsage ou lui poser un petit baiser sur la nuque.

« Je ne sais comment tu t'y prends, ma pauvre fille, tu devrais t'acheter des lunettes… Allons va, laisse tomber, c'est une farce ! »

Juju était la fille parfaite, la copine idéale. La découverte de la supercherie ne la mettait nullement en colère, et, peut-être aussi, à cause de ce petit baiser ressenti derrière l'oreille et qui lui faisait tout pardonner, elle était la première à en rire.

Juju était un spécimen bien de chez nous. Toute en jus, toute en sève. Un magnifique bouton de rose arrivé au mieux de sa forme, encore lové sur lui-même, mais sur le point d'éclore et puis… Juju ! Elle était peut-être vue aussi dans la lorgnette de l'indulgence et l'euphorie de nos désirs !

Qu'aurait donné la rencontre de Juju et de la pilule ? Je n'ose y penser ! Évidemment, cela aurait bien servi certaines de nos aspirations, mais quel dommage c'eût été !

Régine… Rien à voir avec Juju. Elle contrastait avec elle de tout en tout, aussi bien par son physique que par son comportement.

C'était, elle, un grand échalas, une sorte d'échassier aux longues jambes fines et nerveuses. À l'encontre de Juju qui arborait l'important sur la poitrine, Régine avait l'essentiel dans ses jambes. Admirablement galbées, c'étaient chez elle ces éléments qui, plus que toute autre partie de son anatomie, primaient et fascinaient, et cela d'autant plus qu'émule de la minijupe bien avant sa mode, elle faisait bien tout ce qui était en son pouvoir pour les mettre en évidence à toutes les occasions.

Régine était-elle blonde ? C'est là un point qui resterait à élucider.

« Une fausse blonde », assuraient certains, qui prétendaient avoir de solides raisons à leurs affirmations, et l'on aurait été enclin à les croire, puisqu'en croisant et décroisant ses longs compas, Régine permettait à tous de découvrir certains horizons privés qui plaidaient bien en cette faveur.

Pour ma part, je l'ai toujours connue blonde et je n'ai pas d'opinion.

Ses traits étaient anguleux, et, malgré tout, l'ensemble était assez réussi bien qu'entre jambe et tête il n'y eût pratiquement rien à glaner. Ses chemisiers, quels qu'en soient les modèles, restaient toujours d'une désespérante platitude et, sur ce point, tout le monde s'accordait, aucune comparaison n'était concevable avec Juju.

Ongles longs très soignés, carminés à l'extrême, elle nous arrivait tous les jours outrageusement maquillée, lèvres sang, yeux cernés soulignés de Rimmel et, à cette époque où le rouge baiser restait l'apanage des vamps, elle faisait à la fois sensation et scandale. Ce n'était sûrement pas pour lui déplaire et ses fantaisies vestimentaires, tapageuses et inattendues, bien que de bon goût et étudiées à l'extrême, prouvaient qu'elle ne désirait pas passer inaperçue ! Le lundi en tenue de Diane, elle apparaissait le lendemain en gitane, pour finir la semaine en tailleur blasonné et galonné comme un officier de haut rang. Sa garde-robe témoignait d'une aisance outrancière, et même pour des carabins qui se souciaient peu de ses démonstrations, elle ne manquait pas d'impressionner.

Régine, enfin, n'arrivait jamais parmi nous sans s'être aspergée, que dis-je, sans s'être imbibée de parfum. Cuir et tabac se mêlaient en odeurs si lourdes et si persistantes qu'il n'était plus nécessaire de se retourner pour avoir la certitude de son passage et qu'on pouvait au besoin la suivre à la trace. Elle parvenait, certains jours, à dominer l'odeur de la roussette – ce qui n'était pas peu dire – et de toute façon, même si elle ne l'éclipsait pas, leur rencontre suffisait à charger l'atmosphère de mélanges étonnants. Fumeuse invétérée, où que ce soit, on la rencontrait toujours, un porte-cigarettes géant au bec, liquidant cigarette sur cigarette à un rythme tel qu'il ne laissait aucune chance à qui voulait l'embrasser. C'était, à n'en pas douter, une silhouette d'avant-garde, une sorte d'ersatz américain, et Régine, à la bibliothèque, montée sur une échelle à la recherche d'un livre inaccessible haut placé sur une étagère, montrant avec indifférence à la salle médusée son levant et son couchant sous des transparences arachnéennes roses, était un spectacle époustouflant qui laissait son souvenir. Même les plus studieux et les plus occupés levaient alors des yeux rêveurs et n'arrêtaient de chercher l'inspiration au ciel que lorsque Régine redescendait sur terre.

Des avantages aussi évidents à contempler, bien qu'un peu sur pilotis, étaient affriolants. Régine avait, comme je l'ai déjà dit, sa cour d'admirateurs, des fanatiques acharnés auxquels ses allures désinvoltes laissaient bien augurer. Ils ne la quittaient pas d'une semelle, et pourtant, malgré les apparences, Régine n'était pas une fille facile à manœuvrer. Les tentations qu'elle provoquait, elle en avait pleinement conscience, et elles n'étaient pas pour lui déplaire, mais il y avait malgré tout avec elle des limites qui, bien qu'extrêmes, reculaient peu. Grande cavale, beaucoup auraient donné cher pour la chevaucher, et à cette entreprise hasardeuse, certains s'étaient presque ruinés. Si Régine en effet manquait d'enthousiasme tant pour la physique que pour la chimie ou la botanique, au point que l'on se demandait un peu ce qu'elle était venue faire parmi nous, elle était, par contre, passionnée de poker, et elle avait pour habitude d'entretenir ses penchants ludiques au moyen de boissons fortes et coûteuses, voire de champagne, si on le lui offrait ! Pour la plupart, de pareilles prodigalités représentaient un effort insoutenable. Néanmoins, l'enjeu valant la peine, les plus ardents et les plus fortunés s'y lançaient. Tard dans la nuit, leurs bourses vides, ils devaient déchanter et abandonner la partie. Leur partenaire gardait la tête froide et tenait la bouteille aussi bien que le jeu.

Je me suis laissé dire qu'elle succomba, malgré tout, au cours de ce P.C.B. héroïque. Mais ce fut sûrement bien moins souvent que beaucoup ne l'eussent souhaité, et l'on peut affirmer, de toute façon, que ce ne fut jamais ni dans les vapeurs du champagne ni dans celles du whisky que cela arriva.

* *
*

Évoquer la vie universitaire poitevine sans parler du Bitard et de la semaine estudiantine qui lui était consacrée me paraîtrait inconcevable, impardonnable et presque sacrilège.

Le Bitard était en effet aux étudiants de Poitiers ce que la Tarasque est aux habitants de Tarascon. Les Tarasconnais vénèrent toujours leur Tarasque, je ne sais si le Bitard a survécu à la guerre et surtout à l'Occupation. Il me faut donc en parler au passé. Qu'il me pardonne si je commets une irrévérence profanatrice à son égard !

Le Bitard ! C'était un être fantastique, hors du commun, déroutant, mi-lézard mi-oiseau, qui échappait à toute classification. Son corps était celui d'un lacertilien à sang-froid, mais sa queue était couverte de plumes et de crins, comme celle d'un vertébré tétrapode à sang chaud.

Son effigie était conservée en permanence à la maison des étudiants sous une protection vitrée qui le préservait de toute facétie et de tout contact profanateur ou adulateur qui auraient pu nuire à son intégrité ou à sa beauté. On ne pouvait, sous aucun prétexte de vénération, lui baiser ni la tête, ni le corps, ni la queue, et il était formellement interdit de lui soustraire quoi que ce soit, même pas une écaille, même pas une plume, en guise de souvenir. Il était sous la garde morale de chaque étudiant, car c'était lui leur totem protecteur, leur mascotte adulée. Il jouissait d'un culte fervent et presque fanatique, et son nom n'était jamais prononcé sans qu'il soit suivi de la phrase rituelle « loué soit-il ». On pouvait se procurer de lui des photos, voire des amulettes bénéfiques, que l'on était en droit de porter au revers de son veston, si on le désirait, en attendant l'attribution de la Légion d'honneur.

Fétiche, mascotte et dieu, on jurait sur son effigie et, comme saint Benoît ou saint Dominique, il patronnait un ordre qui lui était directement soumis et rattaché et qui portait son nom.

L'ordre du Bitard. « Loué soit-il. »

Cet ordre était vivant, florissant, ses adeptes toujours renouvelés, et toujours aussi convaincus.

Faire partie de cet ordre, bien qu'il n'ait rien de discriminatoire, était un honneur qui ne pouvait être accordé à tous et qu'il fallait savoir mériter par des qualités que ni Gargantua ni Grandgousier n'auraient désavouées.

Des performances d'une haute tenue, presque désespérantes, étaient exigées des postulants à chaque intronisation. Cela suffisait à expliquer le nombre restreint des dignitaires admis et la notoriété qui était accordée à ceux qui y parvenaient. Non seulement ils bénéficiaient du respect, mais leur autorité n'était jamais contestée. Divers ornements ou attributs leur étaient concédés, et leurs faluches spéciales, différentes suivant leur grade et leur hiérarchie, les distinguaient du *vulgum*. C'est ainsi que les membres de la congrégation, même les plus bas, portaient déjà un ruban en chevron, que les chevaliers de l'ordre portaient un ruban bleu, les commandeurs un ruban bleu bordé de blanc de chaque côté, le grand maître un ruban bleu-rouge-bleu bordé d'une frange d'or, alors que le grand Bitardier, le grand prêtre, le vénérable, arborait un ruban bleu-rouge-bleu bordé d'une frange d'argent d'un côté, frange d'or de l'autre, qui faisait son orgueil et le désespoir de tous les chapeliers.

On ne pouvait entrer dans le groupe des commandeurs que si l'on avait été une année grand Bitardier.

Huit commandements très étudiés étaient attachés au culte du Bitard. Ils constituaient, sinon une règle de conduite louable et idéale à prendre à la lettre, du moins une tendance séduisante et très orientée.

Je ne résiste pas au plaisir de les transcrire ici tels que je les ai relevés.

Hauts commandements du Bitard « loué soit-il ».

1) Le Dieu Bitard vénéreras
en prenant cuites fréquemment.
2) À son culte consacreras
semaine entière une fois l'an.
3) Au Bitardier tu offriras
un verre de blanc de temps en temps.
4) À tes anciens obéiras
sans rouspéter aucunement.
5) Les flics, toujours emmerderas
et les bigottes mêmement.
6) Filles à marier redouteras
pour courir garces seulement.
7) Les bistrots fréquenteras
plus que tes cours assidûment.
8) Et, au tabac, t'adonneras
pour te conduire parfaitement.

Outre son ordre, le Bitard était fondateur d'un organe de presse, *Le Bitard sort*, une gazette mensuelle qui ne tirait pas encore à autant d'exemplaires que le *Times* mais qui était néanmoins achetée, lue et appréciée de tous les étudiants.

Le journal titrait sur six pages et gardait, avec son franc-parler, sa liberté d'expression, ce qui lui faisait grandement honneur puisqu'il vivait beaucoup de souscriptions. Ces dernières lui venaient d'un peu partout : de toutes les brasseries, de toutes les librairies bien sûr, mais aussi de toutes les bonnes maisons de la ville, même les moins recommandables (question d'ailleurs d'optique, d'opinion et de goût).

On pouvait se le procurer dans les kiosques. Il tenait chacun au courant de la vie universitaire, prévenait de temps à autre des examens passés, mais n'omettait jamais d'avertir à temps des réjouissances à venir. Grâce à lui on était informé. Il faisait paraître des articles de fond sérieux, en chaque discipline, et de-ci, de-là, entre ceux-ci, de petites annonces non moins importantes, qui tenaient au courant des faits et gestes, voire des petits potins circulant dans chaque faculté. Le croustillant de leur humour était apprécié.

« Nous venons d'apprendre que notre ami Boiron a été élevé à la dignité de chevalier de l'Astragale (ordre mineur de la faculté de médecine n'ayant rien à voir avec celui du Bitard mais vivant en bonne intelligence avec lui). Nos bien vives félicitations au nouveau dignitaire. »

« Il a été retrouvé dans le bureau de l'A.G. (Association générale des Étudiants) un petit slip féminin, propre, rose, taille trente-cinq, pouvant parfaitement convenir à brune, blonde ou rousse. Prière à celle qui l'a égaré de vouloir bien s'adresser au secrétariat où il est exposé en permanence. Au cas où sa récupération n'aurait pas lieu dans un délai de un an, ce dernier serait versé au musée de l'A.G. » (heureux temps où il suffisait de perdre quelque chose pour que l'objet perdu entre dans un musée), et suivait ce conseil :

« Jeunes gens qui pratiquez le flirt, n'oubliez pas de laisser la place comme vous auriez aimé la trouver », saint Augustin, *Confessions,* chapitre 15.

Lorsque les circonstances l'exigeaient, le journal, comme on le voit, n'hésitait pas, et savait entrer dans le détail.

Ordre, journal étaient sous la directive et sous la responsabilité permanente du grand Bitardier. C'est dire l'importance de ce dignitaire qui avait pour mandat de mener à bien cette mission honorifique, exaltante certes, mais ô combien absorbante. Certes, il était aidé dans sa charge par son conseil de sages qui veillait à ce que l'esprit régnant sur la confrérie ni ne s'appauvrisse ni ne dévie, mais c'était quand même lui qui, malgré tout, devait payer de sa personne, et cela suffit à faire comprendre la rigueur et la sagesse des statuts qui exigeaient son remplacement une fois l'an d'une façon dont je reparlerai plus loin.

Cette clause, nécessaire pour que l'on ait toujours un conducteur efficace, était aussi prudente et devait éviter tout culte aberrant de la personnalité, néfaste – comme on le sait – au sein de tous les ordres.

La charge de grand Bitardier était donc épuisante, surtout si l'on mettait son point d'honneur, comme il se devait, à en rester digne par un exemple sans faille. Elle entraînait, presque immanquablement en fin d'année, et pour le moins, une étoile d'argent pour chaque dignitaire en place, mais nombreux étaient ceux qui avaient dû payer beaucoup plus pour l'honneur de leur apostolat.

Emportés par l'habitude et les griseries afférentes à tout pouvoir, certains avaient eu le plus grand mal à retrouver leur équilibre et la sobriété nécessaire à la continuité de leurs études, alors que d'autres y avaient perdu leur santé, et en étaient restés à tout jamais marqués.

De tout le lot, il n'y eut qu'un cas heureux, qu'un cas exceptionnel, mais il fut si triomphal qu'il convient d'être évoqué.

Ce fut celui d'un carabin.

Nous l'appelions Burnette (c'était un sobriquet, je ne me permettrais pas de divulguer son identité), il resta célèbre dans la lignée des Bitardiers.

Burnette était un charmant garçon (il l'est encore bien qu'il ait beaucoup vieilli), franc du gosier, joyeux compère, digne et capable en sa charge. Favorisé par une santé de fer, il avait, dès que désigné par le sort, pris son rôle à bras-le-corps. Il buvait sec, fumait de même, et passait le plus clair de son temps à satisfaire avec vigueur au sixième commandement Bitardier dans toutes maisons accueillantes des environs et de la ville. Il n'y avait rien à dire, c'était un digne et brillant Bitardier et tout laissait prévoir un mandat sans tâche, bien rempli et exemplaire, si toutefois il pouvait maintenir le train d'enfer dans lequel il s'était engagé. Et en fait, tout paraissait possible à qui le voyait œuvrer de la sorte sans relâche, sans fléchissement ni fatigue apparente.

Ce fut au mois d'avril que l'accident arriva.

Quand je dis l'accident, je suis modeste, car emporté par son zèle, ne sachant s'arrêter, ce ne fut pas un, mais deux, mais trois accidents qui arrivèrent à notre grand Bitardier, coup sur coup et sans crier gare. On eût dit que le sort qui lui avait souri jusque-là s'acharnait brusquement sur lui pour détruire son auréole, et il allait de récidive en récidive, malgré les changements de maison et malgré les plus sérieuses précautions. Ce n'était plus de la déveine, c'était une poisse qui touchait à la catastrophe.

Tout le monde, au courant de ses déboires, compatissait, se demandait s'il tiendrait, et s'il irait jusqu'au bout de ses pouvoirs.

Son courage fut sans faiblesse. Soutenu par l'université entière, le mensuel ayant même consacré une page entière en termes élogieux à ses mérites et voilés à ses turpitudes, il y arriva.

Mais hélas ! Dieu sait dans quel état !

Sa succession ne fut pas plus tôt assurée que les propos les plus alarmants se mirent à circuler à son sujet. Les demoiselles qui avaient pu les fournir, pleines de commisération, sinon de regret, avaient fait des descriptions si précises et si affligeantes de notre pauvre Bitardier, que toute la faculté en fut émue. Les informations concordaient et arrivaient de partout. Burnette était touché, tellement touché au plus précieux de ses attributs qu'il fallait les lui oindre deux fois par jour, et les lui soutenir, entourés de compresses, dans la ouate et le coton. Il avait des difficultés pour s'asseoir, et sa marche s'en était trouvée curieusement modifiée.

Il était temps que ça finisse !

À une époque où les sulfamides restaient encore à découvrir, c'était grave.

Le patron d'urologie avait été formel.

« Mon ami, vous en avez pour des mois avant d'en sortir, et encore à une seule condition, c'est de faire preuve d'une abstinence totale durant tout mon traitement. Vous vous êtes mis dans de sales draps. Encore heureux que vous ne m'apportiez pas une syphilis ! Revenez demain, nous commencerons les grands lavages de permanganate ; il n'y a plus que ça pour récupérer ce qui reste. »

Le patron avait été optimiste !

Burnette devait bien connaître les grandes irrigations bihebdomadaires, mais ce n'est pas durant quelques mois, comme prévu, qu'elles devaient lui être administrées, mais plusieurs années, et, lorsqu'elles furent terminées, les séances de béniqués durent prendre le relais.

« Comment vas-tu, Burnette ? Un petit blanc ?

– Un petit blanc si tu veux, mais surtout pas de bière. Je ne suis pas encore stabilisé.

– Crois-tu que tu ne peux pas faire une virée avec nous, Burnette ?

– Ah mes pauvres amis ! Je ne m'en sers plus que pour pisser, et encore, ce n'est pas toujours drôle ! »

Burnette, contraint et forcé, s'était refait une conduite. Faute de pouvoir faire mieux, il était revenu à ses cours.

Mais le carabin était devenu médecin, et il n'était pas encore guéri !

À raison de deux contacts hebdomadaires, une solide amitié était née entre le malade et son patron, et il était d'autant moins question de la rompre que ce dernier s'était juré d'arriver à guérir celui qui, à la longue, était devenu son protégé, son préféré, et son ami.

« Voyons Burnette, à force de vous pencher sur vos… malheurs dirons-nous, vous avez déjà acquis de sérieuses connaissances en urologie, pourquoi n'envisageriez-vous pas, sous mes directives, la spécialisation ? Qu'en pensez-vous ? »

Et c'est ainsi que quelques années plus tard, enfin libéré de ses urétrites et des rétrécissements, ayant enfin retrouvé la plénitude de ses moyens, Burnette, urologue distingué, épousait, non point en costume de Bitardier mais en smoking, la fille unique de son patron.

Un joli couple ma foi, disait-on sur leur passage, et une bien jolie fille, tonnerre ! Et qui n'aura pas à pâtir avec cet ancien Bitardier. L'histoire ne dit toutefois pas s'ils eurent beaucoup d'enfants.

On était donc grand Bitardier pour un an, mais c'était à chaque printemps, à la naissance des premières feuilles, ce qui était d'une importance primordiale pour le bon déroulement des opérations, que l'on devait remettre son titre en jeu, dès le début d'une semaine estudiantine pendant laquelle, quoi que l'on fasse, les amphithéâtres restaient déserts.

Durant sept jours, le Bitard allait faire parler de lui et quitter, tout à fait exceptionnellement mais presque quotidiennement sa retraite dorée, pour une série d'aventures, officielles ou non, qui toutes se déroulaient dans un climat de canulars et d'allégresse.

Tous les étudiants, à l'exception de quelques rares et indécrottables pisse-froid, participaient à la fête. C'était incontestablement une semaine folle, riche en couleurs, folklorique à souhait, à laquelle une grande partie des habitants de la ville apportait d'ailleurs volontiers son concours.

La première sortie du Bitard donnait le signal des réjouissances, et cette sortie était en fait une fugue, à la faveur de laquelle le sort allait désigner le nouveau grand Bitardier.

Voilà comment les choses se passaient.

Un petit groupe d'initiés volontaires devait, trompant toute surveillance – donc dans le plus grand secret –, s'emparer de la mascotte, et, le larcin accompli, la transporter au petit jour en cachette hors de la ville, souvent en pleine campagne, dans un lieu boisé de préférence. Là, sous une surveillance discrète, pour que malgré tout il ne lui arrive rien de fâcheux, il l'abandonnait dissimulée dans un bosquet, dans un buisson ou dans une haie. Cette disparition, attendue bien sûr, ne passait pas longtemps inaperçue. Immédiatement constatée, elle déclenchait, le jour même, une expédition destinée à retrouver le dieu disparu, et à le ramener en grandes pompes à la place d'honneur qu'il n'aurait jamais dû quitter.

Pour ce faire, la chasse au Bitard était solennellement ouverte, et des hérauts d'armes, faute de trompettes, munis de porte-voix, allaient le proclamer aux quatre coins de chaque faculté.

« Oyez, oyez, valeureux étudiants, francs lurons, buveurs de vin, trousseurs de filles, oyez !

« À vous tous qui m'écoutez, nous portons connaissance que notre vénéré Bitard protecteur (loué soit-il) s'est échappé. Sans lui, il n'est pour nous point de salut. Tous devez aller à sa recherche. L'enjeu vaut la peine. Honneur et gloire à qui nous le ramènera. La récompense suprême lui sera offerte. Il recevra sur-le-champ, et la faluche frangée d'or, et les attributs de sa charge, puisqu'il sera reconnu de nous tous grand Bitardier pour l'année.

« Oyez, oyez, valeureux étudiants, francs lurons, buveurs de vin, trousseurs de filles, oyez ! »

Nous étions tous prêts dès le début de l'après-midi. Des groupes s'étaient constitués par affinité et par discipline, car posséder un grand Bitardier dans ses rangs était pour chaque faculté un honneur convoité. Une rivalité sérieuse n'allait pas tarder à s'établir.

Le territoire à parcourir et à ratisser avait été circonscrit et transcrit sur une carte. Il était éloigné de la ville, et, l'armée des chasseurs, pour le rejoindre, avait pris place dans une remorque de tramway spécialement frétée et retenue à leur demande, et cette dernière retentit bientôt de tous les cantiques estudiantins. L'excitation était grande, et ce départ ne passa pas inaperçu.

Cette fois la congrégation avait bien fait les choses. Le terrain choisi était boisé à souhait, coupé de petits sentiers pittoresques, et une petite clairière placée bien à propos, en son centre, permettait un ralliement aisé. La température était clémente, plutôt chaude, les halliers déjà fournis en feuilles étaient bourrés de violettes, de primevères, de pâquerettes, et dans le lointain résonnaient les notes claires du coucou. L'humeur de tous, comme le ciel, était bleue.

C'est au centre de cette clairière que le grand Bitardier, en fonction encore pour quelques heures, entouré de ses vénérables, nous attendait près d'une barrique, roulée jusque-là sur ses instances, et qui, de toute évidence, était pleine et encore vierge.

« Mes amis, comme vous le savez, notre Bitard (loué soit-il) s'est échappé, et le malin s'est bien caché. Cet animal subtil doit être retrouvé. La chasse est donc dès maintenant ouverte. Vous en connaissez les limites, je vous invite à œuvrer avec ardeur. Je vous félicite d'être venus aussi nombreux à mon appel, mais laissez-moi néanmoins déplorer l'absence totale de gentes garces parmi nous. Nos règlements, elles devraient les connaître, ne sont pourtant pas empreints de misogynie, et ne s'opposent pas, bien que le sixième commandement ne les favorise guère, à ce que l'une d'elles ne soit un jour à la tête de notre confrérie. Je comprends donc mal ce manque, que la nature des lieux ne peut faire que regretter... Cette barrique ventrue que j'ai à mes côtés contient un nectar clairet, bien choisi pour récompenser l'effort. Chassez donc avec passion, et ne nous faites pas trop languir car le vin s'échauffe, et nous avons déjà le gosier sec. Je vous souhaite à tous bonne chance. »

Tout le monde se dispersa bâton en main. Pas un coin de terrain, pas un buisson, pas une haie n'était laissé de côté. Ce fut un rude après-midi, où tout chasseur paya de sa personne.

Il était déjà près de 6 heures lorsque d'un buisson épineux monta le cri de victoire.

« Le Bitard est retrouvé ! »

Et le hasard venait encore une fois d'avoir la main heureuse, car c'était bien l'un des plus méritants et l'un des plus chevronnés d'entre nous qui le brandissait à bout de bras.

À ce cri de ralliement, tous les groupes refluèrent en direction de la barrique. Et dès que tout le monde fut là, sans perdre une minute, notre ancien Bitardier déchu la mit en perce, laissant, bien qu'il soit aussi assoiffé que tous les autres, le soin à son successeur de montrer à chacun qu'il était bien le plus digne.

À cheval sur sa barrique, la tête ceinte d'une couronne de lierre, tel le dieu Bacchus en personne, ce dernier vida, presque d'un seul trait, vingt gobelets pour soutenir son titre. Après quoi... On dut l'aider à descendre et à s'étendre sur l'herbe, pendant que chacun, à tour de rôle, se livrait à des exploits individuels en d'innombrables culs secs.

Le tonneau était d'importance. Il fut néanmoins vidé jusqu'à la dernière goutte. Puis l'on se mit en devoir d'introniser notre grand Bitardier.

Ayant juré sur le totem qu'il n'était, grâce à Dieu, ni bigot ni puceau ni pédéraste, et ayant revêtu la cape de sa charge, il reçut, après avoir écouté les commandements, la bénédiction du vénéré Bitard ; mais il ne fallut pas moins de cinq chasseurs pour le soutenir prosterné jusqu'à terre.

Le retour fut difficile ! Jamais sentiers ne parurent à quiconque plus sinueux et plus déséquilibrants. Fort heureusement, au cours de la traversée d'un village, un camion de goudron, qui passait par là bien à propos, accepta d'embarquer tous les gens de la troupe qui firent sensation lorsqu'ils débarquèrent de nouveau sur la place de la mairie, où les attendait une brochette de garcettes déployant une vaste banderole.

« Gloire au Bitard et honneur à notre nouveau et très grand Bitardier. »

Le Bitard était retrouvé. Il restait à le présenter de nouveau à la ville dans une ambiance à la fois digne, et carnavalesque. Le reste de la semaine y suffisait à peine.

Dès le lendemain, sur les coups de 10 heures, le cortège s'organisait. Le grand maître de l'ordre, drapé dans son manteau de velours bordé d'or, faluche sur la tête, ouvrait la marche, précédé d'une bannière que brandissait le nouveau grand Bitardier. Immédiatement derrière lui, porté par les hauts dignitaires de l'ordre, dans sa cage de verre, suivait le Bitard en personne, alors qu'un monôme monstre de faluches multicolores, exubérantes et qui n'en finissait plus, terminait la procession.

Cela avait beaucoup de panache, et les chansons gaillardes de rigueur fusaient de toute part.

Devant le cortège, les étalages disparaissaient précipitamment à l'intérieur des magasins, mais les commerçants, par contre, sortaient sur le devant de leur porte, riaient, applaudissaient, et souvent conquis, emboîtaient le pas.

Nos premières sorties étaient officielles, protocolaires, irréprochables !

Elles débutaient par une visite à la préfecture, où le préfet prévenu recevait en personne, et offrait un vin d'honneur à nos dignitaires. On se dirigeait ensuite vers la mairie, et enfin, malgré les conséquences inévitables en cours d'année de l'application du cinquième commandement, au commissariat.

Ces premiers devoirs accomplis, le Bitard entreprenait sa tournée des grands ducs. Cette tournée, au comportement démocratique, durait plusieurs jours, et était plus ou moins intéressée. Elle nous conduisait successivement chez tous les commerçants, importants ou non, dans tous les restaurants, et bien sûr dans tous les bistrots de la ville. Personne n'essuyait l'affront d'être laissé pour compte, même pas, et surtout pas, certaines maisons discrètes qui, bien que closes, s'ouvraient sans hésiter toutes grandes à notre approche, et dans lesquelles on réservait, au Bitard et à sa suite, le meilleur accueil.

Utere sed non abusere. L'étudiant avait le souci de rester en bon terme avec la population. Cette devise, écrite sur une large banderole, rappelait à tous qu'il y avait des limites à ne pas dépasser. Grâce à cette prise de position, il n'y avait que peu d'incidents regrettables lorsque le monôme, quelque peu éméché, n'ayant plus toute sa lucidité, envahissait les rues de la cité. Oh, bien sûr, il y avait bien, chaque année, à déplorer quelques dommages subis par des étalages imprudemment laissés sur le parcours, ou quelques algarades orageuses avec des mères outrées de certaines privautés prises au passage sur leurs filles trop curieuses, mais tout cela n'était pas grave, et restait en général sans conséquence.

Une seule fois pourtant, l'un des nôtres faillit payer cher l'exubérance commune.

Notre joyeuse cohorte traversait le marché au rythme d'un refrain de circonstance.

« Encore une boiteuse qui revient du marché, ohé…

qui porte dans sa robe des œufs à plein panier, ohé. »

Et tout se passait relativement bien, lorsque quelques faluches en fin de cortège, en chahutant et en se bousculant, renversèrent un étal de poissons.

Aucune malveillance particulière n'était à la base de l'incident, mais le poissonnier qui en était victime, qui vit tout à coup tous ses poissons partir au caniveau, n'en fut pas persuadé. Il le prit aussitôt fort mal, on le comprend un peu ! Ce fut le dernier faluchard du cortège, qui n'y était pour rien, et suivait sans conviction en tirant sur le tuyau de sa pipe, qui arriva fort à point pour être pris à partie.

Le poissonnier s'était saisi du large couteau qui lui servait à débiter le thon ou à éventrer le poisson, et, furieux, menaçait de l'utiliser contre le malheureux carabin désarmé.

Ce dernier ne s'en tira que grâce à sa présence d'esprit. Ayant relégué en vitesse sa pipe dans sa poche, sans hésiter, il eut une réaction salutaire. Il plongea les deux mains dans le baquet, qui bien à portée servait au nettoyage de la marée, et à un rythme dont sa frayeur maintenait la cadence, il se mit à asperger sans relâche son agresseur. Cela dura quelques secondes, pendant lesquelles le marchand aveuglé, tenu en respect, ne put réagir. Heureusement, car sa rage décuplée par la douche atteignait de tels paroxysmes que le moindre relâchement de l'action eût certainement entraîné la perte du valeureux disciple d'Esculape.

Le monôme, prévenu, dut faire demi-tour. Il arriva à temps pour entourer, récupérer et libérer le carabin vert de peur. Le poissonnier, qui pourtant passait pour un violent, devant le nombre dut s'incliner. À la rigueur, il pouvait envisager d'éventrer un élément, mais tous ceux d'un monôme, ce n'était plus ni raisonnable ni concevable.

L'alerte avait été plus que chaude !

Malgré son attitude, jugée par tous excessive, il ne fut toutefois pas tenu rigueur au poissonnier, et dès le lendemain, le grand Bitardier, mis au courant de l'incident, revint en personne sur les lieux, et, généreusement, l'indemnisa.

Durant les années de paix, la semaine estudiantine se clôturait par un grand bal. Ce bal, en travestis, obtenait toujours un égal succès. Un thème directeur y était adopté après délibération, et l'on décidait du sujet quelques semaines avant sa date. C'est ainsi, qu'à tour de rôle, on avait retenu comme idée maîtresse, tantôt la Grèce antique, tantôt les dieux de l'Olympe, tantôt le Grand Siècle, tantôt les journées révolutionnaires. Comme on le voit, les sujets restaient éclectiques et variés. Ouvert à tous et à toutes, ce bal était précédé, lui aussi, dans l'après-midi, d'un défilé parade très attendu et très prisé des bourgeois de la ville.

Le dernier en date avait été un triomphe. Il avait eu la prétention d'évoquer « l'année moyenâgeuse ». Et c'est ainsi que l'on avait pu voir le grand Bitardier en tenue d'apparat, symbolisant le roi Louis XI, faire le tour des boulevards juché sur une mule, suivi de ses dignitaires vautrés sur une litière tirée par deux juments alezanes, alors que, groupés sous leurs bannières, rivalisant d'adresse et d'ingéniosité, escoliers, truands et truandes, fous, jongleurs, gueux et mendiants, tous dignes de la cour des Miracles, formaient un cortège burlesque à souhait, haut en couleur et étourdissant.

Ces soirées exceptionnelles étaient toujours agrémentées et relevées d'attractions sensationnelles de caractère inattendu, sinon programmées. C'était l'occasion de quelques débordements prévisibles, au cours desquels certaines cavalières pouvaient se trouver confrontées à quelques problèmes.

Malgré la nature des aventures enregistrées, il n'y avait jamais là aucune réclamation.

Toute précaution était d'ailleurs prise, et une banderole à l'entrée, en travers de la porte, mettait en garde contre les risques les plus grands et les plus fréquents.

« Fille qui entre ici chaste et pure, fais attention moins à ton sac à main qu'à ton pucelage. Tous les ans il s'en perd que l'on ne retrouve jamais. En cas de perte, inutile de réclamer à la direction, celle-ci décline toute responsabilité. »

C'est au cours de ce bal qu'était élue une Bitardière d'honneur. Une seule condition était exigée pour pouvoir concourir : toute postulante devait porter la faluche de droit. Peu importait tout le reste. Elle pouvait se présenter dans n'importe quel appareil, le plus simple si elle le désirait, ses chances n'en étaient que plus sûres. La confrérie, dans la totalité de ses membres, constituait le jury, et il y avait toujours un nombre honnête de candidates. La nature des épreuves, les valeurs recherchées et les obligations qui en découlaient en décourageaient bien certaines, mais pourtant, quoi de plus normal qu'un jury ait le droit de voir, et de bien voir, de palper, et de bien palper si cela s'avérait nécessaire. En vérité, il n'y avait là rien de susceptible d'offusquer de nobles gaillardes, et seules ces dernières pouvaient prétendre au titre, puisque la première des qualités requises, celle à laquelle même la beauté devait céder le pas, restait le tempérament.

Le conseil officiait en public, sans se laisser ni impressionner ni acheter par qui que ce fût, et c'était difficile ! Il devait se fier à son instinct. Mais on pouvait lui faire confiance ! Il avait toujours fait preuve de clairvoyance. Et chaque fois dans les annales, l'élue, même si elle n'était au départ gente garce, s'était révélée comme ayant tout ce qu'il fallait et toutes les aptitudes requises pour le devenir.

* *
*

Nous n'en étions plus qu'à quelques semaines de l'examen. Les plus insouciants, comme les plus consciencieux, étaient plongés dans leurs cahiers et dans leurs manuels, occupés à leurs révisions.

C'est à ce moment-là que tout se déclencha.

Le 9 avril, le Danemark fut envahi ; son occupation et celle de la Norvège ne firent pas un pli, et le 10 mai la grande offensive contre le Luxembourg, la Belgique et la France, commençait.

Du 10 mai au 15 juin, les événements allaient se succéder en trombe. Les nouvelles d'un jour n'avaient plus aucune valeur le lendemain, et les journaux, affolés, n'avaient plus le temps d'imprimer leurs manchettes avant qu'elles ne soient dépassées.

La ligne Maginot, selon les prévisions, avait parfaitement tenu et rempli sa mission protectrice. Notre grand état-major, qui avait tout prévu, avait simplement négligé l'hypothèse qu'elle puisse être contournée et prise à revers. Nos troupes, en quelques jours, furent encerclées et prisonnières dans leurs galeries de taupes.

Dunkerque, le grand désastre, dura jusqu'au 4 juin. Le front de la Somme se rompit le 9, celui de l'Aisne, reconstitué en toute hâte, à son tour lâcha le 11. Le 14 les troupes allemandes, ce que personne n'aurait osé concevoir, faisaient leur entrée triomphale dans Paris, et, le 17, Pétain demandait grâce.

Durant ce long mois de catastrophes, tout le monde fut atterré, stupéfié, ne comprit rien. Les rumeurs les plus incohérentes qui circulaient en furent la preuve.

Des trains bondés de soldats passaient, refluant vers le sud, et chacun cherchait à s'informer.

« Que se passe-t-il donc ? Où en est le front ?

– Le front ! Mais il y a déjà plusieurs jours qu'il n'y en a plus ! Les Allemands sont devant, derrière, on ne sait plus au juste ! Que voulez-vous faire contre leurs tanks et leur matériel cent fois supérieur au nôtre !

– Où allez-vous ?

– Nous reformer et essayer de résister plus bas.

– Plus bas ! Mais où plus bas ? »

Personne n'en savait rien ! C'était un sauve-qui-peut général, une débâcle sans précédent.

« Où sont vos officiers ?

– Ah, parlons-en de nos officiers ! Il y a belle lurette qu'ils ont foutu le camp et que l'on n'en voit plus un seul. Deux adjudants, voilà ce qu'il nous reste en guise d'officiers ! Ah, ceux-là, si nous les retrouvons !

– Mais où en sont les Allemands ?

– Ne vous inquiétez pas, vous allez les voir les Allemands, ils seront là dans deux jours peut-être, peut-être même dès demain soir. »

Et la déroute se poursuivait dans le cahot et la pagaille.

« Dites, pouvez-vous me dire où se trouve le 59e R.A.M.F. de mon mari ? Je n'ai aucune nouvelle !

– La dernière fois que nous les avons rencontrés, je crois me souvenir que c'était dans les Vosges. Mais depuis ! Vous savez, ma pauvre petite dame ! J'espère qu'ils auront décroché à temps, sinon ils sont prisonniers à cette heure ! »

L'angoisse gagnait la plupart. Certains réagissaient dans la colère.

« Des troupes comme ça ! À Verdun on les aurait toutes passées par les armes, et l'on aurait bien fait ! »

Un ancien de la dernière guerre était apparu un matin sur le trottoir, revolver au poing, sous son casque de 14. Il avait fallu l'approcher, le ceinturer, le désarmer, et le conduire dare-dare vers un cabanon de l'asile psychiatrique le plus proche.

Trois autres sexagénaires, qui avaient déniché on ne sait ni où ni comment une mitrailleuse bivouaquaient contre une pile de pont, là-bas, vers la rivière.

« Puisqu'il faut donner l'exemple, c'est nous les vieux qui le donnerons !

– Allons les grands-pères, ne faites pas les imbéciles ! Tout ce que vous allez réussir c'est à faire tuer des innocents. Ils auront vite réglé le sort de votre pétoire. Allons, soyez raisonnables ! Tirez-vous de là. »

On eut du mal à les dissuader. Ils partirent désemparés.

« Alors tout est fichu ?

– Tout est fichu grand-père ! Le mieux est de se tenir tranquille. Restez chez vous et tirez votre machine de là. »

Les militaires étaient passés les premiers. Moins favorisés en moyens, les civils suivaient. N'ayant pu prendre les trains réservés aux troupes, ils arrivaient maintenant à pleine route avec leurs voitures, leurs camions, leurs vélos, tous chargés au maximum, transportant leurs hardes sur chaque véhicule dans des panières, dans des malles, en un indescriptible méli-mélo qui témoignait de la précipitation et de la confusion de leur départ. Des familles entières s'entassaient dans la même auto, le père et la mère crispés, les enfants qui prenaient le voyage pour une partie de plaisir, l'aïeul qui avait perdu la tête et ne comprenait plus rien. Matelas, couvertures, marmites, cages à serins, le plus hétéroclite voisinait le plus logique, et tout le monde pressait sur son cœur ses biens les plus précieux : bijoux, argenterie, économies. On pouvait s'attendre à tout. On avait même vu passer, le matin même, un veau chargé, on ne sait comment, à l'arrière d'une conduite intérieure, et qui passait la tête à la portière.

« Mais où allez-vous ?

– À Tarbes, à Carcassonne, à Béziers…

– Eh bien il va y en avoir du monde par là-bas !

– Avez-vous toujours de l'essence ici ?… Si vous me faites le plein, je vous donne un poulet, j'en ai une caisse sur le toit de la voiture. Allez, mieux vaut nous vendre votre essence que de la garder pour que les Boches vous la prennent… Ah bon merci ! Dites donc, service pour service, je vois que vous avez des jeunes à la maison, vous feriez bien de les faire filer. Les Boches vont arriver et ramassent tous ceux entre dix-huit et vingt-cinq ans. »

Et le flot grossissait d'heure en heure, roulait de jour, roulait de nuit. Les Allemands étaient à Caen, à Alençon, Orléans, Dijon, Lons-le-Saunier.

« L'armistice va être signé, mais il y aura une ligne de démarcation. Il serait peut-être prudent de quitter les lieux alors qu'il en est encore temps. Dans quelques jours ce sera trop tard. »

La faculté venait de fermer ses portes. Les examens étaient remis *sine die*. On verrait plus tard, il y avait d'autres soucis plus immédiats.

« Les enfants, vous partirez demain matin à la première heure pour la Corrèze. Vous prendrez la voiture. Vous tâcherez d'être prudents et d'arriver. Je vais vous faire le plein et je vous mettrai deux bidons supplémentaires dans la malle. »

Devant la gravité de la situation, ma tante venait de prendre la décision raisonnable de mettre, malgré tous les aléas que cela comportait, mon cousin, mon frère et moi-même sur la route. J'avais mon permis depuis deux mois seulement mais le moment n'était plus aux atermoiements.

« Il faut que je prévienne la faculté et donne mon adresse. »

C'était fait en réalité depuis la veille.

« Bon, alors, tu y vas immédiatement. À ton retour, tu m'aideras à charger vos livres, vos cahiers, et votre linge. Il est 3 heures, nous n'avons que le temps ! »

6 heures auraient bien mieux fait mon affaire !

Dix minutes après, j'avais néanmoins réussi à contacter Nicole, et je la retrouvai sur la colline.

« Je ne pouvais tout de même pas partir sans te voir une dernière fois. Je ne sais vraiment pas quand je reviendrai.

– Tu as bien fait. Ne te tracasse pas, je m'arrangerai de toute façon. Je trouverai une explication. »

Et ce fut dans ces courts instants de panique, subitement, dans un grand élan du cœur et des reins, et dans un rapport prudemment caoutchouté, que Nicole m'accorda la faveur que je ne lui demandais plus, et qu'elle m'avait toujours refusée.

Je lui laissai en échange une pochette, une petite pochette blanche et brodée que j'avais sur moi ce jour-là, et qui servit à éponger quelques larmes, puis quelques gouttes de sang, versées cette fois sur l'autel de l'amour à une période où l'on en versait tellement trop sur celui de la haine.

Nous nous étions, aux premières lueurs du jour, glissés avec peine dans la file compacte des voitures et, bien que notre siège arrière soit inoccupé, nous nous étions tous les trois groupés sur la banquette avant dans un souci de stricte égalité et de vigilance. En ma qualité d'aîné, mais aussi de conducteur unique, j'avais la responsabilité du convoi. Nous avions espéré gagner la Corrèze dans la matinée. Dans des conditions normales, même pour un novice, même avec notre Peugeot, modèle trèfle, cette prétention aurait pu se soutenir. Hélas, il nous fallut très vite revenir à des vues plus réalistes.

« Heureusement que ta mère a prévu le repas de midi, ce sera une chance si nous arrivons avant la nuit. »

Pas question de performance, nous roulions au pas, pare-chocs contre pare-chocs, tendus et nerveux, conscients que la moindre défaillance pouvait être catastrophique, et, lorsque nous étions enclins à relâcher notre attention, des épaves, nez ou arrière défoncé, fraîchement abandonnées sur le bas-côté de la route, se chargeaient de nous ramener à la prudence. Notre vitesse de croisière s'avérait dérisoire. Trois heures après notre départ nous n'avions pas parcouru plus de cinquante kilomètres. Tout dépassement était impossible, coincés à l'avant, coincés à l'arrière, sur deux files, il n'était pas question de quitter le volant ne serait-ce qu'un instant. Mes deux compagnons, privilégiés et libres de toute servitude, pouvaient descendre en route, voire s'exécuter contre un arbre et revenir prendre leur place sans trop courir, mais en ce qui me concernait, rivé à mon siège, j'avais dû me résoudre à l'emploi d'une boîte de conserves ramassée à la hâte sur le bord du fossé. Pour le jeune conducteur que j'étais, c'était là une réelle épreuve bien inattendue, à cette époque où l'on ignorait tout des bouchons sérieux et cauchemardesques qui jalonnent nos routes aujourd'hui.

« Il paraît que ce sera ainsi jusqu'à la sortie de Limoges. »

À cette révélation, je frisai la crise de nerfs.

« Mais nom de Dieu, cela va faire six heures que nous roulons ! Jusqu'où ira-t-on ainsi sans pouvoir s'arrêter ?

– Nous allons manger, puis nous te ferons manger. »

Nous allions passer aux actes, lorsque brusquement à midi, comme obéissant à un ordre supérieur, en un coup de frein général, la colonne stoppa.

L'Italien s'accommode de certaines fantaisies, l'Espagnol peut dérailler complètement, le Français, lorsqu'il s'agit d'un repas, ne perd jamais le contrôle. Midi c'est midi ! On ne transige pas avec les exigences d'un estomac même dans les moments les plus difficiles.

Tout le monde était descendu d'un même élan, et, sans perdre une seconde, la plupart, tenaillés par des impératifs urgents, s'étaient enfoncés dans les bois environnants, ou avaient disparu derrière les haies vives voisines, avant que de revenir inspecter brièvement leur machine, et de se livrer en toute hâte à une restauration nécessaire, prévisiblement brève.

Ce n'étaient pas encore les restrictions que l'on allait bientôt connaître. Avant de fuir, chacun avait eu la présence d'esprit de prendre ses précautions. En un rien de temps, chaque voyageur se trouva son morceau de jambon, de cervelas ou de saucisson en main.

Triste pique-nique pourtant que ce pique-nique géant, au cours de ce bivouac improvisé tout au long de la route, au milieu des papiers gras, des épluchures, des boîtes de conserves éventrées, et des mille immondices qui traînaient, témoignant que bien d'autres déjà nous avaient précédés. La plupart de ces gens, qui avaient depuis plusieurs jours quitté leur confort, un confort souvent douillet, mangeaient maintenant debout, sur le pouce, dans une avarice de mots et de gestes impressionnante qui attestait d'habitudes rapidement prises. Mal rasés, dépeignés, les traits tirés, tout reflétait l'incertitude, la détresse d'un exode hâtif et angoissé.

« Nous venons de Montreuil. Notre maison a été écrasée par les bombardements. Voilà tout ce qu'il nous reste... Nous allons rejoindre de la famille dans le Var et essayer de nous y implanter... Le Nord plus question !... Pour retomber sur les Boches dans quelques années ! »

« Nous, nous sommes partis lorsque les blindés sont entrés à Douai. Nous avons tout laissé. Probablement avons-nous eu tort ! Il paraît qu'ils pillent toutes les maisons inoccupées !... Nous nous demandons si nous ne ferions pas mieux de revenir sur nos pas, maintenant que l'armistice est signé.

– Vous avez été bombardés sur la route ?

– Non, et vous ?

– À deux reprises, entre Doullens et Amiens. Nous l'avons échappé de justesse. Deux voitures, devant nous, ont été pulvérisées. »

Chacun, sur le bord du fossé, étalait sans pudeurs ses misères. Nous écoutions, conscients de tous ces drames, conscients aussi de notre chance, nous qui n'étions partis que du matin, et qui étions bien parmi les seuls de ce cortège à être rassurés sur notre sort.

Ce fut mon frère qui l'aperçut le premier.

« Oh dis donc, tu as vu la jolie fille qui sort de la voiture ?... Mais bon Dieu, tu as les yeux bouchés à force de conduire !... Là, juste devant nous. Ah, enfin ! »

La voiture en question se vidait. Le père, la mère, la grand-mère, et en effet une splendide fille dans ses quinze ou seize ans.

« Mais bonsoir, comment pouvaient-ils tous les quatre tenir là-dedans ? »

Le véhicule paraissait bourré de paquets jusqu'au toit et leur amoncellement nous avait dissimulé jusque-là tous ses occupants.

Entre la cuisse de poulet et l'orange, nous pûmes établir le contact.

« Où allez-vous ?

– À Toulouse, dans la famille, nous descendons de Lille. Nous espérons y arriver cette nuit.

– Ah tiens, nous suivons donc le même chemin jusqu'à Brive... Vous êtes bien chargés !

– Oh bien sûr ! Nous avons pris le maximum, trop certainement, aussi avons-nous à peine de place. Mais nous avons dû tellement abandonner, et Dieu sait ce que nous retrouverons un jour ! »

La fille était svelte, avenante. Sa robe froissée collait à son corps, et ses cheveux ébouriffés ajoutaient à son charme une petite allure bohème qui n'était pas pour nous déplaire.

« Propose-leur, s'ils veulent, de la prendre avec nous jusqu'à Brive. Tu peux bien essayer. On verra bien. »

Je me lançai.

« Ah, que vous êtes gentils ! Nous acceptons bien volontiers, puisque de toute façon nous sommes condamnés à nous suivre. Hélène aura ainsi un peu plus de place pour étendre ses jambes. Nous allons donc vous confier grand-mère... Tu veux bien, Nène, monter avec ces messieurs ? »

Ça y était ! On visait la fille, on venait de décrocher la grand-mère !

Impossible de se récuser !... Contre mauvaise fortune bon cœur. Nous dûmes repartir avec Nène ! Nène qu'on nous grimpa à l'arrière de l'auto, Nène qui était sourde comme un pot, Nène qui de toute évidence avait dû résoudre à sa façon et depuis pas mal de temps un certain nombre d'urgences personnelles, et qui, de ce fait, dégageait une odeur insoutenable de pisse fermentée.

« Ah bien, mon vieux, pour une idée de génie, tu as eu une idée de génie ! Nous avons gagné ! Et il reste cent cinquante kilomètres avant de pouvoir la leur rendre. »

Heureusement, la température était clémente. Nous pûmes voyager toutes glaces ouvertes et cela nous sauva probablement de justesse de l'asphyxie.

Nous fîmes notre entrée à la maison à la tombée de la nuit. Ma mère nous accueillit avec la joie qu'on devine.

« J'attends votre père dans trois jours. Il vient de me prévenir qu'il va être démobilisé. »

Paul arriva avec vingt-quatre heures d'avance. Parti en bleu horizon, il nous revenait en kaki. Mon frère et moi fûmes d'accord pour trouver que cette couleur lui allait mieux.

« Paul, fais-moi plaisir ! Viens te remettre en civil. Je n'aime pas plus cette nouvelle tenue que l'ancienne. Dans ces costumes militaires, j'ai toujours l'impression que tu ne m'appartiens pas. »

Et lorsqu'ils redescendirent, Marie-Thérèse rayonnait.

XV

LA LIGNE DE DÉMARCATION s'était mise en place, systématiquement, effective dès le 22 juin, cinq jours après l'armistice. La France se trouvait brutalement coupée en deux, une partie devenant prisonnière et occupée, l'autre restant libre, et ces deux moitiés, d'ailleurs d'importance inégale, allaient vivre, subir, et penser différemment pour une période dont, au moins au début, on ne pouvait mesurer la durée. L'une n'entrevoyait déjà son salut que par de Gaulle, l'autre espérait plus que jamais en Pétain. Préoccupations, soucis, espoirs n'étaient dès lors plus les mêmes au bout de quelques jours. Les Allemands voulaient exploiter au mieux les avantages et les conséquences de cette rupture, et des mesures draconiennes avaient été aussitôt mises en place. Plus de trains interzones, les rares voyageurs, arrêtés à une gare, devaient franchir à pied la ligne de partage, minutieusement triés et fouillés entre des rangs de fil de fer barbelé, avant que de reprendre un autre convoi à une station voisine. Les voitures sur les routes se voyaient, purement et simplement, refoulées au moins dans un sens. Comme dans une souricière, on entrait en zone occupée, mais on n'en ressortait pas. Quant au courrier, il était bloqué, volontairement retardé d'abord, puis ouvert, censuré et mis au rebut s'il n'était pas conforme.

Une barrière, qui se voulait étanche, séparait les deux France qui, officiellement, de longtemps, ne devaient plus fusionner.

« Attention. Carte réservée à la correspondance familiale. Il est permis d'écrire ci-dessous une correspondance de caractère familial de sept lignes, mais il est strictement interdit d'écrire entre les lignes ou de donner des nouvelles qui n'auraient pas ce caractère. Il est indispensable d'écrire très lisiblement pour faciliter le contrôle des autorités allemandes. Toute carte irrégulière ne sera pas remboursée. »

Ces cartes étaient imprimées, timbrées, et vendues 0,90 F dans toutes les postes. Elles devaient porter obligatoirement l'adresse de l'expéditeur.

Malgré les mises en garde, ma tante, déjouant la sagacité teutonne, n'avait pas hésité à nous écrire et c'était pourtant un peu gros.

« Notre petite Marianne est de plus en plus fatiguée, mais ne venez pas la voir pour l'heure. Le voyage serait trop pénible. Gardez donc nos trois valises, nous n'en avons pas besoin en ce moment. Bons baisers à vous tous. À beaucoup plus tard. »

C'était plus qu'explicite. Nous avions eu vite fait de lire entre les sept lignes ce qui n'y était pas écrit. Nous avions compris.

Une deuxième carte, huit jours plus tard, nous confirmait d'ailleurs que rien ne s'arrangeait. Enfin, la frontière de démarcation, au bout de quelques semaines de stupeur, ne s'était pas avérée aussi imperméable qu'on aurait voulu qu'elle soit. Certains points en étaient apparus rapidement fragiles, et, dangereusement mais patiemment, on s'était mis en devoir de les exploiter.

Une nouvelle fonction importante venait de naître en pleine France, celle de passeur, métier périlleux, nécessitant des connaissances locales parfaites, du sang-froid, un cœur à toute épreuve, et qui s'exerçait dans l'ombre des nuits les plus noires sur les sentiers discrets de nos forêts ou sous le couvert des brumes de nos rivières. Grâce à lui, malgré les surveillances renforcées, malgré les interdits les plus formels et les plus dissuasifs, malgré les rafales de mitraillettes, de nombreux transfuges, à leurs risques et périls, passaient chaque nuit, réalisant une osmose permanente entre les deux patries.

De bouche à oreille on était donc bien informé. On savait parfaitement qu'entrer en zone occupée était facile, qu'obtenir pour cela une autorisation préfectorale ne soulevait, en principe, aucun problème ; mais en revanche, on savait que cette permission ne permettait le passage qu'à sens unique, que le retour n'était jamais garanti, qu'il serait soumis à l'obtention d'un *ausweis* de la kommandantur, et que ce serait alors une tout autre histoire.

Pour des jeunes de vingt ans, quitter la zone libre pour aller vivre en zone occupée, en se mettant ainsi délibérément dans la gueule du loup, c'était un acte de pure folie.

Paul et Marie-Thérèse, sans hésiter, prirent donc à notre égard les dispositions qui s'imposaient. Les valises, en attendant des jours meilleurs, resteraient en zone libre.

* *
*

« Tu n'as donc pas le choix, tu iras à Toulouse.

– Évidemment, nous n'y connaissons personne. Bien qu'au fait !… J'y ai un de mes vieux camarades, un ami avec lequel j'ai fait toute ma guerre de 14 ! Malheureusement, je n'ai plus son adresse, mais son nom est Ventadou. Tu dois pouvoir le repérer facilement, il est ingénieur chimiste. Tu iras le voir de ma part et tu peux, à l'occasion, lui faire toute confiance. S'il a la possibilité de t'aider, il le fera de grand cœur, j'en suis sûr. D'ailleurs, je vais te faire une lettre à son intention. »

Comme d'Artagnan, valeureux cadet de Gascogne, j'avais ma lettre de recommandation, il ne me manquait plus que l'adresse de mon protecteur !

À chaque retour à la maison, Paul ne manquait jamais de me demander : « Alors Ventadou ! L'as-tu vu ? » Et devant ma réponse négative, il ajoutait, surpris : « Tu as tort, cet homme doit être connu. Je suis certain qu'il pourrait te rendre les plus grands services. »

Je devais mettre deux ans avant de le dénicher tout à fait par hasard. Lorsque j'annonçai la nouvelle à Paul, il fut saisi d'une bouffée de jeunesse et exulta.

« Je te l'avais dit, c'est un garçon charmant et plein d'entrain, n'est-ce pas ? »

Et je n'osai pas lui avouer que je l'avais retrouvé perclus de rhumatismes, les pieds sur une chaufferette, se déplaçant entre deux cannes, et bien incapable, de toute façon, de rendre le moindre service à quiconque, même s'il l'avait désiré.

« Les garçons (Marie-Thérèse commençait toujours ainsi, il n'y avait pourtant pas de fille à la maison), vous préparez vos affaires. Le moment est venu d'y penser. Je n'ai pas le temps de m'occuper de vous. Vous savez où est votre linge, alors débrouillez-vous ! On n'est jamais mieux servi que par soi-même, vous savez aussi où sont les conserves, prenez ce que vous jugerez nécessaire. »

J'avais apporté toute mon attention à ces préparatifs de départ. Les bruits les plus alarmants commençaient à circuler sur les restrictions imposées dans les grandes villes. Les cartes d'alimentation venaient de faire leur apparition ; appliquées dans toute leur rigueur elles constituaient un défi. J'essayai de pallier cette carence en remplissant le fond de ma malle, plus de boîtes de conserves, de pots de confiture et de haricots, que de livres et de cahiers. J'avais même adjoint, en dernière minute, à mes bagages, un sac de pommes de terre, qui, s'il n'était du meilleur effet, était du moins sécurisant.

Mon frère avait rejoint Limoges, mon cousin avait retrouvé sa famille en zone occupée où les risques paraissaient moindres. Le jour de mon propre départ était arrivé.

Ville inconnue, sans relation possible à part ce Ventadou fantôme sur lequel je ne pouvais compter, il y avait bien de quoi avoir quelques légitimes appréhensions. Paul les avait balayées.

« Excellente formation pour un garçon que d'apprendre à se débrouiller seul et à ne compter que sur lui-même. À quoi bon tergiverser à distance ! Tu verras sur place. »

J'étais affublé d'une lourde canadienne en peau brute de mouton, qui aurait fait aujourd'hui le bonheur d'un hippie, et d'un costume qui, bien qu'ayant déjà fait son temps, n'avait pu être renouvelé. Je n'avais pas particulièrement brillante allure ; et c'est ainsi que j'arrivai devant le hall de la gare, tirant par la bride l'âne rétif de mon voisin prêté pour la circonstance.

« Alors mon pauvre garçon ! Vous voilà bagagiste ! »

Si un serpent m'avait piqué, je n'aurais pas fait volte-face plus rapide. Avant de m'être retourné, j'avais déjà reconnu la voix.

Je venais de tomber sur La Savate qui, m'ayant aperçu, et me voyant en si piètre équipage (mon âne n'était guère mieux étrillé que moi), venait m'assurer de sa commisération.

Domin« ous » – domine – domin« oum », le souvenir de ma première classe de latin en sa compagnie me revint brusquement en mémoire.

Il y avait un compte en suspens entre La Savate et moi, un petit contentieux, peu grave certes, mais je pressentis que c'était probablement le jour de le régler. Je laissai, volontairement, s'instaurer la méprise. Le hasard me servait.

« Il faut bien savoir s'adapter à certaines circonstances, n'est-il pas vrai Monsieur ? Il n'y a pas de sot métier, et puis *asinus asinum fricat* !

– Bien sûr, bien sûr (je ne sais encore s'il répondait ainsi à ma première ou à ma deuxième assertion) mon ami ! Je suis d'ailleurs bien content de vous trouver là tous les deux. Je suis encombré d'une lourde valise. Pourriez-vous me la déposer chez moi dans la matinée ? Vous savez où j'habite ? »

Et il fouillait déjà ses poches à la recherche de sa monnaie.

« Je le sais, et je le ferais volontiers si j'en avais le temps monsieur, mais je prends l'express de Toulouse vers 11 heures et je ne voudrais pas le manquer. Demain commencent mes cours en faculté. »

Cette fois, c'était au tour de La Savate de rougir comme je l'avais fait moi-même il y avait six ans, de perdre contenance, et de se répondre en bredouillantes excuses.

« *Errare humanum est !* Monsieur, cela n'a aucune importance. »

Beau joueur, j'abrégeai mes civilités et je disparus avec mon âne, le laissant dans la plus grande des confusions.

Je n'étais pourtant pas très fier dans mon wagon de troisième qui m'emmenait vers Toulouse.

« Tu verras bien toi-même sur place. Occupe-toi d'abord de trouver une chambre dès ton arrivée. À vingt ans, que diable, tu peux prendre quelques initiatives ! J'étais moi-même au front à ton âge ! C'était bien autre chose, tu peux me croire. »

Paul avait certainement raison, j'en étais bien convaincu, mais au front Paul n'avait pas de problème de chambre à résoudre.

Mon père, en même temps, m'avait remis mon pécule.

« Voilà mille deux cents francs en petites coupures (cela m'avait paru énorme. C'était la première fois où je disposais d'une somme pareille). Cela doit t'être suffisant pour ton mois. D'ailleurs, il ne m'est pas possible de faire mieux. Mais j'ai pris quelques renseignements, tu seras logé à peu près à la même enseigne que les autres. Tu t'arrangeras selon tes moyens… Ah ! Puis… (et Paul avait marqué un temps d'arrêt, avait froncé les sourcils et avait fini par ajouter) Ah ! Puis fais attention de ne pas descendre à contre-voie. »

Et il m'avait tourné le dos, probablement impuissant à embrasser dans le détail toutes les recommandations qui auraient pu m'être nécessaires, probablement conscient aussi de leur inutilité. Il avait ainsi résumé, à sa façon, une ligne de conduite qu'il voulait me voir adopter. Ce fut là le seul conseil qu'il me donna jamais. Que de fois depuis me suis-je posé la question : attention ! ne descends-tu pas à contre-voie ?

« Vous trouverez votre malle et votre sac à la consigne, m'avait dit à son tour un des employés de la gare. Vous n'aurez aucun frais de vingt-quatre heures, après quoi vous paierez naturellement proportionnellement au temps si vous ne les avez pas retirés. »

Je ne pouvais me permettre ni ces dépenses supplémentaires, ni bien sûr celles qu'aurait entraînées la location d'une chambre d'hôtel ne serait-ce qu'une nuit. Je ne possédais à Toulouse qu'une seule adresse : celle de l'A.G., et c'est donc au pas de course, qu'après m'être renseigné et m'être perdu à deux ou trois reprises, j'y arrivai.

Je tombai sur un étudiant qui, en solitaire, en assumait la permanence en fumant cigarette sur cigarette.

« Que cherches-tu ? Une piaule ?… Tu es verni, j'ai ton affaire, la seule que l'on m'ait proposée depuis quinze jours (j'eus un frisson, quinze jours à l'hôtel, c'eût été la ruine !). Elle est libre. La propriétaire sort d'ici il y a à peine une heure. Vas-y de suite. Elle est bien placée. La tenancière m'a fait l'effet d'une vieille bique, mais tu verras bien !

– Tu en connais le prix ?

– Ma foi non ! Mais tu discuteras sur la base de deux-cent cinquante à trois cents francs. Pas plus… Tu entends ! Il ne faut pas gâcher le métier (j'étais bien de cet avis), tu me tiens au courant.

– Merci… Dis donc, pour ma malle à la gare, sais-tu comment je dois m'y prendre pour la faire transporter ?

– Pas compliqué, tu fais comme tout le monde, tu loueras un charreton… Tu en trouves un peu partout. Ne t'inquiète pas pour cela. Occupe-toi de la piaule, c'est le plus pressé. »

Muni de mon adresse, j'étais déjà parti.

La chambre était modeste, vieillotte, et le papier à fleurs, fané de longue date, qui recouvrait ses murs, n'apportait rien à la gaieté des lieux. Il fallait parcourir un couloir obscur et encombré avant d'y arriver, mais elle avait l'avantage d'avoir une large fenêtre donnant sur une petite place, bien ensoleillée et pavée, au milieu de laquelle coulait un petit jet d'eau dans un bassin de pierre près duquel des pigeons venaient boire, dans un grand déploiement d'ailes et en groupes serrés.

Je devais me rendre compte par la suite que c'était là la pièce essentielle et royale, si l'on peut dire, de tout l'appartement. La seule pièce convenable, et celle qu'il avait bien fallu sacrifier, après bien des regrets, pour réaliser un peu d'argent.

D'un coup d'œil, j'avais embrassé le mobilier de fortune : une table en bois blanc qui se voulait bureau, un lit démodé, ridicule même avec son baldaquin, une table à toilette affublée de son broc et de sa cuvette ébréchés, et aux murs des portraits de famille qui, évidemment, n'apportaient rien, et ne manquaient pas de créer une intimité relative. Tout cela allait, en toute probabilité, constituer mon décor de tous les jours. Cela n'avait que peu d'importance. Paul et Marie-Thérèse ne m'avaient pas habitué au luxe. L'essentiel, c'était d'avoir une clé dans la poche et ma liberté ; je sentais que j'arrivais au but.

Comme dans un rêve, j'entendais ma future propriétaire vanter les charmes de sa chambre.

« Bien éclairée, bien orientée, le soleil le matin, l'ombre l'après-midi, ce qui est agréable, vaste, confortable. Ah ! bien sûr, s'il y avait eu l'eau et le chauffage, le prix ne serait pas le même. Pour 300 F on ne peut tout de même pas avoir des exigences… »

La somme annoncée me ramena sur terre. Certes, je n'avais ni le temps ni les possibilités de me montrer difficile et encore moins les moyens de faire preuve d'exigences, mais le prix du loyer, de toute façon, je savais qu'il fallait en débattre, et en faire rabattre au besoin.

« Madame, à ce prix…

– Appelez-moi mademoiselle, je vous prie ! J'y ai droit malgré mon âge, et j'y tiens. Je suis Mlle Dutouche de la Rapière, ancienne noblesse d'épée. Mon arbre généalogique remonte à François Ier… Cette chambre est l'ancienne chambre dont disposait mon frère décédé, et il s'en est contenté des années durant, jusqu'à la fin de ses jours. Il était officier dans les cadres supérieurs, Monsieur. Cette pièce est sans reproche, et si je me suis décidée à la louer, ce n'est pas dans un but lucratif comme vous pourriez le penser, mais pour ne pas rester seule. »

Tout cela avait été dit d'un trait et d'une voix aiguë de fausset qui seyait particulièrement au personnage, mais qui cachait mal le petit mensonge de la fin de tirade.

C'était une petite vieille maigre et sèche comme il n'est plus possible ni de sécher ni de maigrir, mais qui se tenait fort droit. Je crus qu'elle s'était affublée pour me recevoir, même dans ses appartements, d'un chapeau. Je devais par la suite revenir de cette erreur, ce chapeau en réalité n'avait pas été mis à mon intention, en vérité il ne la quittait jamais, et je me demande même si, cachant une calvitie, elle ne le gardait pas la nuit. Je la vis un jour affolée, au cours d'un bombardement, un chaudron en cuivre rouge sur la tête en guise de protection, mais elle avait malgré cela gardé en dessous son chapeau. Elle portait un tour de cou large et serré, de gros-grain blanc, qui maintenait et dissimulait ses rides, et ses mains agitées d'un tremblement permanent, les clés qu'elle tenait battaient la chamade, témoignaient de son émotion profonde, de sa surexcitation, et de l'importance qu'elle attachait à notre entretien.

De toute évidence, cette location était pour elle tout aussi nécessaire qu'elle l'était pour moi.

En d'autres temps je me serais laissé fléchir, et j'aurais accepté des conditions qui n'étaient pas excessives ; ce jour-là je n'avais pas les moyens de pareille générosité.

« Mademoiselle, j'ai vu mieux à ce prix, et il y avait une cheminée et des toilettes, qui, elles, n'étaient pas sur la place.

Un seau mal dissimulé dans un coin de la pièce, derrière un rideau de cretonne, faisait clairement présager qu'il serait opportun de prendre ses précautions tous les soirs avant de rentrer.

J'avais touché juste. Je venais de semer l'inquiétude sous le chapeau de paille noire.

« Ah ! Je n'en crois rien, mais je veux bien consentir un rabais. Disons donc 250 F par mois, mais pas un sou de moins. Vous me paierez d'avance et vous me devrez un mois de préavis, ce qui signifie que, si vous ne me prévenez pas à temps de votre départ, le mois suivant me sera dû. Puis, je tiens tout de suite à vous prévenir que je ne tolère aucune visite de demoiselles. Vous voyez ce que je veux dire ! De ces filles qui sont toutes aujourd'hui devenues des catins. C'est une condition absolue. J'ai été élevée chez les Demoiselles de la Légion d'honneur, et je ne le supporterai pas. Je ne mange pas de ce pain-là. Plutôt mourir, monsieur ! »

Je ne souhaitais pas la pousser à de pareilles extrémités, j'eus la légèreté d'accepter. C'était d'ailleurs à prendre ou à laisser, mais ce fut là l'origine de notre brouille.

Un certain temps je devais tenir parole, mais le temps passant, « l'occasion, l'herbe tendre, et aussi… »

Nous étions devenus de très bons amis. J'avais pris conscience de sa détresse, et à l'occasion, je lui procurais, dans la mesure du possible (à cette époque c'était bien difficile), quelques douceurs : un peu de pain qu'elle cuisinait en soupe sur un petit réchaud à gaz placé dans un angle de sa chambre, ou quelques œufs frais qu'elle consommait durs pour mieux les partager, et je crois bien que nos relations étaient devenues telles que j'aurais pu me dispenser de lui remettre mes 250 F mensuels sans qu'elle eût osé me les réclamer. Elle faisait de son côté ce qu'elle pouvait pour me rendre la vie agréable, et comme elle s'était rendue compte que je n'appréciais guère la présence de ses ancêtres autour de moi, c'est elle-même qui m'avait proposé de les retirer.

« Pourtant, Monsieur, mon frère et mon père, tous les deux généraux, vous vous rendez compte ! Il faut bien que ce soit pour vous ! Je vais les remettre dans ma propre chambre. »

Sur un seul point, elle demeurait inflexible.

« Oh ! Monsieur, ne me parlez pas de ça… Le sexe, quelle horreur ! »

Et j'avais dû descendre en toute hâte lui porter secours et la relever, un matin de printemps, où manquant le rebord du trottoir, elle s'était affalée de tout son long sur la placette, après avoir voulu, munie d'un balai, donner la chasse à un chien qui œuvrait avec calme et conscience pour la possession d'un chantier, que justement, pour le moment au moins, personne ne lui disputait.

Même les pigeons qui roucoulaient avec trop d'insistance, en s'adonnant en toute saison au plaisir de leur race, sur la margelle de la fontaine, la mettaient en fureur.

Un sentiment sûrement de frustration inconsciente l'animait ; et pour elle, qui gardait d'un examen gynécologique rendu un jour nécessaire le souvenir d'une épreuve qu'elle n'arrivait pas, vingt ans après, à surmonter, rien d'étonnant à ce que tout ce qui touchait de près ou de loin le comportement amoureux ne fût définitivement classé exécrable ou diabolique.

Bien que très pieuse (elle ne manquait jamais sa messe journalière), le commandement du Seigneur « croissez et multipliez » l'exaspérait, et demeurait pour elle une incompréhension.

« Ne me parlez pas de ça ! Je vais m'évanouir ! Cela devrait se faire autrement. C'est parfaitement dégoûtant, même sous le couvert de bonnes intentions. Je ne comprends même plus Dieu dans cette affaire ! »

« Oh ! Monsieur Tamain, quelle horreur ! Mais vous êtes tout nu !

– Et que voulez-vous que j'y fasse ! Vous n'aviez qu'à frapper avant d'entrer, Mademoiselle… Enfin !

– Mais j'ai frappé. Vous n'avez pas répondu !

– Je ne vous ai pas entendue, Mademoiselle Dutouche, excusez-moi.

– On ferme sa porte à clé lorsqu'on fait sa toilette ! Oh, quelle horreur ! Quelle horreur !

– Oh ! Oh ! N'exagérons rien, Mademoiselle, n'exagérons rien ! »

Dans de pareilles dispositions il n'y avait pas grand-chose à espérer, d'autant plus qu'elle n'avait rien d'autre à faire qu'à me surveiller tout au long de la journée, et qu'aucune de mes allées et venues ne lui échappait.

Bien sûr, il me restait les coteaux verdoyants de Pechdavic ou les bords ensoleillés de la Garonne, mais tout cela n'était ni commode ni toujours à portée. Il fallait trouver un biais.

C'est le soir, un peu tard, que je crus déceler une faille dans sa vigilance, un moment plus favorable, je me risquai.

Je savais qu'elle se couchait relativement tôt, mais je savais aussi qu'elle attendait mon retour pour s'endormir, et qu'elle surveillait mon passage dans le couloir.

« Ah c'est vous ?

– Bien sûr Mademoiselle Dutouche, bien sûr, qui voulez-vous que ce soit ? »

Ce qu'il fallait à tout prix, c'est qu'elle n'entende qu'un pas. À cette condition, et dans l'obscurité totale, tout devenait possible.

Qu'à cela ne tienne, je les porterais.

Cela réussit parfaitement. Une fois, deux fois, cela ajoutait même à mes rencontres un piment assez inattendu, assez agréable, et souvent apprécié de mes partenaires.

Pour garder les mains libres, je les prenais à califourchon dès la porte, et tout se passait dans le plus grand silence et dans le noir jusqu'à leur départ.

Évidemment cela contraignait à des choix prudents, à la recherche de gabarits étudiés, plutôt dans les poids plume, et cela obligeait à des ébats mesurés, obligatoirement chuchotés, mais, comme il n'y a pas de médaille sans revers, une fois dans la course, il faut reconnaître que cela limitait en revanche toutes les protestations et toutes les hésitations de dernière minute.

« Chut ! Fais attention ! La propriétaire risque d'entendre ! N'oublie pas qu'elle est derrière la cloison. »

Cela marchait très bien… Trop bien ! Cela ne pouvait finir que dans la catastrophe et la confusion.

C'était un soir. Tout se déroulait normalement, mon fardeau n'était ni trop lourd ni trop encombrant, tout au plus avait-il peut-être les jambes un peu longues, et je m'étais déjà engagé dans mon labyrinthe. Je connaissais mon parcours par cœur, et tout aurait dû bien se passer si j'avais simplement eu connaissance de quelques initiatives prises par Mademoiselle Dutouche dans l'après-midi. Hélas je les ignorais ! Mademoiselle Dutouche n'avait-elle pas eu l'idée, dans un but louable de décoration, de suspendre dans son couloir toute une série de casseroles en cuivre, et en particulier un énorme chaudron !

Ce fut ce dernier qui causa ma perte. Une jambe de mon écuyère le toucha, causant sa chute qui fut suivie d'une dégringolade en chaîne de cinq ou six casseroles, dans un boucan épouvantable. J'essayai bien de continuer ma route, mais hélas, je butai maladroitement dans les obstacles, et, mademoiselle Dutouche de la Rapière, sortie en toute hâte de son sommeil, retrouva à terre et dans l'ordre : son chaudron, ses casseroles, son locataire et mon fardeau.

« Une catin Monsieur, une catin ! La nuit dans mon appartement ! Moi qui avais confiance en vous ! »

La fille, heureusement, avait déjà filé sans demander ses restes.

« C'est plus que je ne puis en supporter ! Ma maison transformée en lupanar ! »

J'étais blessé. Une des casseroles m'avait coupé profondément la main. Les soins d'urgence me furent néanmoins dispensés.

« Nous resterons dans les meilleurs termes mais vous savez nos conventions ?

– Inutile de me les rappeler mademoiselle, je partirai donc à la fin du mois. »

C'est ainsi, que dans l'avenir, mon stage chez Mlle Dutouche de la Rapière devait se terminer.

Je repérai en effet des charretons sur la place même. Une dizaine, en vrac, attendaient au bord du trottoir un éventuel preneur. J'eus beaucoup plus de mal par contre à trouver leur propriétaire, que je finis par découvrir au bistrot en face.

Il se leva furieux, toussant, crachant, éméché et agressif.

« Vous n'êtes pas d'ici, ça se voit allez, on n'a pas idée d'attendre ainsi. Si vous aviez été du quartier, vous n'auriez pas eu besoin d'ameuter la place entière. Je suis là bonsoir, ce n'est tout de même pas compliqué, en face, toute la journée. Je joue aux cartes, j'y ai droit non ? Vous voyez bien que je suis infirme et que je n'ai qu'un bras… Si on n'a pas le droit de se distraire ! S'il faut en plus crever au soleil ! »

Je ne lui contestais pourtant rien, ni le droit d'être infirme, ni celui de jouer à la manille, ni même celui d'être ivre. Je voulais seulement un charreton.

« Pour aller où ?… À la gare ! Et qui me dit que vous allez à la gare, et que vous n'allez tout simplement pas me voler mon charreton ?

– Je viens de louer une chambre sur la place chez Mademoiselle Dutouche. Je vais chercher mes affaires à la consigne pour les ramener à ma chambre. Vous connaissez bien Mademoiselle Dutouche ?

– Si je la connais ! Cette demi-folle qui se prend pour Jeanne d'Arc, et qui ne peut passer devant moi sans m'insulter ! Cette vieille sardine ! Vous êtes bien mal tombé, avant trois mois, vous reviendrez chercher un de mes charretons pour déménager. »

Sa mauvaise humeur avait changé d'objet.

« Bon ! Je vois que vous êtes un client sérieux ! Alors c'est deux francs ! Deux francs pour deux heures, ou quatre francs pour quatre heures. Deux heures passées, même de cinq minutes, ça fait obligatoirement quatre heures. Si vous prenez des ridelles, ça fait un franc de plus, mais je vous conseille les ridelles si vous ne voulez pas ramasser vos paquets tous les cent mètres tout au long de la route.

– Allons-y pour les ridelles et trois francs.

– Non, pas trois francs, donnez-moi cinq francs. Il y a deux francs de consigne. On ne sait jamais, s'il vous prenait fantaisie d'abandonner mon charreton à la gare et qu'il me faille aller le récupérer, ou que vous lui causiez des dégâts. Je vous les rendrai tout à l'heure si c'est nécessaire… Bien, dites-moi maintenant celui que vous voulez. »

C'étaient de petites charrettes aux roues en bois cerclées de fer, avec des brancards entre lesquels on aurait pu aisément loger un petit âne. Il n'y avait toutefois pas de harnais ! Deux béquilles, que l'on pouvait libérer à la verticale, le maintenaient au besoin en équilibre.

J'appris, par la suite, qu'il se faisait un grand usage de ces charretons. On les louait pour une foule d'occasions : pour déménager d'une rue à l'autre bien sûr, mais aussi pour porter ses paquets, pour peu qu'ils soient encombrants, pour porter son charbon, et l'entreprise de leur propriétaire, malgré les prix modestes, était florissante.

Ils me parurent tous terriblement lourds. L'un d'eux semblait moins massif, moins large, mais il se trouvait au milieu de tous les autres, et je n'osai le réclamer de crainte que cette exigence saugrenue ne soit considérée comme une provocation gratuite, donc de mauvais goût, envers un homme infirme, et que cela ne ravive sa fureur.

« Le premier ?… Vous avez raison ! Il y a des gens qui choisissent à n'en plus finir pour s'arrêter sur le dernier, tout cela n'a aucun sens ! Ils sont tous pareils. »

Je m'apprêtai à démarrer.

« Mais non, mais non ! Pas comme ça. Ne le tirez pas, poussez-le devant vous. C'est la seule façon de contrôler votre chargement et d'éviter les rails du tram. Allez ! À tout à l'heure. Et puis ne vous pressez pas. Vous n'auriez tout de même pas la prétention d'aller et de revenir de la gare en deux heures. Il faut trois heures. Vous ne vous en tirerez pas à moins de cinq francs. Il est 3 heures, vérifiez… Vous êtes d'accord ?

Je m'engageai sur les pavés, dans un bruit de ferraille qui emplit toute la place et résonna jusqu'au tréfonds de mes cervelles. Les pigeons s'envolèrent, soudainement, tous à la fois ; un chien offensé dans son sommeil, révolté, se leva, se mit à japper furieusement à mon approche, me fit une conduite injurieuse durant une cinquantaine de mètres, et j'eus l'impression que j'étais le point de mire de la ville entière.

Je ne pouvais m'empêcher de penser à mon aventure récente du matin. Heureusement que je ne connaissais encore personne, et qu'il ne pouvait y avoir là un La Savate pour surgir inopinément, me surprendre et me confondre dans cette situation ridicule où, de toute évidence, je tenais bien, cette fois, la place d'un âne entre deux brancards.

En vérité, je m'aperçus assez vite que personne ne se souciait de moi. Les passants ne tournaient pas la tête, les autos ne klaxonnaient pas sur mon passage, les tramways ne quittaient pas leurs rails en m'apercevant. Je manœuvrais de mon mieux sous le nez des agents indifférents, longeant les trottoirs, évitant dans la mesure du possible les carrefours et les feux, inquiété seulement par les trams, qui me doublaient et me croisaient, couvrant de leur vacarme, pour quelques secondes, mon propre bruit.

J'étais entraîné par le poids de mon véhicule et la pente naturelle du terrain. J'arrivai donc en un temps record à la gare, mais mon retour, bien que le vent cette fois fût pour moi, fut plus fastidieux. Je dus m'arrêter souvent. Ma malle, mon sac, le charreton, constituaient un poids mort d'importance. Malgré les ridelles, je devais contrôler sans cesse leur équilibre à tous les trois, et, en dépit des conseils du loueur, je m'engageai si maladroitement à plusieurs reprises dans des rails, que je faillis verser, et que j'eus toutes les peines à me libérer.

Ma mission terminée j'étais à bout de force, et c'est les jambes flageolantes que je rapportai mon chariot.

« Vous êtes déjà là ? »

5 heures moins cinq ! J'étais couvert de sueur, essoufflé, harassé.

« Eh bien, si tout le monde faisait comme vous je pourrais fermer boutique ! Avouez que vous avez de la chance. S'il y avait eu cinq cents mètres de plus vous ne vous en seriez pas si bien tiré… Mais voyons voir, vous n'avez pas voilé de roues au moins ? »

Visiblement, ces quarante sous à me rendre le contrariaient au plus haut point.

« Vous payez bien un verre de bière ? Allez ! Vous en avez autant besoin que moi… Et c'est moi qui vais payer, puisqu'il vous reste du boni. »

Je n'osai refuser. Il paya… Il paya avec mon argent et empocha de surcroît la monnaie de ces quarante sous que je m'étais efforcé d'économiser au mépris de mes reins et de mes mollets, et je dus encore, par politesse le remercier en le quittant.

J'étais vexé, honteux et furieux à la fois de m'être laissé faire, et d'avoir été ainsi roulé.

L'expérience de la vie venait pour moi de commencer.

Le soir même, après avoir mis un peu d'ordre dans mes affaires, je consignai par écrit (excellent exercice pratique en vue des déclarations fiscales futures) l'état de mes finances.

Reçu 1 200 F

payé chambre	250 F
60 tickets de restaurant à 8 F	480 F
1re et 2e inscriptions	150 F
Frais de transport de malle	5 F
TOTAL	885 F

Reste 315 F

Trois cent quinze francs, sur lesquels j'allais devoir prélever mes livres, mes cahiers, certains matériels et mes frais de transport journaliers. Mon avoir en un jour avait fondu. Il allait falloir compter, compter très juste chaque jour, et je pus déjà prévoir que je deviendrais à la longue, et par la force des choses, un excellent marcheur.

Je m'étendis sur mon lit à baldaquin et, sans pouvoir me contrôler, je m'endormis tout d'un coup, épuisé, tout habillé.

« Dis donc, on m'a dit que tu avais l'adresse d'une chambre. Peux-tu me l'indiquer ?

– Volontiers, Gauthier, volontiers, mais je te préviens si je la quitte c'est à cause de l'intransigeance de la propriétaire au sujet des filles. Tu vois ce que je veux dire. Avec elle, rien à faire. À part cela, rien à dire, c'est une brave femme. La chambre, bien que sans eau et sans chauffage, est correcte et bien placée.

– Ça va, merci de m'avoir prévenu, je vais prendre mes dispositions. Tu verras, ça marchera, j'ai mon idée. Merci vieux. »

Je rencontrai Mlle Dutouche quelques semaines après.

« Alors mademoiselle, comment allez-vous ? Sans rancune j'espère ? Je vous ai d'ailleurs adressé un camarade pour votre chambre il y a quelque temps. Vous êtes-vous entendus ?

– Oh bien sûr ! Et combien je vous remercie d'avoir pensé à moi. Savez-vous qu'il est charmant ce garçon, et méritant avec ça ! Dix enfants dans cette famille, dont neuf sœurs. Vous m'entendez, neuf sœurs. Je ne les connais pas toutes, mais il me les présente au fur et à mesure qu'elles viennent le voir. J'ai déjà fait connaissance avec Arlette et Denise… Et ils ont l'air tellement unis ! Si vous les entendiez rire lorsqu'ils sont ensemble !… Cela me rajeunit. Étiez-vous également au courant que le père de M. Gauthier est officier, et qu'il est d'une famille de militaires ? Je lui ai fait un réel plaisir en remettant les deux photos de mes généraux dans sa chambre. Merci encore une fois de me l'avoir adressé. »

Sacré Gauthier ! Son père était épicier !

Je devais revoir Mlle Dutouche quelques mois plus tard, au cours d'une visite où je lui apportais un peu de pain.

« Alors mademoiselle Dutouche, toujours la lune de miel avec mon ami Gauthier ?

– Oh là là, ne m'en parlez plus, ne m'en parlez plus jamais… Je suis déçue, et pourtant ce jeune homme paraissait si bien élevé !

– Et que s'est-il donc passé, ma pauvre demoiselle ?

– Ne m'en parlez pas ! Je le croyais hors de sa chambre, et je suis rentrée pour faire la couverture.

– Sans frapper, bien entendu !

– Mais oui sans frapper, puisque je le croyais absent, et devinez ce que j'ai vu ?

– Mais je ne sais pas, ma pauvre demoiselle ! Quoi donc ?

– Il était en compagnie d'une négresse, monsieur !… D'une grande bringue de négresse, toute nue, couchée en travers du lit… Je n'en suis pas remise. Et ce n'est pas tout ! Ne m'a-t-elle pas traitée de vieux trumeau !… À la porte, monsieur, à la porte ! Il n'y avait pas d'autre solution. »

« Vous ne me connaîtriez pas un autre jeune homme par hasard ? Quelqu'un de bien.

– Ah, vous savez, ma pauvre demoiselle, de nos jours… À part peut-être les curés ou les invertis !

– Oh ! quelle horreur, monsieur, quelle horreur ! Comment osez-vous parler ainsi. Les hommes sont donc tous des cochons ?

– Peut-être bien, ma pauvre demoiselle, peut-être bien. »

* *
*

J'étais arrivé à Toulouse par vent d'Autan. Un jour où soufflait avec violence ce vent si toulousain, si subit et si chaud qui, échappé d'Espagne, chargé d'électricité et de passions, possède les curieuses propriétés de faire rebondir, comme des balles, les chats, au bord des corniches les plus étroites, de faire marcher l'amble, les chiens en vadrouille sur les trottoirs, d'exciter les filles, et, soit dit aussi en passant, de faire hurler jour et nuit les fous dans leurs cellules.

Ce vent avait duré toute la semaine et, malgré lui, et peut-être grâce à lui, j'avais, paradoxalement, dormi profondément.

Je ne pouvais qu'en être rassuré.

Oh là là ne me parlez pas de ce vent ! Comment voulez-vous y tenir ! J'en ai les nerfs à fleur de peau ! Vivement que cela finisse ! Et tout cela dit dans un magnifique accent traînant, chantant à la fois, et exempt de toute colère... Du Midi bien sûr, mais du Midi de bon goût, dans cette ville qui se respecte et se veut ouverte aux influences les plus diverses : occitanes, méditerranéennes, pyrénéennes aussi, comme le lui rappelle de temps à autre son vent qui, balayant les nuages, lui permet d'apercevoir à l'horizon la chaîne pâle de leurs sommets.

J'ai toujours eu un amour déclaré pour le vent, cet élément qui suffoque, contre lequel on doit lutter et se défendre, amour contrarié trop souvent, soit que ce dernier demeure glacial, soit que, plus fréquemment, il partage sa pleine forme avec les pires intempéries.

Avec l'Autan, tiède, voluptueux, agressif aussi, j'allais être comblé.

La seule présence de l'Autan garantit le ciel bleu. Dans les plus mauvais cas la pluie ne doit lui succéder qu'après plusieurs jours de violences, de déferlements, de défoulements et de folies durant lesquelles il a tout loisir de battre les volets mal fermés, d'éprouver les cheminées branlantes, de décoiffer ou de faire voltiger les chapeaux des filles tout en les troussant au passage dans les meilleurs endroits.

On peut profiter de lui, de tout, en toute surprise insolente et admirative.

Oh là là ! Mais ce vent me déshabille, j'en ai honte ! Mais que voulez-vous, on n'y peut rien, c'est l'Autan.

« C'est l'Autan ! »

Les grands platanes affolés, sous ses impulsions répétées, agitaient frénétiquement leurs longues branches frôlantes, perdaient déjà leurs feuilles. Les brindilles sèches dispersées parsemaient le sol et le soleil, brillant sur tout cela, colorait les briques roses de splendeurs automnales mouvantes et dorées.

Une douce et nonchalante ivresse envahissait. Cette présence inattendue du vent m'avait rendu aussitôt la ville sympathique. Très vite je m'étais habitué à entendre, dans chaque coin de rue, soliloquer les passants, et très vite je m'étais appris aussi à m'écarter prudemment des fenêtres trop fastueusement décorées de géraniums.

XVI

C'ÉTAIT UN BÂTIMENT ALLONGÉ dont la façade bordait de larges allées. Piétonnières en leur centre, ces dernières étaient souvent fréquentées des promeneurs le dimanche, mais restaient le territoire exclusif des étudiants les autres jours. On pouvait se rendre à la faculté en flânant sous leur ombre, par petits groupes de rencontre, ou s'asseoir sur leurs bancs pour y flirter ou y tailler une bavette en attendant l'heure de ses cours. Des tramways, échappés du centre, y déposaient au passage, par salves régulières, leurs bruyantes cargaisons.

Dans cette ville abondamment pourvue d'hôtels raffinés, répartis à chaque angle de rue, notre faculté construite, au mépris de la brique, en pierres taillées, n'avait pas grand caractère.

On l'abordait en un pas perdu entouré de portes administratives, encombré de tableaux d'affichage couverts eux-mêmes de circulaires, et ce hall austère était la seule entrée possible vers les salles de cours réparties de part et d'autre de pelouses intérieures pelées et négligées. Un amphithéâtre imposant, séparé du reste de l'ensemble, en occupait le centre. Commun à toutes les années, il était l'élément essentiel, et c'était à son niveau que se concentraient la plupart de nos activités. Cours d'anatomie, d'histologie, d'embryologie s'y succédaient en permanence, rendant son voisinage toujours fréquenté et animé.

Études médicales d'hier et d'aujourd'hui ! Y a-t-il vraiment beaucoup de différences ?

Sans hésiter, je peux répondre oui.

Il y a à peine un demi-siècle, le laboratoire était encore dans ses balbutiements, la biochimie n'avait pas commencé son essor, et les rayons X eux-mêmes – d'interprétation douteuse – étaient bien loin d'avoir la vulgarisation et l'importance qu'ils ont acquise maintenant.

Il y a à peine un demi-siècle la médecine restait essentiellement clinique. Que de fois n'avions-nous pas entendu au cours de nos études : « la clinique seule doit trancher, la clinique doit s'imposer sur toutes les autres disciplines ». Qui oserait encore l'affirmer aujourd'hui ?

Et de là découlent toutes les différences.

Les matières n'ont plus les mêmes importances ; certaines, approfondies hier, sont devenues négligeables ou négligées ; d'autres, à peine effleurées jadis, sont devenues essentielles. Ce qui faisait partie intégrante de la médecine générale : obstétrique, gynécologie, rhumatologie, est devenu spécialité.

Comment, dans ces conditions, les études médicales auraient-elles pu conserver le même visage ?

Chaque matière, autrefois, avait son importance. Il n'était pas question d'en négliger une seule, sous peine de prendre de grands risques, puisque la moyenne était exigée pour toutes, à chaque examen. Mais il en était une qui, plus que toutes les autres, dominait la scène, et c'était la sacro-sainte anatomie.

Un peu curieusement laissée de côté aujourd'hui, cette matière, support de toute bonne séméiologie, était alors la pierre angulaire indispensable à toute étude sérieuse, et elle était, tout particulièrement, l'objet de toutes les attentions.

Les cours magistraux d'anatomie descriptive et topographique étaient journaliers. La plupart étaient brillants, les minimiser eût conduit à sa perte.

« Messieurs, je le sais, vous me considérerez comme un emmerdeur, j'en accepte le risque, mais j'ai pour mission première, au cours de ces deux premières années d'anatomie, de vous assurer de solides notions, et je ferai en sorte pour que, de gré ou de force, elles vous soient acquises à tout jamais. »

Les examens, avec lui, devenaient démoniaques et pervers. Il avait mis au point une série impressionnante de questions à litige, précises et de détail, auxquelles on avait donné le nom d'« enculettes ». Chacune d'elles appelait, en principe, deux réponses, et il en posait régulièrement cinq à chaque candidat.

À celui qui ne pouvait donner qu'une version il ne manquait jamais de dire : « Non Monsieur ! C'est l'autre réponse que j'attendais de vous, vous reverrez ça pour octobre », et l'on était recalé.

D'année en année, une liste de toutes les embûches posées avait été dressée. Chaque étudiant, après chaque examen, se devait de consigner fidèlement, sur un registre secret, celles qui lui avaient été soumises, et chaque fois qu'une nouvelle perle apparaissait au répertoire, elle était immédiatement classée.

Passer un examen avec lui était donc facile. Il suffisait de savoir toutes ces questions sur le bout du doigt, ce qui équivalait, bien sûr, à connaître dans le moindre détail tout son manuel.

Effort prodigieux de mémoire que seul un entraînement intensif de tous les jours permettait d'accomplir. Il nous était exigé, dès les premières semaines, et certains, à ce régime, renonçaient. Heureusement, pour beaucoup, rapidement, l'habitude aidant, le tour de force finissait par se réaliser.

Des moyens mnémotechniques venaient d'ailleurs à notre secours, et ils ne manquaient pas. Les aînés les transmettaient aux plus jeunes et certains, bien que classiques, restaient fort drôles. C'est ainsi que « Oh Oscar, ma petite théière m'a fait à grand-peine six grogs » permettait de retrouver, et dans l'ordre, le nom de tous les nerfs crâniens, que « Petit papa, grand papa montre son cul rond » permettait de retrouver le nom de tous les muscles antérieurs de l'avant-bras.

Tout cela était ingénieux et utile, mais eût été bien insuffisant, et n'eût pas conduit très loin, si nous n'eussions été confrontés, comme nous l'étions, avec nos quasi journalières séances de dissection, qui seules pouvaient prétendre fixer à tout jamais ces connaissances.

Les salles de dissection, situées en retrait, à l'extrémité de tous les bâtiments, étaient constituées de deux ailes basses garnies d'une série impressionnante de fenêtres, en verre opaque, réparties de chaque côté. Elles étaient surélevées sur de vastes sous-sols, pourvus de soupiraux qui d'emblée retenaient l'attention par leur importance exagérée et inexplicable pour qui n'en connaissait pas l'usage. On entrait dans ce pavillon, à la jonction des deux ailes, après quelques marches qui conduisaient à un petit hall de distribution d'où partaient trois portes. Deux d'entre elles ouvraient sur les deux salles latérales, alors que la troisième, face à l'entrée, permettait de redescendre vers une pièce, basse et exiguë, réservée aux activités de deux garçons de laboratoire, deux êtres étranges, vaguement inquiétants, dont je reparlerai, et qui régnaient en maîtres sur les lieux.

« Tu verras ! Nous commençons lundi, il paraît que c'est impressionnant. »

Comme tous mes camarades, j'avais essayé en vain, de glisser un coup d'œil inquisiteur et curieux par les fenêtres opaques.

« Nos deux noms commencent par deux lettres semblables, nous sommes probablement appelés à travailler ensemble sur le même macchabée. À moins que tu ne sois avec Tadéi, mais je ne crois pas. D'après mes calculs, tu verras, nous serons côte à côte. »

De prime abord j'aurais préféré Tadéi. Je l'avais repérée lors des récents appels. C'était une sémillante petite blonde aux joues poupines et, pour une fois que le sort paraissait me sourire, je me réjouissais, convaincu qu'une association de ce genre, si elle ne pouvait à elle seule tout régler dans le travail, ne pouvait néanmoins pas le rendre fastidieux. Je n'avais pas été, malgré tout, jusqu'aux déductions de Tanière, et je me consolai assez vite (contre mauvaise fortune bon cœur) et j'étais prêt à faire équipe avec lui.

« L'important, vois-tu, c'est d'avoir un macchabée le plus maigre possible. C'est essentiel, je tiens ce tuyau de mon père, qui est médecin. »

Tanière, fils de médecin, prit aussitôt de l'importance à mes yeux.

« Dans la graisse on s'enlise, on perd du temps, on se donne beaucoup de mal pour récolter enfin des notes plus que médiocres et c'est un comble. Il faudra s'arranger. »

J'étais consterné, Tanière dut s'en rendre compte.

« Ne te tracasse pas, de toute façon les huit premiers jours on n'y touche pas. On nous désigne simplement nos places. Il y a un battement d'une semaine consacré à l'ostéologie, nous aurons le temps d'aviser.

– D'aviser quoi, Tanière ? Tu as des idées sur la question ?

– Bien sûr, j'ai des idées, c'est mon père qui m'a soufflé le tuyau… Si notre macchabée ne convient pas, on s'arrange pour le faire refiler à une autre table.

– Comment ça, Tanière ?

– On donne cent balles en cachette aux garçons de labo et le tour est joué. Ils le glisseront ailleurs, sur une autre table. Nous partagerons les frais si tu veux, mais n'en parle à personne. »

Je fis mentalement et sans difficulté mes comptes, cette saignée imprévue, si elle avait lieu, engloutirait tout mon avoir. Une fois faite, il ne me resterait plus rien ! Je refrénai une certaine panique.

« C'est d'accord ?

– C'est d'accord. »

Décidément, j'étais bien tombé. Ce Tanière s'avérait un garçon très averti, débrouillard et précieux.

« Tu sais, nous devons nous arranger à être au mieux avec Astragale et Calcanéum. C'est primordial. Ils sont tout-puissants ici, même les prosecteurs doivent compter avec eux. Il n'y a pas de demi-mesure, ou tu es dans leur bonne, et tout va bien, ou ils t'ont dans le nez, et à ce moment ils passent leur temps à te glisser des peaux de bananes sous les pieds.

– Astragale et Calcanéum ! De qui parles-tu, Tanière ?

– Mais des garçons de labo mon vieux ! Alors il faut tout t'apprendre ? C'est leurs surnoms évidemment, mais tout le monde les appelle ainsi, même les profs, même le doyen. On ne leur connaît pas d'autres noms. Nous serons avec Calcanéum, dans la deuxième salle. C'est le grand rouquin que tu vois là-bas.

– Mais encore une fois, Tanière, comment sais-tu tout cela ?

– Ne te pose pas de question mon vieux. Mon père a ses entrées ici, il s'est renseigné. Au fait, as-tu acheté ton bistouri, tes pinces et tes gants ?... Non !... Tu as bien fait. Calcanéum se fera un plaisir de te vendre le tout. C'est son petit commerce des premiers jours, et c'est une excellente entrée en matière avec lui.

– Tout cela est-il très cher, Tanière ?

– Non, cela ne va pas loin, ne te tracasse pas, d'ailleurs si tu le lui demandes, il te fera crédit. C'est un brave type, il est habitué. Il fait toujours crédit, il sait bien que les étudiants ne sont pas fortunés... Pour les gants, remarque, tu pourrais t'en dispenser, au bout de quelques jours tout le monde les abandonne. Mais ce serait une erreur que de te distinguer. Fais comme tout le monde, achète lui ses gants. »

Renseignements pris, cet achat, négligeable pour Tanière, constituait une grosse dépense. Je fis des vœux pour que le hasard me favorise, que je n'eusse pas de cadavre à changer et en conséquence pas de patte à graisser. Sans cette chance, je devrais, dès le départ, m'engager dans les dettes, et cette perspective me perturbait.

J'étais devenu l'ami de Tanière, presque son confident. Par lui, j'appris une foule de choses, toutes nouvelles et utiles.

D'abord, j'eus la confirmation que le prof d'anatomie était une vache, et Tanière me confia que son père, en prévision de son arrivée en faculté depuis des années, était devenu un de ses plus fidèles correspondants.

« Et j'espère qu'il ne l'oubliera pas le jour de l'examen ! Remarque, que si je peux, je lui ferai dire un mot pour toi, mais tu sais je ne te promets rien. Avec lui ça peut marcher comme tourner à la pire catastrophe. »

Effrayé, je lui demandai instamment de n'en rien faire.

« Pour moi, tu comprends, ce n'est pas la même chose. Mon père et lui étaient déjà camarades de fac il y a vingt ans. »

Bien sûr, ce n'était pas pareil. C'était normal après tout.

Tanière m'apprit enfin qu'il ne pouvait y avoir de grand succès dans la carrière sans les concours, et que ces derniers étaient en principe joués d'avance, qu'un père médecin garantissait sans peine l'externat, et avec un peu de travail l'internat, mais qu'il n'était pas question de devenir ni chef de clinique, ni à plus forte raison patron, sans être soi-même fils ou gendre de patron, que certains patrons avaient des filles et que l'enjeu méritait d'être pris en considération.

Bref, je n'étais en faculté que depuis quelques jours, que déjà, j'étais confronté avec le spectre grandissant du mandarinat tout puissant, et que j'apprenais ce que devait être une entrée au cénacle par la petite porte et sur la pointe des pieds.

J'attendais ce lundi tout à la fois avec impatience et appréhension. Il me semblait qu'il n'arriverait jamais. Enfin les portes s'ouvrirent toutes grandes. Tanière n'avait pas exagéré… C'était impressionnant !

Seize tables dans chaque salle. Trente-deux cadavres, hommes ou femmes, figés au garde-à-vous, dans une totale et poignante nudité, nous y attendaient dans une ambiance de formol à peine soutenable ; et ce fut les larmes aux yeux que nous pénétrâmes dans le sanctuaire, partagés entre la crainte et la curiosité.

Ce fut un choc ! Un choc redoutable.

Pour nous tous, jeunes adolescents encore mal aguerris, qui n'avions pris que bien superficiellement conscience de certaines réalités, ce premier contact brutal avec la mort allait être une très rude épreuve.

Un silence éloquent, lourd de sens, de réflexions et de paralysantes émotions, s'était abattu sur nos équipes. Quelques minutes passèrent avant que chacun de nous parvienne à s'en dégager et à réagir à sa façon, selon sa sensibilité et son caractère, pour cacher au mieux, qui son trouble, qui son dégoût, sous des crâneries, des boutades ou des quolibets qui, tous excessifs, sonnaient faux.

Cela ne pouvait certes pas toujours durer, mais il fallut néanmoins une longue semaine avant que l'atmosphère de nos salles ne revienne à la normale, et ne se détende un peu !

Pour ma part, ma réaction fut des plus violentes. Du jour au lendemain, je perdis et l'appétit et le sommeil, et durant une quinzaine mes journées furent hantées de visions macabres, mes nuits peuplées d'atroces cauchemars auprès desquels les scènes les plus audacieuses de Jérôme Bosch n'étaient que plaisanteries. À ce régime, je maigris à vue d'œil ! Il était temps que les choses rentrent dans l'ordre. Heureusement, avec le temps, elles y rentrèrent.

« Messieurs je vais faire l'appel. Chacun de vous se rendra à la table que je lui désignerai. »

Tanière, encore une fois, avait vu juste. Nous nous retrouvâmes à huit, dont lui-même et Tadéi, devant le même cadavre.

« Une chance, mon vieux ! Nous n'aurons pas besoin de soudoyer Calcanéum. Celui-là n'a que les os et la peau ! Mais pour dire qu'il en est plus ragoûtant, c'est une autre affaire ! »

Tanière, les yeux injectés, ravagés par le formol, pleurait comme nous tous.

« Mais mon Dieu, jamais nous n'y tiendrons !

– Mais si, mais si ! Tu verras, c'est une affaire d'habitude, dans quelques jours les premières vapeurs seront en partie dissipées, tu ne sentiras presque plus rien.

– Alors messieurs, je dis bien huit par sujet. C'est bien d'accord ? Deux à chaque membre, quatre sur les bras, quatre sur les jambes. Les étudiants de deuxième année s'occuperont de la tête, du thorax et de l'abdomen. Veuillez respecter leur territoire et leur travail. Vous pouvez choisir et commencer comme bon vous semble, soit par le membre supérieur, soit par le membre inférieur. La dissection, sur chacun de ces cadavres, durera trois mois. Dans trois mois on vous les renouvellera, et vous changerez de place. Ceux qui auront terminé les jambes s'occuperont des bras, et *vice versa*. Vu ? Bien, vous pouvez commencer. »

Notre macchabée était une pauvre vieille. Maigre, décharnée, presque squelettique. Elle avait abordé la mort les yeux ouverts et personne n'avait eu la charité de les lui fermer. Elle continuait à regarder dans le vide. Sa poitrine était inexistante, et ce qui en restait tombait flasque, vide et réduit par le formol. Son pubis, couvert de quatre poils jaunis, saillait et dominait son ventre épouvantablement creusé. Sa bouche, largement ouverte, laissait voir de misérables chicots bruns. C'était un spectacle dantesque et terrifiant.

« Ne fais donc pas cette tête-là ! C'est ce qui nous attend tous dans quelques dizaines d'années pour les plus chanceux, d'ici là, il faudra en profiter, ma "Poupette". »

Tanière, s'adressant à Tadéi, venait de rompre la glace, et de résumer, en une brutale et courte prose, les conseils que Ronsard chantait, ô combien plus élégamment, dans ses sonnets.

Nous l'appelâmes Julie, et nous passâmes trois mois en sa compagnie sans qu'il n'y eut jamais rien de grave entre nous.

Julie reposait sur une claie en bois ajourée, disposée sur une table de marbre noir dont la déclivité centrale drainait tout suintement vers un récipient, un vulgaire seau fixé au-dessous. Une énorme lampe projetait un éclairage violent sur elle, et nous nous affairions debout, tous les jours, à ses côtés. « Poupette », dès le troisième jour, avait disparu.

« En pharmacie mon vieux ! Je l'ai rencontrée ce matin. D'ailleurs, je me demande ce qu'elle venait foutre ici ! Une belle fille comme elle, cela n'aurait pu que la gâter. Crois-moi, elle est bien en pharmacie, nous lui donnerons des rencards au jardin des plantes. Tu verras, elle tiendra mieux le coup là-bas. »

On disséquait chaque après-midi, de 13 h 30 à 15 heures, bistouri et pinces en mains. Très vite, même les plus réticents, avaient abandonné leurs gants gênants, et tout le monde travaillait à mains nues.

« Pour lutter contre le formol, rien de tel que le tabac, fume quelques cigarettes, tu verras. »

J'avais opté pour la pipe qui m'avait paru d'un maniement plus facile au cours du travail. Tanière, malgré mes conseils, gardait une préférence marquée pour la cigarette, et les deux narines de Julie lui tenaient lieu de cendrier. L'habitude étant prise, on continuait de fumer, mais en vérité Julie ne sentait plus. Les vapeurs de formol s'étaient volatilisées et restaient tout juste suffisantes pour écarter les mouches et les rats. Jour après jour, notre dissection avançait, des plans superficiels aux plans profonds, à la recherche des aponévroses, des insertions musculaires, des vaisseaux et des nerfs. Nous présentions nos pièces tous les soirs grâce à nos allumettes. Habilement disposées, elles permettaient de mettre en évidence les différentes attaches musculaires, de soutenir les confluents vasculaires, les ramifications nerveuses. Nous étions bien tombés. Nos notes s'en ressentaient, et nous triomphions facilement, alors qu'un groupe voisin se débattait et s'enlisait tous les jours dans la panicule d'un volumineux obèse qui suintait de toute part, et qu'un autre s'escrimait sur un sujet qui, à l'usage, s'étant avéré mal préparé, littéralement les asphyxiait. Julie par contre était parfaite et le fut jusqu'au bout.

De semaine en semaine elle, déjà si menue, devait s'amenuiser et presque disparaître, grignotée par nos pinces et nos scalpels, lentement réduite à l'état de squelette par notre travail de fourmis.

« Messieurs, demain se termine donc la première série de vos dissections. Vous pourrez disposer des restes de vos sujets comme bon vous semblera. Cette dernière séance ne sera pas notée.

– Tu as pigé mon vieux, demain c'est la bataille des macchabées. C'est de tradition, tu vas voir ce bordel ! »

De fait, le lendemain, le prosecteur n'était même pas venu. Seuls Astragale et Calcanéum, qui veillaient au grain, suivaient les opérations.

Ce fut un tournoi homérique entre les deux salles dressées l'une contre l'autre, et devenues rivales pour la circonstance. Chaque table se défendait de son mieux avec ce qui lui restait sous la main. Il nous restait peu de chose, mais Julie se montra vaillante jusqu'à la fin.

Tanière assomma un de ses adversaires avec un de ses fémurs, et, sans un projectile mal identifié qui m'atteignit de plein fouet et me mit K.O., j'aurais coiffé le mien d'un thorax tout entier.

Le combat ne prit fin que faute de munitions.

« Dis donc, viens voir ce que j'ai sauvé.

– Mais c'est une paire de couilles ! Qu'est-ce que tu veux en faire ? Les empailler ?

– Ça mon vieux c'est mon affaire, c'est un souvenir pour Tadéi. Je les lui glisserai dans la poche, dès ce soir, au restau U. Ce sont les couilles de l'obèse. Ça lui rappellera des souvenirs. Si elle n'est pas contente avec ça !

– Tanière, tu es un cochon. Tu devrais foutre la paix à cette fille. Que veux-tu qu'elle fasse de ces roupettes ?

– Cochon ou pas elles sont pour elle, avec la petite gueule qu'elle a, elle en verra bien d'autres, et si elle est ingénieuse, elle pourra en tirer une aumônière, ce sera de la plus grande originalité. »

Ainsi fut fait, et Tadéi, devenue maintenant Madame Tanière, s'en est paraît-il fort bien remise aujourd'hui.

* *
*

Les sujets réservés à la dissection ne manquaient pas alors à Toulouse. Personnes seules abandonnées, réfugiés en zone encore libre et sans famille, mendiants ou vagabonds allaient mourir à l'hôpital, et, s'ils n'étaient rapidement réclamés, prenaient systématiquement le chemin de la faculté. La faculté était si riche en sujets qu'elle pouvait même s'offrir le luxe d'en expédier vers Lyon ou Marseille où régnaient, paraît-il, certaines pénuries.

Plusieurs fois par semaine, un fourgon noir, long et étroit, franchissait un portail latéral et pénétrait jusqu'au fond de la cour. Là, un des vastes soupiraux des pavillons s'ouvrait, et, en vrac, il vidait son chargement sur une glissière en planches qui s'enfonçait dans les sous-sols. Si l'on passait par là à ce moment, on avait le temps d'apercevoir sur la glissière, dans les poses les plus ahurissantes, les corps des malheureux, happés par les crochets de fer des deux garçons, qui tiraient leur marchandise vers leurs profondeurs.

Calcanéum et Astragale recevaient ainsi les corps dans ce qu'ils appelaient pompeusement leur laboratoire. Ce n'était, en vérité, qu'un sous-sol bas, sans fenêtre, aux murs nus et humides. Un véritable ossuaire, au sol jonché de débris humains, qui constituait à lui seul une vision d'Apocalypse. C'était là, sous une lumière falote de catacombes, qu'avec une dextérité diabolique, acquise avec le temps, ils traitaient au formol leurs macchabées.

Une ou deux incisions, faites au niveau de deux troncs vasculaires importants, suffisaient pour une première injection, déterminante et sous pression, qu'ils réalisaient au moyen d'une archaïque pompe à bras. Puis, ceci fait, ils plongeaient, sans ménagement inutile et le jour même, leurs sujets dans de larges cuves profondes, en les rangeant tête-bêche comme des sardines, et tout en les maintenant dans le fond, couche après couche, au moyen de lourdes claies de bois.

Chaque cadavre devait subir une longue marinade de quelques mois dans cette saumure, et ne devait en sortir que pour gagner les salles hautes de dissection. Ce travail sur les cadavres devait être exécuté en un temps record, dans la journée, et les claies soigneusement disposées sur l'heure, car les lieux étaient envahis de rats à tel point, que tout cadavre laissé sur place, ou toute partie qui aurait émergé de la cuve, auraient été, malgré le formol, dévorés dans la nuit.

* *
*

Pemfigus était le garçon préposé à la surveillance du laboratoire d'embryologie. Il y passait ses journées entières, au milieu de ses bocaux ou macérait, sous étiquettes et dans l'alcool, la plus fabuleuse collection de fœtus à laquelle on puisse rêver, en admettant que l'on puisse rêver à collection de cette sorte. Elle couvrait à elle seule, sur six rangs d'étagères, les quatre murs de la très vaste salle qui lui était consacrée, et, comme elle se devait d'être complète, ce qui ne pouvait prendre place dans les bocaux était classé, sur lame, dans d'énormes boîtes plates aménagées en son centre.

On pouvait suivre là tous les stades essentiels de la gestation, de la première heure jusqu'à la fin de la grossesse. D'abord au microscope et sur coupes, de la morula jusqu'à la formation et à la modification des arcs branchiaux, puis à l'œil nu, du septième jour jusqu'au neuvième mois, de semaine en semaine.

Cette collection, dont la faculté s'enorgueillissait, était enfin complétée d'une suite tératologique de fœtus anormaux, sans bras, sans jambes, sans boîte crânienne ou pourvus de monstrueuses hydrocéphalies, unique en France paraît-il, qui ne manquait pas d'impressionner, mais qui constituait une vision à ne pas proposer à toute fille ayant un retard de règles, si l'on ne voulait pas qu'elle fasse, dans les vingt-quatre heures, son propre avortement.

Cet ensemble était constamment entretenu, renouvelé au besoin, et toujours complété, sous la direction d'un patron d'embryologie passionné, et c'était Pemfigus qui était chargé de ce travail.

Pemfigus recevait ses sujets de l'hôpital, comparait, vérifiait, et, s'ils paraissaient manquer à une série, les stockait pour les mettre en conserve dans ses bocaux. Ceux qui auraient fait double emploi, et qui n'auraient pas eu d'intérêt, étaient, sur le champ, non pas réexpédiés, mais crématoriés.

Essayer d'obtenir un fœtus de Pemfigus était impensable. Pour qui aurait eu l'idée saugrenue de s'en procurer un, mieux eût valu pour lui s'adresser à sa petite amie. Cela n'eût pas été sans risque, mais il eût eu plus de chance de réussir, car Pemfigus ne transigeait pas en ce domaine, ne mangeait pas de ce pain-là, tenait à la confiance et à l'estime qu'on lui témoignait, et, même pour une somme importante, ne se fût jamais laissé amadouer.

Calcanéum et Astragale !!!... Les autres garçons des différentes disciplines les évitaient, ne leur serraient la main que contraints ou forcés, et qu'à contrecœur ; les professeurs ne leur adressaient que rarement la parole, les considérant comme de sinistres poivrots, et personne, hormis les étudiants, n'aurait jamais eu l'idée d'aller les déranger dans leur antre au milieu de leurs occultes activités.

Ils avaient, bien sûr, comme mission officielle le traitement des cadavres en vue de nos dissections, un sale travail, c'est certain, hors du commun, et l'on aurait pu croire que c'était là la raison qui expliquait et légitimait cette mise en quarantaine qui les reléguait au banc de la faculté, mais en fait il n'en était rien. Cet isolement ils le devaient à de tout autres raisons, tenant à des activités annexes, toutes plus ou moins orthodoxes, que tout le monde connaissait, et qui jetaient un indélébile opprobre sur leurs personnes. Ces occupations, que nous dirons artisanales, jugées si sévèrement, Calcanéum et Astragale les devaient à leurs loisirs, aux temps morts qui séparaient fatalement leurs livraisons et qu'il fallait bien occuper, et aussi, et c'était là ce que l'on ne leur pardonnait pas, à la matière qui en faisait les frais, matière qui, aux yeux de tous, aurait dû être sacrée, et qu'on les accusait d'exploiter honteusement et d'une façon profane pour en tirer, sans scrupule ni pudeur, tous les plus petits et les plus grands profits. Bref, on leur reprochait de faire leur beurre d'une façon mercantile sur des déchets humains.

Calcanéum et Astragale marchands de squelettes, marchands de savons, fabricants de Pernod ne s'en souciaient pas, et se moquaient éperdument du discrédit jeté sur eux à tout jamais.

« Dites donc, les gars, vous ferez attention de ne pas me saccager les os, j'ai besoin de ce squelette et de son crâne.

– Entendu Calcanéum, ne t'inquiète pas, on va faire attention. On va le bichonner ton macchabée. »

On pouvait tout acheter avec eux, ce n'était qu'une question de disponibilité.

On pouvait s'y procurer un demi-squelette en vrac (achat banal, peu onéreux, dont beaucoup se contentaient), un squelette entier monté (pièce rare, réservée à de non moins rares privilégiés), mais aussi un crâne isolé, non ouvert, ouvert ou éclaté (et cette dernière pièce atteignait un tel prix, qu'elle n'était concevable que par un achat collectif).

« Je peux descendre voir ce que tu possèdes, Calcanéum ?

– Viens, si tu veux, vers 4 heures, après la dissection, nous serons plus tranquilles. »

On poussait la porte, on descendait les quelques marches et on était dans les sous-sols.

« Qu'est-ce que tu mijotes dans cette marmite, Calcanéum ?

– Regarde toi-même ! »

Une tête, proprement coupée, y bouillait à petit feu.

« Ça t'étonne ?... Ah bien sûr, vous croyez tous que cela se fait tout seul ! Eh bien non, il faut s'en occuper. Tu vois, il faut la laisser bouillir deux ou trois heures, et à feu doux surtout, sans cela on brûle les os, et la pièce ne vaut plus rien. Ce n'est qu'ensuite que je pourrai la nettoyer. Après quoi il me faudra encore la blanchir à l'eau oxygénée. Tu t'imagines le boulot ! »

Un crâne avec toutes ses dents (très rare) valait trois cents francs. Éclaté et remonté, os après os, mille francs.

« Mais c'est très cher, Calcanéum !

– Ah ! tu trouves ! Sais-tu qu'il n'y a que les haricots pour séparer convenablement les os ? Sais-tu que je dois les faire passer par le trou occipital puis verser sur eux de l'eau chaude pendant vingt-quatre heures, toutes les heures, pour qu'ils gonflent lentement ? Sais-tu aussi le prix des haricots au marché noir ? Puis, crois-tu que l'on réussisse à chaque fois ?... C'est cher, c'est certain, mais ça le vaut ! Si vous voulez étudier dans le détail le sphénoïde ou l'ethmoïde, ainsi que leurs rapports avec les os voisins, il faut y passer. Mettez-vous à plusieurs. »

Calcanéum montait aussi des mains et des pieds.

« Tout au fil de cuivre mon vieux, c'est un long travail de patience, et ce n'est pas cher. Comparé à ce que l'on vous en demande à Paris ! Renseignez-vous.

– Il n'en est pas question, Calcanéum. Tu sais bien qu'on compte sur toi. »

Il vendait toute sa production. Il en manquait et cela donnait lieu à de sournoises tractations dont il profitait.

« Tu n'as pas besoin de savon ? Pas pour la toilette bien sûr, mais pour les mains. J'en ai encore un peu. Ça t'intéresse ? »

Calcanéum, en ces périodes de restrictions totales, avait mis une formule au point. Il faisait du savon. Du savon noir, avec la graisse récupérée dans les seaux, sous nos tables.

– C'est un savon efficace et qui en vaut un autre, tu peux y aller. Il est valable, et après la cuisson que je lui fais subir, tu ne risques plus rien. Je l'emploie moi-même à la maison.

Calcanéum, en compagnie d'Astragale, avaient réussi enfin, de longue date, l'exploit dont ils étaient les plus fiers : fabriquer en secret (secret de Polichinelle) leur Pernod, mais cette production ils ne la vendaient pas. Ils la conservaient pour leur usage personnel, pour se donner du cœur au ventre, et un peu de courage lorsqu'ils en manquaient. Ils avaient, grâce au prélèvement discret d'un ballon et d'un serpentin de verre au laboratoire de chimie, confectionné un ingénieux et efficace petit alambic. Ils ajoutaient une certaine proportion d'anis à un alcool rectifié auquel ils avaient droit pour la bonne marche du laboratoire, et ils distillaient. Calcanéum et Astragale se soutenaient, se soutenaient souvent et régulièrement. « Si tu crois que c'est drôle ce travail », c'était là leur grande excuse.

« Tiens, goûte-moi ça ! Tu m'en diras des nouvelles. »

Pour ne pas les vexer on goûtait. Le verre était douteux, les mains de Calcanéum encore plus douteuses. On faisait néanmoins claquer la langue.

« Fameux, Calcanéum ! Mais il ne faudrait pas en abuser.

– En abuser ! Ça je t'assure on ne risque pas, avec la ration d'alcool qu'ils nous octroient ! Ensuite ce n'est pas là du trafiqué, c'est du naturel ! N'en parles pas surtout. C'est promis ?

– Tu penses, Calcanéum ! Bien sûr que c'est promis.

– Bon, tu reviens dans huit jours. Tu auras ton crâne ouvert. C'est entendu, vous paierez en trois fois. Ça ira. »

Calcanéum et Astragale avaient souvent le plus grand mal, le soir, à franchir la porte cochère de la faculté. Le hall était trop étroit, et, même devant le doyen et l'appariteur, ils n'arrivaient pas à se ressaisir et à contrôler leur tangage.

« Deux ivrognes, ces deux garçons ! Je me demande pourquoi je les garde dans nos murs, vous ne croyez pas Marty ?

– Sûrement, Monsieur le Doyen, mais qui mettre à leur place ? Ce n'est quand même pas un travail agréable, et ils le font bien. Ils ont des excuses, Monsieur le Doyen.

– Évidemment Marty ! Évidemment, et puis ils sont de la maison depuis si longtemps ! Savez-vous qu'ils y étaient déjà lorsque j'étais moi-même étudiant ? Dites-moi Marty, ils font toujours du Pernod ?

– Certainement Monsieur le Doyen. Ce sont de vieilles habitudes.

– Tâchez de voir ça, Marty. Diminuez-leur un peu leur allocation d'alcool, et tenez, j'ai une idée, ne leur donnez plus que de l'alcool rectifié et dénaturé.

– Mais c'est déjà fait Monsieur le Doyen, mais voyez-vous, maintenant, ils distillent. Monsieur le Doyen, ils distillent.

– Ils distillent, Marty ? Formidable ! Ces gars sont formidables !... Et après ça on viendra me dire que l'alcool tue ! Laissez-les faire, Marty. Tenez, laissez-les en paix. Après tout, ils ne font de mal à personne. »

* *
*

On l'avait découvert à la première levée de l'écluse, tôt le matin ; et malgré l'heure il y avait eu aussitôt autour de lui, comme toujours dans ces cas, un petit attroupement.

On l'avait étendu sur la berge, sur le dos (on met toujours les morts ainsi, par respect, et dans l'espoir de leur procurer peut-être un dernier confort).

Il était nu, couvert d'une vase épaisse noire, gluante, et bien qu'il n'eût certainement pas fait un très long séjour dans l'eau, son ventre paraissait déjà énorme, gonflé de gaz malsains, rebondi sur un sexe devenu par contre dérisoire et rabougri.

De l'ombilic, la boue commençait à glisser en minces rigoles le long de ses flancs, découvrant des plaques de peau trop blanches, et on pouvait constater qu'il était roux. Tout permettait de croire qu'il s'agissait d'un homme jeune de vingt-cinq à trente ans : son thorax large et puissant, sa musculature solide. Il avait aussi les pieds nus.

Il y avait là, autour de lui, le marinier, sa femme, sa fille et l'éclusier.

« Quelle histoire ! »

C'est Marius qui l'avait découvert. Marius était l'éclusier (comme l'avait été son père, également surnommé Marius, tous éclusiers de père en fils, et tous affublés, pour la commodité, du même sobriquet). Marius n'était pas de Marseille, mais était connu comme hâbleur et galéjaire, « pour soutenir son nom, il fallait bien ! » : ce jour-là, il ne galéjait pas.

« Il avait senti une résistance, là, contre le mur, une résistance anormale sur une des portes qui s'ouvrait d'habitude avec un seul doigt », et il avait pensé « allez, encore une planche ». Il avait pris sa gaffe, une longue barre munie d'un solide crochet, et c'est alors qu'un pied avait crevé la surface et était apparu. Marius avait dû descendre par l'échelle de coulée contre la paroi, au milieu des bouchons, des bouteilles vides et des épluchures de toutes sortes, comme il s'en amasse toujours au coin des écluses. Il avait eu du mal à le dégager de la barre où il restait accroché, entre elle et le radier. Il avait fallu le secours du marinier et de sa femme pour le hisser jusqu'à la berge. « Avec une corde bien sûr, et l'aide de l'eau qu'il avait dû laisser revenir. Ça porte, l'eau, et ça facilite. Sans elle on y serait encore. »

Quelle histoire !

Un seau d'eau, puisé dans le canal, jeté à la volée, l'avait libéré d'une partie de sa boue et de sa fange.

Alors on avait vu !

Le visage était écrasé !... Non pas écrasé par hasard, sous le poids de la porte, non, mais écrasé avec soin, avec application, « avec une masse sûrement, ou un marteau, pour le rendre méconnaissable... Du travail d'artiste ou je ne m'y connais pas ».

Ce n'était plus qu'une bouillie. La fille du marinier s'était retirée, horrifiée, et vomissait sur la péniche.

« Que faut-il faire ? »

Il n'y avait plus rien à faire bien sûr !... Appeler la police ? Elle était arrivée en toute hâte.

On l'avait chargé rapidement, comme ça, tout nu, sur un brancard, à la sauvette. Sa main traînait sur le sol, drainant encore de l'eau et de la boue. Le groupe avait mis peu de temps pour se disperser.

« C'est un Chleuh ! Je le parierais. Tu as vu, Marius, au poignet il portait une trace de plaque d'immatriculation. Les gars, ça sent mauvais. Naturellement, nous n'avons rien remarqué. C'est d'accord ?

– Bien sûr qu'on n'a rien remarqué ! C'est un truc à se faire tous fusiller.

– Bon, moi je suis pressé. Allez, ouvre tes portes que je file. »

Tout le monde avait disparu. La péniche avait repris sa route silencieuse. L'éclusier, bien obligé, restait seul près de ses vannes. Le canal avait repris son visage habituel, impassible, de tous les jours.

Les journaux n'avaient pas relaté le fait. Quoi de plus banal qu'un noyé, qu'un mort de plus ou de moins en période de guerre. Il y avait tellement de choses plus graves à rapporter. Un cadavre non identifiable !... On savait se taire à cette époque, éviter les curiosités dangereuses qui ne pouvaient attirer que des ennuis.

Ni l'éclusier ni personne n'avaient plus jamais rien su.

La tête inutilisable avait été séparée du corps à la morgue, et le reste, encore valable pour la dissection, avait pris tout simplement le chemin des cuves de la faculté.

Le canal du Midi, canal royal, avait eu sa grande époque. Une époque où les péniches chargées jusqu'à la garde, au tirant d'eau au plus bas, se suivaient et se croisaient sans discontinuer, reliant les rives méditerranéennes aux rives océanes. Puis ce trafic lentement s'était appauvri, s'était réduit à presque rien au profit du train et de la route. Il venait de reprendre avec la guerre une certaine activité, encouragé par la pénurie, sans cesse croissante, du carburant. Sur le canal, sans bruit, à moindre frais, les longues péniches venaient de refaire leur apparition. La plupart s'étaient munies de moteurs, mais l'on en avait revu certaines encore tirées au bout de longues cordes, comme autrefois, par des chevaux épais, et le chemin de halage envahi d'herbe avait de nouveau résonné sous le pas puissant de quelques percherons.

Le canal traversait Toulouse d'un bout à l'autre, longeant des quais pavés, encombrés de futailles, de planches et de sac entassés, et avoisinait des ruelles mal famées truffées de maisons closes ; depuis peu, ces quartiers à demi abandonnés, que l'on avait pris l'habitude de fréquenter en rasant les murs, reprenaient vie. On y roulait de nouveau des barriques, on y cerclait de nouveau des tonneaux, un palefrenier s'y était même réinstallé et s'offrait à ferrer les chevaux. On pouvait derechef, des hautes passerelles qui enjambaient l'eau, suivre ce remue-ménage devenu depuis longtemps inhabituel, et contempler au passage la lente progression facile, nostalgique et majestueuse des convois.

Au bout du bateau le marinier sommeille ou fume sa pipe, flegmatique, indifférent à tout ce qui se passe sur les berges qui ne sont plus son domaine. Son chien à côté de lui jappe de temps à autre par principe. À l'autre bout de la péniche, sur une corde tendue, sa femme suspend son linge comme autant de drapeaux. Le bateau a son autonomie, avance sans contrainte, glissant entre deux rides, prisonnier seulement des écluses et des berges.

On pouvait flâner sous les gros platanes le long du canal, et, lorsque leurs feuilles se détachaient en masse pour amerrir sur ses eaux dormantes, ses rives devenaient propices aux rêveries solitaires ou aux enlacements amoureux.

On pouvait s'asseoir dans l'herbe. Quelques touffes de marguerites y apportaient un peu de poésie. Par contre, lorsque l'on se penchait de plus près sur les eaux, il n'était pas rare d'y découvrir, de-ci de-là, les cadavres de charognes gonflées, chiens ou chats, que l'on était venu nuitamment y noyer. Elles pourrissaient là, jour après jour, sans que personne ne s'en soucie, ajoutant simplement une puanteur supplémentaire à l'odeur de méthane des eaux croupissantes, sans cesse remuées. Des épaves, débris de planches, épluchures d'oranges ou de citrons, s'assemblaient le long des rives et des taches huileuses s'étalaient en surface, en auréoles louches, visqueuses, mordorées et irisées. Mais cela, les amoureux, perdus dans leurs rêves, ne le voyaient pas.

On pouvait pêcher dans le canal. Les pêcheurs en retiraient des gardons, des tanches et des ablettes, surtout au niveau de certaines arrivées d'égouts. Mais on ne mangeait pas ce poisson. « On s'en craignait. » C'était pour tuer le temps, par sport, pour se distraire ou pour le donner sans en indiquer la provenance.

On aurait pu se baigner dans le canal, mais l'eau y était si sale que même les gamins ne s'y risquaient pas.

Les désespérés, les dépressifs seuls auraient pu se noyer dans le canal, car ce sont là des gens qui ne réfléchissent pas, mais ces cas étaient rares. L'eau n'y engageait pas.

De temps à autre on retirait bien du canal, en pleine ville, le corps d'une fille, pensionnaire des maisons voisines, que l'on avait un peu poussée. Cela ne portait pas à conséquence. Personne d'ailleurs ne déposait plainte. Identifiée fille perdue, on classait l'affaire. Tout le monde savait bien qu'il était nécessaire, de temps à autre, de donner quelques leçons, de faire quelques exemples.

Le canal, avec ses eaux sans remous, sans tourbillons et sans rides, savait garder les secrets.

Toulouse était pour les troupes allemandes une ville noire. La kommandantur y exerçait une vigilante attention, et se plaignait d'y relever, parmi ses troupes, certaines défections. Elle soupçonnait beaucoup de ses soldats et de ses officiers de désertion. La frontière espagnole était relativement proche, et c'était bien tentant pour des hommes qui se savaient menacés, tôt ou tard, d'un départ redouté vers les routes de l'Est.

Jamais aucun membre de la Gestapo n'eut ni l'idée ni la curiosité de visiter nos salles de dissection.

Heureusement ! Ils y auraient peut-être fait d'étranges découvertes.

* *
*

Le jardin des plantes de Toulouse prolongeait les allées Jules-Guesde. C'était un vaste espace vert garni d'arbres pour la plupart géants, aux essences les plus diverses. Leurs voûtes majestueuses y dispensaient des ombres salvatrices par les grandes chaleurs, et les colombes y roucoulaient sur chaque branche, comme dans les jardins de l'Alhambra.

Des pièces d'eau vive, des bassins couverts de nénuphars jaunes, roses et mauves, des cascades aménagées y maintenaient d'agréables fraîcheurs même au cœur de l'été. Les allées étaient soignées, et des bancs discrets, intelligemment disposés sous des massifs de fleurs ou de petites tonnelles intimes, y incitaient bien plus au farniente qu'à la botanique.

Le jardin longeait et entourait presque les facultés de médecine et de pharmacie. Il était donc naturel que les étudiants des deux disciplines s'y rencontrent, et s'y retrouvent entre deux cours. Or, si la médecine était avant tout un îlot masculin, dangereusement spermatique, la pharmacie, par contre, était déjà à dominance féminine, dangereusement ovulatoire. On voit facilement ce que cela pouvait entraîner pour les éléments de ces deux facultés, qui n'avaient pas envie d'aller chercher très loin ce qu'ils avaient sur place, et sous la main.

Ce jardin fut toujours pour eux une aubaine, et un lieu de rendez-vous rapide et idéal. Il s'y échangea sous ses ombrages, certes beaucoup d'idées hautement intellectualisées, mais aussi, il faut bien l'avouer, beaucoup d'autres qui pour être plus prosaïques n'en furent pas moins appréciées, voire très constructives souvent.

« Nous nous voyons ce soir ?

– Bien sûr. Mais où ?

– Au jardin, à 16 heures en face de la cage du bouc. Ça va ?

– Ça va ! »

On aurait tout aussi bien pu se donner rendez-vous en tout autre lieu, au pied du séquoia par exemple, ou au pied du cèdre du Liban, c'eût été plus poétique. Mais cela aurait pu, bien que tous les arbres eussent porté leur référence, entraîner la recherche, voire l'erreur, et cela d'autant plus facilement que le cèdre du Liban, qui normalement aurait dû être géant, s'il se trouvait venait juste d'être planté, et que le séquoia était peut-être encore dans sa potiche. Tandis que devant la cage du bouc, là au moins, on ne pouvait se manquer.

Ce locataire du jardin, blanchi par l'âge (blanc pisseux) portant cornes et barbiche, occupait, en compagnie de quelques chevrettes, une petite île aménagée au centre du parc. Cette île avait été dévastée et réduite à l'état de plate-forme désertique par les rondes interminables et passionnées que ce patriarche y faisait depuis des années, debout sur ses pattes arrière, en l'honneur de son harem. Jour et nuit, il y démarquait avec conscience son territoire à grands coups de jets d'urine, puissants, personnalisés à outrance et dont l'odeur hircine, insoutenable, débordait largement ses limites.

« 16 heures face au bouc. »

Outre que le comportement perpétuellement amoureux de ce fougueux animal ne pouvait qu'être un exemple valable et édifiant pour toute idylle à ses débuts, il ne pouvait, agrémenté de son parfum, qu'être un repère facile même pour qui ne connaissait les lieux.

Avec un pareil jalon, aucune méprise ne pouvait plus être invoquée, et si absence était, il n'y avait plus que trois façons de l'interpréter : soit votre partenaire vous avait posé un lapin, et il valait mieux alors l'oublier, soit elle s'était fortement enrhumée du cerveau depuis votre dernière rencontre – et tout pouvait encore s'arranger –, soit une anosmie totale était en cause, moyennant quoi il valait mieux se tenir sur ses gardes, il ne pouvait s'agir que d'une piètre amoureuse, chacun sachant fort bien que l'organe olfactif est un élément essentiel de toute bonne sexualité.

La région Languedoc-Roussillon possède, paraît-il, un nombre curieusement élevé de couples médecin-pharmacien. Ce phénomène d'hybridation, par ailleurs parfaitement sympathique, s'explique certainement par la proximité favorable de ses deux facultés, mais je crois que l'on serait injuste de passer sous silence, et de ne pas y associer, la présence bienveillante, encourageante et voisine, du bouc et du jardin.

XVII

UNE VILLE SANS RIVIÈRE manque d'un quelque chose, d'un élément de vie, d'un élément de rêve.

Toulouse en ce domaine se trouve somptueusement pourvue.

La Garonne y fait son entrée sans hésitation après avoir léché les coteaux verdoyants de Pechdavic, en fille capricieuse, au pas de charge, souvent d'une façon impressionnante.

Mal remise d'une jeunesse fougueuse, où elle a dû hésiter, sans souci des frontières, entre deux pays voisins, l'Espagnole n'a pas encore, à son arrivée dans la capitale languedocienne, vraiment choisi entre ses devoirs sérieux de grand fleuve à venir et ses caprices de torrent cavaleur et sauteur de cascades. Il suffit, pour s'en convaincre, de la voir, impétueuse, s'engouffrer, au cours de ses crues subites et mauvaises, sous les arches de tous les ponts de la ville dont, le plus souvent, elle lave les ogives. Déchaînée en tourbillons sournois, elle roule à ces moments sables et graviers, et ses eaux sont jaunies par ses charrois. Elle doit attendre pour s'apaiser d'avoir traversé la ville rose, et ce n'est qu'à sa sortie que, lasse de se galvauder en efforts inutiles, de rouler les galets et de briser les clôtures, elle consent à s'assagir pour s'élargir, vagabonder et flâner. C'est alors qu'elle devient souveraine, et qu'en voluptueux méandres, arrivée presque à mi-chemin de son long parcours, elle se décide à l'offrande et au don généreux de ses alluvions abondantes et fertiles. Cadeaux royaux qu'elle dépose sur les premières plaines, où, essoufflée, elle se décide, lascive, à paresser.

Ce sont là ses allures hivernales, ses allures de printemps à la fonte des neiges, ses moments de folie où elle n'en fait qu'à sa tête. Il n'en est heureusement pas toujours ainsi.

En été, en automne, elle affiche un tout autre visage. Ses eaux basses, claires et limpides, servent de miroir aux marronniers qui surplombent ses quais, et le vieil Hôtel-Dieu, dont les soubassements résistent à ses assauts furieux depuis des siècles, sans hésiter se dédouble alors à son niveau.

Ce sont là ses heureuses périodes, ses moments où, pleine de bonne volonté, elle libère spontanément les bosquets de ses rives, dégageant du même coup une kyrielle de petites îles désertes, verdissantes, ensablées, envahies de squelettes de bois mort, de troncs blanchis et abandonnés pêle-mêle, mais aussi couvertes de fleurettes dissimulatrices et accueillantes à la fois pour tous, et particulièrement propices aux effusions.

Si la rivière n'admet pas les péniches, elle tolère alors, par contre, les barquettes, et, si par hasard il vous arrive d'en voir une dériver lentement, abandonnée au courant, toutes rames repliées, même si elle tangue un peu ou donne de la gîte, ne vous effrayez pas, il n'y a rien d'anormal, elle est bien occupée.

Il fait bon se laisser glisser ainsi à deux au fil de l'eau, au fond du bateau, tandis que là-haut, en leurs ronds concentriques, seuls vous contemplent de leurs yeux infaillibles, observateurs mais indifférents, les grands balbuzards des marais.

Sur les berges, riches en herbiers de toute sorte, les pêcheurs font la haie, et taquinent avec patience l'ablette, la truite ou le goujon. Leur présence n'est pas importune, ils sont habitués, sans curiosité malsaine. De temps à autre, on entend siffler leurs lignes, mais les eaux sont larges. Vous ne les gênez pas et ils ne peuvent vous gêner. Le courant, en son sillage, traîne des parfums de guinguettes, vibre de leurs flonflons, et les clapotis légers, le long des coques, éteignent les soupirs des abandons. Il n'y a pas de risque, il suffit de se ressaisir à temps.

Une chambre d'hôtel pour amoureux, même la plus modeste, se payait de quinze à vingt francs. Deux heures de barque, même avec préméditation, ne dépassaient pas quatre francs, et par les jours ensoleillés, on avait en plus l'air pur et le ciel bleu. Pour certaines conditions modestes c'étaient là des considérations dont on ne pouvait que tenir compte, et qui se justifiaient d'autant plus que la barque restait anonyme, se passait de gênantes pièces d'identité, et évitait, ainsi, de bien naturelles susceptibilités.

Je traversais la Garonne chaque matin pour me rendre à l'hôpital.

* *
*

« Dites donc Berthier, je n'ai pas souvent vu de kyste aussi bien délimité que celui-là. Il est bien séparé de la masse utérine, bien mobile, on sent même son pédicule. Bon, nous l'opérerons jeudi matin... Vous prévenez la sœur ? Qu'elle fasse les examens d'usage. Inutile de faire une lapine, le diagnostic est évident, pour autant que l'on puisse parler d'évidence dans notre métier. On n'est jamais sûr de rien, si ce n'est à ventre ouvert. Il faut se mettre ça dans la tête. D'ailleurs, Berthier, vous le savez aussi bien que moi. »

Berthier, l'interne de service aux côtés du patron, acquiesçait, respectueux.

Le cercle des étudiants entourait le lit où la patiente, jambes écartées, inquiète, attendait un verdict dont elle ignorait l'ampleur, mais qui se résumait pour le moment en un seul mot : « opération ».

« C'est dangereux, Monsieur le Professeur ? Il faut vraiment m'opérer ?

– Allons, voyons, ne vous ennuyez pas pour rien, ce n'est pas grave, une opération banale, trente ou quarante minutes, et dans quinze jours vous serez debout, sur pied, prête à rentrer à la maison... Ah ! Voyons, je serais tout de même content qu'un ou deux de ces messieurs vous examine. Vous voulez bien ? Un ou deux seulement. Il faut bien qu'ils apprennent. Allez, vous êtes bien gentille, on s'occupera tout spécialement de vous. »

Elle voulait bien, que lui importait ! On allait l'opérer !

« Je veux bien, Monsieur le Professeur.

– Bon alors, tenez, vous, là, quel est votre nom ?... Pontier !... Bon, prenez un doigtier, et dites-nous ce que vous sentez. »

Pontier, mal à l'aise, sur la brèche, centre de mire de nous tous, plus ému que la malade, et plus rouge qu'elle, s'affolait, n'y arrivait pas.

« Mais voyons jeune homme, où vous croyez-vous ? Je ne vous demande pas des exercices de garden-party mais un examen gynécologique ! Ça s'écarte des lèvres, mon ami, ça s'écarte si l'on ne veut pas s'égarer n'importe où... Bon, ça va. Allez, laissez-moi cette malade... Dites donc Berthier, il faudrait tout de même leur apprendre à se tenir correctement devant une vulve, à ces garçons !

– Ce ne sont que des “Première Année”, Monsieur.

– C'est égal Berthier, c'est égal, ils sont d'une maladresse incroyable... Ça ira ma petite, ça ira. Vous n'y êtes pour rien, vous êtes bien mignonne. »

Le patron avait tapoté la joue de la patiente, heureuse d'avoir retrouvé enfin la protection de ses draps, et se dirigeait déjà vers les lits voisins.

« Gros foie, grosse rate et ascite, celui-là, vous me ferez Berthier un bon pour que ce malade soit versé en médecine. C'est une affaire qui les concerne… La sœur lui donne encore du vin ! ! ! Mais c'est de l'inconscience… Allez, en médecine, en médecine… Dites donc Berthier, le 16 ? Toujours la jaunisse ?

– Toujours, monsieur.

– Attention Berthier ! Sans fièvre, à cet âge, je n'aime pas ça du tout. Essayez de lui faire faire une exploration complète du tube digestif… Ah ! bon, vous l'avez prévue pour demain ? C'est bien… Ma foi, je crois qu'on a vu l'essentiel, Berthier. Je vous laisse le soin de continuer la visite avec ces messieurs. Ah ! dites donc encore, j'ai vu la petite entrée cette nuit. Je suis de l'avis de son médecin. Ce serait une extra-utérine que je ne serais pas surpris. Elle saigne, cette gosse, faites lui faire une transfusion dès que le laboratoire sera passé. À demain Berthier, à 10 heures pour le 20. Dites à la sœur qu'elle ne nous refasse pas le coup d'avant-hier. Qu'elle n'oublie pas, cette fois, de la sonder. »

C'était ainsi tous les matins, dès 8 heures, dans les grandes et longues salles blanches et vétustes de l'Hôtel-Dieu où trente ou quarante malades, hommes ou femmes suivant qu'ils étaient dans la salle de droite ou de gauche, devenus trente ou quarante numéros, attendaient, impatients et inquiets, la sentence du patron.

Les lits étaient répartis de chaque côté de la salle. Une table de nuit, un lit de fer, le tout ripoliné blanc. Au pied de chaque malade, un bocal d'urine et, accrochée à la tringle transversale du fond de chaque lit, sur un tableau mobile, la feuille individuelle, seul élément nominatif où la température et toute la thérapeutique étaient consignées avec soin, au fil des heures, des jours, des semaines et quelquefois des mois.

Rien ne personnalisait une place. C'était une poignante uniformité voulue ; pas un placard, pas le moindre tiroir où le patient aurait pu conserver le plus petit objet intime. Chacun devait, avec ses habits, tout déposer dès son entrée au bureau de la sœur, papiers, argent dont il ne rentrerait de nouveau en possession qu'à sa sortie, en reprenant son identité.

Là, il n'y avait plus que le 4 : l'abcès du foie, le 6 : l'amputé de la jambe du mardi, le 9 : les hémorroïdes qui saignaient, et là aussi personne n'avait plus droit à dissimuler sa misère. Bien au contraire, chacun, devant tout le monde, devait la dévoiler, l'étaler dans une dramatique promiscuité, sans espoir de compréhension ou d'indulgence de la part de ses voisins.

« Ma sœur, le 4 s'est plaint toute la nuit. On ne peut pas lui faire quelque chose ? Cela devient intenable pour nous tous dans ce coin.

– Bon, bon, on va lui faire une piqûre pour qu'il vous fiche la paix. »

Mauvais signe lorsqu'un paravent isolait un lit. Mauvais signe lorsqu'on installait des bas flancs. Les habitués concluaient.

« L'aumônier est venu pour le 17. Il n'ira pas loin, il va mourir cette nuit. »

Et tant pis si le 17, derrière son paravent ou ses bas flancs, l'entendait.

« Oh ! voyez, qu'il meure et qu'on n'en parle plus. Personne parmi nous ne dort dans cette salle à cause de lui. »

Mort libératrice pour le malheureux qui, coupé en rondelles de saucisson, continuait à se battre contre sa gangrène ascendante ; mort libératrice pour tous les autres qui, en spectateurs, suivaient cette longue agonie qui n'en finissait plus, et à qui cette souffrance devenait insoutenable.

« Ma sœur, le 10 demande le bassin.

– Qu'il attende. Je n'ai pas que ça à faire. Ça fait trois fois depuis ce matin… Je m'en occuperai lorsque j'aurai fini de faire les piqûres.

– Ma sœur, je ne peux pas attendre ! Ça presse.

– Ah ! vous commencez à m'agacer.

– Mais ma sœur !

– Taisez-vous ! Tenez, le voilà votre bassin, débrouillez-vous comme vous voudrez. »

Elles étaient entrées là à des fins louables de charité, mais… à la longue… et puis on leur en demandait tant. Deux sœurs toutes seules ! s'occuper des soins de toute une salle ! Même avec beaucoup de bonne volonté, comment ne pas s'endurcir devant tant et tant de misères qui n'en finissaient pas.

Deux externes s'agitaient bien auprès d'elles, mais dans quelle mesure pouvait-on compter sur eux ? Bien sûr, ils prenaient les observations, les températures, s'occupaient de quelques piqûres, mais les choses sérieuses, c'était aux sœurs qu'elles incombaient. Puis il y avait les délicats problèmes de gestion qu'elles assumaient, et qui, à cette époque, aurait voulu s'en charger ?

Les sœurs (nous les appelions entre nous les frangines) n'étaient pas toujours commodes. Il fallait subir leur dictature et leurs manies. À part le patron, personne, avec elles, ne pouvait espérer avoir le dernier mot. Être en litige avec une seule des sœurs équivalait à être en froid avec toutes les autres. Bien des internes l'avaient appris à leurs dépens. Rien ne servait alors, pour eux, de changer de service, elles les retrouvaient toujours, et peu avaient le courage de se mesurer avec elles.

« Mais ma sœur, vous êtes diabolique. »

Elle était partie en se signant et en agitant sa cornette, mais cela avait suffi à ce que tout tourne mal dans le service, jusqu'au jour où le patron avait dû employer les grands moyens auprès de la supérieure de la maison mère.

« Bon, suivez-moi les "Première Année". Nous allons aller au 16. C'est un malade qui va nous permettre de voir un peu ce que vous savez de l'ulcère d'estomac. »

L'interne faisait, à son tour, son petit patron, mais avec moins d'aménité et moins de compréhension. C'était pour lui une occasion de plancher, de s'entraîner pour des oraux personnels et prochains.

« Vous prenez des notes, Duteil ?... Non ! Bon, et bien dites-moi donc le diagnostic différentiel entre les ulcères duodénaux et pyloriques. »

C'était une façon comme une autre d'asseoir son autorité.

« Pauvre con !

– Qui est-ce qui a dit ça ? »

Mutisme dans les rangs.

« Bon, demain je vous interroge sur la question et je donne des notes à tout le monde. On verra bien alors qui sera le "pauvre con". »

« Ma sœur, donnez-moi un peu de trichloréthylène et un bistouri. Cet abcès est mûr. »

Une chute brutale sur le parquet avait fait se retourner tout le monde. L'un de nous, n'y tenant plus, s'était effondré.

« Étendez-le et donnez-lui quelques paires de gifles. Cela le remettra... Quand on a le cœur fragile on fait autre chose ! Du droit, ou des lettres par exemple. »

Et ce dernier est un des meilleurs chirurgiens que je connaisse aujourd'hui.

Les salles, et tout particulièrement celles de chirurgie, étaient imprégnées en permanence d'odeurs difficilement soutenables dues au trop grand nombre de malades aux plaies purulentes, macérées ou gangrenées.

« Ma sœur je ne peux plus y tenir, il faut que vous me changiez de lit.

– Impossible mon pauvre, impossible, tout est plein, d'ailleurs qui voulez-vous que je mette à votre place ?... Mais ne vous tracassez pas, on doit l'amputer demain, ça ira mieux après. Allons, un peu de patience et de compréhension.

– Ma sœur, je voudrais voir l'aumônier. Vous pouvez me l'envoyer ?

– Oui bien sûr, dès cet après-midi.

– Mais ma sœur, vraiment vous ne pouvez pas me donner un autre lit ? Peut-être pourriez-vous mettre le clochard du 12 à ma place ?

– Ah tiens c'est une idée. Je vais vous faire changer, je ne crois pas que ça le dérange, celui-là. »

« Charlot, vous prenez la place du 16 cet après-midi.

– Mais ma sœur !

– Vous prenez la place du 16, un point c'est tout, ou vous partez... Vous savez très bien que vous n'avez rien, et que si je vous garde, c'est uniquement par charité, alors pas d'histoire, vous prenez la place du 16, sinon ouste ! »

L'hôpital recevait toujours son lot habituel de malades bien sûr, mais aussi, à l'entrée de l'hiver, fidèle à sa vocation première, ses habitués : pauvres, vagabonds, mendiants, démunis, avec lesquels il se montrait indulgent.

« Tiens, te voilà Charlot ! »

Le patron l'accueillait avec bienveillance.

« Il commence à faire froid sous les portes cochères et les arches des ponts ?... Ah ! bien, ce n'est pas pour cette raison !

Tu as une foulure à la cheville ! Fais voir... Bon, je vois ce que c'est. Tu as gardé combien de jours ton bouchon dans ta godasse ?... Une autre fois, ce n'est pas la peine de t'estropier ainsi. Tu sais bien qu'on te reçoit sans cela ! Allez, va te coucher, dans quelques semaines ça ira mieux et il fera meilleur. »

Charlot n'en demandait pas plus. Dans quelques semaines ce serait le printemps, et les premiers rayons de chaud soleil. En attendant, il aidait la sœur, vidait les pots de chambre de toute la salle, buvait le verre de vin rouge de tous ceux qui n'étaient pas en état de le faire, et se faisait oublier.

À la différence de La Grave, hôpital annexe, construit de pied sec sur les gravats de la Garonne, l'Hôtel-Dieu plongeait de toutes ses assises dans les eaux du fleuve qu'il dominait de sa façade.

De ses fenêtres grillagées, qui se reflétaient tremblotantes dans l'eau douteuse de la Garonne, les internes, les jours de crue, pouvaient sans difficulté se permettre de pêcher, et, se servant comme appâts des appendices prélevés le matin même sur les patients, arrivaient à prendre de fort beaux poissons attirés là par la nourriture abondante qu'y déversaient les égouts.

L'eau pénétrait le long des soubassements du bâtiment et imprégnait haut ses briques, qui, à ce contact, devenaient brunes. Cela donnait à l'énorme et massive construction, aux murailles délabrées, un aspect peu engageant, sinon inquiétant, lorsqu'on l'abordait en venant de la ville. Des rats, de taille impressionnante, grimpaient, en toute saison, le long de ses murailles lépreuses, et, même en plein jour, en été, n'hésitaient pas, par les fenêtres restées ouvertes, à faire de petites incursions jusqu'à l'intérieur des bâtiments.

L'Hôtel-Dieu gardait l'aspect primitif qui avait été le sien lors de sa construction au XIIIe siècle alors qu'il portait encore le nom d'hôpital Saint-Jacques en l'honneur des pèlerins qui, sur la route de Compostelle, y trouvaient refuge au milieu de son lot régulier de malades, de blessés, de pestiférés même, pourvu qu'ils soient catholiques et pratiquants.

L'intérieur, bien sûr, avait été souvent repensé et remanié mais sans pour autant, malgré les replâtrages, lui avoir fait perdre son allure de monastère. Murs massifs, vastes voûtes ogivales, autant de choses qui s'alliaient d'ailleurs fort bien avec le va-et-vient de ses sœurs cornettes, sous ses couloirs. D'énormes rampes de fer forgé, polies par le contact séculaire des mains innombrables qui les avaient utilisées, conduisaient d'étage en étage, d'additif en additif vers toutes les salles des différents services.

Déterminés par la déclivité naturelle du terrain sur lequel l'Hôtel-Dieu s'était établi, les étages ne correspondaient que bien rarement les uns avec les autres. Il s'ensuivait un lacis de couloirs et d'escaliers, véritables labyrinthes, d'où seule l'habitude permettait de sortir.

« Dis donc, où est la salle Saint-Maurice ?

– Premier étage, tu tournes à droite, tu descends un palier, et tu es en face. »

Salle Notre-Dame, salle Saint-Lazare, Saint-Vincent, Saint-Louis, on allait de saint en saint, et le nouveau venu avait toute chance de s'y égarer.

Tous les services étaient à peu près représentés à l'Hôtel-Dieu : médecine femme, médecine homme, chirurgie générale, phtisio, et, donnant sur une cour en contrebas, un peu isolés, après les pavillons des enfants, en retrait de l'ensemble, les contagieux et la dermato. Seuls manquaient là l'urologie, l'obstétrique et la psychiatrie, qui étaient réservées à La Grave exclusivement.

Tous les matins, l'hôpital recevait son contingent habituel d'étudiants, dès 8 heures ; son flot serré passait par une petite porte latérale, près de la conciergerie, et se répandait aussitôt dans les divers services. Des grilles monumentales, donnant sur les jardins du rez-de-chaussée, s'ouvraient peu après pour livrer passage au cortège matinal, presque incessant, des malades et des ambulances. Quelques massifs de fleurs étaient là, régulièrement entretenus, dans le chimérique espoir d'atténuer les appréhensions bien légitimes des malades inquiets, qui, souvent, ne se faisaient que bien peu d'illusions sur leur sort.

Certes, l'Hôtel-Dieu n'avait pas mauvaise réputation, les statistiques n'étaient pour lui pas plus défavorables qu'ailleurs, tant s'en faut ; mais, tout comme les autres hôpitaux de faculté, il avait le triste privilège d'être souvent, pour beaucoup de cas graves, le dernier recours, et l'on mourait alors souvent dans ces lieux.

Les sulfamides, d'apparition récente, commençaient bien à améliorer légèrement la situation, mais les antibiotiques n'existaient pas encore, et une péritonite, malgré les drains, les vessies de glace, et bien d'autres efforts, ne pardonnait que rarement.

Tous les entrants ne pouvaient espérer ressortir par la grande porte trop voyante, trop officielle pour certains cas, et cela tous les malades le savaient. Ils savaient qu'elle serait réservée aux guéris, aux plus chanceux parmi eux, alors que bien d'autres, infortunés et vaincus, s'en iraient sans attirer l'attention par une autre issue, dont par pudeur on ne parlait jamais.

* *
*

La morgue, tout au fond d'une cour enserrée dans des murs et presque toujours déserte, était constituée par un petit pavillon isolé, situé à un angle externe. Une porte étroite et discrète ouvrait sur cette cour, une porte plus importante mais non moins discrète ouvrait hors des enceintes de l'hôpital sur une rue peu passante de la ville. Une lumière, rendue nécessaire par le manque total de fenêtres, et que seul un vasistas trahissait sur le toit, y brillait jour et nuit.

C'était là en rond-point, un lieu de passage nécessaire, et hélas trop fréquenté. Il était connu de tous et redouté des malades, bien qu'au demeurant personne n'eût jamais eu de plainte sérieuse à formuler contre lui.

On arrivait à la morgue presque à la sauvette, parfois de nuit, le plus souvent au petit matin, à l'heure où ceux qui pouvaient dormir dormaient encore. On y arrivait toujours dans l'anonymat, le corps et le visage pudiquement recouverts d'un drap blanc, et porté au pas de charge sur un brancard par deux infirmiers, qui, leur tâche accomplie, disparaissaient à toutes jambes comme s'ils venaient d'accomplir un sacrilège. On en repartait après un stage relativement court, en fourgon ou en corbillard, seul ou entouré de sa famille, soit vers la faculté, soit vers son cimetière. Mais avant de quitter les lieux, on devait y séjourner au moins vingt-quatre heures, et obligatoirement et heureusement, et c'était important, passer dans les mains de Jeannot.

Jeannot était « gardien de morgue », et ses papiers d'identité le mentionnaient si explicitement qu'ils avaient le don, paraît-il, lorsqu'il les exhibait à un agent trop curieux, de le faire fuir sans demander ses restes. Et pourtant, Jeannot était bien l'homme le plus débonnaire et le plus inoffensif que l'on puisse rencontrer.

Vieux serviteur de l'hôpital, tout le monde, dans tous les services, sœurs, étudiants, professeurs le connaissaient. C'était une figure de l'Hôtel-Dieu au point que l'on ne disait jamais « je me rends à la morgue » mais « je me rends chez Jeannot », ce qui était quand même, il faut bien en convenir, moins choquant, moins traumatisant et plus discret, devant de grands malades en particulier.

La popularité de Jeannot n'était due ni à une familiarité excessive, ni à une jovialité de mauvais goût, mais à son caractère égal et réservé, qui faisait bien de lui l'homme qu'il fallait dans un domaine où la discrétion était une obligation. Ni triste ni chagrin, c'était en vérité un calme, un père tranquille. Ses silences, que l'on pouvait interpréter à sa guise, et le respect qui s'attache à des cheveux blancs le servaient et lui permettaient de se tirer des situations les plus scabreuses. Là où tout autre se serait enlisé, lui s'en sortait toujours avec aisance, voire avec, le plus souvent, les honneurs de la guerre, qu'il savait transformer, sinon en légitimes, du moins en substantiels profits.

« Gardien de morgue »... Jeannot avait la vocation. Petit, corpulent, court sur pattes, chaussé de sabots de bois, vêtu d'un épais gilet de grosse laine, il portait en permanence un tablier bleu à poche ventrale, et, hiver comme été, un chapeau de paille à larges bords. C'était là un uniforme qu'on ne lui avait jamais imposé, mais qu'il avait adopté une fois pour toutes, et, lorsqu'il prenait un peu l'air devant sa porte, les mains derrière le dos, en attendant ses éventuels clients, on aurait parfaitement pu le prendre pour un jardinier.

Pourquoi portait-il toujours en toute saison un chapeau de paille ? Je ne sais ! Le gilet, tout comme les sabots, s'expliquaient, il ne faisait guère chaud à la morgue, le tablier bleu lui aussi avait sa raison d'être, Jeannot y mettait certains objets indispensables à sa charge, mais le chapeau ! Là alors on pouvait, si l'on voulait, se perdre en conjectures, car cela restait d'autant plus un mystère que Jeannot, dans sa piaule sans fenêtre, risquait bien tout sauf une insolation.

Une morgue de nos jours, dans nos grands hôpitaux modernes, est un vaste ensemble qui tient à la fois du laboratoire spécialisé et de l'entrepôt frigorifique le plus perfectionné. Un personnel en blanc, masqué, guêtré et ganté, y travaille poussant dans la plus complète indifférence des chariots sur rails vers des chambres froides. Une équipe fait suite à une autre équipe, et il n'y a plus là, comme ailleurs, qu'un service sans âme, dans des mains d'inconnus.

La morgue de Jeannot, c'était bien autre chose. D'abord, il y était seul maître à bord, et ce n'était pas la morgue, mais SA morgue, et c'était là toute la différence.

Son royaume était constitué de deux pièces, deux pièces contiguës, d'inégale importance, et communicantes. L'une d'elles, à l'origine, lui était réservée, mais Jeannot en fait ne l'avait jamais occupée. Dès le début de son entrée en fonction, rapidement, après quelques tâtonnements bien admissibles, il avait compris tout le parti qu'il pouvait en tirer, et il en avait fait sans hésiter le sacrifice, au mépris de son confort, et au profit d'avantages qui lui étaient apparus incontestables et nécessaires à son métier.

Jeannot était un sensible, un intuitif, il avait vite senti que rendre le corps d'un défunt à sa famille dans une ambiance de morgue glacée était inconvenant voire choquant, alors que rendre ce même défunt au sein d'un oratoire, dans des parfums d'encens devenait concevable, apaisant, même pour ceux qui se voulaient athées. Après tout, cette pièce lui appartenait, il était bien libre d'en faire ce qu'il voulait. Il n'avait donc demandé aucun avis, et de sa propre initiative, à ses frais, petit à petit, Jeannot l'avait transformée en chapelle, selon son goût et ses possibilités, et ma foi il ne s'en était pas si mal tiré.

Il avait commencé par disposer au centre deux tréteaux qu'il avait recouverts de draps. Puis il avait accroché au mur, en face, en fond de pièce, une croix monumentale en bois, de sa fabrication, et, décidément inspiré, il avait peint murs et tout en bleu.

L'effet était saisissant dans son originalité et sa sobriété artisanale.

Certes, Jeannot avait eu des problèmes. C'est ainsi qu'en cours d'exécution il avait manqué de teinte (le plâtre frais absorbe beaucoup), et il n'avait jamais pu, hélas ! retrouver sa tonalité de départ. Contre son gré, il en était résulté dans la réalisation un dégradé brutal qui passait du bleu céleste au bleu canard, mais, malgré cet incident de parcours, c'était quand même une réussite, et l'on ne pouvait lui en tenir rigueur. Il n'était après tout pas un émule de Raphaël, et il n'avait surtout pas, et c'était évident, voulu plagier la Sixtine. Il avait bien eu l'intention de consteller son plafond d'étoiles dorées, il lui avait semblé que cela aurait pu apporter quelque chose, un fini, une recherche vers le sublime, mais devant la difficulté de la réalisation il avait reculé et renoncé. Jeannot avait compris qu'il ne faut pas essayer de toujours se surpasser, et son œuvre lui avait paru définitivement achevée le jour où il avait pu lui adjoindre un énorme candélabre à six branches acheté, pour une bouchée de pain, chez un brocanteur qui se demandait bien comment il s'en débarrasserait.

Jeannot était fier de sa chapelle.

Il y entretenait, sans gros frais, deux vases garnis une fois pour toutes de fleurs artificielles, mais il n'hésitait pas à allumer à la fois les six bougies de son candélabre, lorsqu'il le fallait, pour recevoir plus dignement certaines familles pieuses et sensibles.

Les sœurs de l'hôpital, sans élever Jeannot au rang de saint, le tenaient en haute estime.

Ayant abandonné son territoire personnel sans regret, Jeannot, sans appréhension, s'était installé dans l'autre pièce, la plus importante, celle qui constituait la morgue proprement dite, l'entrepôt des cadavres récents qui attendaient là leur sort dans une sérénité parfaite et enfin retrouvée ; et cette pièce était donc réservée à Jeannot, à ses cadavres et au corps médical tout entier.

Personne ne s'y gênait, la salle était d'ailleurs assez vaste. Son sol cimenté y entretenait une fraîcheur nécessaire de bonne cave en été, et une température si glaciale l'hiver que Jeannot avait obtenu qu'on y installe un poêle en son centre.

Il l'allumait sans abus pendant les saisons les plus froides et juste ce qu'il fallait pour ne pas nuire à ses hôtes. Cela suffisait à son bien-être, et Jeannot après avoir retiré ses sabots, s'y chauffait les pieds en lisant son journal. Un éclairage puissant, de scialytique réformé, y dispensait une lumière blanche sans ombre, et deux grandes tables de marbre comparables à celles de nos salles de dissection en occupaient deux angles.

Il y avait là tous les pensionnaires de passage de Jeannot. Pour qui n'était pas prévenu, dès l'entrée, on était stupéfait. Il y en avait partout... Non pas dans un désordre éhonté et en vrac, mais bien au contraire dans un rangement parfait et seyant, qui allait tout autour de la pièce, du sol jusqu'au plafond, grâce à des rayonnages étagés et étudiés pour qu'il n'y ait nulle part de place perdue. Oh ! bien sûr au cours de certaines périodes de grandes épidémies, lorsque la grippe faisait ses lourds ravages, on avait bien vu là, quelquefois, certains relâchements, et il était bien arrivé que Jeannot ait été contraint, faute de place, d'en faire quelques tas à même le sol en les plongeant comme des bûches pour qu'ils soient moins encombrants, mais ces cas avaient toujours été des exceptions et, dès qu'il l'avait pu, Jeannot avait remis de l'ordre dans sa maison. Jeannot n'était d'ailleurs pleinement satisfait que lorsqu'il voyait ses bienheureux momifiés et correctement installés, chacun roulé dans son suaire blanc, à la queue leu leu sur ses étagères.

Jeannot aimait l'ordre, et, comme ses clients ne se déplaçaient jamais seuls, il l'obtenait.

« Mais voyons, comment voulez-vous que je m'y retrouve ? D'où m'amenez-vous celui-là ? Les papiers ? Qu'avez-vous fait des papiers ?

– Ça va ! Ça va Jeannot, les voilà tes papiers. »

Les infirmiers partis, Jeannot, d'une belle écriture ronde, préparait son étiquette.

Sur elle il portait le nom et le prénom, la date de naissance, le jour et l'heure du décès, l'origine du service, l'adresse de la famille si toutefois il en avait une, et il accrochait son carton au drap du nouvel arrivant. Sur un petit papillon additif supplémentaire, de couleur variable selon le cas, il stipulait : sujet à autopsier, sujet réservé à la faculté, sujet à remettre à la famille, et dans les trois cas précis Jeannot savait ce qu'il lui restait à faire.

« À envoyer à la faculté », aucun problème. Jeannot les mettait à droite et le premier convoi venu, après avoir récupéré son drap, il les expédiait.

« À remettre à la famille », ceux-là méritaient toutes ses attentions. Jeannot les mettait à gauche, dans les zones basses de ses étagères, et il attendait. Il attendait que l'on se manifeste, et en général ce n'était pas trop long.

« Ah ! madame, je vous attendais ! Vous êtes la fille de ce pauvre Monsieur Topineau ! Quel malheur ! Et pourtant Dieu sait si l'on a bien fait tout ce qu'il était humainement possible pour votre pauvre papa. Mais vous savez, lorsqu'il y en a trop, il y en a trop ! »

C'était tout juste si Jeannot n'avait pas les larmes aux yeux.

« Vous voulez le voir ?... Mais bien sûr. Vous avez ses habits ?... Bien, donnez-les moi, et revenez dans une heure. Je vais lui faire sa toilette moi-même. Je ne veux pas que vous le voyiez avant, cela vous causerait un trop grand choc. Revenez dans quelques instants, je m'occupe de tout. »

Il avait la manière. La famille était touchée. Tant de sollicitudes après les froideurs administratives que l'on venait d'essuyer, cela réconfortait, cela faisait du bien. Enfin quelqu'un d'humain et de compatissant...

Jeannot enfin avait le tour de main. En un quart d'heure, sans aide aucune, son client était prêt, habillé, chaussé, peigné, cravaté, et transporté dans sa chapelle où il allumait de deux à six bougies selon l'importance et l'honneur à rendre au défunt.

On ne pouvait moins faire que de lui en être reconnaissant.

« Oh mais Monsieur et Madame, il ne faut pas ! C'est tout naturel ! Ah ! vous savez, il laisse dans le service un si bon souvenir ! C'était un si brave homme ! »

On ne compte pas dans certaines circonstances. Compter serait outrageant pour le mort, et outrager un mort, cela ne peut porter bonheur !

Jeannot faisait très honorablement ses petites affaires.

« À autopsier. » Jeannot les rangeait dans les coins les plus près de ses tables, et là encore il attendait.

« Salut Jeannot ! On vient pour le 42 de Larrey. Où l'as-tu mis ? Sur quelle table veux-tu que l'on se mette ? »

Jeannot recevait toujours très bien tout le monde. Manifestement, l'indifférence de ses clients à ses monologues le laissait insatisfait et il souffrait d'être privé de conversation. L'arrivée d'interlocuteurs le rendait donc heureux, et son contentement se lisait chaque fois sur son visage. Debout, les mains derrière le dos, dans sa posture favorite, près de ses visiteurs providentiels, il s'efforçait d'entretenir des bribes de dialogues. Recommandations, mises en garde, tout lui était bon, et même si cela n'allait pas très loin, cela le contentait.

« Où vous voudrez. Vous avez le bon d'autopsie ?

– Bien sûr, Jeannot. Voilà.

– Bon. Larrey 42… Tenez, c'est celui-là ! Qu'est-ce que vous attendiez pour venir ? Il est là depuis quarante-huit heures, c'est trop avancé pour une autopsie !

– Eh Jeannot, il faut bien quand même leur laisser le temps de refroidir !

– Qu'est-ce que vous faites ? L'abdomen et le thorax ?

– Et le cerveau aussi, Jeannot. Le patron y tient. Tiens, regarde les instructions.

– Faudra faire attention les gars ! C'est un sujet à remettre, après autopsie, à la famille. Arrangez-vous pour que je puisse l'habiller proprement et que cela ne se voit pas du côté de la figure.

– T'en fais pas Jeannot ! Et puis, si ça cloche un peu, tu lui mettras un bonnet. Allez, passe-nous la marchandise.

– Vous êtes deux, prenez-le si vous voulez, avec ma hernie il n'est pas question que je fasse des efforts inutiles. Débrouillez-vous… Mais tonnerre, faites donc attention, vous allez me déchirer le drap, bonsoir !

– Voilà ! Voilà ton drap. Ça va comme ça ! Bon, donne-nous les instruments. »

Un bistouri, une paire de ciseaux, un long couteau d'amputation, un sécateur, un marteau et un tranchet à lame forte, large et plate, constituaient tout l'arsenal nécessaire rangé dans un fond de placard.

Toutes les autopsies se déroulaient suivant un rite codifié, immuable et sans bavure.

Une longue entaille tranchait la peau du cou jusqu'au pubis, et l'on s'occupait en premier du thorax. En quelques coups de bistouri, les pectoraux étaient sectionnés puis réclinés pour dégager le gril costal. En quelques coups de sécateur, les côtes à leur tour étaient coupées en biais à droite puis à gauche, et tout le volet ainsi détaché était relevé, cassé en haut du sternum, et rabattu sur la figure.

« Dites donc, vous pourriez tout de même faire attention ! Vous avez ouvert trop haut. Comment voulez-vous que je cache ça, même avec une cravate ?

– Tu lui mettras un cache-nez, Jeannot. C'est de saison et ce sera du meilleur effet. »

Le ventre à son tour était ouvert aux ciseaux. Le travail alors commençait. Chaque viscère était sorti, séparé de l'ensemble, pesé, examiné, coupé en tranches par l'un des officiants, tandis que l'autre consignait par écrit les résultats. Tout y passait : le cœur, les poumons, les reins, l'estomac, l'intestin.

« Comment est le foie, les gars ?

– Il n'a rien Jeannot, il n'a rien.

– Vous en êtes bien sûr ?

– Absolument. Vois toi-même. Il est sain. Il ne peut y avoir plus sain.

– Bon, alors mettez m'en deux tranches, là, dans ce journal, vous serez gentils… Un peu plus si vous voulez. Non pas tout… Mais un peu plus. »

Jeannot, malgré les apparences, n'était pas anthropophage, mais Jeannot avait deux chiens auxquels il tenait comme à la prunelle de ses yeux. Deux chiens de race aux pedigrees indiscutables, deux teckels ; et la chienne allaitait en permanence ; et tout le monde sait bien que l'allaitement ça, creuse.

« Bon, au crâne maintenant !

– Alors là les enfants, attention ! Arrangez-vous pour que cela ne se voit pas. Je ne rigole plus. »

On sectionnait le cuir chevelu à l'arrière, d'une oreille à l'autre, et on le rabattait en un scalp sur la figure. Deux ou trois coups de marteau sur le tranchet en faisant le tour suffisaient à faire sauter la calotte, et le même travail de pesage et de sections parallèles recommençait.

« Tu n'aimes pas les beignets de cervelle, Jeannot ?

– Allons, dépêchez-vous de me finir ça. La famille arrive dans une heure. Recousez-moi ça et rapidement.

– Tu as de la ficelle, Jeannot ?

– Voilà, et économisez-la un peu s'il vous plaît ! N'oubliez pas que c'est moi qui la paie.

– Tu n'as qu'à la faire payer à la famille, Jeannot ! »

On remettait tout en vrac, la rate, le foie, le cœur, tout pêle-mêle et on recousait à larges points séparés.

« Ça va comme ça, Jeannot ?

– Vous pourriez faire quelques points de plus sur le ventre et tirer un peu plus sur la peau du crâne ! Comment voulez-vous que je le peigne ? »

Jeannot, avec ce genre de clients, se surpassait et déployait des prodiges de diplomatie. Il n'acceptait de les présenter à la famille que dans leur cercueil, corrects et impeccables.

« Eh oui Madame !... Bien sûr qu'il avait changé ces derniers jours. Il avait tellement souffert ! Ne le touchez surtout pas, Madame ! Vous savez, il est décédé depuis quarante-huit heures déjà, et on ne sait jamais... La contagion... C'est bien suffisant que je m'y expose moi-même. »

On a beau aimer les siens mais tout de même, devant la contagion ! Bien sûr il valait mieux être prudent. On écoutait Jeannot.

« Les sentiments y sont tout de même, Madame. Le reste n'a guère d'importance. Je suis certain qu'il serait le premier à vous le dire... Oh ! Mais c'est beaucoup trop Madame, merci de votre générosité... Je m'en occuperai bien sûr avec ces messieurs des pompes funèbres. Vous pouvez être tranquille, le nécessaire va être fait. »

De temps à autre le grand patron se déplaçait pour assister à une autopsie qui l'intéressait particulièrement. Dans ce cas, on la pratiquait avec des gants, car il était expressément défendu de travailler chez Jeannot à mains nues, interdiction à laquelle on passait outre le plus souvent.

« Voyons ! Il nous faut tout voir et en détail. Que l'on sache au moins après sa mort ce dont il est mort, si l'on n'a pas été fichu de le savoir avant ! »

Jeannot arrivait à sa morgue au petit matin.

Précurseur de la journée continue, il ne quittait son chantier que le soir à la nuit. Il prenait son repas sur les lieux mêmes de son travail, à l'un des coins de l'une ou l'autre de ses tables, après avoir pris soin toutefois d'y disposer un journal protecteur. Jeannot, au milieu de ses pensionnaires de passage, devant son camembert et son litre de vin rouge, se sentait parfaitement heureux. Seule, l'absence de ses fidèles teckels le plongeait parfois dans une certaine nostalgie. Leur présence aurait pu selon lui changer l'ambiance des lieux, y mettre un peu de la vie et du mouvement qui y manquaient. C'était dommage. Il avait bien eu envie quelquefois de transiger avec les règlements et de les amener avec lui, mais il avait chaque fois réfléchi. Non ! Il en convenait lui-même, cela n'aurait pas été raisonnable. Et puis il y avait cette contagion, cette contagion à laquelle il ne croyait pas pour lui-même mais qui, pour ces petites bêtes qui collaient leur nez partout, pouvait après tout être redoutable. Sait-on jamais ! Il n'aurait plus manqué que ça. Il ne se le serait jamais pardonné ! Aussi s'était-il fait une raison.

XVIII

ET LE VERT-DE-GRIS S'ÉTAIT RÉPANDU sur l'ensemble de la France, en quelques jours, tel une traînée de poudre, jusqu'aux rivages azurés de notre Méditerranée.

Chaque ville « les » avait vus passer. Dans certaines, ils n'avaient séjourné que quelques jours, dans d'autres, ils s'étaient fixés et y avaient établi leurs quartiers.

La France venait de se réunifier dans l'ignominie et la honte ; la patrie vaincue touchait des épaules pour la deuxième fois.

Toulouse, ville clé entre Paris et l'Espagne, devait connaître sa lèpre immédiate, son occupation permanente, et le drapeau à croix gammée allait y flotter au vent d'autan, déployé, arrogant, aux frontons de ses monuments.

D'un jour à l'autre, les uniformes allemands s'étaient multipliés dans les rues, et les trottoirs avaient résonné du martèlement cadencé de la troupe, martèlement qui, sans cesse répété, ne voulait qu'enfoncer, qu'écraser, qu'anéantir.

À son tour, la zone libre, avec quelques mois de retard, se mettait en devoir d'apprendre, dans un puissant accent guttural, les rudiments parlés de la langue germanique, selon une formule accélérée, voisine de la méthode Assimil, et qui avait déjà fait ses preuves dans la zone occupée.

Au vocabulaire de nos pères, qui avaient eu en 14 toute une réputation ancestrale à soutenir, tout fait d'amabilité et de douceur, et dans lequel *Fraulein* et *Liebe* tenaient la première place, il fallut rapidement, et d'urgence, adjoindre toute une gamme de mots nouveaux aux visées plus péremptoires : *Achtung ! Achtung !* scandé par le mouvement saccadé du canon des mitraillettes. Nos places publiques, nos halls de gare, rien n'était épargné. *Schwein Kopf*, même sans être parfaitement bilingue on comprenait que les choses se gâtaient sérieusement. Quelques brèves rafales, trouant le silence de la nuit, achevaient de convaincre. Chacun se tassait où il pouvait, dans une encoignure obscure, sous un auvent de porte, dans les premiers escaliers venus, et les mécaniciens grimpaient en toute hâte sur leur locomotive pour démarrer sans demander leurs restes.

Du jour au lendemain, on avait vu des gens raser les murs, d'autres disparaître, dangereusement résorbés à nos frontières, d'autres enfin, discrètement filer vers les premiers maquis.

La Gestapo avait ouvert en toute impudeur ses portes en plein cœur de la ville. La milice, plus sournoisement, se profilait dans chaque quartier.

La crainte et la peur avaient pris, jour après jour, la place de l'aveuglement et de l'insouciance. Vichy n'avait plus l'ombre d'un prestige. La voix de Londres, là aussi, à son tour, prenait un sens et permettait d'espérer.

Les conditions privilégiées de la France libre devaient disparaître. Le tour de vis fut immédiat, brutal, et ressenti plus fortement dans les grandes villes que partout ailleurs.

« Tu as vu l'allocation de charbon ? Elle tombe à quarante kilos par mois et par personne. Tant revient à dire que cela ne vaut même plus la peine d'allumer un poêle. Les salles de conférence, le grand amphithéâtre, tout comme les bibliothèques, paraît-il, ne seront plus chauffés ! Eh bien cela promet, avec l'hiver qui commence et qui a l'air de vouloir être froid ! »

Nous avions essayé de grouper nos infortunes. À quatre, trois sacs de charbon auraient dû faciliter les choses, hélas ! cela n'avait donné que de piètres résultats. La table s'avérait trop étroite, les chaises manquaient, trois parmi nous avaient envie de travailler, le quatrième de faire le pitre. Et il avait fallu aussi tenir compte des incompréhensions et des intransigeances de nos logeuses. « J'ai loué à un étudiant, et non à la faculté tout entière », « vous faites trop de bruit », « vous dépensez trop de lumière », « je ne veux plus de ça ! Ou ça s'arrête ou vous déménagez ».

Nous avions renoncé.

Je travaillais tard le soir, fermé jusqu'au cou dans ma canadienne de peau de mouton, les jambes roulées dans la couverture de mon lit. Seuls mes pieds, malgré deux paires de chaussettes de laine, arrivaient à la longue à se refroidir. Sur les carreaux de ma fenêtre, la buée formait des arabesques gracieuses, de géantes fougères étoilées, qui souvent persistaient toute la journée.

Là-bas, à Auschwitz, à Buchenwald, à Ravensbruck, pour des êtres à demi nus, c'était l'appel, l'appel implacable, interminable, dix fois recommencé, souvent mortel, dans la nuit, le vent et la neige ! Mais qui de nous savait ça ?

« Du pain ! Je sais où l'on peut en trouver. Des conserves et de la charcuterie aussi, mais à quel prix ! »

L'occupant ne pouvait avoir l'œil à tout, mais il avait déjà ses indicateurs, et il était fréquent qu'il intercepte des valises lourdes en porc, pâté ou pommes de terre ; et chaque fois, dans ces cas, le porteur était sûr de son affaire. Il en était résulté, au marché noir, une soudaine flambée des prix qui étaient devenus fabuleux. Seuls quelques rares privilégiés pouvaient y prétendre, et tout cela était évidemment hors de portée des étudiants relégués au même rang que les gagne-petit, les clochards et les mendiants.

« Où manges-tu en ce moment ?

– Aux Potiers. J'y suis revenu. Que veux-tu, j'ai tout essayé. Les Mille Colonnes, L'écuelle, Le Gargamel, c'est partout aussi désastreux, partout aussi infect, pour ne pas dire dégueulasse ! »

Les Potiers était le restaurant universitaire de l'époque. Installé à la hâte, un gérant sans scrupule et sa famille y faisaient leur beurre en nous contraignant à suivre, pour un prix certes modique, des cures d'amaigrissement prolongées qui raviraient les dodus d'aujourd'hui. Le seul intérêt du restau U était de s'y retrouver en bandes, dans un milieu estudiantin, fait de camaraderie, et malgré tout de bonne humeur. Des groupes, suivant certaines affinités, s'y constituaient, et cherchaient, dans la solidarité, des solutions morales à leurs difficultés matérielles grâce à une mise en commun de leur dénuement.

Je faisais partie intégrante de l'un d'eux ; sept éléments, trois filles et quatre garçons en composaient l'armature. Il fut des années durant d'une fidélité et d'une tenue irréprochable dans son comportement. Aucun de ses membres n'eut jamais de secret pour ses camarades, et, les exigences de la bouffe primant toutes les autres, chacun, à tour de rôle, annonçait loyalement, et sans hésiter, ses trop rares bonnes fortunes. « J'ai reçu un rôti de porc ce matin », « j'ai touché ma ration de thon aujourd'hui », « j'ai reçu des œufs durs », rien jamais ne se gâtait. La bande entière se rabattait aussitôt, comme un vol d'étourneaux, sur les lieux, et se chargeait de régler sans scrupule et dans la joie le problème du frigidaire manquant. Et jamais aucun de nous, devant son emballage vidé en un clin d'œil, n'éleva la moindre protestation.

Un coup de sifflet spécial, finement modulé, nous servait de ralliement. Dans la foule la plus dense il permettait de se regrouper sans peine, et il nous était si familier, que je crois bien qu'aujourd'hui encore, aucun parmi nous, en l'entendant, n'hésiterait à mettre le nez à sa fenêtre.

Né de la réunion de nos sept initiales le « F.T.P.R.B.B.G. » était devenu notre sigle, et l'entente du groupe était si parfaite entre filles et garçons que certaines initiales, peut-être par trop rapprochées, finirent par s'entrelacer pour faire par la suite des chiffres, monogrammes durables, sinon définitifs, qu'il ne resta plus qu'à broder. Mais c'est là une autre histoire dont je n'ai nulle envie de parler.

« Sais-tu où est passé Gérard ?

– Il est admis aux J3.

– Oh, celui-là quel veinard ! C'est la deuxième fois.

Les J3 était un restaurant spécialisé dans la récupération de certains éléments jugés en perdition. Y être admis était une aubaine, s'y maintenir durant trois mois, laps de temps en principe accordé, une chance. Les J3 était une injustice flagrante. Pour y être admis il fallait satisfaire à des conditions qui passaient par une équation individuelle dans laquelle entraient en jeu le poids, l'âge, et la taille du postulant, et cela favorisait toujours les mêmes : les grands, les maigres, les longilignes. Les petits, même réduits à l'état de squelettes, n'avaient rien à espérer, n'ayant pratiquement aucune chance d'y être reçus.

Aux J3 on était mesuré et pesé avec rigueur dès le départ, puis régulièrement contrôlé tous les quinze jours. Si l'équation, à l'une de ces vérifications, devenait positive, on était aussitôt refoulé, si au bout des trois mois consentis cette équation s'avérait encore négative, on était considéré comme irrécupérable, et refoulé encore pour une durée minimum de six mois, à moins que l'on puisse y revenir, après une brève éclipse, sous un faux nom, à l'aide des papiers d'un copain complaisant.

« Que fais-tu là sur ce banc, Gérard ? Tu n'es pas aux J3 ?

– Pas pour aujourd'hui mon vieux, pas pour aujourd'hui. Je jeûne.

– Comment, tu jeûnes. Tu es fou ! Tu crois que tu en as vraiment besoin ?

– Bien sûr, demain je passe au pesage de quinzaine. J'ai fait mes calculs, je me trouve excédentaire de 200 grammes. Il me faut les perdre coûte que coûte si je veux y finir mes trois mois. »

Le restaurant des J3 bénéficiait de sérieux privilèges. Non seulement il n'était pas soumis aux tickets habituels des cartes d'alimentation, mais encore, subventionné par la Croix-Rouge ou un autre organisme, le prix exigé pour ses repas était des plus bas. Les élus qui pouvaient en profiter échappaient donc et aux crampes d'estomac et aux angoisses des fins de mois difficiles, qui restaient la hantise des conditions modestes désargentées, et Dieu sait s'il y en avait !

Je m'étais avec persévérance, souvent, et dans le plus simple appareil pour augmenter mes chances, présenté à la toise et à la bascule, et, bien que je me sois longuement exercé à me tenir avec aisance et naturel sur l'extrême pointe de mes orteils, j'avais toujours échoué.

« Un kilo de moins, ou un centimètre de plus, et vous étiez bon ! »

Je ne pouvais plus rien perdre ! Je n'arrivais plus à grandir ! J'avais dû me résigner.

* *
*

« C'est la première fois que tu viens à la cloche ?

– Mon Dieu oui ! Jusque-là je me débrouillais, mais cette fois je n'ai pu y couper, me voilà raide comme un passe-lacet, et on n'est que le 20 ! »

J'avais rejoint Gauthier à l'entrée du pont. C'était la fin d'une matinée froide de début novembre qu'aucun rayon de soleil n'avait jusque-là pu percer. Le brouillard, resté dense, dissimulait en partie les eaux de la Garonne qui, bien que glaciale, fumait. Seules les têtes des platanes à demi déplumés émergeaient vers les quais.

« Dis donc Gauthier, le froid commence tôt cet hiver. Qu'est-ce qu'on va déguster ! Ta piaule est chauffée ?

– Penses-tu ! Et la tienne ?

– Bien sûr que non !

– Que fais-tu de tes tickets de charbon ?

– Je les vends. Il ne manque pas d'acquéreurs.

– Moi aussi, mais cela ne va pas très loin !

– Je sais, c'est tout de même ça de récupéré. Je travaille au lit. Toi aussi ? »

J'avais emboîté le pas à Gauthier. Toujours fauché celui-là, dès le 15 de chaque mois, et il se rendait à la cloche, midi et soir, avec la régularité et l'aisance d'un vieil habitué.

La cloche était un centre d'accueil, l'unique centre d'accueil de Toulouse, seule bouée de sauvetage possible pour ceux qui, dépourvus de ressources, sans elle, seraient morts de faim. Fréquentée en permanence par les mendiants et les vagabonds, la cloche devait être souvent aussi la providence pour bon nombre d'étudiants. Aucun, certes, ne s'y résignait de gaieté de cœur, mais beaucoup parmi eux ne pouvaient l'éviter, ne serait-ce qu'en toute fin de mois, lorsque leur trésorerie était au plus bas. Et c'est ainsi qu'on les voyait apparaître, échelonnés, chaque jour plus nombreux, jusqu'au début du mois suivant où, brusquement renfloués, au moins pour quelque temps, avec un bel ensemble, ils en disparaissaient.

« Qu'est-ce que tu trames dans ta serviette, Gauthier ? Ça fait un bruit bizarre !

– Mon couvert, mon vieux : deux assiettes, une fourchette, une cuillère et un verre. Le tout fauché au restau U. Que veux-tu, avec le temps, on s'organise. Tu n'as rien prévu ? »

Je n'avais rien prévu !

« Bien sûr, tu ne pouvais pas savoir, mais mon vieux on ne vient pas à la cloche comme ça ! Ici il n'y a pas d'assiette, uniquement des fonds de boîtes de conserves recoupés, quant aux verres, tous ébréchés, il y a de quoi s'estropier, et ils ne sont jamais lavés… Bon, ça va, ne te tracasse pas, tu mangeras pour cette fois avec moi dans mes assiettes. Tâche de te procurer ce qu'il te faut une autre fois. Ce n'est pas compliqué, fais comme moi au restau U, gratuitement et sans bon de vaisselle… Tu n'oses pas ! ! ! Je m'en occuperai pour toi. »

La cloche avait établi ses quartiers en amont de la rivière, sur la rive gauche de la Garonne, à l'extrémité du pont. On descendait vers elle par un escalier raide qui permettait de franchir cinq ou six mètres de dénivellation, ce qui fait qu'avant de l'aborder, on la surplombait. C'était un vaste baraquement d'une vingtaine de mètres, bas, en planches, couvert de tôles ondulées. Monté là de toute évidence à la hâte, on avait profité d'une dénivellation naturelle, légèrement surélevée, pour le mettre à l'abri des crues, ce qui n'empêchait pas, certains jours, de patauger pour l'atteindre. Ce jour-là, on pouvait accéder à pieds secs.

« Nous avons le temps de descendre, on ne sert pas avant midi. On est mieux là pour attendre.

– Dis donc Gauthier, mais ça fume là-dedans ! C'est chauffé ?

– Non ! Mais tu parles sérieusement ? Tu vas voir le chauffage ! Des fenêtres sans carreau, des portes qui ne ferment pas. Mais voyons, ce que tu vois là : ce sont les chaudières.

– Des chaudières !

– Non mais dis donc ! Tu penses aller où ? Dans un restau trois étoiles ?... Alors ça ne va pas mieux ! N'oublie pas que c'est la cloche ! Qu'est-ce que tu as là, un ramassis de minables, tous les poivrots et les poivrotes de la ville. Des gars qui couchent sous les ponts ou dans les encoignures de portes, qui crachent par terre, se mouchent avec les doigts et bouffent comme des porcs ce que des porcs auraient du mal à avaler. Alors tu t'imagines qu'on s'est inquiété pour eux du chauffage ? Non mais, tu n'y es plus !

– Mais dis donc Gauthier, on ne risque pas d'attraper une saloperie en compagnie de ces gars ?

– Oh tu sais, ce dont tu es sûr c'est que tu vas y récolter à coup sûr quelques puces, peut-être quelques poux. Il faudra te méfier, quant au reste, ma foi, pas plus qu'ailleurs... Pas plus qu'à l'hôpital, pas plus qu'au bordel. Ai-je attrapé quelque chose depuis trois mois que j'y viens régulièrement ? Au début c'est dur, j'en conviens, mais on s'habitue. La bonne crasse est le plus souvent stérile, tu le sais bien. L'important encore une fois, c'est d'avoir son couvert. Le reste est sans importance. Tu vas voir, ces gars-là sont loin d'être inintéressants. D'abord, sur le plan du folklore ils sont imbattables, et pourtant ils ne se forcent pas, en plus, tu verras, bien qu'étranges, et tous fort différents les uns des autres, ce sont des individus qui souvent sont loin d'être sots. Ils ont leur philosophie bien à eux de gens qui n'ont rien et qui n'espèrent rien. Ils conçoivent la vie chacun à leur façon, et je ne leur connais que trois points communs à tous : la soûlerie, la peur instinctive de tout travail, et surtout, leur désir absolu d'indépendance qui leur fait tout accepter... Tu pourras le constater, je me suis même fait quelques amis parmi eux. Je te les présenterai au fur et à mesure. Ils sont curieux, sympathiques parfois, toujours imprévus dans leurs réactions. Tu leur plairas ou tu ne leur plairas pas, c'est impossible à savoir, mais si tu deviens leur ami, tu le seras pour toujours. Dès qu'ils t'ont accepté comme tel, tu peux leur faire toute confiance. Ah, je te préviens, ici chacun a son surnom. Tu n'échapperas pas à la règle. Tu ne seras pas en leur compagnie depuis plus d'un quart d'heure qu'ils t'auront trouvé ton affaire. En ce qui me concerne ils m'appellent "Le Moutardier" pour la seule raison qu'ils se sont rendu compte, dès mon arrivée, que j'avais toujours un pot de moutarde dans la poche. Tiens regarde, le voilà. Ça aide à faire passer le reste. J'ai eu beau leur expliquer cent fois les raisons de ce luxe, ça les amuse toujours autant et je serai toujours pour eux Le Moutardier... C'est ainsi que tu trouves ici "L'Aristo", un type qui a bouffé toute sa fortune, et qui vit plus démuni que Job, "L'Évêque" ainsi surnommé parce qu'il trimbale en permanence une bible dans ses profondes, "L'Architecte" qui se prétend, et c'est bien possible, ancien franc-maçon, "Stradivarius", le violoneux qui ne se déplace jamais sans son instrument sous le bras, son gagne-pain, et qui joue diablement bien lorsqu'il est en état... Quant à ces deux autres que tu vois arriver le long de la rivière ce sont "Jojo pied de Vigne" et "La Puce", les deux ivrognes les plus invétérés de la cloche... Ah ! par contre celui-là, là-bas, tout seul, assis contre le deuxième platane avec cette barbe noire hirsute et qui a l'air de rêver, c'est "L'Avocat". Je mange très souvent avec lui. C'est un ancien étudiant en droit qui s'est voué à la cloche. Il y est arrivé par le biais du pinard et n'a pu s'en sortir. C'est un élément respecté de tous. Il connaît son code pénal comme pas un, et dans ce domaine on peut lui poser n'importe quelle question. Il n'y a pas un seul clochard qui ne l'ait consulté un jour ou l'autre. Remarquablement intelligent, lorsqu'il n'a pas un verre de trop dans le nez tu peux engager toute conversation avec lui et tu ne seras pas sûr d'en sortir avec les honneurs. C'est un érudit et un individualiste à outrance. Il y a beaucoup d'individualistes parmi les clochards. Cela fait partie de leur désir de liberté, mais ce n'est pas une règle absolue. On y trouve aussi des groupes, moins intéressants à mon avis, mais qu'il faut connaître ne serait-ce que pour les éviter et s'en méfier… Tiens, regarde à gauche, oui là ! Ce sont les gitans. Un clan difficile, querelleur en diable, qui ne se mêle jamais aux autres. Quant à ces quatre que tu vois jouer sur l'herbe, ce sont les frères Jérôme. Le plus drôle c'est qu'ils ne sont pas plus frères que toi et moi, et qu'en fin de compte aucun d'eux ne s'appelle Jérôme. Mais il te faut savoir que si tu as maille à partir avec un seul d'entre eux, tu les auras toujours, et immédiatement, tous les quatre sur le dos. Ce sont d'enragés joueurs de belote. En ce moment, ils font une partie entre eux, pour le plaisir, pour s'entraîner à tricher, mais ils sont sans cesse en train de chercher des partenaires, et tu peux être assuré, que s'ils en trouvent un seul qui accepte le jeu avec eux, même s'ils ne jouent que des haricots à cinq le point, ils seront sûrs de manger un cassoulet dès ce soir…

« Puis il y a le peloton des femmes ! Toutes plus affriolantes les unes que les autres. Là, pour faire une conquête, il faut du courage. Après le vin, leur pêché mignon c'est le tabac. Je ne sais pas comment elles s'arrangent, mais elles fument plus encore que les hommes… À droite, tu as “Praline”, ainsi nommée à cause de son visage creusé de trous par une ancienne varicelle. À côté, c'est “Toupie”, parce qu'elle tourne toujours sur elle-même avant de faire sa crise d'épilepsie. Enfin voilà “Chopinette”, qui approche de ses quatre-vingts ans. Bien conservée hein ! Comme une prune dans son alcool… Tiens, veux-tu qu'on descende voir ça de plus près ?

– Je t'avoue Gauthier, que je n'y tiens plus tellement.

– Mais si, mais si, tu ne risques rien, suis-moi. »

« Salut, Moutardier.

– Salut, Le Manchot.

– Mais dis donc Gauthier, il n'est pas manchot celui-là ?

– Ici, bien sûr que non ! Il est avec les copains, il ne travaille pas, mais ne t'en fais pas, dès qu'il sera en ville il en deviendra un, et bien authentique crois-moi, au point que si tu le rencontres ce soir place Esquirol tu t'y méprendras, comme tout le monde.

– Salut Chiquette.

– Salut La Punaise. »

Gauthier louvoyait dans cette faune avec une aisance déconcertante.

« Ah ! Tiens, voilà Raton !... Tu as de la marchandise aujourd'hui Raton ? Tu peux la montrer à mon copain ?

– Bien sûr que j'en ai, et de qualité, et bien vivants. Tiens regarde. »

Raton brandissait une nasse pleine d'une douzaine de rats énormes qui s'agitaient, s'agrippaient dans tous les sens. Leurs queues démesurées passaient au travers des mailles, et leurs petits yeux féroces, affolés, cherchaient en vain une issue.

« Eh bien tu vas faire des affaires aujourd'hui. Ils sont gros, ceux-là. Ils seront fameux.

– J'y compte bien, Moutardier. J'y compte bien.

– Mais dis donc Gauthier, ce sont des rats d'égout ! Qu'est-ce qu'il en fait ton type ?

– Mais voyons, il les vend. Il va les vendre dès aujourd'hui, avant qu'ils ne se dévorent entre eux. Il prétend que, bien préparés, ils valent des écureuils. Je t'avoue que pour ma part je n'en ai jamais mangé... Mais ça a l'air de t'étonner ? Mais sais-tu qu'à la cloche on trouve de tout. Il s'y fait, là comme ailleurs, un marché noir fantastique. C'est ainsi que si tu veux des chats, tu as Matou qui t'en vendra tant que tu voudras ! Ne ris pas mon vieux, pour une fois celui-là porte son vrai nom. C'est à croire qu'il y a parfois, dans la vie, des êtres prédestinés. Lui ne te les vendra pas vivants, il n'a pas envie de se faire estropier, mais proprement assommés avec ou sans leur peau. Écorchés, aussi paradoxal que cela puisse te paraître, il les vend moins cher, car en ce moment la peau se vend bien. Il paraît que les Allemands achètent tout ce qu'ils trouvent en ce domaine pour leur campagne de Russie... Si tu veux du poisson, par contre, adresse-toi à La Sardine (un sobriquet celui-là), il passe ses nuits à braconner à l'entrée du canal et sur la Garonne. Il a du poisson tous les jours...

« Quant aux gitans, si tu veux du chien ou des hérissons, tu n'as qu'à le dire. C'est un marché qui leur est réservé. Les chiens, on sait où ils les trouvent. Il n'y a pas de mystère. Il vaut mieux ne pas laisser traîner son caniche entre leurs pieds. Mais les hérissons, ça par exemple, je me demande comment ils se débrouillent ! Ils en ont, et pas seulement de temps à autre, mais tous les jours... Il paraît que c'est bon ! Ils les font cuire sous la cendre, sans les écorcher, dans leurs piquants. D'ailleurs ils te donneront la recette si tu la veux.

– Gauthier, ce n'est pas moi qui ferai monter les cours.

– Bien sûr, mais tu peux également trouver ici du sucre, du chocolat. Oh ! évidemment pas au kilo ni en tablettes entières, mais tu peux en avoir malgré tout. Tiens, en particulier avec les femmes.

– Mais Gauthier, du sucre et du chocolat ! Comment font-elles ?

– Avec leur carte. À la cloche on ne demande aucun ticket. Alors, leurs tickets, elles les exploitent, elles les vendent. Viande, pain, matières grasses, tout pour reconvertir sur-le-champ dans la seule monnaie pour elles valable et qui ait cours ici : le vin rouge...

« Un chat c'est un litre, six rats c'est un litre, une barre de chocolat c'est un verre. Il leur faut leurs rations journalières coûte que coûte, et ça leur donne des ailes, crois-moi. Tout le monde se débrouille... Tiens, regarde La Praline là-bas, elle a déjà sa cuite. La meilleure preuve, c'est qu'elle entonne la *Madelon*.

– Dis donc Gauthier, qu'est-ce qu'il se passe là-bas ?

– Oh ! ce n'est rien. C'est La Fouine qui règle un différend avec L'Africain. Presque une histoire de famille. Tout le monde ici est d'ailleurs au courant... Depuis quinze jours que ça dure ! La Fouine est le protecteur attitré de Pattes en l'air, or L'Africain est porté sur la chose. La Fouine n'y voit aucun inconvénient et s'en contrefout, mais il tient les comptes. Les comptes sont les comptes, et ils doivent se régler en litres de pinard. Au rythme ou y va L'Africain, c'est une bonbonne entière qu'il doit. La Fouine réclame son dû, et l'affaire durera tant que L'Africain ne se sera pas acquitté. Dette non payée, La Fouine coupe les vivres, et L'Africain paiera. On peut faire confiance à La Fouine. Sans vin barca pour profiter de Pattes en l'air, et Pattes en l'air paraît-il, a du tempérament et du métier. L'Africain est furieux mais il paiera.

– Mais dis donc Gauthier, tu as vu la carrure de L'Africain ? Il va te lui faire boire une tasse dans la Garonne à ta Fouine, ça ne va pas faire un pli.

– Penses-tu ! Tu vas voir, L'Africain calera. La Fouine, je le connais. C'est un hargneux, un râleur, il est dans son bon droit et sait jouer du couteau s'il le faut. »

Le fait est qu'une lame venait de briller brusquement dans les mains de La Fouine. L'Africain battait précipitamment en retraite.

« Tiens, qu'est-ce que je t'ai dit ? Tu vois, il ne faut pas se fier aux apparences.

« Salut L'Anarchiste. Salut Gribouille. »

« Mais dis donc Gauthier, c'est déjà digne de la cour des Miracles cette cloche ! Tu connais tout le monde !

– Tout le monde non, car certains ne font que passer. Mais les autres, les attitrés, les sédentaires oui, bien sûr ! N'oublie pas que je vis avec eux quinze jours par mois.

– Qu'est-ce qu'on mange ici, Gauthier ?

– Oh tu sais, cela ne varie guère. Il y a toujours un légume, pois cassés, artichaut, chou-fleur quelquefois, le plus souvent des raves, des haricots ou des rutabagas. Quant à la viande, pas de surprise, c'est très simple tantôt des tripes, tantôt du cœur, tantôt de la tête de veau... Quel jour est-on aujourd'hui ? Mercredi, alors ce sera la tête de veau... C'est fade... Heureusement j'ai ma moutarde... Tiens, allons choisir nos places. »

Le baraquement était occupé dans toute sa longueur d'une table faite de planches disjointes posées à même des tréteaux. De part et d'autre, une série de bancs construits et ancrés dans le sol permettaient de s'asseoir. Les parois de la pièce étaient en lattis, sans autre revêtement protecteur, et on avait négligé de construire un plancher. On était à même la terre, battue et durcie par les centaines de savates qui passaient là tous les jours.

« C'est mieux ainsi, affirma Gauthier, les puces s'y perdent, et l'herbe qui pousse le long des cloisons est plus efficace contre les courants d'air que ne le serait le meilleur des papiers goudronnés. »

Sur un fourneau, en bout de salle, deux chaudières géantes fumaient.

Une partie des places était déjà occupée. Bardas à terre ou en bandoulière, leurs chapeaux enfoncés jusqu'aux oreilles, serrés dans leurs haillons et leurs guenilles, les habitués de la cloche, devant leur boîte de fer-blanc encore vide, attendaient sans un mot.

« Tiens, mettons-nous là, nous n'aurons pas de fenêtre dans le dos, et c'est ça le pire dans ce nid à courants d'air.

– Mais dis donc Gauthier, et si l'on se mettait près des chaudières ? Ne crois-tu pas que cela vaudrait mieux ? Il y a de la place libre tout à côté. On aurait au moins chaud.

– Mais tu rigoles ! C'est la place du Bouc. Ça, mon vieux, pour se mettre à côté de celui-là, il faudrait de l'estomac. La propreté ici n'est le fait de personne, mais le Bouc, alors lui ! Ça dépasse tout. Personne ne s'en approche, et pourtant on n'est pas susceptible de la narine ici. Mais le Bouc ! ! ! Il émane, il rote, il crache et il pète tout à la fois. Alors mon vieux non ! Il fait fuir même les deux serveurs qui ont pourtant besoin de s'approcher de leurs chaudières, les mouches elles-mêmes s'en détournent… Non viens ici, là, avec L'Avocat.

– Tiens voilà, le service commence. Tu peux préparer ton bon.

– Quel bon ?

– Mais voyons ! Le bon du repas. Celui de la mairie.

– Je n'ai pas de bon, Gauthier. Je ne savais pas.

– Non mais ce n'est pas vrai ! Alors là, vraiment tu dépasses tout ! Tu plafonnes… Mais enfin il fallait le prendre hier à la mairie. Ils donnent tout sans difficulté aux étudiants ! Et moi qui n'en ai plus qu'un ! Mais enfin c'est stupide. Sans bon, tu vas être obligé de donner quarante sous. Tu seras bien le premier à qui ça arrive.

– Mais Gauthier, je n'ai même pas quarante sous. Je croyais que c'était gratuit.

– Alors ça, toi, mon vieux, tu me la copieras… Bon, on va essayer d'arranger ça… Tu tiens à ton verre de vin ?… Non… Bon tu as raison, un verre suffira pour nous deux, d'ailleurs leur vin n'a sûrement pas deux degrés de plus que l'eau de la Garonne, tu ne perdras rien. Laisse-moi faire. »

« Dis donc L'Avocat, tu as un bon de bouffe pour mon copain ? Il te donne son verre de vin en échange.

– Un verre de vin pour un bon de bouffe ! Alors ton copain c'est le fada du coin !… Ce n'est pas une blague au moins ?… Ça marche, à une condition, que j'aie son verre devant moi.

– Tu n'as pas confiance en moi, L'Avocat ?

– En toi si, mais en lui je ne le connais pas ! » L'Avocat retourna ses poches.

« Tiens, le voilà, Fada, ton bon. » Le bon était sale, presque intouchable, mais j'avais un bon.

« Merci Gauthier.

– De rien mon vieux, et te voilà baptisé. Avec L'Avocat comme parrain, demain tout le monde saura l'aventure, et pour tous tu seras « Le Fada ». Un type ici qui propose un verre de vin contre un bon, tu te rends compte ? Ça ne se voit pas tous les jours ! Des bons que l'on distribue gratuitement à la mairie !

– Dis donc Fada (L'Avocat m'adressait pour la première fois la parole), dis donc Fada, demain ne cherche pas de place, je t'en garderai une près de moi, et si tu veux encore un bon je l'aurai.

– Merci, L'Avocat, merci. »

Deux serveurs, presque aussi crasseux que leurs convives, de chaque côté, faisaient la collecte, et, en échange, remettaient à chacun un morceau de pain, dur mais assez conséquent.

« Fais attention à ton pain. Le pain ici disparaît en un clin d'œil si tu ne le tiens pas en main. »

Le fait est que tous les morceaux venaient de disparaître, tous à la fois, dans les poches ou dans les besaces. Le vin suivait, et au fur et à mesure que les verres se remplissaient, ils se vidaient sur-le-champ.

L'Avocat attendait, tendit son verre et l'avala d'un trait, et, s'adressant au serveur :

« Ce verre, c'est celui du Fada. Il me le donne pour service rendu, tâche de me le remplir honnêtement, il m'appartient. »

Mon verre avait suivi le sien avec un « ah ! » de satisfaction.

« Ça ne fait rien ces Boches ! ils perdront la guerre, ça leur portera malheur de nous faire boire une saleté pareille. Dieu ne le leur pardonnera pas !... Tu bois le tien, Moutardier ?

– Oui L'Avocat, je partage avec Fada. »

Roulée sur un chariot cahotant, la tête de veau arrivait.

« Qu'est-ce que je t'ai dit, tête de veau ! Donc artichauts. »

Gauthier connaissait le garçon.

« Dis donc La Tripaille, tu nous mets deux portions dans la même assiette, ne l'oublie pas, et tâche d'être un peu généreux. C'est un copain, et il vient pour la première fois.

– Non, mais dis donc, Moutardier ! Tu voudrais peut-être de la langue ? Eh bien mon vieux tu te brosseras, et tu apprendras que ce veau n'en avait pas. »

La Tripaille brassait dans son chaudron.

« Tiens, voilà de la joue. Avoue que vous n'avez pas à vous plaindre. Vous êtes servis, non ?

– Merci La Tripaille, merci.

– Dis donc Gauthier, regarde ! »

L'œil du veau, cuit, bien sûr, mais grand ouvert, bordé encore de tous ses cils, nous regardait.

« Gauthier, je ne pourrai jamais avaler ça !

– Bon, prends l'autre morceau, mais alors là franchement tu attiges un peu ! Tu es délicat ! Que dis-je, tu as un tempérament et des exigences de bourgeois. Quand tu penses que les Esquimaux se font un régal de déguster des yeux de caribou gorgés de vers !

– Mais Gauthier, je ne suis pas un Esquimau. »

L'artichaut arriva. Coupé en deux, il s'avéra que si les vers n'étaient pas dans l'œil du veau, cette fois, ils étaient bel et bien aux cœurs des artichauts.

« Gauthier, je ne reviendrai pas ! C'est sordide. Cela me donne envie de vomir.

– Mais si, tu reviendras, et dès demain encore, et toutes les fois que tu y seras obligé… Nom de Dieu, mais tu as mangé quand même ! Et cela vaut mieux que de crever de faim dans ta chambre… Tiens, ceux-là, là-bas, ces deux ou trois vieillards, eux ne reviendront pas. Nous en avons ainsi toujours trois ou quatre tous les jours, dans ce style. Jamais les mêmes. »

Et Gauthier me montrait deux couples âgés, isolés en bout de table, très dignes, indiscutablement aussi dégoûtés que moi, et que la faim avait dû pousser vers un essai.

« Ceux-là ne reviendront pas. Ils se fermeront dans leur appartement, et ils préféreront se laisser crever de faim... Ceux qui ont raison, ce sont eux, les clochards, qui savent faire feu de tout bois pour se défendre contre vents et marées. Eux en sortiront... Et puis, dis donc, tu as entendu parler des camps de concentration en Allemagne ? Sais-tu qu'on y bouffe des épluchures, et que le repas que nous venons de faire serait pour eux un festin de roi, et que ceux qui y vivent n'ont ni la liberté ni le choix de leur destin ? Alors je t'en prie !... »

« Dis donc Gauthier, toi qui connais les lieux, tu sais où sont les pissotières ?

– Tu es fou ! Les pissotières ? Alors mon vieux, si tu veux les aborder il te faudra des échasses. Pisse contre un arbre comme tout le monde, et tu ne le renverseras pas. Tiens, regarde Chopinette là-bas, droite, figée, pattes écartées, que crois-tu qu'elle fait ? Elle pisse mon vieux ! Elle pisse, et s'il n'y avait pas d'herbe, tu verrais des rigoles couler entre ses pieds. »

Et je devais y revenir presque à chaque fin de mois, préférant, et de beaucoup, cette épreuve à celle de demander à Paul et à Marie-Thérèse une rallonge que je savais impossible.

« Salut Gauthier... Salut L'Avocat... Salut Fada. »

* *
*

Tout avait commencé par une lettre de Marie-Thérèse.

« Mon cher enfant, je te fais parvenir demain un colis grâce à l'obligeance d'une directrice d'école dont nous venons de faire la connaissance. Elle habite Toulouse, et elle était venue ici pour essayer de se procurer un peu de ravitaillement pour son pensionnat. Ton père a pu la dépanner en lui procurant quelques adresses. Elle envisage de revenir régulièrement pour ses achats, et elle nous a proposé de te porter les colis que je n'ose plus t'envoyer par la poste. Je te donne son adresse afin de lui éviter un dérangement supplémentaire, ce qui serait un comble ! Remercie-la encore grandement de notre part. C'est une femme charmante, distinguée, pleine de cœur, et qui vraiment se dépense beaucoup pour la jeunesse dont elle a la charge, etc., etc. Nous t'embrassons.

« P.-S. : Je te fais l'emballage habituel. Dis-moi si tu l'as reçu en bon état. »

« Je te fais l'emballage habituel », je savais ce que cela voulait dire. Mon paquet m'arriverait enveloppé, encore une fois, dans un carton ondulé, et je savais que Marie-Thérèse, se privant pour moi, enfilerait avec une longue aiguille dans deux ou trois des cannelures une partie de ses tickets du mois, en pain, matières grasses ou confiture. Je savais aussi combien ces procédés découverts auraient été graves, et je comprenais parfaitement le soulagement de ma mère de pouvoir enfin remettre ses envois en mains sûres. Certainement, la personne en question, en qualité d'intendante, devait bénéficier d'un *ausweis* pour pouvoir se permettre de prendre de semblables risques. De toute façon, je pouvais faire confiance à Paul, s'il lui confiait ainsi mes colis c'est qu'il s'était assuré qu'il n'y avait aucun danger.

Toulouse était truffé de pensionnats ! Mais dans cette rue, franchement, je n'aurais jamais cru. C'était quand même curieux, car le quartier n'était pas des mieux famés.

Je lus et relus l'adresse… Le 11 ! J'étais devant ! Mais enfin, que se passait-il ? De toute évidence, j'étais en face d'une maison close… Je passais une première fois.

Une vieille femme accroupie devant un seau, munie d'une serpillière, faisait semblant de laver un carrelage, et, manifestement, faisait le guet.

Je repassai une fois… Deux fois… J'hésitais, j'allais renoncer, lorsque la factionnaire en jupons, qui, dès le début avait repéré mon manège, m'interpella.

« Que cherchez-vous jeune homme ?

– Le 11.

– Bien vous y êtes au 11 ! Le numéro n'est pas assez gros ? Vous ne le voyez pas ? Mais je vous préviens, ce n'est pas encore ouvert. Revenez vers 18 heures. »

Je m'enhardis. Après tout mon colis était en jeu avec les tickets de Marie-Thérèse, et tout et tout. Il fallait tout de même savoir.

« Madame Dumas ? Vous ne connaissez personne de ce nom dans la rue ?

– Mais bien sûr que si ! Elle est ici, Madame Dumas. Tenez, ne restez pas là planté comme un bouchon de carafe devant la porte. Entrez dans le hall. Je vous l'appelle… Mademoiselle Hortense, un Monsieur vous demande ! »

Et c'est ainsi que je fis connaissance avec Mademoiselle Hortense, sous-patronne du Toboggan, établissement renommé de grand standing, des mieux fréquentés de la ville, tant par la clientèle locale que par celle des officiers occupants.

« Asseyez-vous là, dans ce petit salon. Nous serons au calme. À cette heure toute la maison dort encore. Vous avez bien une petite minute ? Je vais vous remettre votre paquet, et nous allons prendre un petit thé… Un petit thé de l'amitié. »

Quelques secondes après, le thé était servi sur un plateau, avec du sucre à volonté. Mademoiselle Hortense, dans un peignoir du meilleur goût, était assise en face de moi.

« Servez-vous… Servez-vous bien… Vous n'aimez pas le sucre ? Si ! Eh bien alors, prenez-en ! Ne vous privez pas, nous n'en manquons pas grâce à Dieu (Dieu est partout). Il faut bien se débrouiller. Vous savez, avec la clientèle… Ah ! il faut que je vous avoue que je n'ai pas cru bon de révéler mon activité à vos parents… Je crois que j'ai bien fait. Qu'en pensez-vous ? Si vous n'y voyez pas d'inconvénient, ce sera un petit secret entre nous. Puis-je compter sur vous ? Vous voulez bien ? »

Je voulais bien. Après tout c'était si drôle, si inattendu, et ma foi peu m'importait la livrée du facteur !

« J'ai toutes facilités pour me déplacer et me ravitailler. La kommandantur sait que j'ai des besoins, et elle ferme les yeux. Ils savent bien que si leurs officiers veulent des filles bien roulées, il faut que je les nourrisse. C'est logique après tout. Alors écoutez, vous ne dévoilez pas notre secret, nous serons les meilleurs amis du monde, et, comme je me propose d'aller dans votre région tous les quinze jours, je vous apporterai vos colis. Vous viendriez les chercher ici même, les mercredis matins. Ça vous va ? »

Marie-Thérèse avait dit vrai. Mademoiselle Hortense était charmante, distinguée, le pacte fut scellé.

Et c'est ainsi qu'à dater de ce jour, j'allai toutes les quinzaines chercher au Toboggan mon quart de beurre, mes six œufs ou mes côtelettes de porc dans le papier ondulé de ma mère.

Marie-Thérèse avait raison. Mademoiselle Hortense était bien une personne importante et qui dirigeait bien un pensionnat. Certes, ce pensionnat était d'une nature un peu particulière, mais, dans sa catégorie, c'était bien le plus important de la région.

Mademoiselle Hortense ne veillait pas sur moins d'une vingtaine de pensionnaires. Sa maison était un modèle du genre, et l'on ne pouvait faire mieux ni dans la tenue ni dans le travail. Mais tout cela demandait de l'activité, du dévouement, et des connaissances.

Le pensionnat n'était pas matinal chez Mademoiselle Hortense. Aucune activité professionnelle n'avait lieu avant midi. En conclure que Mademoiselle Hortense faisait tous les jours la grasse matinée eut été une lourde erreur. Dernière couchée, première levée, c'était sur ses épaules que reposaient toutes les charges. Mademoiselle Hortense était sur la brèche dès 8 heures du matin, l'heure des livraisons, de leur vérification, et aussi l'heure du grand nettoyage silencieux de tout l'établissement auquel Mademoiselle Hortense accordait la plus grande importance.

Pas une seule maison bourgeoise n'aurait pu prétendre être briquée comme la sienne, et elle tenait à le vérifier. Alors que ses pensionnaires dormaient encore à poings fermés, une équipe de trois femmes de ménage œuvrait, dans le plus grand silence, dans toutes les salles, dans toutes les chambres. Tout était minutieusement suivi, moquettes, meubles, sanitaires, glaces. Les glaces surtout qui étaient toutes faites chaque jour dans le détail, et ce n'était pas une mince affaire lorsque l'on savait que certaines chambres en étaient tapissées. Mademoiselle Hortense surveillait, contrôlait, exigeait.

À midi, le contingent de ces demoiselles déjeunait. Un repas copieux, d'autant plus copieux, que, parfois, certains jours de presse, les samedis et les dimanches notamment, il tenait souvent lieu de petit déjeuner, de déjeuner, et de souper. L'après-midi, à de rares exceptions, était pratiquement réservée à la mise en condition de tout le monde, et ce n'était que le soir, à partir de 18 heures, que le travail sérieux commençait et se prolongeait tard, très tard, parfois jusqu'au matin.

Les clients arrivaient soit isolés soit en groupe, et c'était un va-et-vient incessant vers les étages. Certains habitués avaient leurs préférences. Ils tenaient alors à voir Mademoiselle Hortense qui s'efforçait de leur donner satisfaction, ou de les faire attendre gentiment quelques instants, en leur offrant un doigt de champagne. D'autres avaient leurs exigences, et ces demoiselles encore libres devaient répéter dix fois, vingt fois leur numéro d'éventail tous les soirs. C'était épuisant, et Mademoiselle Hortense ordonnait, dirigeait.

Mademoiselle Hortense était aidée dans son travail par deux colosses, deux simples garçons de salle, Adrien et Arthur, tous les deux au comptoir, et qui lui obéissaient au doigt et à l'œil. D'apparence calmes et doux comme des agneaux, ils s'occupaient de la cave, de la glace, des liqueurs, du champagne que ces demoiselles en général exigeaient, et de toute la comptabilité. Dans certains moments, difficiles et urgents, il leur arrivait aussi d'intervenir avec une efficacité foudroyante, et l'indésirable, dans ces cas, se retrouvait relégué sur le trottoir avant d'avoir eu le temps de comprendre ce qui lui arrivait.

Avec l'occupant c'était une autre affaire. Mademoiselle Hortense ne permettait ni à Adrien ni à Arthur d'agir. Elle décrochait simplement son téléphone, et laissait le soin à la feld-gendarmerie de régler son linge sale en famille.

« C'est quand même ennuyeux. Vous êtes trop longs à venir. Un officier ivre n'a-t-il pas eu le temps de couper le bout des seins d'une de mes filles avant que vous n'arriviez ! C'est inadmissible ! Je me plaindrai à la kommandantur. »

Tous les soirs, Mademoiselle Hortense recevait en robe du soir.

Mademoiselle Hortense, bien sûr, connaissait tout son personnel dans le détail avec ses qualités, ses faiblesses et ses défauts, et elle corrigeait volontiers les erreurs.

« Mais voyons Minouche, ne sois pas timide ainsi ! Impose du champagne, rien que du champagne. Si on te laissait faire, on n'en serait bientôt plus qu'à la bière comme dans une vulgaire brasserie. Tu n'as pas besoin d'en boire beaucoup ! La bouteille une fois ouverte, ça suffit. »

« Ah ! dis donc Ida, tu consommes trop d'alcool en solitaire, trop de whisky, trop de cognac entre les séances de travail. Tu as déjà une longue ardoise au comptoir. Fais attention, réserve-toi pour le client… Et puis du champagne, toujours du champagne, cela te fera moins de mal. »

Il se faisait une incroyable débauche de champagne chez Mademoiselle Hortense, et, qui se voulait bien en cour avec elle, se devait d'annoncer huit ou dix bouchons dans la soirée.

« Lolote, tu es charmante, avec ton air de sainte-nitouche, mais je t'ai observée hier soir du couloir, tu manques de métier. Les clients se plaignent. Mets un peu plus de cœur à l'ouvrage ou je ne pourrai te garder et je me verrai obligée de t'envoyer à Marseille. Tu as compris ? »

« Poupette, tu es en progrès. Ta cote remonte. (On se serait cru à la bourse !) Continue, tu as des dons, surtout dans ta spécialité. Tu vois ce que je veux dire ? »

Mademoiselle Hortense conseillait, gourmandait, admettait. « Il faut les comprendre, ces filles. De braves filles en général. Ce qui leur manque le plus, à toutes, ce n'est pas l'amour du métier, elles l'ont toutes, c'est de la tendresse, un peu d'affection. Que voulez-vous, je me dois d'être une mère pour elles. Elles font un métier dur, pas toujours drôle ; il faut bien le reconnaître, et elles font de leur mieux pour me faire plaisir !… Ah ! dites donc Adrien, vous m'effacerez l'ardoise de la petite Lina, sa fille est en ce moment malade et lui coûte les yeux de la tête. Vous mettrez ça aux profits et pertes de la maison. »

Mademoiselle Hortense, Madame Dumas dès qu'elle avait quitté son établissement, avait elle-même, bien que n'ayant pas de mari, une fille. Celle-ci allait sur ses dix ans. Elle la couvait, la gâtait et lui payait des études édifiantes à Sainte-Marthe.

« J'ai peu de temps pour la faire sortir, mes sœurs, mais faites pour elle tout ce qui est nécessaire, je réglerai. Voilà pour vos œuvres, ma sœur… C'est peu et c'est la moindre des choses. »

La directrice de Sainte-Marthe, pas plus que sa fille d'ailleurs, ne soupçonnaient Mademoiselle Hortense. Tout ce que l'on connaissait d'elle, c'était sa générosité.

« Mais oui, Madame, vous sortirez Michèle les lundis, puisque vous ne pouvez la prendre les dimanches, nous ferons en sorte de lui faire rattraper ses cours, ne vous inquiétez pas. »

Madame Dumas conduisait toujours sa fille hors de Toulouse, à la campagne. L'air y est tellement meilleur !

« Mademoiselle Hortense, voici votre visite. »

Chaque fois j'étais invité à prendre le thé.

« Mais si, mais si, j'ai le temps, cela me détendra, et je suis si confuse de la gentillesse que me témoignent vos parents. »

J'acceptais le thé, ce thé que je n'ai jamais aimé, mais que je n'osais refuser dans la crainte de lui déplaire, et nous bavardions.

Grâce à elle, j'appris une foule de choses qui, bien que n'ayant aucun rapport avec mes programmes, ne manquaient pas d'intérêt.

« Vingt filles, voyez-vous, ça ne se manipule pas sans autorité. Je dois les tenir. J'en ai de faciles, avec lesquelles le travail est un plaisir, mais j'en ai d'autres qui en quelques semaines vous mettraient une pagaille insensée dans la maison. Alors je dois m'en débarrasser, et au plus vite. »

Mademoiselle Hortense recevait de Paris, de Lyon, de Marseille, où elle comptait des amis, des fidèles. Des lettres discrètes la prévenaient en temps utile de l'arrivée des nouvelles recrues qu'Adrien ou Arthur allaient chercher jusqu'à la gare.

« Mercredi, par le train de 9 heures, je t'adresse un paquet de dix-neuf kilos dans l'esprit de ce que tu désires… J'ai bien reçu le tien, on va dresser ça. Je m'en occupe. Jo. »

Mademoiselle Hortense acceptait volontiers des paquets fort légers, quinze kilos, seize kilos, « à prendre à la gare sans laisser traîner sur le quai ».

« Il me faut ça voyez-vous ! Dans une maison comme la mienne, l'élément jeune est prépondérant. Ah ! S'il n'y avait pas ces contrôles permanents de police ! »

L'établissement de Mademoiselle Hortense était un labyrinthe compliqué, avec petits salons intimes, chambres particulières à tous les étages, couloirs discrets, tout cela doublé de passages secrets, aménagés et munis de glaces étudiées, qui permettaient de se faire une idée du travail plus ou moins consciencieux des pensionnaires. Mademoiselle Hortense, bien sûr, empruntait ces passages, et suivait ça d'un œil connaisseur.

« Elle est bien cette petite, elle manque un peu de métier, mais je la garderai, et je la formerai. »

Certains clients sérieux pouvaient être admis dans ces passages, mais cela n'était jamais gratuit.

Une descente de police (« heureusement plus rare depuis que j'ai ces messieurs de la kommandantur ») déclenchait toujours chez Mademoiselle Hortense un branle-bas immédiat et feutré, selon un plan précis et répété à l'avance.

Les paquets trop légers disparaissaient aussitôt, absorbés par des portes secrètes, et s'entassaient, presque les uns sur les autres, dans des réduits sombres où ils attendaient, dans un silence total, que l'alerte soit passée.

Mademoiselle Hortense était partisane de l'abaissement de la majorité chez la femme, et si on l'avait suivie dans cette voie, cette majorité aurait été mise fort bas. L'époque n'y était pas encore, l'avenir devait lui donner raison.

« Dites donc, cher ami, je manque terriblement de cigarettes en ce moment. Parmi vos camarades, vous ne pourriez pas m'en procurer ? Tout se vend bien ici. S'ils veulent se défaire de leur ration, je peux vous les payer huit francs le paquet, de gauloises s'entend. »

Cette proposition alléchante fut à l'origine d'une de mes activités, évidemment condamnable, mais indiscutablement lucrative.

La plupart parmi nous avions renoncé au tabac pour le céder, à quatre francs cinquante ou cinq francs, dans certains cafés qui le récupéraient à la sauvette. Du jour au lendemain, j'en proposai, à tous, sept francs.

Je fus envahi.

« Tu prends à sept francs ?

– Bien sûr je prends, mais je ne peux te payer aujourd'hui. Je te paierai après-demain, dès que j'aurai revendu le tout, tu dois me faire confiance. »

Je devais tenir une sérieuse comptabilité. Mais Mlle Hortense payait rubis sur l'ongle sans même compter, du moins en ma présence. La confiance est de règle dans ce milieu.

« Il fait diablement bon chez vous, Mademoiselle Hortense !

– Comment, vous n'avez pas de charbon ? »

Je dus expliquer ma formule de travail, roulé dans ma couverture.

« Mais c'est impensable ! »

Ce fut elle qui proposa.

« Le matin, jusqu'à midi, venez si vous voulez. Cela ne gêne personne. Je mettrai un salon à votre disposition, vous pourrez travailler tout à votre aise. Il n'y a aucun bruit. »

J'y allais le mardi et le vendredi, les deux jours où je n'avais pas hôpital, et, avec la permission de Mademoiselle Hortense, j'amenais Gauthier avec moi. Cela dura deux hivers entiers, sans problème, dans une atmosphère chaude, confortable et agréablement parfumée.

À midi, Adrien ou Arthur pointait le nez.

« Dites donc, c'est l'heure de dégager.

– Déjà ! »

On obéissait sans discuter.

« Dis donc Gauthier, tu ne trouves tout de même pas ça un peu marrant d'apprendre l'embryologie dans un clac ! »

« Mon cher enfant n'oublie pas de bien remercier encore une fois Mme Dumas pour nous. Nous avons eu le plaisir de l'avoir à notre table en compagnie de sa fillette mardi dernier. Nous ne savons comment lui témoigner notre reconnaissance. Évidemment, si nous allions à Toulouse, nous irions bien la voir, mais il n'y a guère de chance que cela puisse se produire, etc., etc. »

Et cela valait mieux.

* *
*

Que faut-il à un oiseau pour survivre ? Certainement bien peu, quelques graines, quelques miettes…

Malgré les conditions draconiennes qu'entraînait l'Occupation, les pigeons de la ville paraissaient peu affectés, et se maintenaient toujours aussi nombreux. Dans les rues, sur les trottoirs, ils se suivaient, en vagues serrées, dodelinant du cou, balayant de leurs prunelles rondes bordées de rouge le moindre espace, le moindre recoin, disputant âprement aux moineaux la plus petite épluchure, la plus petite mie de pain.

Peu farouches, ils se garaient à peine des autos, et trottinaient légèrement devant le passant, ne laissant, entre lui et eux, que la juste distance nécessaire à un envol qui se serait avéré urgent et précipité.

Bien sûr, le spectacle familier du vieux monsieur ou de la vieille dame partageant leur brioche avec eux sur un banc de square avait disparu, bien sûr ils étaient de plus en plus maigres et squelettiques, mais ils étaient néanmoins toujours là et survivaient comme ils pouvaient.

Ils avaient été longs à repérer les quelques miettes que j'avais disposées sur la margelle de ma fenêtre. Il en était enfin venu un, puis deux, et le mouvement étant amorcé, ils étaient arrivés en bandes. Tous les jours, presque à la même heure, ils venaient au rendez-vous. Je les avais laissés s'enhardir. Voraces, avides de ne rien laisser perdre, ils avalaient de plus en plus vite, de plus en plus goulûment.

Le moment était venu d'essayer.

Un clou de pêche de moyenne dimension, un cordonnet solide de un mètre, et je disposai mon premier appât.

Quelques essais furent infructueux. J'améliorai ma technique, et une heure après, mon premier pigeon faisait son entrée en force dans ma chambre, en même temps que ma fenêtre, à peine entrebâillée, se refermait.

Un pigeon, ça ne se saigne pas. Ça s'étouffe entre le pouce et l'index, juste sous les ailes, d'une pression énergique qui fait craquer les côtes et éclater le cœur. La mort est rapide, probablement sans grande douleur, mais comme elle déclenche, dans un grand battement d'ailes un relâchement des sphincters, il faut se méfier, et avoir la prévoyance de se tenir à distance, si l'on ne veut être éclaboussé.

Avec un dégorgeoir, après cette anesthésie générale radicale, je retirai mon clou du gosier, et j'étais de nouveau prêt à renouveler mon exploit.

Un pigeon ça se mange, et c'est d'ordinaire fameux. Gauthier et moi aurions volontiers fait un essai personnel mais nous n'avions ni le matériel nécessaire (il faut quand même un minimum) ni les compétences d'un maître queux. Nous décidâmes donc, d'un commun accord, qu'au fur et à mesure de nos prises nous les vendrions. Gauthier mieux placé que moi et peut-être plus habile, à qui j'avais dévoilé ma technique, arrivait à réaliser des scores. Quatre à cinq captures par semaine, alors que je ne dépassais que rarement les deux.

Tous les trois jours, soit l'un soit l'autre, nous allions proposer notre marchandise.

« Nous avons des pigeons ! Ça vous intéresse ? »

L'hôtelier sautait sur l'aubaine, payait sans discussion. Hélas, ce n'était valable qu'une fois ! Une deuxième proposition avait beaucoup moins de succès.

« Vos pigeons ! Parlons-en de vos pigeons ! Mais ils sont immangeables ! Ils sont maigres comme des clous au point qu'une fois plumés on n'ose plus les regarder. Ils n'ont que les os et la peau, vos pigeons, et sont vieux comme Hérode. Ah ! non, vous pouvez les garder, inutile de revenir.

– Oh ! Bon, bon, si vous préférez les chats ! »

Nous suivîmes ainsi tous les restaurants de la ville. Il y en avait un certain nombre, mais à la longue nous en vîmes la fin, et nous n'osâmes jamais nous risquer chez le particulier. Faute de débouchés, nous dûmes renoncer à cette ressource.

« Tu vois Gauthier, c'est bien ainsi. J'en avais un peu marre de traîner ces pigeons. Le jeu n'en valait pas la chandelle. Nous y perdions beaucoup trop de temps. Nous irons deux ou trois jours de plus à la cloche, et le tour sera joué. »

Je continuai néanmoins à mettre de temps à autre un peu de pain sur ma fenêtre, pour me distraire, pour le plaisir, dans l'espoir de me faire pardonner des actes regrettables dans lesquels le lucre avait tenu plus de place que la méchanceté.

* *
*

Étrange animal, chef-d'œuvre de disproportion, l'âne, dès sa naissance, avec sa tête bourrue et démesurée, ses quatre membres grêles, incarne l'insolite. Bien que surpris, on ne peut qu'admirer, et rien ne s'arrange pour lui en vieillissant. S'il perd son aspect de peluche, il reste néanmoins curieux, avec sa taille demi-naine, sa queue maigre et peu fournie, et ses longues oreilles aussi intelligentes que mobiles et toujours en action. Ce que la nature lui a refusé à l'une de ses extrémités, elle le lui a accordé à l'autre, car si sa queue dégarnie ne peut lui servir de chasse-mouches que très imparfaitement, ses oreilles, par contre, en ce domaine, lui sont d'une remarquable efficacité. Grâce à elles il n'a ni à frapper le sol du sabot, ni à secouer l'encolure, et ses yeux restent nets, propres, limpides, étonnamment profonds.

L'âne a de la personnalité, personnalité physique, personnalité de caractère. Si vous l'approchez, volontiers il vient à vos devants et vous fait des avances, mais n'essayez pas pour autant de le saisir. Il a une horreur instinctive de tout ce qui sent la contrainte et ressemble au licou. Il se dégagera avec vivacité. C'est un individualiste amoureux de liberté. L'homme a pu faire une conquête abusive du cheval, il n'a jamais pu faire celle de l'âne. Regardez-le, il n'a d'ailleurs rien de ce dernier qui piaffe, s'ébroue, s'excite en courses folles pour chercher l'ombre quelques secondes après, lui, au contraire, demeure calme, statique, tête basse, fixant la terre à l'endroit où le destin l'a conduit. Mais ne vous y trompez pas, malgré les apparences, il ne dort pas ; ou il médite, ou il rêve, et il en donne bien les preuves lorsque, ses rêves prenant une tournure érotique, il n'hésite pas, même sous le soleil le plus accablant, défiant toute pudeur et toute concurrence, à les extérioriser de la plus magistrale façon.

L'âne n'est nulle part plus à l'aise que là où tous les autres, en difficulté, abandonnent. On le retrouve sur tous les continents, qu'il fasse froid, qu'il fasse chaud, tout au plus change-t-il de robe. Il voisine aussi bien le convoi de rennes que la caravane de chameaux. Il survit sur tous les pâturages, les plus riches comme les plus arides, où seul le chardon arrive à s'épanouir et, paradoxalement, lorsque l'herbe tendre se trouve à sa portée, c'est aux piquants de ce dernier que vont ses préférences... C'est un sobre.

Où il faut peiner dur et se contenter de peu il est promu aux tâches les plus ingrates qu'il supporte jusqu'au bout en y mettant souvent la plus mauvaise volonté. Sollicitez-le d'avancer, il recule, d'aller en arrière, il avance ; et plus que le bâton la friandise peut le convaincre. Mais il reste la solution de l'impossible. Il faut le voir, couvert des pieds à la tête, disparaissant en totalité sous des fardeaux impressionnants, avancer envers et contre tout ; le voir sous le poids du Bédouin quand ce n'est pas sous celui de toute sa famille, l'échine ensellée, trottiner encore ; il faut le voir en Espagne, ou sur la terre brûlée d'Afrique, perché sur des mamelons jaunes, tourner sans relâche sur son aire de battage ! C'est à la fois un paria, et une force de la nature.

Fantaisiste, excessif en tout, il étonne toujours ; et n'est-il pas impressionnant au cours des matins clairs, au moment où la journée commence, au moment où le ciel s'éclaire d'une auréole encore fraîche que personne n'ose troubler d'aucun bruit, d'entendre, venu du fond de ses entrailles, son dairon infernal qui franchit coteaux, vallons et collines, et se prolonge, se renouvelle et s'amplifie, à la limite de ses possibilités, à la limite de nos tympans.

Les ânes avaient de nouveau fait leur apparition dans la ville. Ils étaient arrivés en même temps que les gazogènes, alors que l'essence s'était raréfiée et prenait valeur d'or. Oh ! ils n'y firent pas une invasion spectaculaire et leur nombre resta toujours très modeste, mais on en rencontrait malgré tout quelques-uns, bien sympathiques, traînant avec indifférence, entre les rails du tram, leurs petites charrettes presque toujours garnies à la limite de la raison.

Ils entrèrent discrètement, et pourtant l'un d'eux réussit rapidement à s'y faire remarquer ! Que dis-je, à s'y rendre célèbre, ayant osé et réussi impunément un exploit que personne d'autre que lui n'aurait jamais pu réaliser.

Le fait-divers ne fut relaté dans aucun journal. C'était une époque où il valait mieux peser ses mots, éviter certain humour et rester sur une prudente réserve, mais de bouche à oreille, il devait faire tout le tour de la ville, et faute de mieux réjouir bien des cœurs, tout en réhabilitant, s'il en était nécessaire, son héros et les siens.

La *Wehrmacht* descendait les boulevards, sur quatre rangs, martelant de ses bottes les pavés au rythme de ses refrains guerriers. Masse imposante, suivie de ses chars, devant laquelle un vide se faisait, réprobateur, systématique certes, mais un vide qui témoignait d'une insupportable impuissance.

Une charrette arrivait : elle devait traverser le boulevard. Sans se presser, elle pouvait le faire car elle avait devant elle plus de temps qu'il ne lui en fallait pour disparaître, bien avant l'arrivée des Allemands. Mais voilà, cette charrette était attelée d'un petit âne gris !

Que se passa-t-il sous le front têtu ? Fut-il effrayé par ce bruit insolite, lui qui pourtant ne bronchait jamais aux grincements des tramways ou aux vrombissements des autos, ou tout simplement voulut-il délibérément faire preuve de malice ? Je ne sais ! Toujours est-il qu'il s'arrêta en plein milieu de la chaussée, qu'il s'arrêta net, cinq bonnes minutes, avant l'arrivée de la colonne, et que ni le bâton pourtant d'habitude efficace, ni les tractions affolées sur sa bride, ni les menaces, ni les caresses de son maître ne le décidèrent ni à avancer, ni à reculer.

La troupe était arrivée à sa hauteur. Elle dut s'arrêter, et sur place marquer le pas.

L'officier, furieux, s'approcha de l'équipage, menaçant, invectivant avec rage le conducteur.

Le conducteur, certes, comprenait fort bien les gestes mais ne comprenait pas l'allemand. En désespoir de cause, impuissant, il montrait l'âne, et l'âne, lui non plus, ne comprenait pas l'allemand.

Sur l'ordre du commandant, quatre hommes rompirent la cadence, se détachèrent et essayèrent de mobiliser la carriole, de tirer le licol. Rien n'y fit. On piqua même les fesses de l'âne avec une baïonnette. C'était mal le connaître. Cela eut l'effet contraire, et acheva de le convaincre.

L'âne resta rivé au sol. Ses pattes tremblaient sous lui, mais il ne bougea pas.

Vaincue ! La *Wehrmacht*, ce jour-là, avait trouvé son maître ! La colonne dut céder, et se résigner à se diviser pour déborder l'obstacle.

Durant tout son passage l'âne ne broncha pas, mais le dernier véhicule ne fut pas plus tôt passé, qu'il se remit en marche en trottinant, comme si rien ne s'était passé.

« Têtu comme un âne », les Allemands eux-mêmes n'y pouvaient rien.

* *
*

Nous étions quelques copains à vouloir lui jouer un tour, et cela avait failli mal finir.

« Vous vous arrangez pour lui offrir un verre, et pour qu'il laisse quelques minutes son chien attaché au réverbère, arrangez-vous pour qu'il nous tourne le dos. »

« Que fais-tu là Berlureau ? Tu promènes le cabot maintenant ! Et à cette heure !

– Ne m'en parlez pas, voilà où on en arrive à force de faiblesse ! J'en suis à lui faire faire son petit pipi, sa petite crocrotte ! En vérité, cette chienne m'emmerde à un point que tu ne peux imaginer. Peignée tous les matins, lavée tous les soirs, un nœud autour du cou, parfumée dix fois par jour, au point qu'elle en arrive à faire fuir les autres cabots du quartier même lorsqu'elle est en chasse ! N'est-ce pas malheureux ! Et en plus elle me ridiculise ! Je ne sais ce qui me retient de te la larguer un de ces soirs, et de lui refiler un magistral coup de pied au cul pour l'inviter à aller vivre sa vie ailleurs. Ça lui ferait le plus grand bien.

– Ça alors Berlureau, ce ne serait pas chic. Allons reconnais-le, tu lui dois bien ça à ta mercière… Tiens, attache ta bestiole à ce lampadaire et viens boire une bière avec nous. Mets-toi là ! D'où je suis, j'ai l'œil sur ton animal, tu n'as rien à craindre, on ne te l'enlèvera pas. »

Tout s'était très bien passé, et quelques minutes plus tard, lorsque Berlureau avait repris la laisse dans le noir, il ne s'était rendu compte de rien, et avait fait son entrée habituelle chez Georgette en libérant Rosette comme de coutume au bas de l'escalier.

Et cela avait jeté un froid !

Un froid sérieux entre Berlureau et Georgette, car Rosette, ce soir-là, était rentrée affublée, en plus de son nœud rose, d'une serviette hygiénique adroitement disposée sous sa queue. Bien que ce fût du meilleur effet, Georgette n'avait pas apprécié. Pendant quinze jours tout failli être remis en question entre eux deux, Georgette n'ayant pas voulu convenir de la farce, prétendant que Berlureau était seul responsable, et n'avait accompli cette plaisanterie de mauvais goût qu'en vue de la narguer.

Tous les amis de Berlureau étaient bien sûr au courant de sa situation, de cette situation qui en faisait un favorisé, un privilégié entre nous. Berlureau n'avait pas cherché cette chance, elle s'était imposée par hasard, et aurait pu arriver à n'importe lequel d'entre nous, mais c'était à lui que c'était arrivé, et tout le monde en était un peu jaloux.

« Chambre à louer, confortable, prix à débattre. »

Berlureau, en quête d'une turne, avait été tout simplement le premier à décrocher l'annonce au panneau d'affichage, et il était allé voir.

La chambre était à un troisième, sous les toits, confortable certes, mais malgré tout bien plus modeste que ne l'aurait laissé présager le flatteur de l'annonce.

« Prenez-la, vous verrez bien ! On parlera du prix plus tard. »

Berlureau était beau garçon, sans plus. La mercière était accorte, souriante, aimable, rondelette et voisinait la trentaine.

« On s'entendra toujours pour le prix à la fin du mois. »

Et ils s'étaient entendus !

Son mari était prisonnier, la mercière, sans enfant, vivait seule en compagnie de sa chienne Rosette, et Berlureau, dès les débuts, avait eu de nets pressentiments. Très vite, ces pressentiments avaient fait place à des scrupules moraux, et aussi vite, ces derniers s'étaient transformés en tentations des plus précises, de plus en plus insoutenables. De toute évidence, même pour un œil peu exercé, la jeune mercière souffrait d'un tempérament généreux, et Berlureau avait des yeux pour voir.

« Vous m'excuserez de l'heure tardive, mais je suis montée pour voir si vous aviez assez chaud, si vous n'aviez pas besoin d'autres couvertures. »

Quel prétexte ! Quelle imprudence !

Berlureau, avec ses vingt ans, était bien apte à apporter une paix des sens à qui l'avait perdue. Les preuves en avaient été faites rapidement, là-haut dans la mansarde, et le soir même Berlureau était descendu de son pigeonnier pour s'installer au premier, dans l'appartement de Georgette, où il faisait malgré tout plus chaud, où le lit était tout de même plus confortable, et où l'eau courante facilitait certaines précautions. Georgette avait été tellement comblée, que Berlureau, du jour au lendemain, rien qu'à la faveur d'une toute petite nuit, aurait pu chez elle trouver et le gîte et le couvert. Dans le feu des premières étreintes, Georgette avait tout proposé en vrac, mais Berlureau, prudent, avait refusé.

« Impossible Georgette, que penseraient les copains, et puis, dis donc, il faut tout de même tenir compte du qu'en-dira-t-on, et ne pas oublier que tu as un mari ! »

Berlureau continuait donc à paraître au restau U, mais Georgette payait… Et ça elle y tenait.

Des conditions financières radicalement transformées, chez l'un des nôtres, qui habituellement comptait comme tous les autres, n'étaient pas passées inaperçues. Tout le monde avait compris. Mais Berlureau était un bon copain qui faisait partager au mieux sa bonne fortune par des largesses appréciées, et après tout, ses affaires avec Georgette ne regardaient que lui.

« As-tu de l'argent de poche ? Veux-tu un costume ou un pardessus ? J'ai des possibilités en ce moment. »

Berlureau n'abusait pas.

« Mais Georgette, si ton mari apprenait ça ?

– Apprenait quoi ?… J'ai loué une chambre à un étudiant, et après ? Les temps sont durs… On se débrouille comme on peut, et je ne suis pas la seule à louer une chambre. Nous savons l'un et l'autre que ce n'est qu'un passage, alors rendons-le agréable ! C'est toujours ça de pris. »

Cette façon d'envisager les choses convenait parfaitement à Berlureau.

« Mais quand même Georgette, et les voisins !

– Mais ils ne savent rien les voisins. Ce n'est tout de même pas pour rien que je laisse la lumière allumée là-haut tous les soirs jusqu'à minuit ! Et puis… Et puis finis ton travail, et nous irons nous coucher. Nous avons mieux à faire qu'à nous poser des questions. »

Berlureau vivait en grand standing, logé, blanchi, bien chauffé, suralimenté en cachette, et, s'il gardait néanmoins la ligne, c'était à la bonne constitution de Georgette qu'il le devait.

« Georgette, débarrasse-toi de cette chienne. Elle est témoin de toutes nos folies. Elle me donne mauvaise conscience.

– Mon amour, demande-moi ce que tu voudras, je te l'accorde, mais sacrifier Rosette, il n'en est pas question. D'ailleurs, que veux-tu que cela lui fasse ? Ce n'est tout de même pas elle qui jasera ! »

Mai 45 : « Les prisonniers viennent d'être libérés, les prisonniers reviennent. La Croix-Rouge s'occupe d'eux et fait diligence. Ils seront là d'un jour à l'autre. »

Ce fut dur. Mais les conventions avaient été prises par avance, et on s'efforça de les tenir.

Georgette, depuis, pleurait chaque jour !

La fin de l'année scolaire approchait, elle aurait dû faciliter les choses. Il n'en fut rien, et Georgette, dès la rentrée, sur un terrain plus neutre, ne put s'empêcher de revoir Berlureau.

« Reprendre la vie commune avec lui ! Mais non, mon chéri. C'est au-dessus de mes forces après une séparation aussi longue, et après ce que j'ai connu avec toi. Ce n'est plus possible. Il me comprend d'ailleurs d'autant mieux, que lui-même m'a avoué avoir laissé des attaches là-bas, une femme et un enfant, alors qu'il n'a jamais pu en avoir avec moi ! Tu comprends ? Qu'est-ce que je représente maintenant pour lui ? Plus rien ! Nous demanderons le divorce par consentement mutuel. C'est mieux ainsi. »

Berlureau avait du cœur. Il fut loyal jusqu'au bout.

Encore jeune médecin, nanti d'une épouse plus vieille, Berlureau serait malgré tout toujours heureux. Mais voilà ! Georgette, avec le temps, s'est avérée jalouse, d'une jalousie maladive qu'elle double de crises de tyrannie et d'autoritarisme imprévisibles, et, par un revirement malheureux et fort inattendu, elle est devenue, paraît-il, aussi avare et restrictive dans ses ébats qu'elle n'était prodigue de ses caresses autrefois.

* *
*

Il était bien le plus démuni d'entre nous. Démuni au point que, lorsqu'il avait prélevé sur ses ressources un minimum pour subsister et payer ses inscriptions, il ne lui restait pratiquement plus rien. Plus rien pour s'assurer une chambre, plus rien pour s'acheter un ticket de tram le cas échéant, plus rien pour se permettre d'aller plus d'une fois chez le coiffeur le plus modeste du coin.

Entreprendre des études dans pareille indigence, sans se laisser ni abattre ni impressionner, tenait de l'héroïsme.

À la secrétaire, qui insistait pour transcrire sur son dossier l'adresse obligatoire qui devait accompagner toute inscription, il répondait invariablement « poste restante », et il avait mis un certain temps à le lui faire admettre.

« Je n'ai pas de chambre, c'est ainsi ! Que voulez-vous que j'y fasse.

– Vous n'en aviez déjà pas le trimestre dernier !

– Et je n'en aurai toujours pas le trimestre prochain, à moins que vous vouliez me recueillir vous-même ou que vous m'enseigniez une loueuse de piaule versant dans le bénévolat. »

La secrétaire, déjà mariée, ne pouvant retenir la première hypothèse, était bien obligée de convenir que les logeuses au grand cœur ne couraient pas les rues.

« Alors “poste restante”, comme d'habitude ?

– Bien sûr. Je m'y rends deux fois par semaine pour m'assurer qu'aucune âme charitable ne m'y a envoyé un mandat, ne vous tracassez pas, je serai prévenu. »

On l'avait vu faire, à bas prix, le porte-à-porte pour distribuer de rares prospectus providentiels dans des quartiers éloignés de la ville. On l'avait même vu chanter dans certaines rues étroites (il avait une fort belle voix de basse) puis faire la manche de-ci, de-là, en compagnie d'un clarinettiste de ses amis, et cela avait suffi pour qu'on le surnomme « Clarinette ».

Clarinette ! Il ne s'en fâchait pas, gardait le sourire, le moral, et acceptait dignement les conséquences de sa condition.

« Tu peux me prêter dix francs ? » Même gêné soi-même, chacun s'exécutait immédiatement, sachant parfaitement qu'avec Clarinette seule l'urgence absolue pouvait le contraindre à taper un copain, et Clarinette rendait toujours dans les plus brefs délais jusqu'au dernier centime.

« Tu as une logeuse emmerdante ?... Non !... Alors tu pourrais peut-être m'héberger quelques nuits en douce. »

Et c'était selon : « Viens dès ce soir, je m'arrangerai » ou « J'en parlerai à ma propriétaire. » De toute façon on ne lui refusait pas. Chacun faisait de son mieux pour dépanner Clarinette, et, malgré cela, Clarinette était toujours en panne. Il restait, lorsque les conjonctures étaient mauvaises, une nuit, lorsqu'elles étaient meilleures huit ou quinze jours, quelquefois un mois entier, et il faisait les jonctions difficiles, si cela s'avérait nécessaire, grâce à la salle d'attente de la gare qui était, sinon chauffée, du moins toujours ouverte chaque nuit.

« Dis donc vieux, je ne veux surtout pas te gêner. »

Si le lit était suffisant, on se serrait. Sinon, Clarinette se contentait volontiers du canapé ou même de la descente de lit.

« Mais si, je t'assure, je suis très bien ! Crois-tu que ceux qui couchent à la belle étoile dans le maquis sont mieux que moi ? »

Bien sûr, en se référant à ces domaines, et Clarinette avait l'art de le faire, on trouvait toujours plus mal loti, et toutes les conditions, même les plus précaires, devenaient mirifiques.

« Et puis, dis donc, si cela doit te causer des ennuis avec la proprio, tu ne te gênes pas, tu me le dis tout simplement. C'est entendu ?

– C'est entendu, Clarinette. Bonne nuit. »

Clarinette était prêt à déménager tous les jours, à toute heure, sans tambour ni trompette, sans éveiller les soupçons, comme un simple visiteur. Pour cette raison, il ne disposait ni de serviette ni de valise, mais d'une veste, d'une veste extraordinaire dont je n'ai jamais vu l'équivalent. Elle tenait de la veste de chasse la plus perfectionnée, et du surplus américain le plus étudié. Toute en poches ! On n'en dénombrait pas moins d'une vingtaine ! La doublure elle-même pouvait être utilisée. Poches dorsales, ventrales, latérales, il arrivait avec ordre et habitude à tout y loger. Son pyjama, ses objets de toilette si besoin était, mais aussi, non seulement les cahiers de tous ses cours, mais encore tout l'arsenal nécessaire à un étudiant hormis les livres, mais cela ne le gênait pas puisqu'il n'avait jamais pu s'en payer.

« Et tu vois mon vieux, s'il me manque quelque chose, ne serait-ce qu'un stylo, j'en prends conscience, je m'en rends compte… J'ai encore de la place libre… Tiens regarde !

– Mais tu vas être écrasé avec tout ça sur les épaules, mon pauvre Clarinette !

– Aucun risque, pense à ceux qui ont traîné leur barda à l'armée, ils l'ont bien fait, et c'était certainement chez eux moins bien réparti que chez moi. »

Lorsqu'il changeait de secteur, il lui arrivait d'aller au cours couvert de tout son attirail. Il paraissait ainsi énorme, et il évoluait comme un Bibendum, bras écartés, alors qu'en réalité il n'y avait guère plus fluet que lui.

Clarinette portait la barbe, une magnifique barbe blonde et frisée. Plus pratique que ne l'eût été un rasage soigné rendu impossible certains jours, il la régularisait lui-même de temps à autre aux ciseaux. Cette particularité, associée à ses traits souvent tirés et à son allure dégingandée, faisait de lui une figure de vitrail à la Gréco, et Clarinette, qui ne négligeait rien pour se faire un peu d'argent, en profitait pour aller donner quelques heures de pose, lorsque cela lui était possible, à l'Académie des Beaux-Arts où il était prisé, et où on se l'arrachait.

Clarinette ne prenait jamais le tram. « Convoi pour bourgeois, disait-il, il faut s'arranger autrement. » Il avait trouvé une façon beaucoup plus originale, et beaucoup moins onéreuse, pour effectuer ses déplacements. Si les distances étaient courtes, il les parcourait à pied bien sûr, mais si les trajets étaient d'importance il n'hésitait pas à faire appel aux camions de vidange qui sillonnaient la ville.

Tous les égoutiers le connaissaient.

« Tu vas vers où ?

– Sur la route d'Auch.

– Tu passes donc par le Pont-Neuf ?… C'est parfait ! Tu me déposeras à la Patte-d'Oie.

– Ça va Clarinette. Monte, mais en vitesse, je suis pressé. »

Clarinette, aujourd'hui, porte toujours la barbe. De blonde, elle est devenue grisonnante. Cela lui confère auprès de ses clients une grande dignité. Il habite une vaste demeure bourgeoise, soignée, entretenue, aux larges allées sablées et ratissées, mais en la visitant je n'ai pu m'empêcher de m'exclamer :

« Mais Clarinette, ce n'est pas une maison ! C'est un hôtel. Dis-moi, combien as-tu de chambres là-dedans ?

– Ah ! ça mon vieux, c'est resté pour moi une hantise ! Il me semble que je n'en aurai jamais assez. Les copains peuvent venir, à mon tour j'ai de quoi les loger… Quand même, qu'est-ce qu'on a pu en bouffer de la vache enragée. Dis donc, te souviens-tu de la fin de l'année 45, lorsque je m'étais, pour un forfait ridicule, déguisé en Père Noël pour les magasins du Printemps ? En ai-je eu du succès avec ma barbe ! C'était quand même le bon temps ! Tu ne crois pas ?

– Bien sûr que si, Clarinette ! Bien sûr que si. »

* *
*

« Vélo-taxi ! Vélo-taxi ! Voulez-vous un vélo-taxi, Madame ? Voulez-vous un vélo-taxi, Monsieur ? Ce n'est pas cher, cinq francs la course dans Toulouse… Hors de la ville ! C'est possible si vous voulez, mais alors c'est selon la distance, et selon les côtes qui sont sur le parcours. Ça se comprend. Où allez-vous ? »

Il y en avait devant toutes les gares des grandes villes. C'était un des multiples métiers gagne-petit nés des pénuries de la guerre, et il devait se maintenir au-delà de la fin des hostilités, jusqu'au retour des conditions normales.

Le vélo-taxi tenait du pousse-pousse chinois, simplement, celui qui le traînait ne courait pas entre deux brancards, mais pédalait en le tractant derrière un vélo.

Ils étaient trois de notre année qui, bien qu'indifférents au sport cycliste, avaient pris le parti d'exploiter cette ressource, trois qui quittaient avec un bel ensemble, tous les soirs à la même heure, nos salles de cours, quel que soit le sujet traité, pour aller « faire » l'express de Marseille et de Paris.

Ils avaient avec ingéniosité, grâce au marché aux puces, improvisé leur remorque. Ils l'avaient conçue légère, montée elle-même sur des roues de bicyclette et couverte d'une bâche cirée. Ils étaient par tous les temps à l'arrivée des voyageurs, et disputaient aux professionnels (il y en avait déjà) leur client providentiel.

« Vélo-taxi, Monsieur. Vélo-taxi ? »

Le client était souvent méfiant. Il ne manquait jamais de vérifier l'équipage. D'abord la stabilité de l'engin, et son amarrage dont dépendait sa sécurité, enfin le solliciteur lui-même, dont les jarrets permettaient d'augurer de la course.

De son côté, le coureur improvisé, s'il se montrait empressé pour un maigre, manquait d'enthousiasme et se faisait tirer l'oreille pour un gros.

L'affaire conclue, on démarrait, mais la bonne fortune ne souriait pas tous les jours.

« Ne m'en parle pas, j'en ai chargé un dont je n'avais pas vu les valises. L'ensemble faisait certainement plus de 120 kilos ! À se demander d'où il sortait, et ce qu'il pouvait traîner. J'ai dû me taper sous la pluie toute la Côte Pavée. J'ai cru crever avant d'arriver. Et crois-tu qu'il m'aurait gratifié d'une thune ! Rien ! Le prix convenu, pas le plus petit pourboire. De quoi te dégoûter du tour de France à tout jamais. »

* *
*

« Dis donc Gauthier, il paraît que l'on recrute des figurants au Capitole pour Carmen. On donnerait vingt francs pour quinze jours, et on serait libre, tous les soirs après 11 heures ! L'affaire t'intéresse ?... Oui ! Alors, suis-moi, je vais aux renseignements. »

Entre copains, toujours à l'affût de la plus petite occasion permettant le plus petit profit, on se refilait les tuyaux. Grâce à cela, en fin du dernier trimestre, alors qu'ils auraient été de la plus grande utilité dès le début du premier, on pouvait s'offrir le petit Rouvière en quatre volumes ou les tomes cinq et six des neuf agrégés qui manquaient à sa collection. Et, comme aucun figurant ne pouvait se boucher les oreilles durant les récitals, même les moins doués, les moins mélomanes d'entre nous finissaient par retenir, malgré tout, le grand air de Gounod, de Bizet ou de Puccini.

Si l'on ne s'enrichissait guère, l'on n'y perdait rien, et notre culture générale, tant bien que mal, s'y retrouvait.

À quelque chose malheur est bon !

XIX

In memoriam

Un halo d'imprécision entourait son état civil, mais le père Danet, sans conteste, ne pouvait qu'être le doyen de tous les étudiants toulousains. Soixante-quinze ans disaient les uns, quatre-vingt-deux prétendaient d'autres, qui paraissaient plus près de la vérité. Comme il ne pouvait y avoir de rivalité avec qui que ce soit, on n'avait jamais poussé plus loin la curiosité.

Ce dont on était sûr, c'est qu'il avait dépassé, et de loin, l'âge de toute activité, même dans une carrière aussi libérale que n'avait été la sienne, puisque Danet était pharmacien.

« Quarante ans d'exercice devant des rayonnages et derrière un comptoir à préparer des onguents ou à mouler des suppositoires » se plaisait-il à dire, et cela donnait la mesure.

Veuf depuis peu, il s'était débarrassé, au profit d'un gendre, de son officine, et s'était inscrit en médecine, « aux fins de changer d'horizon, de m'instruire, et, peut-être aussi un peu, dans l'espoir d'y retrouver une ambiance de jeunesse et de bonne humeur dont j'ai le plus grand besoin ».

Lorsqu'il s'était ouvert de ses intentions à ses amis dans sa ville, cela avait déclenché un tollé général.

« Mais voyons Danet, tu plaisantes ! Ou tu es devenu fou ! Que veux-tu aller chercher là-bas ? Tu peux te la couler douce avec nous. Nous jouons aux cartes et aux boules tous les jours. Tu rentres dans le groupe et c'est tout. »

Danet avait remercié, mais n'en était pas moins resté sur ses positions. Ne pouvant faire figure de précurseur, son cas étant sans précédent, il eut la tristesse de se voir, immédiatement, jugé et classé farfelu, original et certainement un peu « dérangé de la cafetière ».

Les siens eux-mêmes, et surtout eux, l'avaient mal pris. Tous, fils, brus, gendres, petits-enfants en âge de comprendre et de parler, auxquels il aurait dû, d'après eux, normalement et moralement appartenir sans restriction, étaient furieux. Furieux de le voir entreprendre « des galipettes ridicules », et de le voir prêt à dilapider, en « stupidités évidentes », des économies qui leur paraissaient devoir leur revenir et de plein droit.

Malgré les conseils, les avis et les mises en garde, et elles ne lui avaient pas manqué, le père Danet n'en avait pas moins fait qu'à sa tête.

« J'ai besoin de jeunesse autour de moi.

– Mais voyons, Papy ! Que dites-vous là ? N'êtes-vous pas comblé ! N'avez-vous pas six petits-enfants adorables ? Le dernier n'a que trois mois ! Que voulez-vous de mieux ?

– Taratata, cela ne me suffit pas. J'ai besoin de renouveau, disons-le aussi de nouvelles têtes. J'ai assez sacrifié aux devoirs de mes charges, vous n'avez plus besoin de moi. Je tiens à disposer de mes dernières années à ma convenance, librement, sans calcul ni entrave. J'en ai les moyens. Malgré votre sollicitude à tous, et malgré tout ce que vous m'apportez, je me sens seul. Vous avez vos occupations, c'est normal. Vous n'avez pas le temps, je le comprends... Et puis les vieux, seuls, ça "répiape", ça rumine, ça se perd en considérations stériles. Ce n'est bon ni pour eux ni pour leur entourage... On pense trop... C'est ça... On a beaucoup trop de temps pour penser à un avenir par trop évident ! C'est mauvais. J'ai besoin d'occupations intellectuelles qui m'accapareront et me feront oublier. Passer mon temps à voir grandir ma descendance n'est, pour moi, ni amusant ni réconfortant... J'ai besoin d'autre chose.

– Papy, vous êtes un ingrat. Vous avez vos journaux, vos mots croisés ! À l'âge de la sagesse, vous vous conduisez comme un gamin. Vous vous ridiculisez, et nous avec vous. Faites attention à ce que vous allez faire. S'il vous arrive quelque chose là-bas, ce sera l'hôpital. Nous vous laisserons choir comme vous nous laissez choir aujourd'hui. »

Rien n'avait pu le dissuader ni le retenir. Il avait bouclé ses valises, tourné le dos aux vieilles faïences de son officine, à la machine à sous archaïque de son comptoir, et, à une époque où il ne serait venu à l'idée de personne entrant dans le troisième âge d'avoir d'autres ambitions que le fauteuil à oreilles ou les pantoufles de feutre, il était parti à l'aventure, remontant sur Toulouse, la ville rose de sa jeunesse, la ville de ses vingt ans.

« Vous voulez entreprendre vos études de médecine ? »

Derrière son guichet, la jeune et sémillante blonde secrétaire faillit choir de son perchoir. Elle était bien habituée aux facéties et aux plaisanteries des carabins mais celle-là dépassait vraiment toutes les autres. Tout le monde devait en profiter.

« Pour vos inscriptions, c'est à droite à côté. »

Sournoisement elle dirigea le demandeur chenu vers le guichet voisin, celui du secrétaire général.

« Monsieur, je désire m'inscrire en médecine. »

Le secrétaire général était un être rabougri, bilieux, râleur, tenant à la fois du dogue et du roquet et qui n'appréciait, de toute façon, pas particulièrement le canular.

« Mademoiselle, au lieu de vous prêter à des plaisanteries de ce genre, veuillez aller me chercher Albert, et lui dire qu'il me débarrasse de cet énergumène. Nous avons autre chose à faire qu'à rire stupidement. »

Le concierge n'eut pas le temps d'intervenir.

Danet venait d'entrer en fureur.

« Monsieur, de quel droit me refusez-vous des inscriptions sans consulter mon dossier ? Si l'on n'accepte pas de le prendre en considération, j'exige de voir Monsieur le Doyen. D'ailleurs je ne veux pas avoir affaire à un sous-fifre, veuillez demander à Monsieur le Doyen de me recevoir. Et je tiens à vous dire, qu'au cas où l'on me refuserait cette entrevue, je me plaindrais aujourd'hui même au recteur qui est un de mes amis. »

Le secrétaire était vert. Danet rouge comme un coq.

Devant un pareil entêtement, le secrétaire général cala et s'éclipsa, en toute hâte, vers le cabinet du doyen.

Ce dernier se dérangea par curiosité, pour s'amuser.

« Voyons bien sûr, ce ne peut être qu'un canular ! Où est-il votre bonhomme ? »

Il avait fallu pourtant en convenir. Le bac il l'avait, son attestation était ancienne, mais parfaitement régulière, le diplôme de pharmacien, bien que jauni sur les bords, était bien en rapport avec son identité, et, de ce fait, une clause universitaire le dispensait bien du P.C.B., enfin il n'y avait aucune limite d'âge concernant les études médicales, et rien, en vérité, ne s'opposait à ces inscriptions.

Le doyen lui-même, bien qu'ahuri, ne put que le reconnaître.

« Tenez, venez jusqu'à mon bureau. J'ai quelques minutes, nous allons bavarder. »

« Alors vous connaissiez Deltour ? Un fameux clinicien, n'est-ce pas ?

– Mais Monsieur le Doyen, ce n'est pas du même dont je vous parle. Vous êtes sûrement beaucoup trop jeune pour avoir connu le mien. C'est du père ! Un joyeux drille, par contre, celui-là, et qui ne valait pourtant pas son grand-père… que j'ai d'ailleurs bien connu aussi. »

Leur conversation dura une bonne heure. Le doyen était ravi. Il le raccompagna, et le félicita.

« Si vous avez des problèmes, Monsieur Danet, n'hésitez pas à venir me voir, on les arrangera. Vous ne me dérangerez jamais.

– Merci Monsieur le Doyen, je n'en abuserai pas. »

Étudiant ! Étudiant en médecine à l'âge où l'on peut faire sauter ses petits-enfants sur ses genoux !… Cela lui avait diablement réussi.

Il assistait à tous nos cours. Il arrivait ponctuel à l'amphithéâtre, une serviette noire et usagée sous le bras, s'asseyait au premier rang, face à la chaire, essuyait avec conscience une paire de lorgnons qu'il ajustait avec soin sur son nez, posait son chapeau à côté de lui en compagnie d'une volumineuse montre qu'il tirait de son gousset, et là, presque aussitôt, quelle que soit l'heure, il s'endormait.

Tous les professeurs le connaissaient, et n'en prenaient nul ombrage. Son plus proche voisin le secouait, charitablement et légèrement, lorsqu'il ronflait un peu trop fort, et le père Danet se réveillait toujours, à temps et en sursaut, dans le brouhaha des sorties.

« Cours remarquable, Danet ! Cours remarquable, tu ne crois pas ?

– Très juste, très juste, je suis de ton avis, bien que certains points, de détail note bien, m'aient un peu échappé. J'ai mal entendu. Tu me prêteras tes notes la semaine prochaine ? Cela ne te dérange pas ? »

Avec le père Danet le tutoiement était de rigueur. En cela aussi il était un précurseur.

« On se tutoie entre étudiants, je serai donc Danet. Tu te le tiens pour dit ! Non seulement cela me fera plaisir, mais cela me prouvera que je suis bien un des vôtres à part entière. C'est d'accord ? »

Cela avait été difficile dans les débuts puis tout le monde s'y était mis, et lui-même avait fini par simplifier et par appliquer, sans trop s'en apercevoir, cette règle hors du monde estudiantin. Il ne vouvoyait plus personne, et, en revanche, à la faculté comme en ville, on l'appelait Danet.

Pluie, vent ou soleil, rien ne le décourageait. Danet arrivait toujours dans le même appareil, en ciré noir assorti à son cartable qui, le plus souvent d'ailleurs, outre quelques feuilles blanches, ne contenait que de menus croûtons.

« Que veux-tu faire de tout ce pain, Danet ?

– Mais mon vieux (c'était le comble), cela vaut bien de nos jours une carte de visite auprès des chiens et des clochards, tu ne crois pas ? »

C'était en fait une nature bohème de vagabond philosophe. On le rencontrait un peu partout, devant un tramway, à un carrefour, sur un banc au soleil.

Danet n'était jamais désemparé ou indifférent ; tout lui paraissait intéressant, l'événement le plus grave comme le fait divers le plus insignifiant. On entamait donc facilement une conversation avec lui, et il finissait par vous suivre pour savoir la suite, abandonnant d'autant plus volontiers tout projet personnel qu'il n'en avait jamais. Il passait ainsi tous ses loisirs à flâner dans les rues où il s'était fait, en quelques mois, un nombre impressionnant de connaissances des plus diverses. Avec lui, les hiérarchies sociales n'existaient plus. Son amitié allait du plus humble au plus fortuné. Aux derniers il rafraîchissait la mémoire, avec les autres il était d'une bienveillance sans limite.

« Tiens, mais je t'ai connu en 1880 ! Que deviens-tu ? »

Il avait ses entrées à la préfecture, à la mairie et même à l'évêché.

« Oh ! tous ces garçons étaient des jeunets à mon époque, mais que diable je les connais, et je les connais bien ! Je peux leur rappeler certaines choses ! Ils n'ont pas toujours été de petits saints. »

Sa mémoire sur certains détails était dangereusement infaillible, et il nouait et renouait connaissance avec une déconcertante facilité.

Avec l'agent de ville le plus occupé à manœuvrer son bâton au milieu du carrefour le plus fréquenté, il réussissait à faire la causette, comme il y réussissait avec la fille la plus désœuvrée du trottoir et qu'il appelait par son prénom.

« Déjà au turbin, Simone ? Il ne te ménage guère en ce moment ton protecteur. Tu as l'air nerveuse. Tu marches drôlement. Qu'est-ce qu'il t'arrive ?

– Ne m'en parlez pas Danet ! Ça me gratte, mais ça me gratte ! C'est intolérable ! Je suis certaine que cette fois j'ai attrapé des morpions ! Que feriez-vous à ma place, Danet ?

– Probablement comme toi Simone, je me gratterais !

– Non Danet, soyons sérieux ! Donnez-moi un tuyau. Plus je me lave moins ça s'arrange. J'ai même essayé hier soir du savon noir ! Qu'est-ce que je dois faire ?

– Te raser Simone, c'est radical, te raser totalement.

– Mais vous n'y pensez pas Danet ! Vous voulez me condamner au chômage ! Juste en ce moment où mon Paulo a besoin de tant d'argent !... Et puis dites donc Danet, moi qui les ai frisés comme de l'astrakan ! Mais ce serait un vrai désastre ! Dieu sait comment ils repousseraient. Les hommes sont susceptibles et maniaques en ce domaine, vous le savez bien. J'y perdrais la moitié de ma clientèle ! Allons, soyez gentil, vous avez bien une autre recette ?

– Mais oui Simone, mais oui, de l'onguent gris ! De l'onguent gris, matin et soir, en frottant bien dans tous les coins... Tiens je vais te faire un papier. Va à la pharmacie centrale, demande de ma part le pharmacien, il a fait son stage chez moi autrefois. Il te donnera ce qu'il faut.

– Merci Danet. Tiens, je te bise.

– De rien, Simone. À te revoir. »

Danet était de tous les secrets, et, à force de fouiner, de toutes les combines.

« Danet, tu peux me trouver un litre d'huile ?

– Certainement, dans deux jours tu auras ton affaire.

– Et un jambon ?

– Aussi, mais lui, tu le sentiras passer. C'est cher, je te préviens. »

Mais il tenait parole et trouvait l'huile et le jambon.

« Dites donc les gars, il y a un cirque ce soir qui se monte près de la Garonne, qui veut y aller ? Je vais m'arranger pour avoir des places gratuites.

– Mais Danet, nous sommes huit dans la bande ! »

Il partait rôder au voisinage du chapiteau, liait conversation avec le clown, le trapéziste, le jongleur, faisait du plat à l'écuyère, tapait chacun de quelques places, et revenait triomphant.

« Voilà les amis, j'ai ce qu'il faut. Bien sûr il ne faut pas demander l'impossible, nous serons au dernier rang, mais cela n'a aucune importance. On a une vue panoramique impeccable du haut des gradins, et les lions de cette façon ne pourrons nous pisser sur les genoux. Allez, à ce soir 8 heures, à droite de l'entrée. »

Dans les plus mauvais cas, où il n'avait rien pu obtenir, il connaissait toujours un coin défectueux de la tente, par où, en se glissant, on pouvait s'infiltrer sans être vu.

Il s'était joint à notre groupe un peu par hasard. Vraisemblablement, l'ensemble hétérogène que nous formions l'avait séduit par sa diversité qui réunissait à la fois futurs médecins, vétérinaires, scientifiques et littéraires, garçons et filles.

Nous nous retrouvions une dizaine, midi et soir, à la même heure, dans un petit restaurant miteux aux prix plus que modestes. Il arrivait le premier, en avant-garde, s'installait à notre table habituelle, dépliait son journal, et défendait l'intégrité des places jusqu'à notre arrivée.

« Salut Danet ! Ça va aujourd'hui ? »

Les garçons lui serraient chaleureusement la main, et les filles lui accordaient spontanément un petit baiser sur les deux joues qui le remplissait de joie.

Nos repas étaient animés comme il se doit entre jeunes. Faute de nourriture valable, on y discutait ferme de tout, de n'importe quoi, et lorsqu'il n'y avait plus rien à dire, il y en avait toujours un parmi nous pour sortir de sa poche *Les Dames Galantes* de Brantome ou *Les Amours* d'Ovide que l'on commentait en chœur. Et Danet était heureux. Non seulement il suivait mais il entraînait, détendu, satisfait d'une ambiance qu'il appréciait. Il aurait pu s'ériger en moraliste, en homme d'expérience, il n'en faisait jamais rien. Il n'essayait surtout pas de nous apprendre à vieillir, mais lui par contre s'efforçait de rajeunir, d'oublier son âge, et il y arrivait.

« Mes amis, vous avez raison, ce qui manque au vieillard c'est l'insouciance, la curiosité et le projet. Vous avez tout cela, profitez-en, la vie est longue, et elle est devant vous. »

Les voisins de table, un peu bousculés par nos excentricités et nos outrecuidances, lui jetaient, plus qu'à nous, des regards furieux et réprobateurs, et le taulier lui-même, qui aurait pourtant dû s'y faire, de temps à autre hochait la tête et levait les épaules.

« Écoute cuistot ! Tu veux que je m'occupe de ton forfait auprès de mes copains des directes ? Tu es heureux que je te procure certaines facilités auprès de mes relations ? C'est d'accord ! Mais alors sois donc un peu compréhensif !... Ces jeunes ne font aucun mal. Bien sûr, ils sont un peu bruyants, mais à leur âge quoi de plus normal ! Et tu devrais être heureux qu'ils entretiennent dans ton auberge pareille bonne humeur malgré la médiocrité de tes menus. Il y en a au moins un parmi nous qui n'est pas dupe, le vétérinaire, qui est capable au premier coup d'œil de faire la différence, même en l'absence de la tête, entre le squelette d'un petit carnassier et celui d'un rongeur, or, peux-tu dire que l'on t'ait fait une seule fois une critique désobligeante sur tes civets ? A-t-on chanté en chœur, même une seule fois, l'air de la mère Michel lorsque tu les apportes à table ? Et t'avons-nous demandé perfidement où passent les chats perdus du quartier ? Non !... Tu as des excuses, les temps sont durs, nous le savons, et tu te débrouilles comme tu peux, mais en revanche, fous-nous la paix. Tu m'entends, fous-nous la paix. »

Le cuisinier préférait éviter une polémique dans laquelle il avait tout à perdre, et feignait de la prendre à la rigolade. Il tapotait son comptoir, et disparaissait en bougonnant vers ses fourneaux pour y faire valser de rage ses casseroles.

De Danet, notre groupe ne savait que peu de chose. Nous ignorions où il créchait. Nous supposions qu'il avait une chambre tout comme nous. Il ne parlait jamais de sa vie antérieure, et tout paraissait commencer pour lui avec ses nouvelles humanités.

Les stages hospitaliers étaient obligatoires. Les présences et les absences de chacun de nous étaient pointées chaque jour. Danet se soumettait à la règle, et s'y rendait, tous les matins, comme nous tous.

Son âge, son allure dans une blouse d'un autre temps (il avait gardé ses anciennes blouses plissées de pharmacien), le faisaient remarquer de tous les malades.

Les patrons avaient pour lui une certaine déférence. Alors que chacun de nous, au hasard, étions invités à plancher au pied des lits, sous l'œil goguenard des copains, lui en était dispensé, et le chef de clinique ne manquait jamais une occasion de lui faire plaisir en se référant à ses connaissances et à son expérience de pharmacien.

« Messieurs, la digitaline ne se donne pas à la petite cuillère. Monsieur Danet, qui nous honore de sa présence, ne me contredira pas. Cinq gouttes ou dix gouttes pendant trois jours, rarement vingt, jamais plus. C'est bien votre avis Monsieur Danet ? »

Danet approuvait d'un signe de tête. Auprès des malades, de semblables marques de confiance créaient et entretenaient la confusion. Personne ne savait plus au juste où le situer dans la hiérarchie des valeurs. La plupart le prenaient pour un ancien patron en rupture d'activité qui, n'ayant pas su décrocher (il y en avait ainsi un certain nombre à l'Hôtel-Dieu) venait occuper ses loisirs du matin dans son ancien service. Ils l'auréolaient d'un prestige tout particulier et, de temps en temps, l'un d'eux, devant sa figure bienveillante, se hasardait :

« Monsieur le professeur, pouvez-vous me dire où j'en suis ?

– Tout va bien ma petite. Tout va s'arranger, ne vous tracassez pas. »

Ces méprises fréquentes le ravissaient.

Danet redevenait « Monsieur Danet » aux jours des examens. Il abordait ses épreuves avec la même inquiétude que nous tous.

« Je ne me sens pas prêt ! Mais pas prêt du tout. Tant pis, je vais faire des impasses. »

L'indulgence du jury lui était pourtant d'avance tout acquise.

« Veuillez tirer une question, Monsieur Danet… Cela n'a pas l'air de vous inspirer. Je l'ai pourtant longuement traitée en cours d'année, et vous êtes un assidu de tous mes cours, je le sais. Voyons tirez-en une autre. »

Il en tirait deux, trois, quatre, cinq avant de trouver cette maudite inspiration.

« C'est bien Monsieur Danet. Je vous remercie. »

Et Danet était reçu, et admis à l'année supérieure.

« De justesse, mon vieux, de justesse. Cinq sur dix dans toutes les matières. Enfin, ça me suffit. On reste ensemble.

C'est l'essentiel, n'est-ce pas ?… Quelle barbe ces vacances ! Quand je pense qu'il va falloir regagner Rodez. »

Et on pouvait affirmer que c'était bien là le fond de sa pensée.

« Alors mes amis, nous nous séparons ce soir ! Bon, j'ai décidé deux choses. La première c'est de conduire ce soir mes deux copines de table au théâtre, la deuxième c'est de vous envoyer, vous les garçons, faire un petit repas à mes frais à l'adresse que je vais vous donner. Voyons, les filles, vous acceptez bien de m'accompagner au spectacle ? On joue *La Damnation de Faust*. J'ai loué une loge. Vous voulez bien de moi ?… Bien, alors dites donc les garçons, ce soir pas besoin de tickets. Je me suis occupé de tout. Je connais vos goûts et j'espère que vous passerez une bonne soirée. Allez, au mois d'octobre, amusez-vous bien. »

Ce père Danet, décidément, était un drôle. Il y avait du mystère dans tout cela.

« Tu es sûr de l'adresse ?

– Oui, aucune erreur possible. Il faut longer la Garonne, c'est la quatrième rue à droite après le pont, et nous y sommes. J'ai vérifié sur le plan. »

C'était une petite rue étroite, mal pavée, obscure, déserte, peu engageante, qui s'enfonçait entre une série d'entrepôts sans fenêtres.

« Un coupe-gorge parfait, si cette histoire n'était pas signée Danet, et si nous n'étions pas en groupe, je ferais demi-tour. »

Le fait est que nous ne nous sentions pas en sécurité. Pourtant nous étions arrivés. Il y avait bien là un petit estaminet. Une enseigne, à demi effacée, en faisait état. Chez Tonton. Casse-croûte à toute heure. Une main bien intentionnée avait souligné avec vigueur « à toute heure ». La porte fermée, doublée de volets pleins, laissait filtrer quelques rais de lumière. Une musique assourdie arrivait jusqu'à la rue.

« C'est là. Allez, on y va ! »

Le bec de canne résistait. La porte était fermée de l'intérieur. Nous dûmes frapper à plusieurs reprises avant qu'elle ne s'entrouvre. Un homme, un géant, chemise retroussée sur des bras velus, passa la tête, l'air revêche, visiblement contrarié.

« Que voulez-vous ?

– Nous venons de la part de Monsieur Danet. »

La masse s'écarta. La porte s'ouvrit plus grande pour nous livrer le passage comme si un mot magique avait été prononcé.

« Ah bien ! C'est vous. Je vous attendais un peu plus tard, mais cela est sans importance. Je vous attendais. »

Nous pénétrâmes dans la salle basse, garnie de chaises et de tables, envahie de fumée. Trois ou quatre clients, relativement jeunes, buvaient et fumaient en galante compagnie près d'un comptoir minuscule. Un pick-up éraillait une rengaine à la mode. L'ambiance était morose. Malgré les rires outranciers des filles, cela sentait la lassitude et le malsain.

« Mais, dites donc les gars, c'est un clandé !

– Ça m'en a tout l'air ! Sacré Danet, qu'a-t-il bien pu manigancer ? »

Nous n'étions pas au bout de nos surprises.

Le patron dégagea une tenture de perles et nous fit gagner une pièce attenante.

« Attendez quelques instants Messieurs, on va s'occuper de vous. »

Huit couverts, proprement et soigneusement disposés autour d'une table ronde, surprenaient. Rien n'y manquait, serviettes immaculées, vin bouché, corbeille de pain garnie.

« Mais c'est formidable ! »

L'un de nous venait de résumer l'effarement général.

« Décidément, ce père Danet est un chef ! »

Nous attendions depuis une dizaine de minutes.

« Oh merde ! »

Une serveuse venait d'entrer. En soi, cela n'aurait rien eu d'extraordinaire si elle n'avait été nue, nue comme un ver, montée seulement sur des souliers à talons hauts. Elle portait, telle une vestale, au niveau de ses seins, un vaste plateau garni de hors-d'œuvre, sardines, jambon, motte de beurre. Son pubis frôlait la table. Elle déposa sans trop de difficulté son plateau et s'éclipsa. Aucun de nous n'avait eu le temps de réagir.

« Nom de Dieu ! » Et cela jaillit d'une seule voix.

Une nouvelle serveuse venait d'apparaître, dans un appareil tout aussi simple mais tout aussi seyant que la première. Aussi blonde que l'autre était brune, elle était tout enveloppée de vapeurs et de parfums de choucroute.

Son service fut cette fois plus long, plus délicat que ne l'avait été celui de la précédente. Les émotions passées, les initiatives individuelles en effet se multipliaient, de vagabondes devenaient précises, audacieuses, pressantes, exigeantes.

Ce fut un repas formidable où rien ne manqua, ni la salade, ni le fromage, ni le dessert. Il n'y eut pas moins de huit apparitions successives, toutes différentes, toutes royalement personnalisées.

« Dis donc fillette, c'est toi ou le camembert ? »

Vérifications faites sur chaque élément, c'était bien le camembert.

L'excitation de la bande, les heures passant, atteignait des paroxysmes. Les serveuses, malgré leur grande aisance et leur infinie compréhension, avaient de plus en plus de mal à tenir l'équilibre de leurs charges.

« Messieurs, êtes-vous satisfaits ?... J'en suis heureux. Vous venez de faire connaissance avec toutes mes petites habituées. Toutes bien connues de ce brave Danet. Je tiens à vous dire qu'elles restent à votre disposition, et que tout est réglé. Je vous laisse. Elles vont vous servir les liqueurs. »

Ce fut une orgie que nos vingt ans n'eurent aucune peine à transformer en sublime réussite. Si le père Danet avait voulu nous laisser un souvenir impérissable, il y était parvenu.

« Cet animal aurait pu nous prévenir, nous aurions pu prendre quelques précautions. »

Ce fut tant pis ! Chacun accepta rapidement les risques, et nous ne quittâmes les lieux qu'au petit matin.

« Dites donc, les gars, qu'est-ce que cela a bien pu lui coûter au père Danet !... Pas étonnant qu'il ronfle à tous les cours les après-midi. J'ai l'impression qu'il sait s'entretenir, le cachottier ! À la rentrée, pas d'histoire, nous y revenons avec lui. »

En octobre, nous nous retrouvâmes chacun autour de notre table à nos places habituelles. Nous attendions Danet. Danet n'était pas là.

Il n'y fut pas le lendemain, ni huit, ni quinze jours après. Chacun de nous enquêta. Danet ne s'était pas manifesté à la faculté, et n'avait pas repris ses inscriptions. On ne l'avait vu ni au bureau de tabac, ni à la blanchisserie, ni chez le coiffeur...

« Dites donc, j'ai une idée, si nous allions voir chez Tonton ? »

Et ce fut lui qui nous apprit la nouvelle.

« Il est revenu régulièrement tous les quinze jours jusqu'à la mi-août. Ah, c'était un fidèle client. Il faisait le voyage exprès de Rodez, à jour fixe, depuis dix ans ! Le premier jour où nous ne l'avons pas vu, bien sûr nous nous sommes étonnés. Mais une fois ! Ça peut passer, s'expliquer. On peut avoir une défaillance, n'est-il pas vrai ? Mais lorsqu'à la mi-septembre nous ne l'avons pas revu, là, alors, nous avons franchement été inquiets. Ce n'était plus dans ses habitudes. Il aurait dû au moins téléphoner comme il faisait quelquefois.

Je me suis décidé à m'informer. Oh ! avec discrétion s'entend, et cela m'a été facile puisque j'ai encore une sœur au pays… Eh bien voyez-vous, il était mort ! Mort et enterré. Il avait fait une attaque, paraît-il. Liquidé, le père Danet, en deux jours !

« Évidemment, à son âge cela n'a rien d'extraordinaire, mais tout de même ! Cela nous a donné un choc, à moi, comme à toutes les filles. Qui aurait pu s'attendre à ça ! Il était frais comme un gardon à sa dernière visite. Lisa elle-même m'avait confié : "Danet, il réclame de ces trucs ! Ma parole il rajeunit". »

Nous partîmes consternés, pauvre Danet ! Il s'était donc laissé mourir loin de ses amis, bêtement, victime d'un sang trop généreux.

« Tu vois, je suis convaincu que s'il avait pu continuer à manger les civets bihebdomadaires et les rutabagas de ce restaurant, s'il avait pu continuer à s'extérioriser régulièrement chez Tonton, il serait encore parmi nous. C'est le foie gras familial et l'abstinence forcée qui l'ont amené là. »

La table essaya bien de se maintenir. Cela dura un certain temps, mais quelque chose manquait, un liant. Elle ne résista pas, elle se disloqua. Nous avions tous spontanément émis le vœu pieux de faire une descente un dimanche au cimetière de Rodez sur la tombe de notre vieil ami, mais les difficultés de l'heure, les problèmes budgétaires de chacun constamment renouvelés firent avorter nos bonnes intentions. Le projet fut reporté, ajourné, et, sans que l'on puisse parler ni d'ingratitude ni d'oubli, en fin de compte, abandonné.

XX

Les flâneurs ou les gens d'affaires se donnaient volontiers rendez-vous place Wilson ou place Esquirol, au coin d'un kiosque à journaux, ou à la terrasse d'un café bien connu. Les amoureux, s'ils étaient empreints de poésie, se retrouvaient souvent au Grand Rond, au milieu des pelouses et des bassins fleuris, ou, s'ils avaient l'âme romantique, à l'ombre des platanes de la place Saint-Georges sur des bancs publics presque toujours déserts, ou encore, s'ils étaient plus particulièrement conditionnés, dans la première salle obscure d'un cinéma, quel qu'en soit le programme projeté, mais personne, jamais personne, n'aurait eu l'idée de donner un rendez-vous, à qui que ce fût, place Lucas.

Cette place, malgré sa position centrale, à peine en retrait des boulevards, restait en effet peu connue.

Une place, même modeste, appelle la vitrine, l'étalage, voire le néon ; la place Lucas faisait exception à toutes ces règles. Elle n'abritait aucun magasin spécialisé important, aucune vitrine alléchante, pas un seul café, pas même le plus petit restaurant en renom où l'on aurait pu, en cachette et à prix d'or, déguster la moindre spécialité. Pour toutes ces raisons, elle n'avait en fait aucun motif valable d'être connue.

La place Lucas ne possédait aucun arbre pouvant retenir dans son ombre les petits vieux ou les hannetons, aucun parterre de fleurs pouvant attirer les papillons, aucun bassin susceptible d'héberger le moindre poisson et permettant aux enfants de jouer. Elle n'avait même pas le plus petit buste, de pierre ou de bronze, à la mémoire de François Lucas.

Sur cette place il n'y avait rien, désespérément rien. C'était un espace onduleux, pavé, mal pavé d'ailleurs, et dont on se détournait ne serait-ce que pour éviter de s'y tordre les chevilles, entre des maisons bancales, vétustes, sans caractère, aux façades peu engageantes et aux toits en dents de scie. Le soleil y tapait fort l'été, et y devenait très vite insupportable. La pluie mal drainée, dès qu'elle y tombait plus d'une demi-journée, y faisait des flaques que des égouts insuffisants arrivaient mal à résorber. C'était un îlot à peine salubre, un nid à rats, et tout permettait de croire qu'un jour ou l'autre, lorsque des soucis plus urgents seraient réglés, on s'occuperait de lui pour le supprimer.

Disparue aujourd'hui, comme prévu, la place Lucas ! Remplacée par des immeubles neufs à grand standing. Disparues avec elle toutes les petites boutiques sans prétention, aux devantures miteuses et désuètes, aux vitres cassées jamais lavées, derrière lesquelles s'agitaient et se débattaient dans la difficulté un ramassis d'artisans, patrons sans ouvrier, petits commerçants privés de commis, tous gagne-petit qui n'auraient plus leur raison d'être aujourd'hui où tout abonde, alors qu'ils étaient tellement nécessaires lorsque tout manquait.

C'était le refuge des petits métiers, accomplis par des gens modestes, sans ambition ni envergure, qui tous survivaient dans l'ombre grâce à des prouesses d'ingéniosité.

Chacun d'eux n'avait que quelques mètres de façade, que quelques mètres carrés de surface disponible, et c'était là, dans les profondeurs obscures de leurs arrière-boutiques, qu'ils réalisaient le tour de force d'abord de vivre, puis celui de faciliter et de pallier les manques du moment.

À la réflexion, il y avait tout sur cette place. Tout ce qui était nécessaire, dans la mesure où l'on restait dans le raisonnable des préoccupations légitimes de l'époque.

Il y avait un boulanger, une épicière, un boucher, mais aussi un cordonnier, un coiffeur et même un brocanteur avec son bric-à brac. Comme la place de Montmartre, sans pour autant battre monnaie, la place Lucas aurait pu, sous son apparente modestie, s'ériger en commune libre et indépendante et vivre en autarcie.

La place Lucas s'éveillait et s'endormait anarchiquement. Le matin, refusant de s'imposer les horaires conventionnels assujettissants d'une grande ville, les boutiques s'ouvraient suivant la fantaisie de leur propriétaire, suivant son envie et l'état moral où il se trouvait après une bonne ou une mauvaise nuit. Le soir, les rideaux s'abaissaient avec la même désinvolture imprévisible, suivant les courages, les affaires réalisées ou encore possibles.

Le boulanger, qui passait une partie de ses nuits dans son sous-sol à surveiller son pain et à contempler avec envie les jambes de Rita faisant les cent pas à hauteur de son soupirail, était en général le plus matinal. Dès 7 heures, on pouvait, suivant ses disponibilités, commencer à faire la queue devant sa porte, mais c'était bien lui, en revanche, qui réalisait les journées les plus courtes, et il n'était pas rare, dès midi, de trouver son bec de canne bloqué, avec ce simple écriteau derrière la vitre : « Faute de farine, plus de pain jusqu'à demain. » Dans ce cas-là, on pouvait faire demi-tour et aller tenter sa chance ailleurs, mais les habitués, avant de s'y résoudre (et tous ses clients étaient des habitués) pouvaient toujours pousser une petite porte latérale pour aller se rendre compte *de visu* de la véracité de ces affirmations. Avec un peu de chance, on arrivait parfois à trouver, traînant sur un coin de comptoir, un petit quignon, même des plus rassis, qui pouvait après tout faire son affaire, ou, à défaut, un de ces petits gâteaux à la farine de maïs couvert d'une vague gélatine tremblotante et fade aromatisée de produits chimiques et saupoudré à la saccharine, qu'il avait de temps à autre l'habitude de cuire en cachette, et qu'il ne vendait jamais qu'à ceux qu'il connaissait.

Boulanger sans mitron et souvent sans farine, sur lui reposait tout le travail. Aussi, tant que sa boulangère collait en rangs serrés, durant l'après-midi, les tickets collectés du matin et vendait les restes au fond de sa boutique, n'ayant rien de mieux à faire, il dormait.

« Alimentation – Épicerie », il fallait le deviner ; l'enseigne de la devanture avait bien un jour dû le mentionner de façon plus explicite mais le soleil et la pluie l'avaient effacée depuis longtemps. De toute façon, cela n'avait pas d'importance, on savait où l'on allait. On allait chez Marie-Rose, deux vieilles filles, Rose et Marie, que l'on avait toujours connues sur la place où elles avaient grandi et vieilli derrière le comptoir et devant l'étalage de l'épicerie de famille.

Chez Marie-Rose on trouvait encore libres à la vente le sel, le poivre, la moutarde, les cornichons, les allumettes et les bougies, mais c'était à peu près tout. Tout le reste, l'huile, le sucre, le beurre, le fromage, les confitures, le chocolat étaient, là comme ailleurs, contingentés et soumis à nos cartes. Quant aux légumes verts, ils y arrivaient en si petite quantité, qu'ils y étaient vendus dans les dix minutes qui suivaient, et qu'il fallait vraiment être matinal pour avoir de la chance et en profiter.

« Ai-je droit encore à quelque chose, Mademoiselle Marie ? »

Souvent on se trompait et c'était à Rose que l'on avait affaire, mais cela n'avait pas d'importance, il était permis d'intervertir. On présentait sa carte déchiquetée en puzzle compliqué et l'une ou l'autre vérifiait.

« Oui, vous avez encore droit à du thon à l'huile, cent grammes. »

L'eau vous en venait déjà à la bouche.

« Mais je n'en ai plus pour le moment. Repassez mardi de la semaine prochaine, et n'oubliez pas d'apporter un bol pour l'huile en venant... Puis vous n'avez pris ni votre savon ni votre margarine... »

Le troc pouvait être envisagé chez Marie-Rose. En abandonnant le savon, on pouvait espérer deux cents grammes de confiture de marron ! En abandonnant la margarine, une tablette de chocolat ! On marchandait, non sur le prix, il était toujours régulier, mais sur les grammes, et, lorsque l'on paraissait être parvenu à une transaction équitable, on partait en courant chercher les récipients avant qu'un autre puisse profiter de l'aubaine.

Marie et Rose connaissaient les besoins de chacun, elles prévoyaient, elles arrangeaient.

« Votre café ? Vous n'y tenez pas ? Je crois que vous pourriez faire un échange avantageux avec Madame Grégoire. Elle vous cédera certainement sa ration de sucre. Elle est diabétique, et même à la rigueur sa confiture. Que ne ferait-elle pas pour sa tasse de café à la saccharine après chaque repas ! Alors je coupe ?... Allez je le prends sur moi, ne vous tracassez pas. »

Ses ciseaux agiles s'infléchissaient et allaient à la recherche du ticket nécessaire.

« Voilà le sucre. Revenez demain pour la confiture avec un pot si vous en avez un. Inutile qu'il soit très grand vous savez... Ah ! encore, faites attention à ces deux lettres qui vous restent. Elles ne sont pas encore attribuées, mais j'ai entendu dire que peut-être elles donneraient droit en fin de mois à une distribution de pommes de terre. Faites attention, elles sont détachées, vous pourriez les perdre. »

Précieuses, justes et bienveillantes, malgré les difficultés, grâce à elles, on était sûr d'avoir son dû et elles étaient bien vues de la place. Bien sûr, il y avait sûrement de temps à autre quelques grincements de dents avec certaines ménagères furieuses, arrivées au bout d'une heure de queue après la vente de la dernière salade ou du dernier poireau ; bien sûr, dans leur amertume et leur mauvaise humeur, certaines se laissaient aller à les accuser de partialité, allant jusqu'à leur reprocher de n'avoir « rien, toujours rien », mais tout le monde savait bien que c'était là de mauvaises querelles, de mauvais procès, car si elles étaient souvent démunies, il fallait reconnaître qu'ailleurs il en était de même. Ce qu'elles avaient, elles le vendaient, sans préférence, sans profit illicite, et l'on ne pouvait pas partout en dire autant.

On aurait pu aussi bien l'appeler Pamphille ! Pourquoi pas ? On avait préféré Achille et cela convenait à tous comme à lui-même, car à cette époque, tout valait mieux que de s'appeler Isaac ou Jacob. On lui disait donc toujours « Bonjour, Monsieur Achille » et il était content.

C'était bien lui qui disposait de la plus petite vitrine de la place, à un angle aigu et avancé de deux rues. Sa devanture ne dépassait guère les deux mètres, porte comprise, et lorsque l'on passait devant son échoppe, on n'apercevait jamais de lui que le haut de son crâne, car, en plus d'une boiterie de naissance, il était nain.

Achille était un personnage qui avait de l'importance. Cordonnier de son état, son métier s'était revalorisé en quelques mois au point que, même en travaillant sans relâche, Achille n'arrivait qu'à grand-peine à satisfaire tous ses clients. Sa renommée s'étendait bien au-delà de la place, et c'était légitime, car en son domaine, il était ingénieux, habile et imbattable.

Les conditions de l'heure étaient draconiennes. « Une paire de souliers par tête de pipe et par an. » On avait beau économiser, veiller à marcher en souplesse et sans traîner la semelle, sans Achille on n'aurait pu en sortir et il fallait obligatoirement avoir recours à ses bons offices deux ou trois fois par an.

Achille devait coûte que coûte dépanner, et Achille était soumis à l'urgence du matin au soir.

« Je n'ai plus de cuir ! Voilà deux ou trois mois que je n'en ai pas reçu, et rien à faire pour en obtenir ! Tout ce que je peux vous proposer c'est un ressemelage en caoutchouc. Mais vous verrez, ça tiendra. Vous en serez content.

– Mais Achille il me faudrait ça pour demain.

– Impossible ! Je ne peux pas. J'ai ces deux paires à terminer ce soir.

– Mais alors, comment vais-je faire ?

– Bon, mettez votre pied là. Je vais prendre l'empreinte et je vais préparer le travail. Allez, je vais faire un sacrifice pour vous. Vous me laisserez vos souliers ce soir en rentrant. Ils colleront dans la nuit. »

Achille, pour ses ressemelages, se servait de vieux pneus usagés, rechapés, usés de nouveau jusqu'à la corde et devenus inutilisables même pour les désespérés. Il récupérait ces épaves, et c'est là-dedans qu'il découpait ses semelles, collant deux ou trois épaisseurs s'il fallait, râpant, clouant, vernissant. Il en tirait des merveilles.

« Je n'ai rien trouvé d'autre, mais avec ça vous pouvez y aller. Vous êtes muni pour plusieurs mois. Presque inusable ! Vous verrez, et vous ne prendrez pas l'eau, j'en réponds. Regardez, c'est plus souple et plus silencieux que le cuir. »

Et c'était ma foi vrai. Certes, cela n'avait pas l'élégance du cuir qui respire, mais c'était confortable, et surtout ça tenait.

Achille travaillait, alêne en main, une partie de la nuit. Ses affaires étaient florissantes, mais personne n'y trouvait à redire, parce que personne n'était parfaitement au courant, et parce qu'après tout il le méritait.

Rayon de souliers d'occasion. Achille en avait plusieurs étagères garnies. Fond de grenier, récupération de chaussures démodées, chaussures à tiges devenues chaussures basses, on pouvait parfois dans le lot découvrir sa pointure et alors on n'était pas volé. On pouvait même souvent, pour un prix raisonnable, échanger ses souliers, et même, retomber quelques mois après dans ses propres chaussures rendues méconnaissables par Achille, qui, profitant de temps morts, les avait réparées.

« Achille je suis désolée, voilà que le pied de mon fils Albert a grandi. Que puis-je faire ?

– Voyons, regardez là si vous trouvez votre affaire. Je reprendrai les chaussures du gamin. Allez, nous allons arranger ça. »

« Achille, j'ai une affaire à te proposer ! Regarde.

– Mais ce sont deux paires de bottes allemandes ?

– Oui bien sûr et après ?

– Et tu sais ce que peut entraîner ce genre de plaisanterie ?

– Mais oui Achille. Raison de plus pour les transformer au plus vite. Tu peux y aller il n'y a aucun risque. Leur propriétaire n'a plus mal aux dents. »

Le soir même, les bottes étaient mises en pièces détachées, et, trois jours après, la collection d'Achille s'enrichissait de trois nouvelles paires de mocassins.

Achille n'aimait pas les Allemands. C'était un sentiment qu'il partageait avec beaucoup de Français.

Achille savait travailler le caoutchouc. Avec un bon modèle, il pouvait réaliser en quelques heures les meilleurs et les plus authentiques tampons de la kommandantur. Il lui suffisait d'avoir en ses mains une pièce officielle assez fraîche. En quelques minutes, avec un blanc d'œuf dur, il relevait l'empreinte, puis, toutes portes fermées, à la loupe, il se mettait à l'ouvrage. Dans certains cas, d'extrême nécessité, il n'hésitait pas alors à laisser tout son autre travail en souffrance, quitte à prétexter la migraine la plus violente ou le rhumatisme le plus tenace pour se faire excuser. Dans ces cas, il travaillait au burin fin toute la nuit. Il vérifiait, comparait, rectifiait jusqu'au parfait, jusqu'à l'indiscutable.

Achille était juif bien sûr, mais peu de gens le savaient. Par contre, lui savait très bien ce que pouvait représenter pour l'un des siens le moindre tampon bien fait à croix gammée.

Prosper était le seul commerçant à déborder sur le trottoir. Sa boutique, agrémentée d'une remise attenante, était pourtant bien la plus spacieuse, et de loin, de toute la place, mais ses qualités multiples de brocanteur (il n'osait dire antiquaire), de rempailleur de chaises et de loueur de charretons nécessitaient de l'espace pour se déployer.

Prosper, qui ne logeait pas sur ses entrepôts, arrivait à la place aux aurores, et c'est lui qui, sans ménagement, malgré toutes les protestations possibles et les menaces répétées de ses voisins, se mettait en demeure de la réveiller. Il ouvrait en premier les deux battants de la remise et libérait son chien, puis dégageait un par un ses chariots aux roues ferrées qui encombraient ses entrées, et cela se déroulait avec de tels renforts de jurons, et au milieu de tellement de jappements qu'après cela plus rien n'avait d'importance, et qu'il n'avait plus besoin de prendre la moindre précaution. La ferraille d'abord, toute la ferraille, du vieux lit pliant en passant par les roues de brouette, les chenets en fer forgé et les tuyaux de poêle, tout prenait place en vrac, avec la même discrétion, sur le trottoir de part et d'autre de sa porte. Puis furieux, en mangeant, il attendait sa femme : « Une fainéante, vous m'entendez, qui traîne au lit et qui va m'entendre lorsqu'elle arrivera. »

La fainéante arrivait. Elle l'entendait et tous les voisins aussi. Après quoi, Prosper disparaissait aussitôt vers des lieux plus hospitaliers, « où, au moins, on risquait de trouver un café. »

« Et qu'est-ce que tu as à redire ? Les affaires ! Tu crois que ça se fait tout seul ? Il faut voir, contacter les amis. Tu veux t'en charger toi ? Je reviens. »

La femme de Prosper savait à quoi s'en tenir depuis longtemps, en avait pris son parti, et ne protestait même plus. Elle s'asseyait sur un tabouret bas et commençait, devant sa porte, à tresser ses chaises en attendant l'éventuel client.

« Que cherchez-vous mon bon Monsieur ? Vous ne savez pas… C'est comme ça que l'on trouve le mieux et le meilleur. Regardez, fouinez un peu, simplement prenez garde à la vaisselle qui est dans la vitrine. D'ailleurs la vitrine est fermée, et c'est mon mari qui a la clé. »

Il y avait de tout chez Prosper. Tout ce qui après avoir encombré un appartement, passé par un grenier ou une cave, avait dû être définitivement éjecté pour rien, pour être débarrassé. Tout dans un amoncellement hétéroclite où il fallait enjamber pour extraire pièce par pièce, si ce n'était morceau par morceau. Tout, du landau déchiré, dont seules les roues restaient valables, au garde-manger, dont la carcasse seule était solide, ou à la cage de perroquet sans intérêt. Le curieux, l'oisif avait de quoi s'occuper ; quelques rares fois le connaisseur y trouvait son compte.

« Combien cette canne ?

– Vingt francs !

– Oh là ! Oh ! mais, vous n'y pensez pas ! Dix francs, pas un sou de plus ! »

Le marché était conclu. Avec un peu plus d'aplomb, à cinq francs il l'aurait été encore, mais l'acheteur, aux anges, repartait avec sa canne de compagnon ou à pommeau d'ivoire.

« Madame ! Prosper n'est pas là ?

– Qu'est-ce que vous lui voulez à Prosper ?

– Tenez, voyez ma soupière ! En deux ce matin. Il ne pourrait pas me la réparer ? »

La femme de Prosper regardait, rapprochait, contrôlait s'il ne manquait aucun éclat.

« Bon, posez tout là… S'il ne rentre pas complètement ivre, il s'en occupera ce soir. La porcelaine ça le connaît, mais s'il la touche avant d'être dessoûlé vous pouvez y faire une croix, sur votre soupière. »

Prosper, à jeun, était habile. Avec un poinçon il perçait la faïence de part en part, engageait une agrafe, puis deux, puis trois, et terminait le travail avec un mélange de colle et de plâtre. Quelquefois c'était étanche, d'autres fois ça fuyait, ça tenait toujours, mais hélas aussi cela restait indélébile.

« Je n'ai pas pu mieux faire ! Mais si vous voulez jeter un coup d'œil ici dans la vitrine, j'ai peut-être quelque chose qui pourrait vous intéresser. »

Prosper avait en permanence un petit lot de vieille vaisselle qu'il ne permettait pas que l'on touche hors de sa présence, vieilles écuelles, vieux bols, vieux pots, vieilles assiettes, le tout rayé ou ébréché, et dont on n'aurait pas donné un sou en d'autres temps. Il avait aussi quelques casseroles en fer-blanc, émaillées, percées et réparées, quelques marmites, quelques poêles, quelques tôles.

« Cela vous permettra d'attendre. Ah ! dites donc, j'ai là une série de verres intéressante, cela ne vous conviendrait pas ? Venez voir. »

Ils étaient démodés, dépareillés ! Cela n'avait aucune importance.

« On n'est pas obligé d'être douze à table ! Sept, c'est un bon nombre malgré tout. »

Et tout cela trouvait preneur un jour ou l'autre.

« Dites donc Monsieur Prosper, vous n'auriez pas par hasard dans tout votre capharnaüm une passoire ?

– Ah ! ça, ma petite dame, je ne crois pas ! Mais j'ai là une casserole qui je crois devrait faire votre affaire.

– Mais Monsieur Prosper ce n'est pas une casserole que je veux, mais une passoire !

– Mais attendez, ma petite dame, que je m'explique !... Voyez, elle est déjà percée, avec une pointe je vous la transforme en passoire. Vous payez la casserole, le travail je vous le fais à l'œil, ça va ?

– Bon d'accord, mais vous me faites ça comme il faut, Monsieur Prosper.

– Voyons ma petite dame, ai-je l'habitude de saboter le boulot ? Je vous ferai ça à la pointe et à la lime. La passoire vous reviendra à cinq francs.

– Mais c'est très cher, Monsieur Prosper, pour une casserole percée !

– Pour une vieille casserole percée c'est certain, mais pour une passoire toute neuve ma petite dame, avouez que c'est pour rien ! »

« Monsieur Prosper, pouvez-vous m'acheter ces vieux plats ? J'ai besoin d'un peu d'argent en ce moment. Il paraît qu'ils ont une certaine valeur. »

La pauvre vieille sortait de son papier journal deux Moustiers ébréchés sur les bords, et les tendait en tremblant, à l'appréciation de Prosper. Le verdict ne se fit pas attendre.

« Mais, ma pauvre grand-mère, c'est invendable ça ! À qui voulez-vous que je refile des plats dans cet état ? »

Chez Prosper, un plat même ordinaire et sans décor, mais en parfait état, avait plus de valeur qu'un grotesque avec la plus légère égrenure. Chaque élément reprenait chez lui sa valeur exacte utilitaire. L'époque n'était pas à la collection, aux dires de Prosper, et par manque de connaissances les plus élémentaires, il passait ainsi chaque jour à côté de la fortune.

Un jeune ménage recevait à la mairie, le jour de son mariage, en plus de son livret de famille, un bon d'allocation vaisselle qui comportait : six assiettes creuses, douze plates, deux plats (un rond, un long), une soupière, douze cuillères, douze fourchettes, six couteaux de table, six couteaux à dessert, deux casseroles, une marmite et un fait-tout. Cela ne permettait pas la liste somptueuse de cadeaux pour mariage, mais cela excluait aussi pour un bon laps de temps toutes les invitations délirantes et en nombre que l'on connaît aujourd'hui ; et, comme cette allocation ne devait plus être renouvelée, même au cours des scènes de ménage les plus violentes, les jeunes époux ne pouvaient faire passer leurs nerfs en cassant la vaisselle, et devaient se trouver un autre moyen d'expression.

* *
*

Prosper avait pris possession de la cour derrière l'immeuble des Gramont, une cour étroite, obscure, humide, mais commode, sur laquelle il n'avait aucun droit, mais que personne n'osait plus lui disputer depuis le jour où, d'autorité, il l'avait accaparée dans le but d'y nettoyer puis d'y accumuler sa marchandise. C'était là aussi, dans cet espace de quelques mètres carrés, clos, de forte résonance, qu'il réglait le plus volontiers ses différends avec la Marie, « sa garce de femme », et cela aurait pu être distrayant pour les voisins s'il n'avait traité avec elle tous les jours des mêmes thèmes. Seules les cuisines des appartements du meublé surplombaient cette cour, cela n'avait donc pas beaucoup d'importance.

Le meublé des Gramont occupait, sans le déparer, le centre de la place. Son aspect extérieur était tout aussi miteux que son environnement, mais sa façade à trois étages le distinguait néanmoins des autres maisons voisines qui n'en comportaient que deux. Six fenêtres, deux à chaque niveau, bien que sur une façade étriquée (il n'y avait rien à dire, toutes les chambres avaient vue sur la place) lui conféraient une apparence de standing enviable. La cour de Prosper ne se voyait pas.

Un escalier étroit, lambrissé, latéral, desservait les trois étages, et chaque étage disposait d'une chambre et d'un appartement indépendants, aux portes en vis-à-vis. Le deuxième, toutefois, faisait exception, ne comportait que deux chambres, mais en revanche, sa position à mi-chemin du haut et du bas lui valait le monopole et le privilège des toilettes communes à tout l'immeuble. Monopole évident, privilège plus discuté, du moins si l'on en croyait les plaintes permanentes des locataires du palier.

À l'entrée, au bas du couloir, une batterie de boîtes aux lettres, accrochées à gauche contre le mur, nominatives, témoignait d'emblée d'une indépendance reconnue à chacun ; et à droite, la porte des appartements Gramont, porte pleine, sans vitre ni judas, confirmait à son tour l'indifférence des propriétaires vis-à-vis de tout ce qui pouvait se passer dans les lieux.

L'anonymat régnait au meublé des Gramont.

En arrivant, après avoir réglé un mois d'avance, on recevait ses clés : un passe-partout d'entrée (inutile, la porte n'était jamais fermée), une clé de boîte aux lettres, une clé de chambre, après quoi, Madame Gramont, la propriétaire, ne s'occupait plus de vous. Vous étiez chez vous, libre de faire ce que vous vouliez, comme vous l'entendiez, hormis trop de bruit bien entendu. Certains locataires restaient au meublé quelques semaines, d'autres beaucoup plus au point d'y devenir des habitués, et de ceux-là, à la longue, les figures vous devenaient familières à force de les croiser, matin et soir, dans l'escalier. « Bonjour ! Bonsoir ! » cela n'allait guère plus loin. On ne connaissait vraiment que son voisin de palier, dont seule une frêle cloison vous séparait, et dont, bon gré mal gré, vous deviez partager la vie.

Le meublé, à part quelques exceptions, était en principe occupé par des hommes, des célibataires, ouvriers ou artisans pour la plupart, qui partaient tôt et rentraient tard. La propriétaire avait un faible pour ce genre de locataires, peu ennuyeux et discrets.

« Voyez-vous, des hommes, rien que des hommes ! C'est l'idéal. Oh ! bien sûr le ménage n'est pas leur fort, la bonne tenue des toilettes non plus je le reconnais, mais par contre, que d'ennuis évités avec eux... Ne me parlez pas des femmes ! Elles ne sont jamais contentes, elles exigent. Et c'est ça qui ne marche pas, et c'est ça qui fait trop de bruit, et en même temps c'est le linge qui sèche aux fenêtres, c'est le repassage au fer électrique toute la journée ou la cuisine en cachette ! Avec elles on a des histoires constamment, et elles usent, croyez-moi, deux fois plus d'eau et de courant qu'un homme. Une ou deux ça va. Celles que j'ai, je les garde. Je suis bien obligée, mais soyez certain, que dans la mesure du possible, je n'en reprendrai pas. »

J'avais fini un jour par échouer au meublé des Gramont, sans conviction, pour quelque temps. Je devais y faire souche et ne plus le quitter.

J'avais une chambre. Pour moi cela suffisait. Il n'y avait d'ailleurs chez Madame Gramont que bien peu de différence entre une chambre et ce qu'elle gratifiait pompeusement du nom d'appartement.

L'appartement disposait, en plus de sa pièce principale, d'une petite cuisine, minuscule, pourvue d'un placard, dans laquelle on pouvait disposer du gaz et qui permettait avec difficulté l'installation d'une petite table et de deux chaises.

Un appartement, pour moi, eût été inutile, onéreux, sans objet. Une chambre me suffisait.

Toutes les chambres du meublé étaient sur le même modèle. Un grand lit de milieu, une table importante, deux chaises cannées et une armoire en pitchpin. C'était tout pour le mobilier ; c'était succinct, mais suffisant.

Dans un angle de la pièce était disposé un lavabo qui possédait l'eau courante froide et chaude. La chaude, je devais m'en rendre compte rapidement, ne l'était jamais, mais le lavabo était muni de ses deux robinets, et c'était un signe de bonnes intentions. Enfin, derrière un paravent, que je ne devais pas tarder à trouver inutile et à supprimer ne serait-ce que pour le plaisir, on n'avait pas hésité à installer un bidet, et ça c'était un luxe. Un luxe auquel on n'aurait osé prétendre dans un ensemble aussi modeste, et qui rattrapait à lui seul bien d'autres défaillances, en prouvant, s'il avait été encore nécessaire, la libéralité de pensée, et le non-conformisme de la propriétaire. J'avais noté avec satisfaction la présence de cet accessoire dès ma première visite ; il avait joué un grand rôle dans ma décision immédiate de location. Et j'avais eu raison, cette pièce maîtresse de mon confort devant, dans l'avenir, se montrer déterminante pour le bon déroulement de certaines conclusions. C'était tout de même moins humiliant qu'une position accroupie sur une cuvette de fortune, sur laquelle on n'était jamais certain d'être bien centré, d'où l'eau giclait dans tous les sens, ou que certains équilibres instables, sur une chaise devant un lavabo inaccessible, au cours desquels on courait toujours le risque de se blesser. Enfin cet élément sanitaire d'avant-garde, couvert d'une des petites étagères de mon armoire, devenait un siège utile et mon Dieu relativement confortable, puisque lorsque je recevais en nombre les copains, ils s'en disputaient la possession avec acharnement.

Mon installation chez Madame Gramont m'avait posé bien des problèmes.

Bien que les prix y soient modestes et sensiblement les mêmes que ceux pratiqués chez les particuliers, la location s'assortissait néanmoins de conditions qui évidemment pouvaient faire réfléchir.

C'est ainsi que Madame Gramont n'assurait ni les draps, ni les couvertures, ni les serviettes, ni le savon ; que les lits des chambres s'y présentaient nus, sans dessus-de-lit, ni taie de polochon ; que les fenêtres elles-mêmes étaient sans rideaux, et que c'était à chacun de se débrouiller et de prévoir comme il pouvait le lavage de ses propres apports. Tout cela était compliqué, mais non insurmontable. Ma liberté étant à ce prix, j'étais bien décidé à tout résoudre.

J'examinai chaque chose dans le détail séparément.

Les rideaux aux fenêtres, c'était sans intérêt. Primo je n'avais pas de vis-à-vis, et même nu j'étais présentable, secundo j'avais des volets, je n'avais qu'à m'en servir. Le couvre-lit de toute évidence était inutile. Cela ne pouvait que compliquer matin et soir l'existence, je m'en passerais. J'arrivai rapidement à la conclusion que seuls des draps, une couverture, et quelques serviettes étaient indispensables.

J'annonçai donc à la famille un simple changement de chambre pour des raisons de commodité, et, dans la crainte de l'effrayer, je ne prononçai pas le mot de meublé, mettant sur le compte des problèmes de l'heure mes besoins en couverture en serviettes et en draps.

Marie-Thérèse n'était heureusement pas une mère abusive. Elle ne se posait pas de questions inutiles. Elle avait d'autres soucis. À peine avait-elle tiqué au passage sur mon insistance d'avoir deux paires de draps en grande dimension.

« Nous sommes heureux de savoir que tu as enfin trouvé une chambre où tu envisages de rester ! Je t'avoue que ton père commençait à être inquiet de te voir changer d'adresse tous les quinze jours. Je suis étonnée des exigences de ta nouvelle propriétaire. Enfin ! Avec cette guerre, on aura tout vu ! Je te fais donc passer les draps, les serviettes et la couverture par Madame Dumas, que je suis confuse de charger ainsi. Prends-en soin. »

Je dus, en attendant l'arrivage, coucher une petite semaine habillé sur mon matelas. C'était l'été, ce ne fut pas une affaire.

J'étais installé, c'était ça l'important, je ne devais plus changer d'adresse durant quatre ans.

Chez Madame Gramont chacun faisait sa chambre et son ménage. J'étais donc astreint à faire mon lit. Je repris sans peine de vieilles habitudes, remettant aux dimanches le soin de m'en occuper rationnellement. Quant au ménage !... J'avais certes acheté un balai, que j'avais ostensiblement passé sous le nez de Madame Gramont admirative, le lendemain de mon installation, mais quatre ans après il était aussi neuf qu'aux premiers jours. La poussière n'est gênante que lorsqu'on l'a fait voler, si on la laisse en paix, elle se dépose et se fait oublier. Madame Gramont donnait au meublé l'exemple de la propreté. Elle se réservait (personne n'ayant voulu en assurer la charge) le balayage de l'escalier et l'entretien des W.-C. du deuxième. Elle faisait ses escaliers de haut en bas tous les mardis, mais, s'il lui arrivait d'être fatiguée ce jour-là, ou si elle était empêchée, ou si son mari avait sa crise d'asthme, elle sursoyait ; et l'idée ne lui venant jamais d'entreprendre ce travail un autre jour que le mardi, elle attendait la semaine suivante pour se rattraper. Elle veillait par contre plus sérieusement sur les W.-C. Tous les deux jours « à cause des odeurs, de ceux qui tiraient mal la chasse ou qui urinaient à côté de la cuvette ».

« Je leur ferai planter un arbre sur la place à tous ces hommes. La cuvette est pourtant assez large, et je n'en ai pourtant aucun de gâteux, eh bien non, il n'y a rien à faire, c'est un travers commun à tous, ils me pissent partout sauf où il faut. C'est tout de même malheureux de voir ça ! Le jour où cela m'énervera de trop, je fais supprimer cette cuvette, et je leur installe des W.-C. à la turque. Quel dommage que cela entraîne de si gros frais ! »

Madame Gramont s'occupant des toilettes était toujours loquace et bruyante, à l'encontre de son habitude, dans l'espoir d'alerter l'opinion et d'être entendue des responsables. Hélas ! ses locataires, à ces heures, étaient en principe absents, et elle prêchait dans le désert. Madame Gramont entretenait enfin les lieux en papier, faute de papier hygiénique, d'illustrés coupés en quatre, et c'était dommage car, bien qu'anciens et achetés au rabais, ces derniers avaient leur intérêt, et il était bien rare, à cause de ces mesures d'extrême économie, que l'on puisse profiter d'un article entier. Certains locataires lui en avaient fait la remarque, souhaitant que chacun puisse fragmenter à sa guise.

« C'est ça, j'en tiendrai compte, pour que vous me bouchiez la cuvette ! Vous ne voudriez pas tant qu'à faire que je vous abandonne un quotidien intact tous les jours ? »

À l'encontre de la chambre de Mademoiselle Dutouche, transformée en musée familial, les chambres du meublé de la place Lucas restaient sans décoration, et dans la plus stricte neutralité. Pas la moindre gravure, pas le moindre crucifix. Un musulman, comme un bouddhiste, comme un chrétien pouvaient s'y installer. Libre à chacun de personnaliser, selon sa fantaisie, pourvu que l'on respecte les consignes : pas de pointes, pas de clous, seulement des punaises ou des épingles qui ne laissent pas de traces et ne peuvent faire des dégâts. J'en avais profité pour me créer une petite ambiance. Et à une époque où les posters n'étaient pas à la mode et restaient à concevoir, où les estampes japonaises étaient rares, j'avais néanmoins réalisé une décoration murale qui était un petit chef-d'œuvre d'érotisme, et qui, tout en laissant Madame Gramont tout aussi indifférente que s'il s'était agi de versets coraniques, faisait l'admiration des copains, et la curiosité des copines auxquelles je n'avais pas besoin de la commenter.

Madame Gramont n'était pas curieuse.

Si elle possédait un double de toutes les clés de nos chambres, elle n'en profitait jamais dans la mesure où l'on respectait les conditions convenues et qu'elle n'avait pas à le vérifier. Tous ses engagements témoignaient du même souci, celui de l'économie. Elle les débattait honnêtement avec chaque locataire à son arrivée. Obligation de ne pas avoir d'ampoule électrique de plus de vingt-cinq watts, de ne pas se servir de réchaud électrique, de radiateur, de ventilateur ni de fer bien entendu. Madame Gramont payait l'électricité du meublé dans sa totalité, et ces points lui étaient sensibles. Madame Gramont ne venait pratiquement jamais taper à votre porte. Seule une raison importante pouvait la décider, si vous aviez oublié de lui payer votre terme par exemple, car dans ce domaine elle était inflexible, ne tolérait ni la négligence ni le retard.

« Évidemment, je comprends ! Je vous laisse un délai de deux jours. Passé mercredi, je devrai en conclure que vous quittez les lieux. Que voulez-vous, je ne peux faire autrement. »

Bien sûr, Madame Gramont ne pouvait se permettre de fantaisie en ce domaine, puisque elle et son mari, « malade, Monsieur, ne l'oubliez pas et ça me coûte cher », vivaient presque exclusivement du revenu de ces locations.

Le meublé de la place Lucas fut pour moi un havre de bonheur. J'y étais arrivé après une cascade d'avatars tous de même nature qui m'avaient propulsé d'une chambre à l'autre sans grand résultat. Là j'avais enfin trouvé mon autonomie, je rentrais, je sortais, sans comptes à rendre. Je pouvais y recevoir de jour ou de nuit sans suspicion, sans explication. J'étais sans contrainte et j'avais enfin trouvé cette liberté à laquelle je n'avais cessé d'aspirer.

Certes, sur certains détails, il ne fallait pas être trop pointilleux. Tout n'était pas parfait dans l'immeuble des Gramont.

C'est ainsi que la minuterie de l'entrée du couloir ne fonctionnait jamais faute d'ampoule et pour des raisons d'économie, que le chauffage ni plus ni moins qu'ailleurs n'était assuré, que l'insonorisation y était une catastrophe. Mais après tout quelle importance si l'on butait de temps à autre sur une marche, si les planchers de tous les étages craquaient, si la tuyauterie était bruyante, les portes grinçantes, et si l'on était réveillé dès 6 heures tous les matins par la chasse d'eau du deuxième !

À cette époque, où tout le monde se sentait plus ou moins isolé, menacé, n'était-ce pas au contraire rassurant que de percevoir dans ces multiples bruits le pouls constant et régulier de cette petite communauté, improvisée par le jeu du hasard, dont tous les éléments, tout en gardant leur indépendance, se laissaient découvrir dans le menu et leurs moindres détails ?

Dès 8 heures du soir, la maison déserte toute la journée commençait à vivre et cela allait durer une partie de la nuit. On reconnaissait chaque pas, pas familiers et assurés de chacun des habitués montant vers son étage, sautant la troisième marche toujours branlante du premier, pas maladroits et hésitants de toute visite étrangère, qui, même si elle se voulait discrète ou clandestine sans raison, était aussitôt détectée.

Tout en travaillant ou en vaquant à ses propres affaires, on se sentait entouré, réchauffé de présences occultes et familières.

« Tiens, le locataire du troisième éternue sans arrêt ! Sa grippe ne passe pas. » « Tiens, le père Gramont s'agite en dessous et commence sa crise d'asthme. » « La voisine du dessus pose ses chaussures et se lave les pieds. » « Tiens, Rita va sortir, elle fait sa trempette à cheval de l'autre côté de ma cloison. »

Tout cela était dans le fond amusant, rassurant. On entrait à tout instant dans l'intimité des uns et des autres sans le vouloir, sans le chercher. Cette maison était, tout à la fois, un royaume involontaire d'indiscrétion et un royaume de tolérance, et c'est ce dernier point qui particulièrement me convenait.

« Dis donc Clarinette, tu ne pourrais pas trouver une piaule pour la nuit prochaine ?

– Pourquoi ? Vieux, je te dérange… C'est vrai, voilà déjà un mois que je suis là !

– Non Clarinette, tu ne me gênes nullement, tu le sais bien. Seulement demain, vois-tu, j'ai une occasion pour la nuit entière. Tu ne m'en veux pas ?

– Mais certainement pas ! Il ne manquerait plus que ça. Merci au contraire de me le dire aussi franchement, je vais me débrouiller. Il ne faut jamais abuser de la bonté d'un copain… Dis donc, c'est la petite brunette avec laquelle je t'ai vu hier ? Sacré veinard ! Je te laisse mes affaires je reviendrai demain ou après-demain.

– Merci Clarinette. »

« Je suis navrée de vous déranger à pareille heure, mais Fernand en bas étouffe. Jamais je ne l'ai vu dans cet état ! Ne pourriez-vous descendre lui faire une piqûre ? »

Le paravent déployé en hâte cachait mal sa nudité. Sa robe, ses bas et son slip étaient restés en évidence sur la chaise près du lit.

« Je vous suis, Madame Gramont. Faites bouillir votre seringue, le temps de passer un pantalon et je descends. »

Visiblement Mme Gramont ne cherchait ni à voir ni à savoir. Elle se tenait discrètement dans l'entrebâillement de la porte, et je lui en savais gré.

* *
*

Les Gramont, propriétaires de l'immeuble, occupaient son rez-de-chaussée.

« À cause de mon mari, le pauvre ! Pratiquement déjà infirme malgré son âge. C'était pratique pour lui il y a seulement un an lorsqu'il pouvait sortir encore sur le trottoir. Hélas ! il n'est plus question d'y penser aujourd'hui. »

Ils s'étaient réservé un minimum, et avaient entassé tous leurs meubles dans quatre petites pièces et un débarras. Une cuisine, deux chambres et la salle à manger, « où je roule sur son fauteuil mon pauvre Fernand lorsqu'il se lasse de sa chambre. Je l'ai installé dans la chambre de devant. Voyez-vous, c'est plus gai pour lui qui est déjà à moitié sourd ! Sa vue est encore bonne, il profite de la rue, ça le distrait un peu. J'ai gardé pour moi la chambre du fond. Elle est plus petite, mais elle me suffit. Que voulez-vous, il faut bien s'arranger. »

Madame Gramont avait la quarantaine. Potelée, bien en chair, elle paraissait son âge mais restait très alerte malgré tout. Autrefois couturière, elle prenait encore, lorsqu'elle en avait l'occasion, du travail à façon, chez elle, pour arrondir les fins de mois.

« Mais, si peu ! Que voulez-vous que je trouve maintenant ? Il n'y a plus de tissu depuis la guerre, tout le monde va à l'économie, et que puis-je entreprendre avec mon Fernand ? Il se charge de m'occuper du matin au soir, et il me faut compter également avec toutes les queues à faire chez les commerçants, les repas, le ménage, c'est un esclavage continuel que je subis… Ah ! qui aurait pu prévoir ça… Qui aurait pu prévoir que Fernand serait devenu ainsi à la suite d'un accident aussi banal, une simple chute d'un échafaudage à moins d'un mètre du sol. Quelle catastrophe ! »

Lorsque l'on voyait Fernand, on en comprenait l'ampleur.

Fernand avait la soixantaine, pesait au moins ses cent kilos, et cela n'aurait été encore rien s'il avait pu les porter, mais hélas, depuis longtemps à demi paralytique, il y avait renoncé. Obèse, emphysémateux, asthmatique, de surcroît presque sourd, il ne pouvait plus faire un pas sans étouffer. Le transvasement de son lit à son fauteuil à roulettes posait, à lui seul, des problèmes journaliers quasi insurmontables.

« Et impatient et exigeant, il s'emporte pour un oui, pour un non, il ne supporte plus rien. »

En même temps que grabataire, Fernand était devenu un despote autoritaire, un tyran sans complaisance pour Marthe, la seule personne à sa portée.

On n'avait, dans le meublé, jamais affaire à Monsieur Gramont. On ne le voyait qu'à travers ses vitres, et on ne le rencontrait même pas lorsque l'on s'arrêtait pour payer son loyer. La plupart des locataires, même parmi les plus anciens, ne lui avaient jamais adressé la parole. On assistait à ses crises d'asthme et de fureur à travers les cloisons, et cela ne donnait envie à personne de faire plus ample connaissance avec lui.

J'étais entré dans les bonnes grâces de Madame Gramont par le jeu du hasard, pour l'unique raison que, dans des circonstances, sinon dramatiques du moins inattendues, j'avais su faire preuve d'esprit d'à-propos en trouvant d'urgence une explication valable permettant de dominer une situation qui risquait de tourner au tragique. Marthe m'en avait gardé une reconnaissance sans limite qui ne devait jamais se démentir.

Cela s'était passé en pleine nuit, vers une heure ou deux du matin, à l'heure où Rita, souvent pas mal éméchée, regagnait sa chambre après avoir reconduit son dernier client.

Rita avait frappé à ma porte.

« Peux-tu descendre chez les Gramont ? J'ai entendu Marthe se plaindre en entrant, j'ai poussé sa porte qui était entrouverte, je l'ai trouvée blanche, affreusement blanche, je crois qu'elle ne va pas du tout. Viens voir. »

J'avais suivi Rita, et elle avait dit vrai.

« Que vous arrive-t-il, Madame Gramont ? Vous avez l'air de souffrir. Où avez-vous mal ?... Au ventre ? »

D'un revers de main elle s'était découverte. Elle baignait dans le sang.

« Madame Gramont ne bougez plus, j'appelle une ambulance.

– Oh ! surtout ne faites pas ça, je vous en supplie ! Regardez plutôt. J'ai l'impression d'une gêne, là dans le vagin. Il me semble que si cela sortait je serais mieux. »

De l'autre côté de la cloison Fernand, alerté par la lumière et les vibrations de nos pas, soufflait comme un phoque, impuissant, et jouait sans arrêt d'une poire en caoutchouc pour se pulvériser et retrouver son souffle.

J'écartai les jambes. Ça saignait… En effet quelque chose distendait, paraissait vouloir sortir.

Rita observait.

Je hasardai deux doigts… Et ça s'était évacué en bloc, d'un seul coup, comme un bouchon de champagne hors du goulot de sa bouteille, placenta, fœtus, tout à la fois, dans une giclée de sang chaud qui macula les murs.

« Merde, une fausse couche, conclut Rita. Nous sommes dans de beaux draps ! Qu'est-ce qu'on va faire de ça ? »

« Ça », c'était un embryon de deux mois accompagné de son cordon et de tout son placenta que je tenais, ahuri, dans mes mains, dépassé par les événements.

« Donne-moi le tout, je vais le faire disparaître. »

Fernand, de l'autre côté de la cloison, suffoquait, faisait choir sa canne, hoquetait.

« Qu'est-ce que c'est Marthe ?… Mais nom de Dieu, veux-tu me dire ce qui se passe ?

– Ne criez pas ainsi Monsieur Gramont ! C'est Marthe qui fait une petite hémorragie, une petite hémorragie qui annonce la ménopause. Rien de grave… On va voir ce que l'on peut faire. »

Le mensonge, le premier de ma carrière, était sorti presque spontanément, et j'étais allé le souffler jusqu'au creux de l'oreille de Fernand.

Marthe respirait, respirait mieux, soulagée de toutes les façons. Elle ne saignait pratiquement plus. Rita, d'autorité et totalement dégrisée, avait ouvert l'armoire, avait pris un drap, l'avait plié en quatre et l'avait disposé sous les fesses de Marthe. La situation se redressait.

« Il serait préférable d'entrer à l'hôpital, Madame Gramont. Vous avez perdu beaucoup de sang. On vous ferait un petit curetage et une transfusion. Ce serait l'affaire de deux ou trois jours.

– Oh je vous en prie, je suis mieux, si l'on pouvait faire autrement. Je sens que c'est fini. Je ne saigne plus. Attendons jusqu'à demain. On verra bien !... Si Fernand se doutait de quelque chose, violent comme il est, il me tuerait. »

Rita, avec une sollicitude de mère complice, était restée, dans le noir, une partie de la nuit, auprès de son chevet.

Le lendemain, Marthe ne saignait plus et n'avait pas de fièvre. De l'hôpital, il n'en était plus question. Par une chance inouïe, et grâce à un effort de volonté prodigieux, elle était deux jours après sur pied, pâle certes, et chancelante, mais hors d'affaire pour tout de bon.

De cet incident, ni Rita, ni Madame Gramont, ni moi-même, ne devions reparler, et Fernand ignora tout de l'aventure.

J'avais été le sauveur, je devais dans l'avenir devenir le confident et le conseiller de Marthe sans lequel aucune décision importante ne pouvait être prise. J'avais même été sollicité un jour, compte tenu de mon efficacité, pour promener, de haut en bas et de long en large, un stéthoscope sur le dos pachydermique de Fer nand. Mais son cas ne relevant pas du miracle, j'avais dû me déclarer incompétent à l'arracher à son triste sort, et me contenter de m'offrir à lui venir en aide lors des piqûres urgentes, même nocturnes, si son état l'exigeait.

Madame Gramont me gardait ma chambre pendant mes vacances d'été. Trois mois pendant lesquels je ne lui donnais que la moitié de mes mensualités, moyennant quoi, si elle pouvait, elle logeait un quidam à ma place, avec obligation impérieuse pour lui de déguerpir dès l'annonce de mon retour.

« Ah ! je suis contente de vous revoir. J'avais logé, pour la dépanner, une jeune fille dans votre chambre. Elle est partie hier. Je n'avais qu'une peur, c'est qu'elle n'ait pas débarrassé le plancher ce matin.

– Mais Madame Gramont, si elle était jeune et jolie, rien ne pressait. Pour quelques jours on aurait pu s'arranger.

– Farceur allez, j'ai besoin aussi de vous parler de choses sérieuses qui me préoccupent au plus haut point. Je n'en dors plus… Il s'agit de Rita !… Rita devient de plus en plus bruyante. Savez-vous que la fille qui vous remplaçait s'en plaignait presque tous les matins. Heureusement que Fernand est de plus en plus sourd, lui qui couche juste sous sa chambre ! Mais il y a plus grave… Elle s'est mise à recevoir des Allemands ! Ça ne me plaît pas du tout. On aura des histoires à cause d'elle, vous verrez… Au fait, si vous vouliez changer d'étage ? J'ai une chambre qui se libère au deuxième, je peux vous la réserver. Qu'en pensez-vous ? Vous seriez peut-être plus tranquille.

– Merci d'y avoir pensé Madame Gramont, mais ça, vraiment, je n'y tiens pas. Je préfère le voisinage de Rita à celui de la chasse du deuxième. C'est certain, Rita fait du vacarme jusqu'à minuit, quelquefois jusqu'à une heure, mais ce sont là des moments où je travaille et elle ne me dérange guère, tandis que la chasse !… Ça alors, ce serait le bouquet ! Qu'un locataire ait la tripe tant soit peu dérangée et j'en profiterais toute la nuit. Ah ! ça non !… Puis, les odeurs Madame Gramont !… Les odeurs. Y pensez-vous ?… Non, je reste sur mon palier près de Rita. C'est une brave fille. D'ailleurs vous le savez bien.

– Mais bien sûr que je le sais. Croyez-moi, je lui garde une grande reconnaissance. Je sais qu'elle a beaucoup de cœur, mais je sais aussi qu'elle a un rude tempérament ! Quel dommage qu'elle se soit ainsi lancée dans la débine… Remarquez, ça, c'est son affaire, je ne la juge pas. Mais des Boches ! Vous vous rendez compte, des Boches !... Je n'ose rien lui dire moi-même, mais vous, peut-être, vous pourriez me rendre le grand service de lui en dire un mot. »

Rita, ma voisine d'étage, exerçait le plus vieux métier du monde, non pas comme les filles soumises de Mademoiselle Hortense, fichées, encadrées et dirigées, mais en franc-tireur isolée, sans protecteur, à ses risques et périls, et ils ne manquaient pas.

Elle avait atterri dans le meublé des Gramont depuis plusieurs années, et, malgré ses qualités de plus ancienne locataire, c'était elle qui payait, et de loin, le plus gros loyer. Bien avant la nuit tragique, une mise au point orageuse avait eu lieu entre elle et Madame Gramont.

« Vous comprenez, je ne peux consentir à ces allées et venues de tous les soirs pour un loyer aussi modeste. Vous vous faites remarquer, vous usez plus d'eau que tous les autres locataires réunis, plus d'électricité aussi, et vous m'avez déjà écrasé un lit, aussi ce sera le double ou vous partez. C'est à vous de choisir. »

Le meublé était central, à deux pas des meilleurs terrains de chasse de Rita, sur une place peu fréquentée de la police, la moindre chambre à l'heure eût été plus onéreuse, Rita s'était fait un peu tirer l'oreille mais ses affaires étaient florissantes, elle avait fini par passer par les exigences de Madame Gramont. Un compromis avait été trouvé, donnant satisfaction aux deux, et comme on l'a vu, à la longue, Rita ne lui en avait pas gardé rancune.

Tantôt brune, tantôt blonde, je la croisais souvent dans l'escalier.

« Bonsoir Rita, comment vas-tu ? Tu en as fait un chahut hier au soir avec ce jules. Dis donc, tu ne pourrais pas poser tes souliers plus délicatement sans les balancer comme tu le fais dans la cloison ? Puis, dis donc, tu en as un vocabulaire dans tes moments d'extase ! Tu ne pourrais pas y mettre une sourdine ? Je sais bien que tu dors l'après-midi, mais il y en a certains qui dorment la nuit, il faudrait y penser.

– Oh ! dis, oh ! Ne me raconte pas que je t'ai réveillé. Ça ne prendrait pas. Tu avais de la lumière lorsque je suis rentrée. Et puis ça n'a pas duré longtemps, un petit quart d'heure. Tu ne peux pas dire le contraire.

– Bien sûr, mais quel quart d'heure ! Tu étais dans le plein de ta forme. Tu as vraiment besoin de gueuler comme ça pour faire l'amour ?

– Oh ! ça mon vieux, c'est le métier. Tu ne m'apprendras pas ce que je dois faire. Je le reconnais, j'avais aussi un coup dans le nez, et j'y ai été peut-être un peu fort, mais tu sais, les gars, ils en veulent pour leur argent, et si je ne fais pas semblant de participer !

– Oh ! ça, sois tranquille, tu participes ! Moi aussi d'ailleurs, et tout ça pour vous disputer à la fin comme des chiffonniers ! Tu ne peux pas te faire payer d'avance ? Tu éviterais au moins la bagarre des adieux.

– Mais tu n'as rien compris ! Il avait bien payé, mais c'était pour le pourboire mon vieux ! Ça compte le pourboire et les exigences, et les fantaisies de dernière minute, ça ne peut pas se prévoir ! Et ça se paie non ?... Oh ! puis, dis donc, tu ne vas pas me faire un plat de tout ça. Je m'excuse, allez ne râle plus. »

Rita, mince, de taille moyenne, lorsqu'elle était montée sur ses talons aiguilles, était encore, malgré les excès et les vicissitudes professionnelles, une fille fort belle. Ses décolletés audacieux, même en ville, laissaient présager une poitrine encore ferme bien qu'éprouvée, et sa robe mi-cuisses laissait bien augurer du peu qui restait à découvrir. Si elle ne s'était pas outrageusement fardée, si elle avait adopté des rouges moins agressifs, elle aurait pu parfaitement passer pour une délicieuse petite-bourgeoise.

On ne pouvait lui en vouloir très longtemps.

« Tu vois Rita, c'est le matin comme ça, en peignoir, que je te trouve le mieux. Tu te mets trop de fond de teint à mon avis.

– Dis donc ! Qu'est-ce que ça veut dire ça ?... Tu sais, pour toi, si un jour tu veux, je sais que tu es fauché mais cela n'a pas d'importance, ce sera pour rien, pour le plaisir, et en silence si tu veux. Tu seras ma B.A. de la journée, et personne n'en saura rien. Tu sais que l'on peut me faire confiance.

– Merci Rita, tu es une chic fille, mais je suis pourvu, je ne manque de rien.

– Oh ! je sais bien ! Tu fais moins de bruit que moi, c'est certain, mais ne crois pas que je sois sourde moi non plus au point de ne rien entendre.

– Merci Rita. »

« Rita, il faudrait que je te parle. Veux-tu que nous rentrions dans un café, nous serions tout de même mieux que sur le trottoir ?

– Si tu veux, quoique tu sais, le trottoir, pour ma part, ça me connaît. J'en ai l'habitude.

– Rita !

– Rita ! Quoi Rita ? Quand on fait le tapin, il faut avoir le courage de le reconnaître. Tu trouves ça déshonorant toi ?

– Mais non Rita ! Mais non. »

Nous étions assis devant notre café noir à la saccharine.

« Alors qu'est-ce qu'il t'arrive ? Tu accouches ? Tu as besoin d'argent ?

– Mais non Rita, il ne s'agit pas de ça. D'ailleurs, même si j'étais à la corde, tu sais bien que je n'irais pas te taper.

– Et tu aurais tort ! Alors qu'est-ce qui t'arrive ?

– Ça me gêne Rita de te parler de ça, car au fond cela ne me regarde pas. Mais c'est la mère Gramont qui me l'a demandé... Voilà ça y est. Tu te mets en colère. Cela ne va pas faciliter les choses !

– Qu'est-ce qu'elle veut celle-là ? Je l'ai payée il y a deux jours. Elle trouve que ce n'est pas assez ? Elle ne peut pas faire ses commissions elle-même ?

– Il ne s'agit pas encore de ça Rita, mais pas du tout, il s'agit de tes relations récentes.

– Comment, de mes relations récentes ? Non mais ! Elle ne va plus ? Elle donne maintenant dans l'Armée du Salut, la mère Gramont ? Je croyais les choses claires entre nous. Lorsqu'elle a fait sa fausse couche, à la barbe de son pauvre cocu de Fernand, lui ai-je fait un cours de morale sur la fidélité conjugale ?

– Rita, tu ne m'as pas laissé finir. C'est à cause des Allemands, des Allemands que tu amènes dans le meublé de plus en plus souvent. Elle s'inquiète. Elle est convaincue que cela va t'attirer des ennuis. Elle m'a dit de te prévenir.

– Elle a surtout peur pour elle, tu veux dire.

– Peut-être bien Rita, peut-être bien aussi.

– Écoute, mon vieux, mon petit turbin, ça ne regarde que moi. Tu le lui diras de ma part à la mère Gramont. Charger un fridolin, crois-moi, cela ne me dit rien à moi non plus, et en général, lorsque je m'y résigne, c'est que je n'ai rien trouvé de mieux et que j'ai du vent dans les voiles, mais que veux-tu que j'y fasse, il me faut mon client tous les jours si je veux m'en sortir. On ne choisit pas toujours. Les trois quarts des Français sont fauchés, alors je me rabats sur eux, mais mets-toi bien dans la tête qu'ils me le paient cher, et qu'avec eux je suis gagnante à tous les coups. Si avec les autres j'y mets de la bonne volonté et du cœur, tu as pu t'en rendre compte, avec les Boches par contre, tu peux me croire, je sabote au point que j'en ai honte certaines fois. Ah ! je me charge de leur faire prendre conscience de leurs faiblesses à ces « bons Aryens ». Je leur soutire leur argent, de l'argent qu'ils nous ont d'ailleurs volé, et en revanche je les liquide dans toutes leurs forces vives, dans tout leur amour-propre de mâle, au point qu'au sortir de mon lit pas un seul ne donnerait cher de sa vie.

– Je te crois Rita. Je te crois. Ce que tu dis est certainement vrai. Je me suis rendu compte de tout cela, car ils n'ont pas l'air satisfait. J'ai entendu ça à plusieurs reprises, bien que je ne comprenne rien à la langue. Qu'est-ce que tu fais pour les mettre dans cet état ?

– Oh ! c'est très simple. « Résistance passive », immobilité de marbre dès le départ, et à un moment propice, sans crier gare, en deux coups de reins je les liquide. Batterie à plat. Je les laisse vidés, inopérants, et ils n'ont plus qu'à renfiler leur pantalon. Je n'oserais faire ça avec aucun autre client. Ce serait malhonnête, voler son argent, mais avec eux j'en suis fière. Oh ! ils peuvent gueuler ce qu'ils veulent, moi non plus je ne comprends rien à leur charabia. Je m'en fous et ça me laisse indifférente. Plus ça va, plus je perfectionne ma technique, ma botte est devenue imparable. Je vide le cavalier dès qu'il est en selle. Dix au quart d'heure, tu m'entends, je pourrais en liquider dix en un quart d'heure. Il faut voir leur tête ! Deux ou trois passes de ce genre avec moi, et ils en sortent impuissants, châtrés, et bons pour le psychiatre. »

« Oui, j'ai vu Rita, Madame Gramont. Je crois qu'il ne faut pas se mêler de ses affaires. Je ne peux vous en dire plus, Madame Gramont, mais soyez sûre, elle ne s'amuse pas… Elle fait de la résistance !

– De la résistance ? Pas possible !

– Mais si Madame Gramont, mais si, de la résistance, et elle prend bien des risques. »

XXI

« BLANCHISSERIE TOUTE LA SEMAINE. Douches les samedis et les dimanches matins. »

Une enseigne peinte en jaune sur toute la façade craquelée de l'établissement, et des jets de vapeur sortant des caniveaux, à hauteur des mollets, et dont il fallait se méfier, le rappelaient à ceux qui auraient pu l'oublier.

C'était commode.

Une liste soigneusement calligraphiée sur un écriteau fixé à l'entrée, mentionnait : tarifs réduits pour militaires, enfants, étudiants, femmes enceintes, vieillards, familles nombreuses etc., etc., et lorsqu'on avait terminé sa lecture, on ne voyait plus très bien à qui étaient réservés les pleins tarifs, mais l'on se sentait réconforté puisqu'en fin de compte on avait la certitude de faire partie d'une catégorie privilégiée. Cela incitait à la confiance.

J'étais petit client de la blanchisserie ; client sérieux et régulier de la douche, car, s'il m'était possible de régler tant bien que mal le sort de mes chaussettes et de mes chemises dans le lavabo de ma chambre, en n'abandonnant qu'une paire de draps par mois à la blanchisserie, il m'était par contre impossible de prendre un bain sérieux chez Madame Gramont dans un simple bidet.

Apporter son linge à la blanchisserie était toujours possible. À son dépôt, on vous remettait un bon et vous ne deviez payer qu'en rentrant en possession de votre bien. En cas de gêne particulièrement grave on pouvait donc laisser traîner ses récupérations, et coucher au besoin un mois de plus dans ses draps. Aller à la douche, c'était une autre histoire. On devait y arriver la monnaie au bout des doigts. On réglait dès l'entrée. C'était évidemment une sage précaution exigée par le gérant qui savait bien qu'un homme propre, n'ayant plus rien à perdre, aurait pu toujours refuser de payer surtout s'il n'avait pas d'argent.

Malgré le tarif réduit annoncé, cela représentait une dépense importante chaque semaine, avec laquelle il fallait compter, et c'était quarante sous, qui, chaque fois, s'en allaient en fumée.

Deux francs ! Oui, deux francs, ce tarif pouvait paraître dérisoire, il faut croire qu'il n'en était rien, puisque l'établissement s'en tirait. Certes, à ce prix, on devait apporter son matériel ; on ne fournissait ni les serviettes, ni les savons, ni les peignoirs, mais le système était rentable pour le gérant et efficace pour le client ; quant à son originalité, elle était telle, qu'elle vaut la peine d'être évoquée.

C'est en entrant dans la salle d'attente (dans la salle d'attente des messieurs, il en existait également une séparée pour les dames) que l'on donnait sa pièce. Cette salle nue, suintante sur tous ses murs, et déjà tout imprégnée de vapeurs et de condensation, vous mettait en condition. On s'asseyait sur un banc, et là on attendait. On attendait patiemment qu'un effectif suffisant se soit constitué. Une quinzaine de candidats était nécessaire au bon déroulement des opérations, et rien ne se passait tant que ce chiffre n'était pas atteint, ce qui, certains jours, demandait quelques minutes et d'autres plusieurs heures, sans que l'on sache ni pourquoi ni comment. Le chiffre atteint, le gérant lui-même, en cuissardes et tablier ciré apparaissait et vous prenait sous ses ordres.

« Bien, suivez-moi. »

Il conduisait son contingent de volontaires vers une pièce tout en longueur, au sol cimenté selon une certaine déclivité, aux murs recouverts de carreaux.

« Déshabillez-vous là, à l'entrée. Mettez vos vêtements sur des cintres ne gardez que votre savon… Ah ! que ceux qui ont des lunettes les posent.

– Tout nu ?

– Quelle question ! Bien sûr tout nu. Comment voulez-vous prendre une douche autrement ? En smoking ?… Bon, maintenant reculez au fond de la pièce. Bien, ça va… On y va. »

Cela se passait au jet, à la lance de pompier.

Le jet était si puissant, si violent, si bien dirigé, que l'on ne savait comment se mettre pour se protéger. Chacun cherchait par tous les moyens à échapper à la trombe. C'était la panique, le sauve-qui-peut général. Les plus malins s'efforçaient de se mettre à l'abri derrière leurs voisins mieux placés qui résistaient. C'était la lutte dans la démerde. Dans le désarroi, à chaque séance, quelques-uns laissaient échapper leur savonnette et tentaient vainement, accroupis sans lunettes, de la récupérer. Le jet impitoyable, même quand ils étaient à quatre pattes, les poursuivait. Si une fenêtre avait été à portée, je reste convaincu que la plupart l'auraient escaladée même en petite tenue pour échapper au déluge. Vu de l'autre extrémité de la pièce, du côté de la lance, le spectacle devait être hilarant, et une caméra aurait pu en tirer des séquences d'une prodigieuse originalité.

« Bon ça va ! Savonnez-vous. »

Toute l'équipe respirait, puis se savonnait en chœur, avec énergie, heureuse de ce répit.

« Bien, attention ! Vous y êtes ? J'y vais pour le rinçage… Allez, levez les bras et tournez sur place… Bon c'est fini. Vous pouvez vous rhabiller. »

On en sortait dans les meilleures conditions, suffoquant, haletant, aveuglé et sans voix, encore heureux si par mégarde le gérant ne s'était pas trompé de vanne, et ne vous avait pas aspergé, à la place d'eau tiède, d'eau brûlante ou glacée.

« Douches populaires. Ouvertes le samedi et le dimanche. »

On en avait pour son argent.

XXII

C'ÉTAIT UNE MATINÉE D'AUTOMNE ET DE VENT. Depuis 6 heures, les tuyaux de poêle de Prosper ne tenaient plus en place et faisaient du chambard sur le trottoir. Des feuilles de platane échappées des boulevards avaient trouvé un refuge momentané sur la place déserte, et tournaient en rond, sans solution, en attendant la pluie.

Tout était là normal, comme à l'ordinaire.

Une queue relativement modeste persistait encore devant la porte de Marie-Rose, mais elle s'amenuisait vite maintenant car midi approchait, et que, de toute façon, elle allait s'avérer sans objet.

Marthe venait de terminer ses escaliers, et profitait de la complicité du vent pour donner un rapide coup de balai, aussi illusoire que sans conviction, devant le meublé.

C'était donc un mardi.

Je rentrais de ma matinée hospitalière, et je taillais ma petite bavette amicale avec elle avant de gagner le restaurant.

« Ah ! avec ce temps l'asthme de Fernand en prend un rude coup. Il n'a pas dormi de toute la nuit, ni moi non plus d'ailleurs, comme toujours dans ces cas. »

Ce fut à ce moment que les Citroëns noires débouchèrent en trombe sur la place.

Elles étaient arrivées de partout, de toutes les rues adjacentes à la fois, et déjà leurs portières claquaient, déversant leur contenu d'hommes en civil, mitraillette au poing, qu'un officier en tenue de la Gestapo dirigeait avec un minimum de gestes, en termes brefs et autoritaires. En quelques secondes toutes les issues étaient gardées, en quelques secondes Marthe et moi-même avions disparu, et le reste de queue encore en attente devant Marie-Rose s'était résorbé, absorbé par l'épicerie qui s'était refermée. Derrière la fenêtre, Marthe et moi-même, aussi livides l'un que l'autre, n'osions plus bouger, n'osions même pas frôler le rideau de crainte d'attirer l'attention.

« C'est pour Rita ! Je l'avais prévu, j'étais sûre que cela arriverait.

– Non ! Madame Gramont ! Non, regardez. Ils se dirigent vers le fond de la place. »

La porte d'Achille avait volé en éclats sous la botte de l'officier allemand… Et l'on n'avait eu le temps de rien voir ! Il y avait eu une brève rafale de mitraillettes. Achille avait lâché son tranchet qui avait rebondi, métallique, sur le pavé, puis s'était effondré sur le devant de son échoppe. Deux hommes l'avaient saisi aux épaules, et, le traînant, s'étaient engouffrés avec lui dans la voiture la plus proche.

L'opération avait duré une ou deux minutes à peine. Les voitures étaient reparties avec la même précipitation qu'elles étaient venues en direction du boulevard.

La place était déserte de nouveau. Une longue traînée de sang rouge maculait le trottoir, et se frayait, hésitante, un chemin vers le caniveau.

Personne n'osait sortir. Ce fut Prosper qui le premier s'y décida à cause des tuyaux, alors seulement, en toute hâte, les clientes de Marie-Rose s'échappèrent l'une après l'autre, rasant les murs comme si le danger était encore là, présent, prêt à se renouveler.

« Il aurait mieux valu pour lui qu'ils le tuent tout de suite ! Mais ils s'en sont bien gardés. C'est la torture qui l'attend. Achille a voulu ou se défendre ou plus probablement se donner la mort avec son tranchet, c'est pour cela qu'ils ont tiré dans les jambes. J'ai tout vu vous comprenez, d'où j'étais placé ! »

Prosper donnait ces précisions en récupérant avec précipitation ses tuyaux.

« Ils vont revenir, vous allez voir. Ils vont revenir pour tout fouiller. J'en suis si sûr, tenez, que je rentre tout, et que je ferme le magasin. Allez Marie, si tu te secouais, grande andouille ! Tu attends quoi ? »

La place entière avait suivi l'exemple du brocanteur.

Et ils étaient bien revenus en effet, deux ou trois, le soir même. Une mise à sac de l'appentis avait eu lieu dans ses moindres détails. Tout avait été jeté en vrac sur les pavés : les outils d'Achille auxquels il tenait tant, tranchet, poinçon, marteau, boîte de clous, boîte de pointes, mais aussi son cuir neuf, ses vieux pneus, toute sa collection de chaussures d'occasion et même la glace dont il se servait pour se raser. Le plancher de la minuscule boutique lui-même avait été soulevé dans une fouille systématique et minutieuse.

Tous ceux de la place, derrière leurs rideaux tirés, avaient pu assister à cette formidable curée.

Enfin ils étaient partis pour tout de bon, laissant tout ce saccage derrière eux.

Et les langues s'étaient déliées.

« Pauvre Achille ! Mais c'est qu'il ne s'appelait pas Achille savez-vous, mais Hermann et même Hermann Levy !

– Il aurait dû porter l'étoile jaune. Ne m'avait-il pas dit un jour : "N'ai-je pas assez de mon infirmité sans y ajouter cet insigne d'infamie." »

Comme d'habitude, Prosper, lui aussi, était au courant de tout.

« Mais voyez-vous, là où il a eu tort, c'est de s'occuper de faux papiers. Ça, un jour ou l'autre, ça conduit à la catastrophe. Si vous voulez mon avis (personne ne le lui demandait mais il le donnait quand même) Achille n'a pas été dénoncé, il ne se faisait pas remarquer et il n'a pas non plus été découvert par la Milice, non, il a tout simplement été donné par l'un des siens qui a parlé… Vous savez avec la Gestapo, sous la torture, il n'y a pas de secret. »

Pendant deux jours, personne n'avait osé toucher aux affaires d'Achille. Tout était resté là, sous la pluie et le vent, là où on l'avait projeté. Ce ne fut qu'au troisième soir que certains s'y risquèrent. Le brocanteur récupéra les outils, le cuir, les vieux pneus.

« Je vais les mettre de côté. S'il revient, mais ce serait un miracle, il les retrouvera. »

Les chaussures étaient restées encore un jour de plus, puis, à la faveur de la nuit, le tas commença à diminuer, à fondre, à disparaître ; et l'on vit quelques personnes se pencher, choisir, chercher dans le noir le pied qui manquait à la paire et qui pourrait faire l'affaire. Mais on doit dire, à l'honneur de tous ceux de la place, que pas un seul parmi eux n'y toucha.

En fin de semaine, l'affaire Achille était terminée. Il ne restait que l'échoppe vide aux vitres brisées, et une porte battant sans serrure, battant nuit et jour au vent d'autan.

Ce fut Prosper encore qui se dévoua pour y mettre fin, grâce à une pointe récupérée sur les pavés.

« Je ne pouvais plus y tenir, ce bruit continuel me rendait fou. »

Le lendemain, attaché à la pointe, un petit bouquet de violettes mauves se balançait.

C'était Rita qui, à la faveur de la nuit, était venue rendre un hommage personnel et secret à Achille. À Achille qu'elle sentait dans son infirmité et sa solitude plus près d'elle qu'aucun autre, à Achille, son ami, qui lui remettait d'urgence, si gentiment et si complaisamment, ses longs talons aiguilles toutes les fois où elle les perdait.

Prosper, au matin, à l'ouverture de sa remise, faillit en faire une attaque.

« Mais nom de Dieu il y a donc des inconscients ! Vous savez ce qu'un pareil geste pourrait nous rapporter si la Gestapo revenait ? Une fusillade collective, où toute la place y passerait. »

Le bouquet, arraché, avait filé dans la bouche de l'égout la plus proche.

« Et il a de la chance que je ne le connaisse pas celui-là, car je me chargerais de lui dire quelque chose ! »

La pluie, succédant au vent, avait lavé les dalles de leur sang. D'Achille il ne restait plus qu'un souvenir, que la dernière vision d'un pauvre misérable pantin désarticulé traîné par des sbires sans pitié ni remords. Et la place ne devait jamais plus ni le revoir ni même en entendre parler.

XXIII

LE SORT NOUS AVAIT CONDUITS À UN CENTRE DE TRIAGE dans un camp désaffecté près d'Argelès, un ancien lieu de parcage autrefois réservé aux réfugiés espagnols fuyant devant les carnages de leur révolution.

De ce camp, tout en bordure de mer, il ne demeurait que les vestiges de six ou sept baraquements. Trois sur les sept étaient hors d'usage. L'un d'eux s'était affaissé sur place, et son emplacement n'était plus qu'un amas de planches disjointes au milieu duquel des chardons épineux des sables avaient poussé, alors que les deux autres, ayant pivoté sur leurs fondations, s'étaient inclinés et demeuraient là, sans toit, carcasses noires sur le ciel bleu. Les quatre restés debout, délabrés, ouverts à tout vent, avaient été consolidés avec des moyens de fortune, par des arcs-boutants prélevés sur les poutres disjointes disponibles sur les tas voisins, et des fenêtres de fortune leur avaient été tant bien que mal ajustées. Ils abritaient de vieux châlits en vrac, éventrés, bancals, désarticulés.

L'ensemble, à l'origine, devait être entouré de fils de fer barbelés, et leur triple rang de protection était encore visible par endroits, accrochés à leurs supports rouillés, alors qu'ils s'étaient ailleurs perdus à la longue sous le sable et les galets.

Un amas de chevaux de frise restait sur le terrain ; repoussé dans un angle il y subissait l'assaut de l'herbe et des chardons. Une guérite, seul élément neuf, à usage évident, avait été dressée dans un autre angle éloigné sans que l'on se fût donné la peine d'enlever l'ancienne qui, renversée par le vent, gisait.

« Dis donc, où nous conduit-on ? Il n'y a pas eu âme qui vive là-dedans depuis des années ! »

Le fait est qu'il y aurait eu là de quoi impressionner si le tout ne s'était profilé sur un ciel serein et une mer tout aussi sereine, toute proche, et dont les vaguelettes jouaient en ressacs insignifiants sur la grève.

« Bon, les jeunes, vous vous arrangez comme vous pouvez pour ce soir dans ces trois baraquements. Dans une heure on s'occupera des premières formalités, la visite médicale immédiatement au baraquement restant. Dès demain, vous aurez tous vos affectations pour vos différents camps de chantier de jeunesse. Inutile de défaire vos valises si vous pouvez faire autrement. Dans vingt-quatre heures, fort probablement, vous serez déjà partis. »

Nous devions rester deux jours là-dedans, et, fort heureusement, notre séjour ne s'y éternisa pas, sans cela je ne sais ce que l'on aurait récupéré de nous !

Le refuge manquait de tout, n'avait aucune commodité, mais ne paraissait pas sale. Certes, si l'on grattait un peu entre les pierres et les épaves on remettait à nu encore de vieux papiers ou de vieux chiffons, mais le sable avait tout recouvert, tout unifié, et rien ne laissait prévoir ce qui allait nous arriver.

De ce passage dans ce bivouac improvisé je ne conserve aucun souvenir ni bon ni mauvais, ni du ravitaillement pratiquement inexistant, ni des conditions sordides d'hygiène qui y furent les nôtres, mais par contre, je garde un souvenir atroce des deux nuits qui nous y furent imposées en compagnie d'une vermine que rien de prime abord ne pouvait laisser soupçonner. Comment celle-ci avait-elle bien pu survivre au milieu de ces vieux châlits, de ces vieux planchers si longtemps inoccupés, reste pour moi un mystère. Le parti qu'elle sut tirer de notre présence, durant les quelques heures où nous lui fûmes livrés, me laisse encore des cauchemars.

Les punaises sont toujours invisibles le jour. Elles savent profiter du moindre repli, de la moindre fente, du plus petit nœud de corde, de la plinthe la plus innocente, mais la nuit elles sortent… Et alors elles se révèlent.

Ce que peut réaliser une centaine de punaises, affamées et rendues agressives par un jeûne prolongé, sur un individu endormi, est à peine croyable. Elles le transforment littéralement en passoire, leur voracité est sans limite et elles lui infligent une torture de tous les instants à laquelle je défie quiconque de résister. Lorsqu'elles sont des milliers vous imaginez ce que ça donne !

Mon esprit d'indépendance habituel m'avait poussé, dès mon arrivée dans le bâtiment, à m'approprier la place la plus élevée dans la hiérarchie des châlits superposés qui nous étaient offerts. De cette altitude, que je croyais privilégiée, j'escomptais un peu de calme, une sorte d'autonomie, voire une certaine intimité, dont je ressentais déjà le plus grand besoin après la bousculade de cette première journée.

C'était agir à la légère. C'était ignorer l'agression dont j'allais être l'objet, et surtout méconnaître tout des mœurs de mon futur agresseur.

Les punaises du monde entier sont soumises en effet à la même règle, pour elles fondamentale, qui fait que chacune, dans le noir, se comporte en alpiniste chevronnée. D'instinct elles cherchent dans tous les cas à gagner les points les plus élevés quitte à se laisser choir en chute libre du plafond sur votre tête s'il le faut.

Les lumières n'étaient pas plutôt éteintes que je devais l'apprendre à mes dépens. J'eus à peine le temps de réaliser que j'étais assailli, piqué, percé de toutes parts, et ce que me révéla la lueur de ma lampe électrique, manœuvrée en toute hâte, ne fut pas pour me rassurer.

Des bataillons entiers de punaises grimpaient vers moi à l'assaut de mon perchoir, en rangs serrés, tout le long des quatre montants de mon châlit. Aucune ne s'arrêtait en route aux étages inférieurs. C'était une véritable marée, et, alors que mes coéquipiers du dessous ronflaient en toute quiétude, je commençai, en proie à un prurit dément, une lutte sans espoir. Je dus y renoncer, abandonner la partie, j'aurais été dévoré, on n'aurait retrouvé de moi que le squelette, je pris le seul parti raisonnable, celui de la fuite. Je descendis les gradins, et j'allai chercher l'apaisement à l'air, sur la plage, où, après un bain libérateur et purificateur, je m'endormis.

Les plages près d'Argelès sont exclusivement constituées de galets. Que l'on ne vienne pas me dire le contraire, j'ai payé pour savoir.

J'en revins le lendemain les reins brisés. J'avais eu du mal à me redresser et à me tenir debout, et, si ma visite d'incorporation n'avait eu lieu la veille, j'aurais sans nul doute été réformé comme bancal ou tordu. J'étais couvert d'une urticaire géante et je ramenais au camp, malgré mes efforts, deux ou trois hétéroptères dans mes habits.

« Tu ne veux pas changer de place avec moi ? Je ne supporte pas d'être perché aussi haut, cela me donne le vertige et comme je rêve j'ai peur de tomber. »

J'eus de sérieuses difficultés à trouver un volontaire, pourtant je finis par en dégotter un. Un qui eut l'air enchanté.

« D'accord je veux bien ! Bien que je te voie venir ! C'est à cause des punaises, hein ? De toute façon, moi je ne les crains pas, tu peux prendre ma place. »

Il paraissait ravi, pressé de conclure et de procéder à son déménagement. J'aurais dû me méfier. Semblable empressement aurait dû me mettre la puce à l'oreille, mais j'avais eu tellement de punaises à mes trousses, j'étais tellement vanné, et la perspective d'une autre nuit sur les galets me paraissait tellement inconcevable, que tout sens critique était aboli en moi.

J'attendis le soir avec impatience, l'extinction des feux avec anxiété… Pas une seule punaise ! J'avais gagné. Je m'endormis comme une souche.

Je fus réveillé pourtant quelques heures après par une pluie qui me parut diluvienne.

« Merde, voilà qu'il flotte maintenant ! » Je levai le nez, le locataire du dessus paraissait fort tranquille et dormait profondément. Du toit, pas une seule goutte ne tombait jusqu'au sol. L'illogisme de la situation m'incita à me lever, à gagner la porte. Le ciel était céruléen, sans nuage, constellé d'étoiles… et pourtant j'eus droit à la douche une deuxième fois au petit matin.

J'eus l'explication le lendemain ; j'étais tombé de Charybde en Scylla, et sous le seul énurétique de tout le campement !

La création des chantiers de jeunesse remontait à l'hiver 40. Quatre-vingt-douze mille recrues errantes, abandonnées lors de l'armistice de juin, y avaient été réunies et occupées à des travaux manuels, coupe de bois, fabrication de charbon, et ce résidu de l'armée française avait été réparti dans des camps dans les zones libres du Centre et du Midi. Nés au départ d'un bon sentiment, regrouper un embryon d'armée sous le drapeau tricolore, ces chantiers de jeunesse n'avaient pas tardé à devenir extrêmement dangereux par les convoitises fatales qu'ils attiraient sur eux, la relève instituée par Laval dès 41, et qui faisait appel au volontariat, n'avait eu qu'un très relatif succès. Très vite, elle s'était transformée en service du travail obligatoire, le S.T.O., où il n'était plus question de volontaires mais de requis ; car Vichy s'était engagé à des plans précis qui l'obligeaient à fournir une main-d'œuvre régulière. Repris de justice, rafles, prélèvements forcés, firent les premiers frais, mais comme ils s'avérèrent vite insuffisants, on pensa tout naturellement, lorsque les menaces se firent plus précises et pressantes, aux chantiers de jeunesse.

Tout cela devait permettre d'expédier chaque année deux cent cinquante mille jeunes vers les usines du Grand Reich.

C'est dire l'engouement qui nous animait tous lorsque nous prîmes notre départ pour nos différents quartiers.

C'était aux alentours de Labastide-Rouairoux, dans le département du Tarn, aux confins de l'Aude et de l'Hérault, sur l'extrême pointe des monts de l'Espinousse, dans une région sauvage, coupée de gorges profondes, couverte de bois, qu'étaient dispersés en nid d'aigle, sur le haut des collines, les différents groupes de nos chantiers. Distants entre eux de plusieurs kilomètres, séparés par des ravins difficiles à franchir, chacun d'eux vivait dans un isolement complet. Porter un pli de l'un à l'autre exigeait de l'estafette désignée des qualités de pigeon voyageur, de l'endurance, du jarret, et une longue journée. Chaque colonie ignorait donc pratiquement tout de ses voisines.

Un camion était venu prendre nos valises à la gare, mais c'était à pied que nous devions grimper là-haut. Nous venions de quitter Argelès sous le soleil, le contraste à notre arrivée n'en était que plus saisissant. Ici, c'était déjà l'hiver. Mal préparés à ce contact, nous étions tous encore dans nos habits civils, sans gilet ni manteau, et nous grelottions malgré nos efforts sur les sentiers raides, sous les arches de givre, serrant le col de nos vestes et soufflant sur nos doigts.

« Vraiment, tu crois qu'ils n'auraient pas pu nous prévenir cette bande de cons ? Ils veulent nous faire attraper la crève dès notre arrivée ! »

« Voyons, vous, là, serrez, serrez les rangs. Vous vous croyez là pour faire la causette ? »

Il avait une gueule de garde-chiourme et une chaude vareuse sur le dos. J'avais compris et déjà senti que ce ne serait pas pour moi un copain, que les relations entre nous deux n'iraient pas en s'arrangeant.

« Allez, avancez. Avancez donc !

– Je ne peux pas aller plus vite, et qui plus est, je me gèle !

– Comment ? Répondez-moi poliment. Appelez-moi chef.

– Oh ! si vous voulez… Je ne peux pas aller plus vite, chef, et je me gèle, chef !

– Ah ! oui. C'est bon ! Vous faites le mariolle, nous réglerons ça à l'arrivée. »

Le soir même, au pied du drapeau, je fus tondu. Passé au rasoir à zéro, sans complaisance, devant tous les camarades réunis et hilares, puis déclaré de corvée de chiottes pendant huit jours pour « insoumission et réponse insolente à un chef qui ne vous interrogeait pas ».

« Vous verrez, c'est un endroit abrité et confortable, ça vous réchauffera, et puis vous pouvez compter sur moi pour vous donner de l'ardeur si vous en manquez. »

On ne pouvait me tondre dix fois de suite : j'en profitai.

« Merci, chef ! »

Cela commençait bien ! Trois jours après, heureusement pour moi, mon protecteur était muté vers un autre camp, disciplinaire celui-là. Je l'avais échappé belle.

Les baraquements étaient situés à mi-pente à des niveaux étagés. Une dizaine de bâtiments, dont celui des chefs, abritaient une centaine de jeunes. Chaque contingent qui était passé là s'était efforcé d'apporter quelques améliorations valables, et le confort, sans y être douillet, était satisfaisant. Doubles murs de rondins, garnis de sciure tassée, doubles toits en planches de châtaigniers, un poêle central largement approvisionné par un bois qui ne manquait nulle part, bref, tout ce qu'il fallait en définitive pour transformer l'ensemble en torches immédiates en cas d'incendie, mais aussi, tout ce qu'il fallait pour lutter contre un froid des plus rigoureux pendant six mois.

Les chambrées ne possédaient pas de châlits fixes et à étages. On dormait à même le plancher, roulé dans un sac à viande, sur une espèce de matelas de sciure dur que l'on déroulait le soir. Excellent pour la colonne vertébrale la nuit, pratique lorsque le tout était replié, ce procédé laissait aussi un maximum d'espace pour nos évolutions dans la journée. Le camp avait sa cuisine séparée dont il était interdit d'approcher (sage précaution d'ailleurs), sa salle réfectoire commune, sa chapelle où une messe était assurée tous les dimanches et à laquelle il était prudent d'assister si l'on ne voulait pas être repéré, et enfin, il y avait une salle de réunions, salle importante où l'on était convoqué en général une ou deux fois par semaine pour y entendre les directives vichyssoises exhortant au patriotisme, à l'abnégation de soi, et au don de sacrifice envers ses aînés malchanceux et prisonniers, que le premier devoir d'un jeune était d'aller relayer.

Les journées au camp commençaient à 6 heures par un réveil au clairon, comme dans toute honnête caserne. Habillé à la hâte, après une toilette d'autant plus sommaire que rien ne la rendait agréable, on allait aux couleurs. Le drapeau était hissé en haut d'un mât, et, après l'absorption d'un infâme jus, on partait au boulot, et Dieu sait s'il était exaltant !

Toute la journée on coupait du bois, puis on le disposait en rondins et en tas. Quand un tas était fini, on en commençait un autre. Il y avait assez de bois pour occuper des années un régiment tout entier. À midi, après un passage au réfectoire et un repos d'une heure, on repartait à la coupe pour revenir redescendre, à la nuit tombante, les couleurs, avant d'aller dîner et se coucher.

Vie saine, folichonne en diable et bourrée d'idéal.

Mourir d'ennui ! Mais aussi mourir de faim ! Car, si dans le fond tout ce contexte était acceptable, le ravitaillement par contre s'avérait un désastre, et, tout au long de notre séjour, ne devait cesser de s'aggraver. Les rations, sans que l'on puisse les comparer bien sûr à celles des camps de concentration, étaient à peine suffisantes pour calmer la faim. Les séances au réfectoire étaient houleuses, et les cuisiniers pris à partie tous les jours. La boule de pain, prévue pour quatre, s'était vue partagée en huit avant que de ne l'être en douze. La soupe était une eau chaude où nageaient quelques poireaux mêlés à de rares fils de vermicelle. La viande manquait deux jours sur trois.

« Dites donc les gars qui êtes désignés aux pluches, faites attention, les pommes de terre, elles aussi, vont manquer.

– Chef, les premières châtaignes commencent à tomber.

– Alors laissez le bois et ramassez, ramassez tout ce que vous pourrez. »

Le soir, on complétait le menu grâce à ces marrons cuits directement sur la tôle du poêle.

« Chef, nous venons de trouver un terrier de blaireaux ! »

Il avait fallu une journée entière à toute l'équipe, munie de pelles et de pioches, pour arriver, grâce à une tranchée gigantesque, jusqu'à eux. Mais la prise avait été d'importance. Six blaireaux adultes et gras avaient pris là, dans les meilleures conditions, leurs quartiers d'hiver. Ils moururent assommés, dans leur demi-léthargie, avant d'avoir pu se rendre compte de ce qui leur arrivait.

Ils sentaient fort ! Ils furent transportés d'urgence aux cuisines, et dépecés.

– Vous avez de la chance les gars, c'est de l'espèce dite cochon, tout à fait différente de l'espèce chien. Ils sont parfaitement valables. Nous avons là de la viande pour quinze jours. »

On traquait les lapins qui pullulaient en nombre autour du camp. On n'épargnait même pas les écureuils dans leurs cachettes hivernales. La technique pour les prendre était simple. Avant même de toucher à l'arbre, on en colmatait de terre, avec soin, tous les orifices par où ils auraient pu s'échapper, puis on abattait l'arbre pour se saisir des prisonniers. Cela n'allait pas loin, mais ces captures étaient fréquentes et valaient le lapin.

On vivait comme on pouvait, améliorant l'ordinaire de blaireaux, de lapins, d'écureuils, de châtaignes, et même de prunelles sauvages, comme l'auraient fait des bohémiens dont nous avions d'ailleurs l'aspect dans nos uniformes conçus de bric et de broc.

« Demain vous passerez au centre d'habillement. Vous ferez un paquet de vos vêtements civils, et vous recevrez vos tenues de travail : deux chemises, deux gilets, deux pantalons, trois paires de chaussettes, un blouson, une vareuse, une paire de godillots, et six mouchoirs.

– Des mouchoirs, je ne peux pas en donner, il n'y en a plus, chef.

– Fais voir les liquettes. Tu vas voir, je vais te montrer comment faire des mouchoirs et ça ne va pas traîner. »

D'un coup de ciseaux, les pans avant des deux chemises avaient sauté, d'un autre coup de ciseaux, les pans arrière avaient subi le même sort. D'un simple effort du poignet, les six mouchoirs étaient constitués.

La chemise entrait malgré tout dans le pantalon.

« Ça va ! Ça t'évitera du travail lorsque tu voudras aller pisser.

– Chef, j'ai un soulier plus grand que l'autre.

– Combien chausses-tu ?
– Du 40 chef.
– Mais c'est du 40 !
– Oui chef, pour celui de droite, mais le gauche est du 38, et je n'y entre pas.
– Que veux-tu que j'y fasse ! Regarde dans le tas si tu trouves quelque chose. »

Je tombai sur un autre 40, flûte, c'était encore un soulier droit. Je finis par découvrir un gauche en 42. Faute de mieux je m'en saisis.

« Bien, alors qu'est-ce que tu veux de plus ? Tu y colles du journal dans le bout et ça te tiendra chaud. »

J'étais comblé.

« Ah ! tiens, j'allais oublier le béret. Vois cette fois, tu as de la chance, une petite taille ! Ça doit t'aller, tes cheveux ne te gêneront pas.
– Mais j'ai un crâne un peu fort, chef.
– Tire un peu plus, ça se fera.
– Qu'est-ce qui se fera chef ? Le crâne ou le béret ?
– Les deux, avec le temps. »

« Chef, ma vareuse !
– Quoi encore, ta vareuse ?
– Mais elle traîne à terre chef, et elle déborde mes mains de plus de dix centimètres.
– Et alors ! Tu voudrais du sur mesure peut-être. Arrange-toi comme tu voudras. Essaie de la changer avec un autre, ou coupe-la proprement. Tu as une vareuse, ça suffit. »

Je dus la remettre à ma taille. L'arrondi fut difficile. Après un certain nombre de tâtonnements, d'essais et de retouches, elle m'arrivait aux genoux. Malgré l'imperfection du résultat je dus m'arrêter pour éviter la veste à manches courtes. J'avais fière allure ! Si L'Avocat m'avait vu il n'aurait pas désavoué mon accoutrement, car je n'aurais pas été mieux fagoté que lui.

Mon tortionnaire des premiers jours parti, je m'étais rapidement fait quelques amis. D'abord mon voisin de chambrée, un berger du Cantal. On l'appelait Bélier.

Bélier était un rude gaillard, intéressant sous bien des rapports. Son existence, isolée au milieu de ses bêtes en pleine montagne, l'avait contraint à acquérir des connaissances culinaires indiscutables et ces dernières avaient été mises à profit aux cuisines. Certes, il sentait un peu fort, ayant gardé des habitudes montagnardes de plein air qui n'incommodaient pas son troupeau, mais en revanche, il était un voisin précieux au cœur d'or, et il ne revenait jamais de ses fourneaux le soir sans un petit présent. Il fallait avoir faim, bien sûr, pour l'apprécier, car Bélier n'accordait que peu d'importance à l'emballage, mais c'était tantôt un œuf dur, tantôt un morceau de fromage, tantôt, s'il ne pouvait faire mieux, un quignon de pain roulé dans son mouchoir.

Il m'avait même apporté un jour une canette de bière vide mais à fermeture automatique.

« Tiens, j'ai pitié de te voir te lever pour aller pisser dehors avec ce froid. Prends cette bouteille et fais comme moi. Tu pisses dedans la nuit, sans même sortir de ton sac. C'est pratique, non ? Mais ne te la fais pas faucher, je ne sais s'il me serait possible de t'en trouver une autre. »

J'étais le confident de Bélier qui, de retour de ses cuisines, me racontait tout. Tout ce qui se passait dans le camp, tout ce qui s'était dit à la table des chefs, tout ce qui s'y était mangé, alors que nous-mêmes crevions de faim.

Il me parlait aussi de sa vie passée, de son enfance difficile, sinon malheureuse, d'orphelin, de son existence actuelle passionnante au milieu de son troupeau, par les belles nuits d'été où l'on peut lire l'heure à l'horloge des étoiles, mais aussi, par les nuits d'orage et de tempête. Il me parlait de ses responsabilités, et de celles de ses chiens, là-haut, sur ses alpages, auprès de ses bêtes dont il avait la garde, de la fabrication de son fromage, de sa technique et de ses réussites.

« Tu vois c'est selon les coutumes. Je connais des bergers qui crachent dans le lait avant de le travailler.

– Mais c'est dégoûtant, Bélier !

– Et pourtant ça se fait ! Mais je suis de ton avis, pour ma part je ne le fais jamais. Je me contente d'y pisser un peu. Juste ce qu'il faut pour lui donner son petit goût de piquant… C'est un secret. Je le tiens d'un vieux berger. Grâce à ça, mon fromage a toutes les préférences, se vend bien, et la coopérative est contente. »

Il me confiait ses projets.

« Après ces chantiers, je reprends en main mon troupeau. J'ai quelques économies. Je m'achèterai non des vaches, bien sûr, mais six brebis. Six brebis personnelles, tu comprends, et avant de monter je ferai bien constater à tous qu'elles sont pleines. On n'est jamais trop prudent avec les paysans. Ils pourraient m'accuser de m'approprier leurs agneaux. Et je garderai pendant quatre ou cinq ans toutes les femelles qui naîtront. Au bout de peu de temps, c'est un élevage de cent têtes que je posséderai. Même en éliminant tous les mâles, un troupeau de moutons double tous les ans. Alors, après, je verrai. Je vendrai probablement le tout, et j'achèterai des vaches… Tu crois que ça réussira vieux ?

– Bien sûr Bélier, bien sûr. Avec ton courage, tu peux tout réussir, tu peux tout espérer. »

Le vent soufflait dehors en sifflant dans les arbres, glacé, furieux, ce même vent qu'il connaissait bien et qu'il aimait entendre là-haut sur ses plateaux lorsque seul dans sa houppelande il veillait sur son troupeau. Et Bélier s'endormait en comptant ses moutons.

« Tu es étudiant en médecine à Toulouse ? J'ai vu ça sur ta fiche.

– Oui chef, replié de Poitiers.

– Mais moi aussi j'étais à Poitiers. Je préparais Saint-Cyr à Henri IV. Lorsque la guerre s'est déclarée je me suis engagé.

J'ai échoué ici pour un temps, j'espère pour peu, la lutte n'est pas finie. »

Ce détail avait suffi pour créer entre nous une solide amitié.

Plioche faisait partie du groupe des chefs. Sa position dans leur hiérarchie en faisait le lieutenant du camp, deuxième autorité après celle du capitaine, qui en avait la direction, et que l'on ne voyait jamais.

« Qu'est-ce que tu fais ? Tu coupes du bois ?... Tu viens me voir ce soir à mon bureau, on arrangera ça. »

Personne ne sut jamais les vraies raisons de cette amitié. Devant tous, je gardais mes distances : oui chef, non chef, dans l'intimité on se tutoyait.

« Tu m'appelles Jacques, et tu viens ici à mon bureau aussi souvent que tu le désires. Je te présenterai au capitaine. C'est un officier de carrière, j'ai une optique totalement différente de la sienne, mais ce n'est toutefois pas un mauvais bougre. Ah ! puis, dis donc, à partir de demain tu rejoins tous les jours l'infirmerie. Nous n'avons personne, tu tombes bien. Il y a toujours quelques blessés légers ou quelques angines. Puis n'oublie pas, si quelqu'un t'emmerde tu me le dis.

– Je ne voudrais pas te causer de problèmes, Jacques.

– Mais tu ne m'en causeras pas. Tu me le dis c'est tout !

– Merci, Jacques. »

Dès ce jour, ma vie au camp fut transformée. Libéré de toute corvée, je passais mon temps d'un baraquement à l'autre, une trousse d'urgence sous le bras et un thermomètre dans la poche. J'avais brusquement, sans en avoir les ficelles, pris du galon dans l'esprit des copains. J'étais devenu, sûrement un peu prématurément, le toubib. Le toubib avec lequel il fallait compter si l'on voulait tirer au cul une journée ou deux auprès du poêle chaud pendant que les autres s'occupaient des rondins, le toubib qui pouvait même permettre deux ou trois jours de repos au lit sans être dupe pour autant.

J'avais constitué des fiches pour tous. L'infirmerie avait repris sa raison d'être, et, alors qu'avant mon entrée en service trois tubes d'aspirine suffisaient au bonheur du camp, depuis mon arrivée une longue liste de remèdes s'était avérée nécessaire et avait été réclamée en haut lieu. J'eus bientôt une foule d'amis, car la vie est ainsi !

« Regarde ma gorge, regarde bien. Tu ne vois rien. Merde alors ce n'est pas la peine d'être ton meilleur copain, pour être le plus mal soigné !

– Bélier ! Je veux bien, mais qui fera la cuisine ? Qu'est-ce qu'ils vont bouffer sans toi, les mecs ?

– Tu as raison toubib, non je n'ai rien, à ce soir. »

Cela aurait pu durer six mois, un an, si les événements ne s'étaient brusquement corsés. Un colonel, descendu en droite ligne de Vichy, était venu un soir nous apporter la bonne parole au pied du drapeau.

« C'est un devoir, un devoir pour vous tous que de respecter et de tenir la parole donnée par le Maréchal. C'est au titre de travailleurs civils libres que vous irez accomplir votre tâche en Allemagne et relever ceux qui, pour avoir défendu la patrie, sont encore derrière des barbelés. Vive la Patrie, vive la France. »

Le lendemain j'étais au bureau de Plioche.

« Qu'est-ce que ça veut dire Jacques ? C'est sérieux ?

– Si c'est sérieux ! Vous allez avoir trois jours de permission, à votre retour vous êtes, le soir même, embarqués et d'autres vous remplacent.

– Jacques, tu connais mes convictions, je n'irai pas travailler pour l'Allemagne.

– Qu'est-ce que tu vas faire ?

– C'est très simple, je pars en permission et je ne reviens pas.

– Je crois que tu as raison, je ferai comme toi. L'heure pour moi n'est pas encore venue, mais elle ne saurait tarder, j'en suis sûr... Je peux faire quelque chose pour toi. Je détruirai ton dossier. Je brûlerai ta fiche. Je ne ferai ça pour personne d'autre car je risque gros, mais pour toi je le ferai. Pars tranquille, il ne restera de toi aucune trace ici, et tu ne seras pas recherché. J'en fais mon affaire. Bonne chance. »

J'avais prévenu Bélier de ma décision sans entrer dans le détail de ma situation, mon amitié pour lui ne me permettait pas de faire autrement. La décision avait été immédiate.

« Ne te tracasse pas pour moi vieux, je n'ai aucune famille sur laquelle on puisse se venger. Je vais changer d'air. C'est tout simple, je vais gagner le maquis de ma région. Je commençais à m'ennuyer ici. Je vais revenir à ma montagne. J'en connais tous les replis, tous les sentiers, je connais tous les bergers, mes frères. Je ne manquerai de rien. Ils ne sont pas prêts de me retrouver… Ils peuvent chercher un autre cuisinier.

– Adieu donc, Bélier.

– Adieu donc, Toubib. »

* *
*

Madame Gramont n'en revenait pas !

« Réformé pour maigreur, Madame Gramont ! Voyez vous-même. Je ne faisais plus le poids.

– Mon Dieu mais c'est vrai ! Qu'est-ce que vous avez pu changer en deux mois ! Mais comment allez-vous pouvoir reprendre un peu de poids ? Vous savez, même ici, rien ne s'arrange. »

En fait, je n'avais ni maigri ni engraissé. Ma nouvelle coiffure en brosse, vestige de mon accueil au camp, libérant deux oreilles en choux d'âne, était certainement pour beaucoup dans l'impression que je lui faisais, mais Madame Gramont, toute au plaisir de me revoir, aurait admis n'importe quoi.

« Et c'est Fernand qui va être heureux de votre retour. Quels problèmes nous avons eus pour ses piqûres de nuit durant votre absence. »

De crainte d'une lettre dangereuse écrite au chantier, j'avais prévenu aussitôt Paul et Marie-Thérèse et donné les mêmes explications. Marie-Thérèse m'avait adressé une réponse angoissée : « Combien pèses-tu ? Dis-nous la vérité. Tu n'as rien aux poumons au moins ? » Et j'avais reçu la semaine suivante par Mademoiselle Hortense un colis en conséquence, plus lourd que tous les colis habituels. « Et tu nous tiens au courant, si tu te sens trop fatigué tu rentres à la maison. »

C'était bien la dernière chose à faire.

Pour tous les copains, même les plus intimes, comme Gauthier et Clarinette, j'étais réformé.

« Sacré veinard ! Tu ne perdras même pas une inscription. »

De fait la faculté acceptait de m'inscrire malgré mon retard, mon stage hospitalier serait validé. Aux yeux de tous, j'étais un chanceux, un verni ; en vérité, il n'y avait pas plus inquiet que moi.

Je passai les quinze premières nuits blanches, et là, indiscutablement, je maigris. Je ne repris confiance qu'après ces deux semaines. Jacques, là-bas au camp, avait certainement pu tenir sa promesse, néanmoins ce secret devenait pour moi oppressant, intolérable. Je n'y tenais plus. Curieusement, c'est à Rita qu'un jour je me confiai.

« Eh bien vois-tu, je n'aurais pu certes imaginer ça ! Mais je me doutais de quelque chose. Tu avais trop changé depuis ton retour dans ta façon d'être, dans tes habitudes. Je sentais que quelque chose n'était pas normal.

– Mais Rita, c'est que je suis dans une situation des plus irrégulières, à la merci du premier contrôle de rue. Que pourrai-je dire si l'on me pose des questions, si l'on me demande des preuves ? »

Rita était perplexe. Visiblement, elle réfléchissait et hésitait.

« Écoute, j'ai une idée, peut-être même une solution… Tu sais Achille, nous étions très amis lui et moi.

– Je le sais Rita, mais Achille, Dieu sait où il est !

– Achille est mort… Je le sais, moi. Mort de ses blessures non seulement aux jambes mais au ventre, avant même d'être arrivé à la Gestapo. Mais laisse-moi te dire. Achille avait prévu ce qui lui est arrivé, et un jour il m'avait remis une enveloppe en me disant : “Rita, si je suis arrêté, tu ouvres cette enveloppe et tu préviens aussitôt la personne dont j'ai noté l'adresse. Puis tu oublieras et son nom et son adresse. Tu promets.” J'avais promis. Mais aujourd'hui, pour toi, je peux me souvenir et du nom et de l'adresse. Je suis sûre que cette personne était en cheville avec Achille au sujet de faux papiers. Je sais qu'il n'a pas été inquiété, et qu'après une courte absence, cet homme est revenu à son domicile dès qu'il a été sûr qu'Achille n'avait pas eu le temps de parler. Je sais aussi qu'il s'occupe de résistance et qu'il est bien placé dans certains bureaux… J'ai été l'avertir le jour de l'arrestation, comme je l'avais promis. Je l'ai revu par hasard, et c'est lui qui m'a appris la mort d'Achille. Je suis à peu près certaine qu'il peut faire quelque chose pour toi. Seulement, pour qu'il ait confiance, il faut que ce soit moi qui te conduise à lui, tu comprends. Veux-tu que nous y allions dès ce soir ?

– Non Rita. Tu y vas seule. Je ne veux connaître ni son nom, ni son adresse. S'il veut bien me rencontrer, je le verrai, mais je préfère tout ignorer de lui. Il y a déjà quelqu'un qui s'est exposé pour moi dans les chantiers, je ne veux pas pouvoir en compromettre un autre. Pense à Achille ! S'il n'était pas mort, il aurait parlé, Rita. Non, occupe-toi toi-même de cette affaire. C'est un grand service que tu me rends. Comment pourrais-je jamais te revaloir ça ?

– Idiot ! »

« Il » m'avait donné rendez-vous dans un café, et je lui avais tout expliqué dans le détail.

« Il te faudrait une carte de travail. Il n'y a que ce moyen pour te sortir d'affaire. Une carte vierge. Après ça tout serait facile. Hélas ! des cartes je n'en ai pas. Tâche de t'en procurer une, et fais-la-moi passer, avec une photo, par Rita. »

J'avais écrit à Paul qui, de sa mairie, m'en avait adressé une, rédigée par ses soins, à mon nom, de sa belle écriture calligraphiée. J'y avais mis mes empreintes digitales avec soin, et trois jours après j'avais un papier officiel du S.T.O. avec affectation, par le Secrétariat d'État à la Santé et à la famille, accompagné de ses cachets un peu flous peut-être mais malgré tout parfaitement lisibles et rassurants.

« Dans trois mois, tu me fais repasser cette carte, je changerai ton affectation. Plus tu auras de tampons différents, plus tu seras en sécurité. »

Trois mois après j'étais affecté au même service du S.T.O. dans un hôpital civil des environs, avec un nombre impressionnant de nouveaux cachets.

« Rita, il faut que je le rencontre encore. Je suis obsédé par l'arrestation d'Achille. Il faut que je lui parle. »

Je l'avais donc revu une deuxième fois, étonnamment calme et sûr de lui.

« Tu n'as que trois solutions. Ou passer en Espagne – en ce moment c'est scabreux –, ou rentrer dans le maquis, et je ne le crois pas utile pour toi, ou me faire confiance. Si quelque chose m'arrivait je ferais, comme l'a fait Achille, prévenir Rita. Alors là, dans ce cas oui, il faudrait filer, car tout le monde parle lorsqu'on est bien interrogé. »

De lui, je ne savais rien, ni son nom, ni son adresse. Tout au plus avais-je compris qu'il vivait seul, qu'il n'était pas marié, qu'il avait la trentaine, et c'était bien ainsi.

Il avait ajouté

« Tes papiers peuvent donner le change dans un contrôle de rue de routine. Ils ne supporteraient pas une vérification sérieuse. Arrange-toi pour passer inaperçu et ne pas te faire remarquer. »

Ce n'était pas facile. Les rafles se multipliaient à tous les instants.

« *Ausweis, Papiers,* papiers. »

Deux fois j'avais été interpellé en plein centre de la ville. Deux fois ma carte porteuse de faux cachets, dont certains à croix gammée, m'avait sauvé. J'avais repris un peu confiance, mais je me tenais sur mes gardes plus que jamais.

* *
*

« Radio-Paris ment. Radio-Paris ment. Radio-Paris est allemand. Ici Londres, les Français parlent aux Français. »

Londres, tous les soirs, dictait ses consignes, engageait à la résistance, redonnait courage à ceux qui se sentaient traqués, dénonçait les camps de travail, renseignait sur les camps de concentration, et par des phrases énigmatiques, actionnait ses réseaux de plus en plus nombreux, de plus en plus opérationnels et efficaces.

Que l'on était loin du temps où, dans Toulouse encore libre, se scandaient les slogans en faveur de Pétain, où le Pont Suspendu enjambant la Garonne entrait en vibration et oscillait sous le pas exalté d'une foule délirante hurlant son attachement au Maréchal.

Des mois avaient passé depuis, durant lesquels Pétain, entraîné par un Laval sans scrupule, s'était enlisé dans le déshonneur sans pouvoir résister à Hitler de plus en plus menaçant.

Des opinions violentes, dangereuses, s'affrontaient. La Milice donnait la main à la Gestapo, alors que par ailleurs, dans l'ombre et la clandestinité, la résistance s'organisait.

Toute la France était inquiète. Chacun ayant une raison de redouter, soit pour lui-même, soit pour les siens.

Pour les Juifs, porteurs de la rouelle, pourchassés sans pitié, la situation s'avérait dramatique. Beaucoup n'osaient plus se risquer dans la rue, et s'attendaient chaque jour à être arrêtés même chez eux. Quelques-uns cherchaient le salut dans la fuite vers des frontières toutes proches. Un petit nombre y arrivait, beaucoup s'y faisaient cueillir au passage, et c'était pour eux les camps d'extermination dont Londres dénonçait tous les jours l'existence et l'horreur.

Pour la plupart des jeunes, Juifs ou non, les conditions n'étaient guère plus brillantes. Il fallait compter avec le S.T.O., l'Agence T.O.D.T., et les plus menacés n'avaient d'autre solution que d'aller grossir en cachette les rangs de nos maquis.

Rafles, dénonciations, délations, perquisitions, arrestations, otages, déportations faisaient partie intégrante d'une vie de tous les jours de plus en plus dangereuse. C'est dans ce chaos grandissant, dans ce climat d'insécurité permanente que se déroulaient nos études.

« Tiens, David Kortmann n'a pas repris ses inscriptions ! On ne l'a pas revu... Jacques Berembaun est absent depuis quinze jours... » On ne se posait plus de questions, tous les copains avaient compris. Encore deux que l'on ne reverrait certainement pas.

Les queues devant chaque boutique se reformaient et s'allongeaient chaque jour, alors que les minijupes des filles, médiocre consolation, se raccourcissaient à vue d'œil découvrant, chez chacune, tout ce qui décemment pouvait encore se découvrir.

Toulouse, à plusieurs reprises, avait été bombardé. Les sirènes avaient hurlé, précipitant toute sa population affolée vers ses caves voûtées et ses abris improvisés. Les allées Jean-Jaurès, comme bien d'autres, avaient été à la hâte creusées en zigzag. Chaque fois, des cloisons encore solides s'étaient effondrées, des murs lézardés s'étaient abattus, des vitres avaient volé en éclats, et des devantures s'étaient brisées. Au sortir des refuges, on avait trouvé les rues jonchées de débris et parsemées de petites torchères de phosphore incandescent qui, si l'on n'y prenait garde, brûlaient les pieds. À chaque raid quelques victimes, aux alentours de la poudrerie, disparaissaient, enterrées sous les décombres de leur maison, et, les dégâts que les bombardements ne faisaient pas, les tirs nourris de la D.C.A. se chargeaient de les faire avec leurs éclats d'acier tranchants comme des lames qui retombaient en pluie sur la ville. À chacune de ces occasions, les ambulances avaient sillonné les rues toute la nuit.

Tirer parti de toutes les circonstances était une règle du moment, et ces bombardements répétés m'avaient valu une affectation supplémentaire, une carte de défense passive de la ville, tout aussi fausse que toutes celles que je possédais déjà, mais encore marquée de son indélébile croix gammée. Surtout, m'avait-« il » dit en me la remettant, « en cas de bombardement tu éteins tes lumières, tu restes dans ton lit, et tu te gardes bien de sortir » ; c'est ainsi que je faisais.

Le couvre-feu avait été institué à 8 heures. Toute fille en visite chez un garçon, pour peu qu'elle ait eu un moment d'inattention, surprise par l'heure, devait choisir entre deux risques ; ou passer la nuit sur place, ou braver les patrouilles allemandes qui quadrillaient la ville. La plupart se résignaient, entre deux risques il faut choisir le moindre, et bravement passaient la nuit. Rita était furieuse.

« Mais nom de Dieu, qu'est-ce qu'ils n'iront pas inventer ces salauds ! Le couvre-feu à 10 heures ce n'était déjà pas mal, mais à 8 heures c'est le bouquet ! Veux-tu me dire comment il va falloir faire. Mes meilleures heures c'était de 10 heures à minuit ! Va draguer l'après-midi alors que tout le monde travaille. C'est perdre son temps. Il me reste une heure possible de 6 heures à 7 heures ! Il faut bien que le client puisse rentrer chez lui. »

Rita, à plusieurs reprises, avait dû faire des heures supplémentaires forcées et gratuites.

« J'ai bien été obligée de le garder toute la nuit, et tiens-toi bien, pour le prix d'une passe. Et je n'ai pas fermé l'œil car il s'était installé au milieu du lit et ronflait comme une brute sans que je puisse rien faire pour l'arrêter !

– Essaie la prochaine fois un bouchon de champagne attaché entre ses deux épaules. Il paraît que c'est efficace, Rita.

– Oh ! tu peux rire. Pour toi, des aventures comme ça sont peut-être amusantes, mais pour moi je m'en passerais. »

J'avais de plus en plus recours à la cloche. De plus en plus je me faisais rare dans les rues. De plus en plus on parlait de débarquement, de libération prochaine, mais de plus en plus les troupes d'occupation devenaient nerveuses, et la situation explosive.

« Patience mon vieux m'avait-"il" dit. Il n'y en a plus pour longtemps. »

* *
*

« Ici Londres, de Gaulle s'adresse aux Français.

La bataille suprême est engagée…

La bataille de France est commencée… »

On était le 6 juin 1944.

Et cela devait durer une année encore. Une année dramatique bien que pleine d'espoir, pendant laquelle la France allait être secouée de convulsions, d'épreuves meurtrières journalières, qui allaient la blesser au plus profond d'elle-même.

Les Allemands connurent à leur tour l'inquiétude et la panique au cours d'une retraite semée de réactions violentes, répressives, inévitables, barbares, et d'autant plus atroces que s'affirmaient les stigmates de leur défaite.

Du jour au lendemain, les poteaux indicateurs de nos routes furent inversés ou détruits, les trains, les voies ferrées et les ponts sautèrent. Chaque jour et chaque nuit les maquis attaquèrent sans relâche les colonnes S.S., la division *Das Reich*, aux moyens considérables, sans rapport avec les leurs, mais chaque jour et chaque nuit aussi le maquis et toute la population complice durent payer de leur sang chaque pouce du territoire reconquis.

Il fallut presque un an, jusqu'au 8 mai 1945 pour que de Gaulle puisse enfin annoncer :

« La guerre est gagnée. Voici la victoire. C'est la victoire des nations unies et c'est la victoire de la France. »

XXIV

TOULOUSE, COMME LA PLUPART DES GRANDES VILLES, avait rebouché ses tranchées, mais avant de les colmater, avant d'aplanir ses allées, avait voulu régler ses comptes.

D'abord avec ceux de la milice de Darnan, des hommes qui avaient criminellement trahi et qui devaient payer, payer de suite, puis avec bon nombre de collaborateurs notoires inconditionnels, favorables à Vichy, les « collabos » (injure suprême de l'époque) que l'on rendait eux aussi responsables de la vie intolérable qu'il avait fallu supporter des années durant.

Justice souvent expéditive, soumise à des tribunaux militaires d'exception, aux sentences sans appel, immédiatement exécutoires, elles étaient certes le plus souvent méritées, malheureusement il y eut, de-ci de-là, des bavures manifestes, des éclaboussures regrettables, qui tenaient plus de la vengeance personnelle que du crime vraiment accompli. Mais comment, après de pareilles épreuves, dans l'excitation qui suivait de pareilles tensions, aurait-il pu en être autrement !

J'avais signé moi-même un certain nombre de certificats de constat de décès.

« Impact de dix balles dans la région du cœur, toutes mortelles. »

Je ne suis pas sûr qu'elles étaient toutes méritées.

J'avais entendu ses sanglots une partie de la nuit, et j'avais frappé très tôt le matin à sa porte.

« Qu'est-ce que tu as Rita ?... Tu pleures ! que t'arrive-t-il ? »

Elle était en robe de nuit, presque nue, sur son lit en désordre. Ses larmes avaient entraîné le Rimmel de ses cils et sa figure en était barbouillée. Ses yeux rougis, gonflés, témoignaient d'une nuit sans sommeil et de son désarroi. Elle pleurait, secouée d'énormes sanglots, comme un enfant en proie à la plus grande détresse. Elle avait serré sur sa tête un foulard de soie rouge et ce détail avait quelque chose d'insolite qui jurait avec le négligé de tout le reste, quelque chose d'anormal aussi. Mais il me fallut un certain temps pour réaliser la situation.

« Rita, tes cheveux ! »

Elle avait arraché le foulard et l'avait jeté avec rage sur le plancher.

« Voilà mes cheveux ! Voilà ce qu'ils en ont fait ! »

J'étais sidéré. L'ampleur du désastre était tel que j'en restai aphone, le souffle coupé. De la longue chevelure, dont Rita prenait tant de soins, il ne restait plus rien. Son pauvre crâne apparaissait dans tous ses reliefs osseux, et de longues estafilades de rasoir le marquaient, témoignant du récent de l'opération et de sa brutalité.

« Qui t'a fait ça Rita ? Pourquoi n'as-tu pas prévenu celui qui s'occupait de mes papiers ?

– Ah ! parce que tu crois que j'ai eu le temps ?... Je n'ai eu le temps de rien dire... De ne rien faire. Je ne sais même pas à qui j'ai eu affaire... Et c'est ça qui m'enrage. C'était hier au soir, trois garçons ! Ils se sont saisis de moi alors que j'étais près de Wilson. Ils m'ont battue, ils m'ont conduite dans une piaule et là ils m'ont rasée... Pourquoi ?... Tout cela parce que j'ai eu des "relations avec les Allemands"... Ces Boches que je détestais, tu le sais, je te l'ai dit. Tu parles de "relations"...

Comme s'il n'y en avait pas eu d'autres qui ont couché avec les Boches ! Toutes celles des bordels qui n'ont fait que ça pendant trois ans, est-ce qu'on va les tondre, elles ? »

Les sanglots qui la secouaient firent brusquement place à la fureur.

« Salauds, salauds... Je ne les reconnaîtrai pas, c'est certain, mais il vaut mieux pour eux, car sans cela je me vengerais. Je serais capable de les tuer !

– Voyons Rita, voyons, il ne faut pas te mettre dans cet état. »

Elle avait posé son pauvre crâne pelé sur mon épaule, et très sincèrement j'avais du chagrin pour elle, pour cette offense qu'elle méritait si peu. Ce n'était plus la Rita que je connaissais d'habitude, sûre d'elle et désinvolte, elle était devenue tout à coup une toute petite fille aux prises avec un immense chagrin.

« Rita, voyons, des cheveux ça repousse ! Moi-même, tu le sais bien, j'ai été tondu. Dans un mois, avec un foulard comme celui que tu portes, personne ne te remarquera plus.

– Oui, bien sûr, dans un mois ! Tu veux me consoler. Tu es gentil, mais tu sais bien qu'avant deux je ne serai même pas présentable... J'ai un peu d'argent, c'est certain, mais crois-tu que ce soit juste d'être obligée de le perdre pour une bande de petits lâches qui se sont attaqués à moi uniquement parce que je suis sans défense ? »

Elle n'était pas sortie de quinze jours. Madame Gramont et moi-même lui avions fait toutes ses commissions, et je perdais, tous les jours, une heure ou deux pour la réconforter. Puis, sur mon conseil, elle était partie quelques semaines à la campagne, vers sa famille qui la croyait dactylo et qui ignorait tout.

« Tu diras que c'est un sacrifice rendu nécessaire par un eczéma. Tu verras, personne ne se doutera de rien. »

J'avais été prévenu de son retour, un matin, par le choc familier de ses deux souliers frappant de nouveau, l'un après l'autre, la plinthe de ma cloison, et je l'avais rencontrée le soir-même à sa place préférée, à l'angle de la place et du boulevard.

De loin j'avais reconnu sa silhouette et j'avais couru vers elle.

« Comment vas-tu Rita ? Déjà au travail !

– Bien sûr. Tiens regarde. J'ai adopté une autre coiffure en attendant mieux. Cela ne me va pas si mal, tu ne trouves pas ? »

Elle avait dénoué son foulard. Une petite ébauche de chignon se dessinait à l'arrière alors qu'une légère frange à l'avant lui barrait le front. Sa mine était superbe.

« Tu as rajeuni Rita ! Je suis content de te revoir. »

* *
*

L'Allemagne était écrasée, occupée, hors d'état de nuire, et c'était l'essentiel, mais tout n'allait pas encore pour le mieux sur le front de l'Europe. À Yalta, Russes, Anglais, Américains avaient cherché des solutions, et sans l'avis de la France avaient divisé le monde. Il fallait, pour faire oublier cet affront, trouver un élément de diversion qui détourne l'attention, ce fut Marthe Richard qui s'en chargea.

Mademoiselle Hortense était visiblement soucieuse. À chaque rencontre, elle ne pouvait s'empêcher d'en parler.

« Vous verrez, il se trame quelque chose contre nous. Je suis tenue au courant par certains correspondants parisiens. On veut fermer les bordels, c'est évident... Pourquoi ? Ça je me le demande, et qui plus est, c'est une femme qui mène la danse ! Une certaine Marthe Richard, au passé plus ou moins louche, et qui a certaines aventures pas très propres à se faire pardonner. Et vous verrez, ça réussira, et cela d'autant mieux que certains éléments incontrôlables n'attendent que ça pour prendre un relais clandestin. Il n'y aura plus de bordels, c'est sûr, mais ça continuera en coulisse, sur les trottoirs, avec des protecteurs, et qui dit protecteurs dit proxénètes. C'est pour le coup qu'on va en voir du propre, et que je plains ces pauvres filles. Croyez-moi, avec Mademoiselle Hortense on pouvait s'expliquer, discuter, avec eux vous allez voir ce que vont devenir, "leurs sentiments humanitaires"... Mais nom de Dieu ! (Mademoiselle Hortense ne jurait que rarement, il fallait de grandes occasions, mais cela en était une.) Mais nom de Dieu ! qu'ont-ils à leur reprocher à nos maisons closes ? Elles sont surveillées en permanence par la police que nous avons constamment sur le dos, elles sont surveillées sur le plan sanitaire, les services d'hygiène sont là deux fois par semaine, nos filles ne se plaignent pas, nos clients sont contents... Alors ?... Nous avons eu une vie impossible pendant toute la guerre avec l'occupant. Nous avons évité, par notre seule présence, qu'ils violent, pillent et tuent chez le particulier. N'avons-nous pas fait notre devoir ? C'était chez nous le seul terrain de coexistence pacifique entre Français et Allemands, non seulement ils se toléraient, mais ils s'ignoraient. Il n'y avait jamais d'affrontements, et c'était bien le seul organisme qui fonctionnait correctement dans le pays. Nos maisons étaient de petites Suisses, reconnues nécessaires pour tous, et voilà le remerciement de quatre années d'emmerdements passées à éviter le pire... La France veut faire quelque chose de grand ! C'est bon, elle ferme les bordels ! Laissez-moi rire. On met ces filles à la rue pour qu'elles se reconvertissent. Non mais, soyons sérieux ! Vous les voyez mes pensionnaires faire de la dentelle ou de la tapisserie ? C'est à crever de rire. En vérité ces filles avaient une maison, une certaine tranquillité, beaucoup si elles étaient raisonnables se retiraient un jour avec un petit magot fort honnête, eh bien, dans quelques mois, elles travailleront toutes exclusivement pour des maquereaux. Vous verrez ce que je vous dis…

« Et mes petits curés sans soutane, qui viennent en douce se défouler à leur tour de toutes les stupidités qu'on leur souffle, à longueur de journée, dans le creux de l'oreille dans leur confessionnal, vous les voyez allant racoler sur le trottoir ? Et mes tordus, mes infirmes, mes timides, mes célibataires et mes malades, car il y en a de ceux-là, et on l'oublie, où s'adresseront-ils ? Vous me direz ce qu'il en résultera : des viols de sadiques, des détournements de mineurs, des crimes crapuleux, des divorces… Oui, oui, je dis bien, des divorces. Car ces braves bourgeois qui font la queue chez moi le samedi soir, croyez-vous qu'ils reviendront à leur foyer près d'une épouse acariâtre qui leur fait la gueule, et qui ne veut plus rien savoir ? Non… Nos maisons closes, croyez-moi, c'était un émonctoire nécessaire, un émonctoire à portée, indispensable à la bonne tenue de nos mœurs et de notre jeunesse. Elles sont vieilles comme le monde nos maisons. Elles ont été de toutes les époques, elles ont rendu d'immenses services. Elles ont été honorées des Latins et des Grecs, chantées par les poètes !…

« C'est vrai, oui ou non ! Et Lautrec… »

Mademoiselle Hortense avait des arguments ; mais elle avait vu juste. L'épopée Marthe Richard était en branle et n'allait pas s'arrêter. Un travail d'opinion, mené tambour battant, eut lieu dans toutes les grandes villes. Il y eut des meetings, véritables complots houleux, des réunions contradictoires où des orateurs improvisés, rarement éloquents, prirent la parole pour défendre ou attaquer dans un sens comme dans l'autre, au nom de toutes les morales. On entendit parler de pudeur, de respect et d'offense à la femme. On y vit Rita inquiète d'un afflux, bien prévisible, de concurrence, plaider le *statu quo* et lutter, chaussures en main, contre un adversaire voisin irrespectueux. On y vit Mademoiselle Hortense, aidée de quelques chefs d'entreprises comme elle, venus l'assister, faire front avec courage contre une armée de souteneurs prête à toute délation et à toute invention pour gagner la partie. Il y eut des concerts de sifflets, des empoignades rapides, des yeux pochés, des tibias endommagés, mais les vraies intéressées, celles qui seules auraient dû avoir voix au chapitre et qui auraient pu sauver l'affaire, n'osèrent jamais se montrer.

La France rigoriste, la France puritaine, se devait de donner l'exemple, se devait de fermer les bordels, et on les ferma.

Marthe Richard, la « pucelle outragée », avait gagné.

On pensait régler ainsi le problème de la sexualité ! Qui aurait pu penser qu'un jour s'ouvriraient à l'ombre de la Madeleine des sex-shops, qu'Emmanuelle tiendrait l'affiche, et que ces dames, regroupées en syndicats, réclameraient leur droit à la sécurité, voire un ministère particulier.

Mademoiselle Hortense avait rapidement tiré les conclusions. C'était une femme de tête. Elle prit sa décision sans hésiter et sans regret inutile. Elle ne renouvela pas ses commandes de champagne, liquida ses stocks, et, ayant dispersé une partie de son pensionnat aux quatre coins de la France, à qui en voulait encore, après avoir repris sa réelle identité, elle s'offrit un des plus confortables bar-café-hôtel, à l'un des ronds-points les plus fréquentés de la ville.

« Il faut s'adapter aux conditions nouvelles ? Adaptons-nous ! Me voilà dans l'hôtellerie, toujours avec mon fidèle Adrien et mon fidèle Arthur. Ça nous change, bien sûr, mais nous avons gardé une partie de notre clientèle, la plus sérieuse, celle qui aime la discrétion et qui ne regarde pas à la dépense. C'est l'essentiel. »

« Chambre à la journée. » Elle aurait pu ajouter « à l'heure » et même au « quart d'heure » mais cela n'aurait pas été convenable, aurait nécessité des minuteries, et n'aurait pas fait sérieux. Chez Mademoiselle Hortense, devenue Madame Dumas, on payait donc la chambre à la journée, même si l'on ne devait la garder qu'une heure ou qu'un quart d'heure, le temps d'un aller et retour ; mais là aussi, comme autrefois au Toboggan, on pouvait toujours, si on le désirait, gagner sa chambre directement par un escalier détourné qui ne se remarquait pas, et attendre là-haut, en lisant son journal en toute quiétude, l'âme sœur prévenue par Adrien ou Arthur, toujours dans le coup, et qui connaissaient les goûts des clients, goûts qui en général ne variaient pas.

« Que voulez-vous, Véronique ? Une clé ? Prenez le 16 au tableau. Ah non, attendez... Qu'est-ce que vous dites Arthur ?... Ah bon ! Prenez alors le 14. Nicole est attendue au 16. »

« Vous voyez, j'avais un internat, eh bien maintenant j'ai un externat. Pour moi le résultat est sensiblement le même. Mes chambres sont toujours occupées. Par contre, les filles y ont certainement beaucoup perdu. Il faut qu'elles trouvent leur client, qu'elles se nourrissent, qu'elles s'occupent de leurs toilettes. Cela leur crée des conditions nouvelles... Ah ! dites Monsieur Gauthier, faites attention. Appelez-moi Madame Dumas. Mademoiselle Hortense, c'est fini. Voyons, qu'est-ce que je vous offre ? Un petit café comme autrefois ? Allez, un petit café, vous ne pouvez pas me refuser ça... Ah ! dites donc Adrien, veillez à ce que Fabienne me règle sa note en descendant, on n'est plus au Toboggan. »

Madame Dumas était un succès de reconversion d'après-guerre.

XXV

« ELLE » M'ÉTAIT APPARUE UN MATIN DE PRINTEMPS, un nœud rose dans les cheveux… Le jeu du hasard !… Le doigt du destin ! Un matin où j'étais en esprit de goguette parce qu'il faisait beau, que les soucis me paraissaient en fin de compte écartés, et que la vie, comme il arrive si souvent lorsque l'on est jeune, me souriait.

« Elle » cherchait une chambre.

Nous avions lié connaissance, sans projet, sans calcul et puis… je l'avais revue.

J'avais dû vaincre toutes les résistances et tous les préjugés défavorables que Madame Gramont nourrissait vis-à-vis de son propre sexe, et user de toute mon influence, pour lui procurer une chambre au troisième, tout en haut de mon meublé.

Trois étages ! A-t-on idée ! Si j'avais été compréhensif, j'aurais dû lui céder ma chambre et prendre la sienne, mais ma générosité n'allait pas jusque-là.

« Elle » n'avait pas tardé à prendre l'habitude de s'arrêter à mon palier, d'abord pour y reprendre son souffle, puis pour y faire la causette, puis pour y travailler, tant il est vrai que dans le travail l'émulation a toujours été favorable, puis enfin pour en prendre possession et s'y installer puisqu'au demeurant cela ne me gênait pas, et que ma chambre était tellement plus agréable que la sienne !

Madame Gramont n'était pas restée dupe très longtemps.

« Vous m'avouerez que vous êtes compliqués, je ne vois vraiment pas pourquoi vous vous croyez obligés de me payer deux chambres. Pour ce prix vous pourriez avoir tous vos aises dans un de mes petits appartements, ce serait tout de même plus agréable ! Vous ne croyez pas ?

– Je le crois Madame Gramont. Certainement avec vous cela n'aurait pas d'importance, mais pour les autres il faut bien sauver les apparences. Il y a les amis, puis les parents ! Sait-on jamais ! »

Cela ne pouvait néanmoins toujours durer. On avait dû finir par se ranger à l'avis de Madame Gramont, pour le meilleur et pour le pire, après avoir demandé l'approbation de Paul et de Marie-Thérèse (cela se faisait encore à cette époque) et l'accord de Monsieur le Maire. Et ce fut une année fabuleuse, une année beaucoup trop courte, sans tracas, de pleine et grande liberté comme on n'en aurait jamais espéré une, au sortir d'un cauchemar.

Une chambre, une cuisine avec un confort plus que modeste, mais moins de cinquante ans d'âge à deux, il n'en fallait pas plus pour être heureux.

« Elle » avait terminé ses études, travaillait dans un laboratoire en attendant, et, à ses moments libres, donnait encore en plus, de-ci de-là, des leçons particulières qui rapportaient. De mon côté, c'était pour moi la dernière ligne droite, l'année de thèse durant laquelle les remplacements devenus possibles étaient une aubaine. Le ménage jouissait d'un équilibre financier suffisant.

« Je crois que ce mois, malgré tout, ce sera plus que juste !

– Bon je passe au tableau d'affichage. »

Les remplacements ne manquaient pas. Le lendemain ou le surlendemain je bouclais mon sac à dos et je prenais le premier train pour dix ou quinze jours, quelquefois plus. Si « elle » pouvait, lorsque les conjonctures étaient bonnes, dans les meilleures conditions, « elle » m'accompagnait.

Grâce à ces apports toujours possibles on se débrouillait, on évitait et la cloche et la gêne, et l'on pouvait se payer le luxe d'atteindre le 30, un excédent de cinq ou six francs en poche, après s'être offert un « balthazard » intime avec douze langoustines à la mayonnaise, « pour finir le mois en beauté ».

Nous faisions notre cuisine au meublé sur un petit réchaud à gaz sans prétention, à deux brûleurs. Menus à base de pommes de terre et de haricots, ce qui aurait pu permettre ou le steak-frites si l'on avait eu des steaks, ou le cassoulet si l'on avait eu des saucisses et de l'oie, mais c'était encore la période des restrictions, et nous n'en avions pas. Cela n'empêchait pas de recevoir. De recevoir les copains les jours fastes, ceux que marquaient par exemple un arrivage d'œufs. Dans ce cas on n'hésitait pas, on invitait, et chaque invité s'asseyait comme il pouvait (il n'y avait que trois chaises et le lit) et attendait patiemment son tour pour expédier dans le plat unique, où faute d'huile il attrapait l'œuf qui lui était destiné.

Période heureuse, insouciante, dominée par l'unique impératif de garder le sens des réalités et de ne pas commettre l'erreur inopportune, et qui eût tout compliqué, de procréer.

« Elle » aurait préféré des canaris siffleurs dans une cage d'osier pendue à notre fenêtre, ou, à la rigueur, des poissons rouges en bocal dans un coin de la cuisine, mais ma thèse portait sur un problème de génétique, et ce fut donc d'un élevage de souris blanches et grises qu'elle eut à s'occuper.

Au début cela n'avait pas été sans certaines réticences, mais rapidement, elle s'était accommodée à mon petit cheptel lequel, n'ayant pas nos préoccupations majeures, avait fini par devenir envahissant.

Les souris croissent et multiplient à un rythme régulier, accéléré, qui défie toute concurrence. Vingt-trois jours de gestation donnent une portée de quatre ou cinq souriceaux minuscules qui grandissent à vue d'œil, et qui, sans se soucier de l'inceste ou des règles de la consanguinité, reproduisent à leur tour immédiatement. C'est dire l'importance que peuvent prendre de pareils locataires, en rien de temps, lorsqu'ils ne sont menacés ni par la faim ni par les chats.

C'est un élevage sans exigence et peu coûteux : un peu d'eau, un peu de son, quelques bribes de pain, quelques cerneaux de noix, et si l'on n'a rien de tout cela, qui se contente fort bien de n'importe quoi, des moindres restes, voire de papier humide, et il adore ça. En aucun cas il ne peut grever un budget, et c'est peut-être un peu pour cela que j'avais opté pour une thèse sur les caractères héréditaires et leurs variations.

Tout avait commencé avec un seul lot de départ, un souriceau gris, d'une belle couleur gris souris (peu original, mais seyant pour une souris) et une souricette blanche couleur d'hermine, beaucoup moins standardisée. Nous les avions nommés Mic et Miquette. Leur réunion, dans la même cage, fut suivie avec attention, et ne tarda pas à être couronnée de succès. C'est d'eux, de ce premier résultat amoureux et des descendances successives, que devait dépendre toute la suite de mes observations. Une cage, deux cages, vingt, cent petites cages avaient fini par encombrer tous les coins et recoins de notre chambre. Tout ce petit monde y entretenait un mouvement perpétuel, et leurs petits cris aigus créaient chez nous, de jour et de nuit, une ambiance sinon agréable du moins originale. Chaque nouvelle maternité entraînait, inexorablement, deux ou trois nouvelles cages soigneusement numérotées sur une carte de visite tenue loin de ses locataires qui l'auraient sans scrupule dévorée, et la suppression systématique, dès que possible, des géniteurs. Seuls Mic et Miquette, pour des raisons affectives avaient échappé à cette règle, avaient bénéficié d'un régime de faveur, et, bien que leur progéniture à venir n'eût plus d'intérêt pour moi, nous ne nous étions jamais décidés à les éliminer. Seuls aussi ils jouissaient d'une liberté totale, et, comme les frasques toujours possibles de Miquette, avec le premier souriceau autochtone venu, n'avaient plus d'importance, ils vivaient libres hors des cages imposées à tous les autres. Nous leur avions installé un nid douillet de coton, à l'intérieur du crâne de Julie, au coin de notre bureau, et ils y entraient et en sortaient adroitement par le trou occipital, pour nous distraire de leurs incursions trottinantes sur notre table. Apprivoisés, ils venaient manger dans notre main en se tenant debout sur leurs pattes arrière, grimpaient de nos manches sur nos épaules, et ne faisaient aucune difficulté pour se laisser saisir et caresser. Parfaitement choyés, pour eux, il n'existait qu'un seul point noir à leur liberté, leur progéniture directe, dont la cadence, même avec l'âge restait sans faiblesse, devait être toutes les trois semaines systématiquement éliminée. Je dois dire, qu'à aucun moment, je n'ai jamais eu l'impression que cela les chagrinait.

Mon travail était terminé. Les limites que je m'étais assignées atteintes, et tous les résultats dûment consignés. L'isolement de tous mes pensionnaires n'était plus nécessaire ; nous avions donc décidé, par commodité, de tous les réunir dans une même cage spacieuse où toute la descendance allait enfin pouvoir faire plus ample connaissance. Nous en avions dénombré plus de cinq cents, et nous avions trouvé un laboratoire acquéreur, qui, compte tenu de l'importance du lot, nous en offrait un prix honnête. Nous escomptions une rentrée d'argent importante. Pour « Elle », c'était le premier pas vers l'achat d'une veste en mouton doré (une petite veste s'entend) alors que pour moi, c'était une aubaine qui pouvait résoudre, ou l'achat raisonnable d'un appareil à tension avec son stéthoscope, ou la couverture des frais inhérents à un digne arrosage de ma thèse. Qui de nous deux l'aurait emporté ? Nous n'eûmes pas l'occasion de nous disputer.

Ce fut la veille de ce jour que l'incident arriva. La porte avait-elle été mal fermée ? Par leur nombre et leur agitation fébrile dans un espace trop restreint, nos souris avaient-elles réussi à ouvrir ? Je ne sais, toujours est-il que nous fûmes réveillés tous les deux en même temps au milieu de la nuit. Nous étions couverts de souris. La cage était vide ! Tous nos locataires avaient pris la poudre d'escampette. Il y en avait partout, sur le plancher bien sûr, mais aussi, sur les murs, sur les meubles et même sur la cheminée. Même « Elle » qui était pourtant habituée à ses pensionnaires, s'était réfugiée debout, à la tête de notre lit, avait serré sa chemise de nuit autour de ses mollets et n'osait plus bouger.

Dans un premier temps, à quatre pattes, j'essayai de récupérer mes souris, peine perdue ! Avec des éléments comme Mic et Miquette c'eût été possible, avec mes évadés en cavale épris de liberté, toutes mes tentatives s'avérèrent inutiles. C'est donc, balai en main, que je me résignai à rétablir la situation perdue. Plus j'en tuais plus j'en découvrais. Madame Gramont, alertée par mes coups répétés sur le plancher, était montée en toute hâte croyant à une dispute de ménage, et Rita, qui s'était pressée de relâcher son dernier client, elle aussi était rentrée d'autorité à sa suite. J'eus du même coup trois femmes sur mon lit, poussant des cris d'effroi, alors qu'en liquette, et sans soucis de pudeur, je cherchais en vain à maîtriser un adversaire en nombre qui de partout m'échappait.

Ce fut une soirée agitée dont on parla et reparla, à la suite de laquelle Madame Gramont dut se procurer de toute urgence un chat, et durant laquelle, outre nos espérances pécuniaires, nous perdîmes Mic et Miquette qui, sans hésiter, au lieu de rester sagement à l'abri dans le crâne de Julie, s'étaient mêlés imprudemment à ce sabbat.

* *
*

« En présence des maîtres de cette école, de mes chers condisciples et devant l'effigie d'Hippocrate, je promets et je jure d'être fidèle aux lois de l'honneur et de la probité dans l'exercice de la médecine.

« Je donnerai mes soins gratuits à l'indigent et je n'exigerai jamais un salaire au-dessus de mon travail.

« Admis dans l'intérieur des maisons, mes yeux ne verront pas ce qui s'y passe, ma langue taira les secrets qui me seront confiés, et mon état ne servira pas à corrompre les mœurs ni à favoriser le crime.

« Respectueux et reconnaissant envers mes maîtres je rendrai à leurs enfants l'instruction que j'ai reçue de leurs pères.

« Que les hommes m'accordent leur estime si je suis fidèle à mes promesses. Que je sois couvert d'opprobre et méprisé de mes confrères si j'y manque. »

Tel est le serment qui devait être, et doit être encore, prononcé à Toulouse, par chacun, le jour de chaque thèse.

Ce n'est ni plus ni moins que le serment que, quatre cents ans avant J.-C., Hippocrate, déjà, exigeait de ses disciples devant Apollon et les Dieux de l'Olympe. À peine l'a-t-on résumé, il garde la même éthique. Tout y est encore prévu, du mandarinat au secret professionnel le plus strict, en passant par des exigences morales à peine rajeunies ; et cet engagement solennel, prononcé en public, est l'ultime, mais indispensable formalité, pour passer de l'état de carabin, quels que soient ses titres, à celui de médecin.

C'est dire que ce jour de thèse, pour tout étudiant, même le plus blasé, reste un événement capital dont il se souvient.

Ma thèse était prête. Je l'avais soumise à mon président de jury qui l'avait lue (du moins je le croyais) et je m'étais expatrié quelques longues semaines en campagne pour me procurer le peu de monnaie nécessaire à sa frappe. J'en étais aux dernières mises au point, aux dédicaces habituelles, éléments importants, s'il en est, puisque beaucoup s'en tiennent à leur lecture.

« À mes parents, à mon Président de thèse, aux membres de mon jury, à Monsieur le Doyen, à tous mes professeurs, à mes amis. »

« Une page pour chacun, ne lésinons pas, ça étoffe et ça fait du volume.

– Mais voyons, tu n'as rien oublié ?

– Je ne crois pas.

– Tu es certain ?

– Ma foi... Oui.

– Ah bon ! Et alors moi ! Moi qui me suis dévouée et démenée pour tes souris ! Je n'ai même pas droit à la moindre attention. »

Ma foi c'était vrai, je l'avais oubliée.

Ce fut l'occasion d'une mini-dispute, dont il ressortit que pour me faire pardonner, je n'avais d'autre moyen que celui d'inclure, dans le programme de mes futures dépenses, l'achat d'urgence d'un trois-quarts en peau de mouton doré.

Comme cette prise de position n'obligeait qu'à un engagement verbal toujours possible, et que par contre elle s'assortissait d'une reconnaissance et d'une récompense immédiate, j'acceptai de grand cœur (c'est ainsi qu'on se ruine).

Je réparai mon oubli en ajoutant une page supplémentaire que je glissai en deuxième position, immédiatement après la famille, puisque l'on n'est jamais parent avec son épouse.

Le jour de soutenance avait été fixé. Au fur et à mesure que la date se rapprochait, je devenais de plus en plus nerveux.

« Mais enfin, je ne te comprends pas ! Tu m'as répété toi-même, à plusieurs reprises, que lorsque le travail était accepté par le président il n'y avait plus rien à redouter, que le reste n'était plus que simple formalité. »

Et c'était vrai, mais cela n'en restait pas moins un jour impressionnant.

J'étais allé me familiariser avec les lieux tout en honorant quelques copains.

Les soutenances se passaient en principe l'après-midi, dans un petit amphithéâtre baptisé salle de conférences, disposé en gradins, et orné de tous les portraits célèbres des illustres ayant fréquenté la faculté.

Proche du hall d'entrée, on pouvait y accéder soit de plain-pied par la droite, entrée réservée aux artistes et aux récipiendaires, puisqu'on arrivait par là directement sur la scène, soit par la gauche, grâce à un escalier qui conduisait tout en haut des gradins, entrée recommandée aux spectateurs, famille et amis venus par devoir ou en curieux, et qui pouvaient, de là, avoir une vue plongeante et panoramique ! Une longue table couverte de velours vert, pourvue de cinq fauteuils, ménageant une respectueuse distance avec une petite table modeste affublée d'une simple chaise, faisait face. Dans un angle, un siège solitaire était disposé pour l'appariteur.

La famille, les amis, les invités arrivaient en général avant et prenaient place selon leur désir ; la famille, en principe tout en bas vers la plaine, pour mieux entendre et ne rien perdre de la cérémonie, immédiatement derrière elle les invités, et tout en haut, à la montagne, les copains bien à leur aise et détendus.

Le postulant entrait ensuite en compagnie de l'appariteur, un appariteur en robe noire portant chapeau plat à pompon, et qui le faisait asseoir à la petite table, face au bureau des maîtres qui n'allaient pas tarder à apparaître. À leur arrivée l'assistance se levait.

Ils avaient beaucoup de noblesse revêtus de leur toge rouge et de leur épitoge de satin cramoisi, les épaules couvertes de leur cape d'hermine, portant à la main leur toque plate et la thèse de leur candidat.

L'appariteur s'agitait, disposait les fauteuils puis rejoignait son angle de scène.

La séance commençait.

Le président prenait en premier la parole, évoquait le travail, posait quelques questions auxquelles le candidat s'efforçait de répondre, puis, à tour de rôle, les trois autres maîtres (le suppléant était toujours absent) en faisaient autant.

Le tourment du candidat ne durait jamais plus d'une petite demi-heure. Enfin le jury se retirait pour une séance qui se voulait délibérative, durant laquelle l'amphithéâtre se détendait, et pendant laquelle le candidat avait tout loisir, s'il le voulait, pour prendre contact avec les siens, ses invités et ses amis.

« Mesdames, Messieurs, veuillez avoir l'amabilité de reprendre vos places. Messieurs les membres du jury vont arriver. »

L'appariteur, qui précédait le jury, venait de pénétrer dans la salle portant sous le bras un parchemin : le serment d'Hippocrate.

Le président prenait la parole. En un rappel bref il louait les mérites du candidat et annonçait le succès brillant et sans réserve de sa thèse.

L'étudiant debout écoutait.

« Monsieur, vous êtes donc maintenant invité à prêter devant nous votre serment. Monsieur l'appariteur, veuillez donner le texte au candidat. »

Main tendue, d'une voix claire, c'était chose faite.

Un fac-similé du diplôme, signé d'avance était remis au nouveau médecin qui recevait alors les courtoises félicitations de ses pairs.

« Alors mon “cher confrère”, avez-vous une idée sur votre installation ? Non !... Venez me voir, j'ai peut-être quelque chose pour vous. Un vieil ami qui veut se retirer d'ici peu d'un gros chef-lieu de canton et qui cherche un successeur... Mais non, mais non, vous ne me dérangerez pas. Tenez, convenons de vendredi soir vers 18 heures. Voulez-vous ? »

On jetait déjà des ponts, on pensait avenir et nouveaux correspondants. On était passé en une petite heure de qualité négligeable à la qualité de « cher confrère » à part entière.

On était médecin.

J'avais prévenu longtemps à l'avance Paul et Marie-Thérèse, mais sans grande conviction. Paul et Marie-Thérèse ne se déplaçaient pas facilement. En six ans, mon père n'était venu qu'une fois à Toulouse, en coup de vent, pour des raisons de sécurité imposées par l'occupant, quant à ma mère il n'en avait jamais été question. Leur réponse ne fut pas pour me surprendre : « Nous serons avec toi par la pensée, mais si notre présence n'est pas absolument nécessaire... » Je comprenais, pour eux aussi il n'y avait pas de petites économies. Mon frère, de son côté, était lui-même aux prises avec ses propres examens dans une faculté voisine, je ne pouvais donc compter sur aucun des miens.

J'avais écrit à Plioche dont j'avais gardé précieusement l'adresse. Lui peut-être... Une lettre de sa mère m'était parvenue. Une lettre bordée de noir. « Jacques est mort, tombé dans le maquis sur les falaises du Vercors alors qu'à la tête de son groupe, en juillet 44, il s'opposait aux divisions allemandes pour tenter de ralentir leur progression vers le front de Normandie. Sept cent cinquante de ses compagnons maquisards sont morts avec lui. Il a fait son devoir comme il le souhaitait. Il est mort en héros. »

De Bélier j'avais reçu, sur une feuille de cahier d'écolier, une réponse brève, charmante, mais sans espoir. « Ah si je pouvais ! Mais tu sais je pars en transhumance dans trois jours sur les pacages d'été pour un séjour en montagne de quatre mois, alors tu vois ça d'ici si je parlais de partir pour Toulouse ! P.S. J'ai six vaches personnelles depuis ce printemps, dont cinq de pleines, je ne suis pas sûr de la sixième. Je suis actionnaire de la fromagerie du pays. Je te tiendrai au courant. »

(Tout cela en deux ans… Où peut-il bien être aujourd'hui, mon Bélier qui ne m'a pas tenu au courant ? Il faut que je me renseigne.)

J'avais donc accepté mon sort. Je pressentais que j'aurais à soutenir cette thèse dans une salle vide, seul en face de mon jury, et je me consolais facilement en pensant que, si je n'étais pas à la hauteur, au moins personne n'en serait le témoin.

C'était le jour.

Je n'avais guère dormi de la nuit et j'avais essayé de « la » convaincre de ne pas venir.

« Écoute, il n'y aura personne, de quoi auras-tu l'air toute seule, perdue sur les gradins.

– Pourtant j'aurais aimé…

– Non, fais-moi le plaisir d'aller au cinéma. »

« Elle » n'avait rien promis.

L'appariteur que j'avais rencontré la veille m'avait consolé.

« Croyez-moi, qu'il n'y ait personne ce n'est pas plus mal. Le jury alors est toujours plus expéditif. C'est à 17 heures. Soyez malgré tout un quart d'heure en avance, cela vaut mieux que de les faire attendre. N'oubliez pas que demain vous êtes trois à passer, et qu'il n'y a pas de temps à perdre.

« Ah ! puis, si j'ai un conseil à vous donner, ne défendez pas avec trop d'énergie vos points de vue, comme je l'ai vu faire récemment par l'un de vos camarades, surtout si vous devez être seul. Cela ne sert qu'à les indisposer. N'oubliez pas qu'à part votre président, aucun autre n'a eu ni le temps ni l'envie de lire votre mémoire. Alors hein ! ne leur faites pas l'affront inutile de le leur faire sentir. Ils vous le revaudraient. Laissez le soin à votre président de vous défendre, c'est toujours le mieux. »

J'avais promis.

J'étais à l'heure en franchissant le perron de la faculté, mais c'était le cœur battant que je me dirigeai vers la salle, lorsque je me heurtai de nouveau à l'appariteur.

« Mais dites donc, ne m'aviez-vous pas dit qu'il n'y aurait personne ? Depuis une demi-heure je ne cesse de faire entrer. L'amphi est à moitié plein.

– Mais voyons ce n'est pas possible. Ce n'est pas pour moi !

– Et pour qui voulez-vous que ce soit ? Les deux autres thèses sont expédiées. Il ne reste que la vôtre. D'ailleurs tenez, allez vous rendre compte par vous-même. »

Ce fut pour moi une surprise dont je ne savais au juste, tellement elle me prenait au dépourvu, si je devais ou non m'en réjouir.

Certes ce n'était pas la foule, il n'y en avait d'ailleurs jamais à ces occasions, mais c'était malgré tout très honnête, puisque trois ou quatre rangs étaient garnis, alors que bien souvent certains cours se contentaient de moins.

J'avais compris aussitôt devant les mines radieuses de Gauthier et de Clarinette. De toute évidence, c'était à eux que je devais cette improvisation et cette assistance nourrie. C'étaient eux qui avaient battu le rappel dans l'unique but de me témoigner leur amitié.

« Elle » était venue malgré mes recommandations, et « elle » était au premier rang, encadrée de Rita qui avait retrouvé sa splendide chevelure, et de Mademoiselle Hortense qui s'était mise sur son trente et un. Madame Gramont, qui avait délaissé son Fernand pour la circonstance, conversait avec Mademoiselle Dutouche dûment chapeautée et très digne. Immédiatement derrière, groupés autour de Clarinette et de Gauthier, toute une série de visages familiers et sympathiques, copains de six années ! J'étais confus, mais ce qui faillit m'émouvoir jusqu'aux larmes ce fut le dernier rang, l'arrière-garde, la plus inattendue et la plus insolite à laquelle je n'aurais jamais osé prétendre. Trois figures que je connaissais bien, et pour lesquelles cette présence ici avait dû causer plus de problèmes qu'à tous les autres.

Il y avait Raton, méconnaissable tellement il avait fait toilette et s'était gominé le poil, un Raton qui avait dû, pour entrer là, abandonner dans quelque coin sa nasse à rats dont il ne se séparait jamais. Il y avait Le Manchot, redevenu normal comme vous et moi et qui s'efforçait de ne pas gratter ses puces. Et il y avait surtout L'Avocat, tête nue, alors que je ne l'avais jusque-là jamais vu sans chapeau, et qui avait peigné et débroussaillé sa barbe. Mademoiselle Hortense, Rita, Mademoiselle Dutouche ou Madame Gramont, cela avait dû être un jeu pour les décider, mais eux ! Eux qui n'acceptaient jamais aucune contrainte, qui se moquaient de toutes les contingences, pour peu qu'elles entraînent la moindre obligation, comment Gauthier aurait-il bien pu les conduire là, s'il n'y avait eu pour eux le seul mobile valable à leurs yeux : le lien sacré de l'amitié. Une immense gratitude doublée d'une affectueuse reconnaissance me gagnait. J'allais donc soutenir ma thèse devant un auditoire important, devant un auditoire hétéroclite certes où allaient être représentés la vieille noblesse de France ruinée, le patronat des boxons reconvertis, la fille du trottoir et le gratin de la cloche, mais aussi devant un auditoire qui en valait bien un autre, car il était celui de l'amitié.

Je n'eus le temps de prendre aucun contact, de ne serrer aucune main, et cela avait mieux valu car je m'étais brusquement senti très ému.

L'appariteur déjà m'installait. Le jury arrivait.

Mademoiselle Dutouche me félicita en essuyant une larme inexplicable, Mademoiselle Hortense, pardon Madame Dumas, me serra chaleureusement les mains, Rita tint à me presser sur son cœur avant de repartir avec « Elle » et Madame Gramont, vers la place Lucas où une petite réjouissance intime et tardive était prévue. Les copains avaient disparu. Je me retrouvais avec Gauthier, Clarinette, Raton, Le Manchot et L'Avocat.

« Mes amis nous allons arroser ça.

– Si tu veux, mais au rouge rien qu'au rouge, déclara L'Avocat, le blanc me barbouille l'estomac et en plus il est trop cher, c'est une escroquerie. Le rouge, rappelle-toi ça Fada, ne fait jamais mal. »

Raton était déçu.

« Gauthier m'avait assuré que tu parlerais de rats et de souris ! Je suis venu un peu par curiosité (et il mentait Raton, de curiosité il y avait longtemps qu'il n'en avait plus) car tu sais j'en connais un bout sur la question, eh bien, mon vieux, tu me la copieras ! Jamais vous n'avez dit le moindre mot ni sur les rats, ni sur les souris. Vous n'avez parlé que de lois !... Comment disais-tu ça... de...

– De Mendel, Raton.

– Toi qui as fait ton droit L'Avocat, tu connais cette loi qui régit les rats ? Tu y as compris quelque chose dans leurs conneries ?

– Pas plus que toi Raton ! Rien compris dans leur charabia ! Mais cela devait être valable puisque le voilà toubib notre Fada. Bon, trêve de plaisanterie, n'en parlons plus. Si l'on passait aux choses sérieuses ? »

Nous avions gagné tous les six un petit estaminet tranquille près de la Garonne. Un petit bistrot, isolé et ombragé, où le patron n'était ni conformiste ni trop regardant sur l'allure des clients, où l'on pouvait se mettre à l'aise, les pieds hors des souliers, pour donner de l'air à ses orteils et gratter ses puces en paix, où l'on acceptait les clients avec leur musette, avec leur nasse à rats et même s'ils manquaient d'un bras, puisqu'ils avaient les billets au bout des doigts pour rassurer. J'avais commandé un petit casse-croûte improvisé : de jambon, de cervelas, de saucisson, arrosé de rouge en abondance, mais du cacheté pour la circonstance.

« Tu vois Fada, tu es médecin, eh bien c'est dommage ! Tu aurais pu être un parfait clodo comme nous. Pour cela il ne t'aurait manqué qu'une seule chose, c'est d'aimer un peu plus le vin. J'ai vu ça dès le premier jour. C'est dommage ! »

Je m'étais promis de rester sur mes réserves et je tins parole, mais aucun autre n'avait fait pareil serment. Mes invités y mirent du temps, mais y perdirent leur équilibre, et moi jusqu'à mon dernier denier.

Trois ou quatre jours après, je quittais Toulouse plein de regrets, riche en souvenirs, mais tout aussi désespérément fauché que le premier jour où j'y étais entré.

XXVI

J'AVAIS PROFITÉ D'UNE DE SES VISITES À SA MÈRE, d'une absence prolongée de quelques jours pour accomplir un dimanche ce voyage resté en projet et qui, depuis longtemps, me trottait dans la tête.

Certains pèlerinages doivent se faire seul. L'aurait-« elle » compris ? « Elle » que j'avais habituée à partager tous mes instants, tous mes loisirs, tous mes week-ends.

Deux ans s'étaient écoulés, pourtant rien, à quelques détails près, n'avait changé, et la place Lucas, lorsque je l'abordai quelques minutes à peine après ma descente du train, était toujours aussi déserte que je l'avais connue autrefois.

Prosper, de toute évidence était encore là, débordant, selon son habitude en vrac sur le trottoir. Marie et Rose avaient ouvert largement leur porte et, formidable ! avaient remis des étalages abondamment pourvus de part et d'autre de leur magasin. Le boulanger exposait, ce que je n'avais évidemment jamais vu jusqu'alors, du pain frais en vente libre dans sa vitrine repeinte et lavée. Seule l'échoppe d'Achille restait fermée, sa porte branlante encore maintenue clouée par la même pointe rouillée que Prosper y avait en cachette fichée.

Tout cela je l'avais vu, d'un seul coup, dans mon intense émotion.

J'avais frappé à la porte de Madame Gramont ; c'est elle qui était venue m'ouvrir.

« Par exemple ! Quelle surprise !

– Comment allez-vous Madame Gramont ? Que je suis heureux de vous revoir. Comment va Fernand ?

– Mais Fernand... Bien sûr, vous ne pouvez pas savoir... Il est mort ! Voilà bientôt un an ! »

Cela avait jeté un froid.

« Pourquoi ne me l'avez-vous pas fait savoir, Madame Gramont ? Vous aviez mon adresse !

– J'aurais dû l'avoir certes, et je l'avais mise de côté, mais je l'ai égarée. Je n'ai jamais pu remettre la main dessus.

– Pauvre Fernand ! Son asthme évidemment ? A-t-il beaucoup souffert ?

– Oh je ne crois pas. Puis il n'est pas mort de son asthme, mais d'une infection urinaire. Savez-vous qu'il était paralysé des deux jambes, que je ne pouvais ni le lever ni le remuer, que j'avais dû le faire hospitaliser. Ah ! cela n'a pas duré longtemps, à peine dix jours. Le pauvre !

– Vous voilà donc seule pour gérer le meublé, Madame Gramont.

– Oh ! pas pour longtemps ! Savez-vous, c'est trop de tracas pour une femme. J'ai décidé de le vendre.

– Vendre le meublé !

– Eh oui ! que voulez-vous, j'ai fait mes calculs. On m'en donne un bon prix. Puis j'aurai la pension de Fernand. Car on a fini par reconnaître que sa mort était due aux suites de son accident. Vous savez, cette chute sur la colonne vertébrale du haut de son échafaudage. J'ai déjà touché les arriérés. Avec ça j'aurai assez pour vivre, d'autant plus que je conserverai gratuitement mon appartement. Faire les escaliers, supporter les soucis des locataires, je n'en ai plus le courage.

– Et Rita, Madame Gramont ?

– Oh ! mais, ça aussi vous l'ignorez ! Et ça personne n'aurait pu le prévoir. Elle est mariée, notre Rita. Elle s'est mariée peu de temps après la mort de mon pauvre Fernand. Mariée, et bien mariée, avec quelqu'un de tout à fait comme il faut, quelqu'un que, paraît-il, vous connaissez. Un Monsieur Delsol. Vous voyez ?

– Pas possible ! Delsol… Mais je ne vois vraiment pas, vraiment pas.

– Et vous savez, elle s'est acheté un fonds de commerce, un petit restaurant, à Toulouse même, tout au centre, elle-même, avec ses propres économies ! Cela fait une magnifique maîtresse de maison savez-vous. Tout attentionnée et dévouée à son mari. Ce dernier a dû passer l'éponge sur tout bien sûr, mais je ne crois pas qu'il ait jamais à le regretter.

– Vous avez son adresse Madame Gramont ?

– Certainement, rien de plus facile. C'est au milieu de la rue du Taur. Vous ne pouvez vous tromper. Quel plaisir vous allez lui faire… Oh dites donc, savez-vous que je tue encore des souris blanches dans la maison ?

– Vous pouvez me prêter quelques minutes la chambre de Fernand, Madame Gramont ? Je voudrais me changer. J'ai quelques visites à faire dès ce matin. J'irai voir Rita ce soir en rentrant.

– Tenez, mettez-vous là. Allumez la lumière, et excusez le désordre. Je n'ai pas le cœur à l'ouvrage. »

J'avais ouvert ma valise et j'en avais extrait ma vieille canadienne en peau et repris un vieux pantalon.

« Oh ! comme je vous retrouve ! Comme autrefois, vous n'avez pas changé. Où allez-vous ainsi ?

– Voir de vieux amis, Madame Gramont, de vieux amis que je dois dénicher avant midi, et ce ne sera pas facile, et je tiens à ce qu'ils me reconnaissent. »

Je rencontrai Le Manchot sur les quais, à sa place préférée, sous un porche abrité, désaffecté, qu'il avait fait sien de longue date.

« Par exemple ! Fada !

– Salut, Manchot. »

Dans son émotion, Le Manchot me serra la pince deux fois, et de son bras droit, celui supposé manquant, fait rare dans un milieu où l'on n'est pas prolixe en effusions et où le « salut » habituel remplace en général tout rituel de démonstrations d'amitié, toujours prises pour faiblesse.

« Salut Manchot. Comment vas-tu ?

– Bien Fada. Quelle surprise de te voir ici ! Tu cherches quelqu'un ?

– Je te cherchais Manchot, et je t'ai trouvé, et je cherche aussi Raton et L'Avocat. Tu n'as pas une petite idée de l'endroit où ils peuvent se trouver ?

– Raton ! Non. Il est descendu voilà plusieurs mois vers Marseille. Ses rats ici ne se vendaient plus. Mais L'Avocat si, je le sais. À cette heure, il doit dormir sous l'arche d'un pont, et cuver encore un peu, car il en tenait une fameuse hier soir ! »

Nous avions remonté les quais à la façon des clochards, dans une grande sobriété de paroles (les clochards ne sont jamais curieux) l'un derrière l'autre, explorant chaque recoin, et nous avions fini par l'apercevoir, recroquevillé sur lui-même, la tête posée sur sa musette, son seul bien, son litre vide près de lui.

Manchot l'avait poussé du pied.

« Réveille-toi fumier. Regarde qui est venu nous voir !

– Qui que ce soit je l'emmerde, et je m'en fous ! »

Un deuxième coup de savate plus appuyé l'avait fait se retourner, furieux.

« Fada ! Nom de Dieu ! D'où sors-tu ? »

Sa fureur était tombée d'un seul coup.

Et nous étions repartis, sans bruit, toujours à la queue leu leu, le long de la Garonne.

« Je vous amène déjeuner. C'est moi qui paie ! Vous ne connaissez pas un petit bistrot, pas trop loin, où l'on serait tranquilles ? »

S'ils connaissaient de petits bistrots ! Mais ils ne connaissaient que ceux-là. Seulement, ils n'étaient pas d'accord !

L'Avocat était pour l'un où l'on faisait des tripes. « Des tripes, Fada comme tu n'en mangeras jamais de meilleures. » Le Manchot penchait pour un autre où l'on était presque certain d'avoir du cœur de veau. On finit par se décider pour un cassoulet.

Bien que les lieux ne fussent pas luxueux, ce fut un repas fantastique où L'Avocat et Le Manchot s'en mirent plein la lampe, « pour trois jours Fada ! Pour trois jours tu m'entends », et ils eurent du vin rouge à volonté, autant qu'ils purent en contenir, et Dieu sait s'ils avaient des possibilités !

« Fada, je le sens, c'est un adieu, nous ne te reverrons pas. »

Je les regardai partir titubants, l'un suivant l'autre, serrant leurs poches gonflées des litres que je venais de faire remplir, repus, heureux, sainement heureux de la bonne fortune d'une journée où le sort, pour une fois, les avait comblés.

C'est avec une certaine hâte, et dans un état de grande excitation, que je gagnai la rue du Taur. Au passage, chez un fleuriste, j'avais acheté une brassée de roses rouges, et c'est les bras chargés de fleurs que je poussai la porte du petit restaurant.

« Vous ne pouvez pas vous tromper », m'avait dit Madame Gramont.

Une gosse disposait des couverts sur des tables proprettes, couvertes de nappes en papier à damiers, et, brusquement, je pris conscience de ma stupidité. Rita ! Mais j'ignorais tout d'elle, jusqu'à son nom que je venais d'oublier. La fillette me regardait, surprise de voir cet homme-là à une heure aussi indue, et c'est mal assuré que je bégayai :

« Puis-je voir la patronne, Mademoiselle ?

– C'est pour vendre vos fleurs ?

– Non pas précisément. Je voudrais la voir simplement pour lui dire bonjour.

– Parce que si c'est pour vendre des fleurs, ce n'est pas la peine. Je...

– Qu'est-ce qu'il se passe, Pierrette ? »

C'était bien la voix de Rita. Je la reconnaissais. Elle venait d'ouvrir une porte. Je faillis laisser choir mes fleurs.

« Rita ! »

Je l'avais spontanément embrassée sur les deux joues avant de lui mettre ma gerbe rouge dans les bras.

Elle était aussi troublée que moi.

Nous avions gagné une pièce voisine, vers ses appartements personnels, et elle pleurait.

« Pourquoi toutes ces roses ? C'est la première fois que l'on pense à m'en offrir ! Même "lui ", pourtant si plein d'attentions à mon égard, n'y a jamais pensé.

– Rita, c'est magnifique ! Te voilà mariée, que je suis heureux... Voyons, remets-toi...

« ... Mais dis donc Rita, tu étais plus grande il me semble.

– Mes talons aiguilles voyons ; mes talons aiguilles auxquels j'ai renoncé, comme à tout le reste d'ailleurs. »

Je dus tout voir en détail, le restaurant d'abord, puis la cuisine, puis la cave, puis enfin ses appartements.

Sur le point d'entrer dans sa chambre : « Tu attends deux secondes... Ça y est. Tu peux entrer. » J'avais surpris son geste. Elle avait prestement retourné une photo placée en évidence dans un cadre sur sa table de nuit.

« C'est "lui" ?

– Oui bien sûr, mais je ne veux pas que tu saches avant de le voir. Ce sera pour toi une surprise. D'ici peu, il va rentrer.

– Il paraît que je le connais ?

– Je crois, tu verras bien. »

Je n'insistai pas. Elle parlait, parlait, toute à son bonheur, sans que je puisse dire un mot. Elle me racontait sa joie d'en être sortie, sa joie d'être enfin rangée. Elle ne reniait certes rien du passé, mais on sentait, rien qu'à la façon dont elle en parlait, que tout cela était fini et bien fini.

« Il faut que je te dise tout cela maintenant, tant que nous ne sommes que tous les deux. Tu vois, je ne mets même plus de fard, à peine un peu de vernis sur les ongles.

– Tu es beaucoup mieux ainsi, Rita.

– Tiens, le voilà ! »

Il était rentré… C'était donc lui !… L'ami des faux papiers ! Celui dont je n'avais jamais connu ni l'adresse, ni le nom, et à qui je devais tant !

Je dus remettre de quelques heures mon départ. Ce fut une longue et courte soirée amicale, pleine de chaleur et de souvenirs, où j'appris tout dans le menu, et où je dus moi-même tout raconter. Et lorsque je repris mon train de nuit, lorsque je vis disparaître sur le quai le petit mouchoir agité par Rita, j'eus la ferme conviction qu'une page, qu'une longue page heureuse de ma vie venait de se tourner.

À Brive, le 12 mai 1979.

Dans la même collection

Les textes de la collection Terre de poche nourrissent la mémoire collective à travers des histoires fortes, des récits de voyage, des documents historiques ou des chroniques intimes.

AGUILLON Arlette
La Maîtresse du moulin

ALIA Josette
Le Pensionnat

ANGLADE Jean
Le Pain de Lamirand
Les Mains au dos
L'Ivraie et le Bon Grain
Le Pays oublié
Le Chien du seigneur

AUBARBIER Jean-Luc
Les Démons de sœur Philomène

AUDIDIER Robert
Les Sentiers de traverse

BATUT Maryse
Les Monvalan

BESSON André
La Grotte aux loups

BICHELBERGER Roger
Les Années buissonnières

BORDES Gilbert
Le Chat derrière la vitre

BOUCHET Maurice
Les Souliers ferrés

BOUDOU Josette
Le Printemps d'Antonia
Les Grillons du fournil

BOURGEADE Justin
Tintinou, paysan

BOUSSUGE Micheline
Adieu lou païs
La Maison d'Anaïs

BOUTET Gérard
La Belle Ouvrage
Les Forestiers
Nos grands-mères aux fourneaux
Mémoires de femmes
Métiers insolites
Saisons paysannes

BRIAND Charles
La Batteuse
Le Seigneur de Farguevieille

CABROL Laurent
L'Enfant de la Montagne noire
Les Disparues de la Saint-Jean
Le Crime de la Noël

CALLEROT Geneviève
Les Cinq Filles du Grand-Barrail

CAPPEAU Marie Nicole
Le blé germe en hiver
La Mule blanche
Chantemerle

CASTELAIN Anne-Marie
Le Loup des marais

CHALEIL Léonce
Léonce, la mémoire du village

CHAMOUX Simone
La Passe-Vogue

CHANTELAUZE Jean-Louis
Clémentine

CHAUSSIDIÈRE Patrick
Pauvre Bougre

CHAUVIGNÉ Jean
Le Secret de Marie

CLÉMENT-MAINARD Michelle
La Fourche à loup
La Foire aux mules

COATMEUR Jean-François
Des croix sur la mer

COMBE Rose
Le Mile des Garret

CORNAILLE Didier
Les Gens du pays
Le vent des libertés soulevait la terre
Le Forgeron d'Éden

COSMOS Jean
La Dictée

DECK Olivier
La Neige éternelle
L'Auberge des Charmilles
Les Rumeurs du Gave

DIMITRIADIS Dicta
Le Nid de la hulotte

DODANE Michel
Les Enfants de la Vouivre
*Les Herbes noires (Les Enfants de la Vouivre**)*
*La Malédiction des Mouthier (Les Enfants de la Vouivre***)*

DOURIAUX Hugues
La Saison des vendanges (Les Gens de la Paulée)*
*Le Bois des Auriottes (Les Gens de la Paulée**)*

DUFOUR Hortense
Le Bois des abeilles
La Fille du saulnier
Ce que l'océan ne dit pas

DUPUY Daniel
Les Quatre Jeudis

DUTRONC Robert
La Maison des Chailloux

ÉVRARD René
et VIELZEUF Aimé
Comme le scorpion sous la lauze

EXBRAYAT Charles
Rachel et ses amours

FABRE François
et RICHARD Jean
La Bête du Gévaudan

FABRE Jean-Luc
L'Été des Fontanilles

FEUILLERAT André
La Clef des champs

FOURNIER LA TOURAILLE Jean-Pierre
Le Troisième Prétendant

FRONTENAC Yvette
L'Étoile rousse
La Soupe des autres

GAMARRA Pierre
Le Maître d'école

GARDI François
L'Atelier du vannier

GENEVOIX Maurice
Le Jardin dans l'île

GÉRAUD Roger
Le Pré derrière la grange

GIMBERT Yveline
L'Ombre des chênes

GLEIZE Georges-Patrick
La Vie en plus
Le Forgeron de la liberté
Un brin d'espérance
Le Sentier des pastelliers
Le Destin de Marthe Rivière

GOURGAUD Joseph
La Vallée des forges

GREMBERT Francis
Le Dernier Regain

GRIFFON Robert
Le Dernier Forgeron
Le Bedeau de la République

HEURTÉ Yves
Le Pas du loup

JAILLER Isabelle
La Ferme des hautes terres

JEURY Michel
La Classe du brevet
Le Crêt de Fonbelle

JUDENNE Roger
La Maison d'en face
Drôle de moisson

JULIEN Henri
La Bâtisse aux amandiers

LABORIE Christian
Le Chemin des larmes
L'Arbre à pain

LARDREAU Suzanne
Orgueilleuse

LAURENT Jean-Paul
La Ferme aux loups
L'Autre Montagne

LAVAL Henri
Le Chemin des souvenirs

LEMAIRE Philippe
Le Chemin de poussière

LE ROY Eugène
Jacquou le Croquant

LIMOUZIN René
Les Cèpes de la colère

LOUTY Pierre
Léonard, le dernier coupeur de ronces
Les Fiancés de la Briance

MALAVAL Jean-Paul
Les Encriers de porcelaine
La Rosée blanche

MALROUX Antonin
La Dernière Estive
Le Soleil de Monédière

MAMÈRE Noël
Les Forçats de la mer (Gens de Garonne)*
*Le Combat des humbles (Gens de Garonne**)*

MARCON Christian
Le Refus

MAURY Martial
Le Secret des Restiac

MAXIMY (DE) Hubert
Le Bâtard du Bois noir

MAXIMY (DE) René
Le Puits aux corbeaux

MAZEAU Jacques
Mensonges
La Ferme d'en bas
La Rumeur du soir
La Dénonciation
Le Retour de Jean
Le Pré aux corbeaux

MOUCHEL Jean
La Robe bleue d'Hélène
Le Fils d'Hélène

NÉDELLEC Gérard
L'École de monsieur Paul

NIGREMONT Georges
Jeantou le maçon creusois

NIQUET Gilberte-Louise
Le Destin des Vanbergh
Les Enfants du beffroi

PALET (DE) Marie
Le Sentier aride
La Tondue
L'Enfant oublié
Retour à la terre
Amandine

PERRÈVE Paul
Les Galoches rouges
La Burle

PEYRAMAURE Michel
Le Bonheur des Charmettes

Le Château de la chimère
Les Flammes du paradis

POURRAT Henri
et L'OLAGNE Jean
Sur la colline ronde

PÉLISSIER Patrice
L'Ange et le Loup

PINCE Jacques
Les Blouses grises

PLUCHARD Mireille
Le Petit Bâtard

PRORIOL René
Antoinette

PUIJALON Bernadette
Le Moulin des retrouvailles

QUEREILLAHC Jean-Louis
La Moiss-batt (Trois Sillons de terre rouge)*
*Rouge est ma terre (Trois Sillons de terre rouge**)*

RABUTEAU Pascal
Les Faveurs de Sophie

REY Georges
Le Bal des sabots
La Montagne aux sabots

RIBES Georges
Les Gens de la vallée

ROSSET Jean
Les Porteurs de terre

ROUANET Marie
Nous les filles
Quatre Temps du silence

ROUANET Marie
et JURQUET Henri
Apollonie

ROUIL Jacques
Les Rustres

ROUQUET Jean
L'Enfant de la Borie

SAND George
La Mare au Diable

SELO Joël
Les Vieux Démons

SORDELLI Jean-Claude
Le mal rôde

SOURY André
Le Pain blanc

SOYEZ Jean-Marc
La Tuile à loups
Au café de l'Église
Les Galoches de Julia

STEVENSON Robert Louis
Voyages avec un âne dans les Cévennes

TAMAIN Louis
L'Encre violette
Le Temps de l'école

THIROLLE Jérôme
Les Doigts d'or d'Élise

TISSERAND Pierre
L'Arbre au pendu

TOUPET Armand
La Bouzoute

VALETTE Paule
La Meule éclatée
Les Jours derrière la montagne

VAN DER MEERSCH Maxence
L'Empreinte du dieu

VENTRE Julien
Julien, berger des collines
Julien des collines

VERDIER Henri
Les Lentilles vertes

VERRIER Michel
Là où les chèvres sont pires que les loups
La Taille de la Saint-Vincent
Les Vignes du bout du monde
La Ferme des Pitaval
Le Mystère de Millepertuis
Le chien qui faisait peur au diable

VIGOULETTE Daniel
Les Ombres du Léman

VINCENT Claude
Les Roses de l'hiver

VITTÉ Louis-Olivier
La Servante
L'Enfant de la rivière
La Vallée des illusions

Imprimé en U.E
Dépôt légal : décembre 2016
ISBN : 978-2-8129-0334-2

www.deboree.com
livres@centrefrance.com